일제 외무성 경찰의
임정·항일지사 조사 기록

김구포럼(서울)

· 좌장: 이태진
· 운영위원: 정연식, 최연, 한시준
· 학술기획위원: 도진순, 서상문, 윤대원, 정병준

일제 외무성 경찰의
임정·항일지사 조사 기록

초판 1쇄 발행 2021년 12월 31일

엮은이 | 김구재단 김구포럼(서울)
지은이 | 이태진·서상문·도리우미 유타카·심철기·전정해

펴낸곳 | (주)태학사
등록 | 제406-2020-000008호
주소 | 경기도 파주시 광인사길 217
전화 | 031-955-7580
전송 | 031-955-0910
전자우편 | thspub@daum.net
홈페이지 | www.thaehaksa.com

편집 | 조윤형 여미숙 김선정
디자인 | 한지아 이보아
마케팅 | 김일신
경영지원 | 정충만
인쇄·제책 | 영신사

값 25,000원
ISBN 979-11-6810-036-7 (93910)

책임편집 | 조윤형
표지디자인 | 이보아
본문디자인 | 최형필

일제 외무성 경찰의
임정·항일지사 조사 기록

일본제국 『외무성경찰사』 항일운동 문건 총람

김구재단 김구포럼 엮음

이태진 · 서상문 · 도리우미 유타카 · 심철기 · 전정해

태학사

'이강李堈 공 전하 경성 탈출 사건'을 다룬 문건 「大正 8년(1919) 11월 24일附 朝鮮總督府警務局長發信 內田外務大臣 앞 電報要旨」의 일부. [『외무성경찰사』 제44권, 해설(51쪽) 및 번역(64~75쪽) 참조]

---

[1]

大正八年十一月二十四日附朝鮮總督府警務局長發信外務次官宛通

報摘要

李堈公殿下京城脫出事件

李堈公ハ居常心平ナラズ又屢々外遊ノ意ヲ側近ニ漏セル事アリ而
シテ不逞ノ徒ハ之ヲ擁シテ國權恢復運動ニ從ヘバ兩班儒生ハ勿論
朝鮮内外ノ人民ノ信用ヲ博スルコト大ナルモノアルヲ見密ニ公ヲ
誘出スルノ計掛アリ公ハ好ミテ市井ノ雜輩ト往來シ殊ニ今春ノ獨
立騷擾ノ首魁孫秉熙ト密ニ會合謀議シ孫ノ逮捕セラルルヤ公ハ
頗ル憂狼ノ色アリシト云フ最近不逞ノ徒公ヲ誘ヒテ上海ニ奔ラ
シムルノ風説アルヲ以テ鮮道第三部ハ儀重ニ公邸附近ニ警戒
シ居リシ處公ハ十一月九日午後十時頃從者金三福ヲ伴ヒ隣ニ其ノ邸

外務省　〔日本標準規格B5〕　SP 205-5　22887

---

[2]

殿レ所在明カナラザルヲ以テ督勵ノ上力メ捜査ニ遂ニ廿一
日午前十一時三十分頃支那安東停車場構外ニ於テ公及同行者鄭
用ヲ發見シ京城ニ保護連行セリ同時ニ本件ニ浩外兼名京城初音町ニ
潛伏セルヲ探知シ十二日未明初音町百九十二番地李觀修方ニ於テ李
在浩ヲ逮捕シ更ニ不逞鮮人某京城影義門外山腹ノ民家ニ在ルヲ探知
シ同日午後四時半董昌律、鄭雲復、金三福ノ三名ヲ逮捕シ且董昌
律ノ所持セシ拳銃及家宅ヲ捜索シテ不穩文書竝ニ其ノ原稿及印刷
機一個ヲ發見シ次デ十九日ニ至ル迄ニ巨魁金協以下共犯者數
名ヲ逮捕シタリ今日迄判明シタル處左ノ通リ

記

一　關係者ノ住所氏名

外務省　〔日本標準規格B5〕　SP 205-5　22888

---

[3]

本籍　民籍ナシ
住所　支那奉天省海龍縣北山城子大荒溝
出生地　京城府南大門外里門洞
（逮捕）　無職　金協　四十四年

本籍　京城府觀水洞二十九番地
住所　同初音町百九十二番地
（逮捕）　無職　李在浩（範字）　四十二年

本籍　江原道高城郡縣內面微洞
住所　京城府初音町百九十二番地
（逮捕）　無職　鄭南用（鄭必成、洪宇積）　二十四年

外務省　〔日本標準規格B5〕　SP 205-5　22889

'상하이 훙커우공원에서의 폭탄 투척 사건'을 다룬 문건 「昭和 7년(1932) 5월 3일附 在上海 村井總領事 發信 芳澤外務大臣 앞 電報要旨」의 일부.(5~8쪽) [『외무성경찰사』 제45권, 해설(54~55쪽) 및 번역(116~148쪽) 참조]

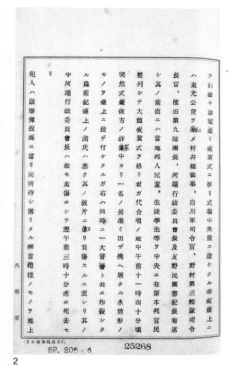

昭和七年五月三日附在上海村井總領事發信芳澤外務大臣宛報告要旨

旨

上海虹口公園ニ於ケル爆彈投擲事件

一、在留官民合同ノ天長節祝賀式會場ニ於ケル爆彈投擲ト犯人ノ逮捕

當地ニ於ケル在留官民ノ天長節奉祝ハ昨年共同租界虹口公園ニ於テ擧行シタル為本年ハ事件後ノコトトテ模擬店等ヲ設ケズカ單ニ官民合同ノ祝賀式ヲ擧行スルニ止メ當日ハ朝來上海派遣軍ハ勿論外國人等多數參集シ無慮數萬トナレリ觀兵式ハ午前十一時二十分頃終リタルヲ以

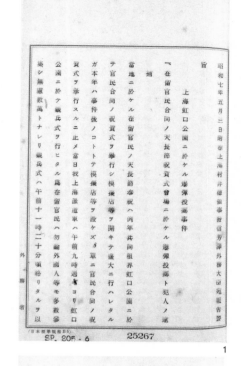

テ引續キ豫定通リ祝賀式ニ移リ式場中央前ニ設ケタル奉祝臺上ニハ重光公使、村井總領事、白川司令官、野村第三艦隊司令長官、植田第九師團長、河端行政委員會長及友野民團書記長着席シ其ノ前ニハ當地邦人兒童、生徒學生等ニ在留本邦官民整列シテ大體祝賀式ヲ終リ若ハ代唱ノ敵中午前十一時四十分頃突然式臺後方ノ群集中ヨリ一名ノ男進出デ演壇ニ向ケ一大音響ト共ニ炸裂シタルモノヽ如ク前記臺上ノ諸氏ハ悉ク其ノ破片ニ依リ負傷スルニ至レリ其ノ中河端行政委員會長ハ尤モ重傷ニシテ翌午前三時十分遂ニ死去セ

リ犯人ハ該爆彈投擲ニ當リ尚所持シ居リタル辨當箱樣ノモノヲ地上

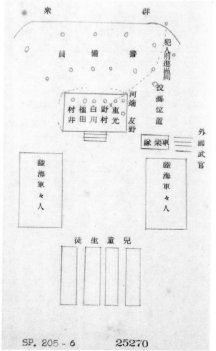

ニ置キタルガ先キニ一個ヲ投擲後更ニ之ヲ拾ヒ上ゲントセル原附近ニ在リタル我海軍一等兵曹竝ニ憲兵隊備中ノ憲兵及當館警察署員（高柳吉衛巡査）等ニ於テ直ニ捕捉シタルガ邦人群衆ノ激昂甚シク之ヲ包圍シテ亂打シ遂ニ昏倒セシムルニ至レルガ軍憲ノ力ニ依リ直ニ公園ノ外ニ找出シ憲兵第一分隊ニ引致セリ

一、式場ノ警備情況ト爆彈投擲ノ狀況

直ニ公園ノ左ノ如クナル處當日場內外ノ警備ハ主トシテ軍憲ニ於テ之ヲ爲シ當館警察署長以下署員ハ風紀係トシテ等シク警備ノ任ニ當

レリ

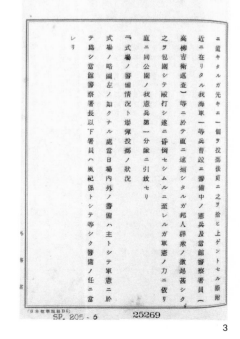

群衆
員備警
犯人前進間　投擲位置
河端友野
村井　植田　白川　野村
隊樂軍
外國武官
陸海軍々人
陸海軍々人
兒童生徒

〔5〕

陸軍關
　原田參謀中佐
　稻垣憲兵大尉
海軍關
　北岡大佐（公使館附武官）
　伊藤中佐（韓戰隊參謀）
公使館關
　守屋一等書記官
總領事館關
　井口領事
　赤木事務官
　花里署長

右宿重陽議ノ結果此機會ヲ利用シテ韓國獨立運動ニ一大打擊ヲ與フルノ方針ノ下ニ其ノ一齊檢擧ヲ佛國側ニ要求スルコトトセリ恰ニ同日既ニ重大事犯ノ決行セラレタルヲ以テ鮮人ノ悉

〔6〕

ハ極度ニ其ノ身搆ヲ警戒シツヽアルベク恐ラク大部分逃避シテ其ノ所在ヲ晦瞞セルモノト思料セラレ假令一齊檢擧ヲ行フモ警察的ニ其ノ效果トシテ得ル處殆ド無カルベキモノ之ニ依テ官方ノ威力ヲ示シ佛租界必ズシモ安全地帶ニ非ラザルコトヲ知ラシメ其ノ運動ノ根柢ヲ動搖セシムルコトノ利益アルヲ晦稜シタル大第ナリ

右打合モノ趣旨ニ依リ午後七時半井口領事ニ更ニ午後十時井口領事ハ赤木事務官ト共ニ佛國總領事ト一齊檢擧ノ詳細打合ヲ爲シ翌三十日午前四時我方檢擧班（赤木事務官ヲ總指揮トシ當館警部以下四十四名、憲兵隊員二十二名ノ應援ヲ加ヘ別ニ憲兵將校三名合計七十名）出動セシメ同五時佛工部

〔7〕

局壽寮隊ト現堆ニ會同シテ左記十四名ノ住所ヲ夫ヽ搜査セシメタリ

韓國臨時政府財政部長
同獨立黨執行委員長
同臨時政府務部長
僑民團政務委員兼義督隊長　　金　五十七年　九
健國獨立黨執行委員
同僑民團政務委員
同僑民團政務部長　　李　四十八　裕弼

〔8〕

同獨立黨執行委員
同臨時政府藏務委員長
僑法務部長、外交委員會委員　　李　六十　東寧

同獨立黨執行委員
同臨時政府外務部長
僑外交委員　　直　四十六　素昂

同獨立黨執行委員
同臨時政府軍務委員
僑軍務委員會委員　　金　四十七　澈

同獨立黨執行委員
同臨時政府軍務委員會委員　　朴　四十四　昌世

同獨立黨執行委員
同僑民國督務隊幹事　　嚴　三十五　慎

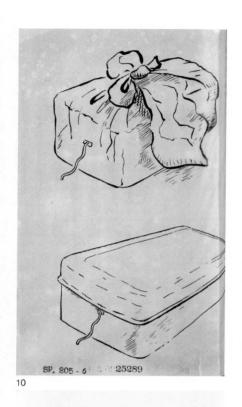

10

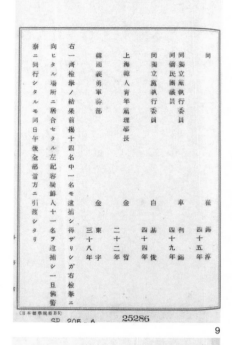

9

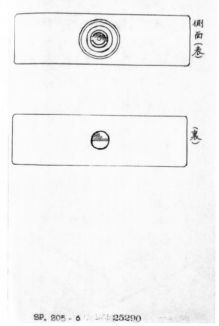

12

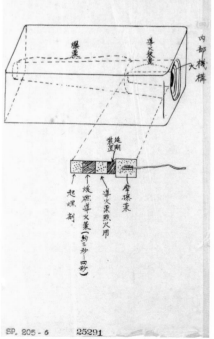

11

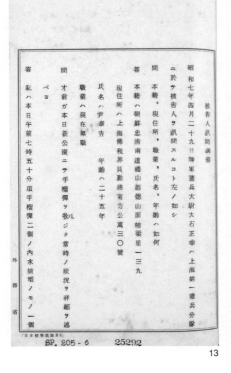

14

13

'폭탄 사건 후의 김구金九 일파 및 그 외의 동정'을 다룬 문건 「昭和 7년(1932) 11월 10일附 在上海 村井總領事 發信 内田外務大臣 앞 報告要旨」의 일부. [『외무성경찰사』제45권, 해설(55-56쪽) 및 번역(149-169) 참조]

[1 / 25417]

昭和七年十一月十日附在上海石射總領事發信内田外務大臣宛報告

要旨

爆彈事件後ニ於ケル金九一派其ノ他ノ動靜

事件ノ前後ヲ通ジテ金九一味カ在米韓僑竝ニ在上海抗日諸團體ト密接ナル連絡ヲ有シ其ノ後援擁護ノ下ニ活動シ來リ且將來引續キ活動スルノ意圖有ルモノト認メラレタルヲ窺取セラルル次第ナリ尚引續キ嚴重注意中ナリ

記

第一 虹口公園爆彈事件後ニ於ケル金九一味ノ逃避

第二 獨立運動者間ノ分野ト其ノ派閥闘爭

第三 東北義勇軍後援會長褚輔成ノ金九庇護

外務省

[2 / 25418]

第四 不逞鮮人間ニ於ケル通信連絡

第五 兇暴行爲ニ使用セル爆彈竝ニ資金ノ出所

第六 最近ニ於ケル鮮人獨立運動者間ニ於ケル反金九熱ノ擡頭ト金九ノ廣東旅行説

第七 韓國各革命團體ノ聯合ト中韓抗日運動ノ合作

外務省

[3 / 25419]

第一 虹口公園爆彈事件後ニ於ケル金九一味ノ逃避

金九ハ四月二十九日虹口公園ニ於ケル觀兵式ノ機會ヲ利用シ其ノ兇暴行爲ヲ決行ヲ計畫スルヤ其ノ反動トシテ我方ヨリ強壓ヲ受クベキコトヲ豫想シ四月二十六日前以テ其ノ假寓佛界環龍路

(一) 八號ノ一九露西亞人間貸「Mrs. Astaboff」ノ家ヲ出デ支那租界

(二) 上海西藏路萊市場附近ニ轉宿シ韓國臨時政府幹部ニ對シテハ極祕裡ニ避難旅費トシテ

(三) 各六十弗ヲ秘カニ三十弗ヲ配附支給セリ

事件發生スルヤ金九ハ軍務部長金澈ト行動ヲ共ニシ當地交通大學體育教師鮮人（支那籍ヲ有ス）申國權ノ肝煎リニ依リ諸々金澈ノ永ノ面體有ル當地外人基督教青年會主事米人S. A. Fitchノ庇護

外務省

간행사

　김구재단의 학술 연구 지원 과제 가운데 하나였던 「『(일본)외무성경찰사』 목록화 작업」의 성과물이 『일제 외무성 경찰의 임정·항일지사 조사 기록』으로 발행된 데 대해 무척 뜻깊게 생각합니다. 항일 독립운동사 연구를 위한 기본 자료 조사 사업을 기획하고, 방대한 자료를 철저하게 해독하고 분류해서 그 의미와 가치를 정리해 주신 연구진들께 경의를 표합니다.

　김구재단은 역사를 기억하고 정립하기 위해 학술연구사업을 시작했습니다. 우리나라의 독립을 위해 헌신한 항일 독립운동가들의 생애와 사상이 오늘날 우리 민족의 정체성을 이루었음을 깨닫고, 미래 세대에게도 고귀한 유산으로 계승될 수 있기를 바라는 마음으로 학술연구사업을 진행하고 있습니다. 그동안 각계의 석학들이 저마다의 분야에서 전문적 역량을 발휘해 적지 않은 연구 성과를 거두었고, 그것을 세상에 공표할 수 있었습니다.

　우리는 과거를 이해하기 위해 끊임없이 사료를 발굴하고, 새로운 관점에서 그것을 해석해야 합니다. 이 책은 일제의 해외 침략에 첨병 역할을 맡았던 일본 외무성 경찰이 중국 중부 지역에서 한국 독립운동을 단속하고 중국 민중의 항일운동을 감시하기 위해 생산한 기록들을 체계적으로 분류, 정리한 것입니다.

　본 연구 과정을 통해서 우리는 제국주의 침략의 주체였던 일제의 억압적 감시, 탄압 기구의 실상을 입체적으로 파악할 수 있었습니다.

당시 일본의 제국주의적 욕망이 투사된 일그러진 증언들을 역사의 진실이라는 체로 잘 걸러낸다면 훨씬 더 풍부하고 역동적인 모습으로 한국 독립운동사를 새롭게 쓸 수 있게 될 것이라고 생각합니다.

　김구재단의 학술연구사업이 지향하는 것은 우리가 역사의 진실을 마주할 용기를 지니고, 인간의 비극적 운명에서 좀 더 현명한 가르침을 배워 가자는 것입니다. 이 책이 앞으로 동아시아 역사 연구의 수준을 높이는 데 기여할 수 있기를 바랍니다.

　감사합니다.

2021년 12월
김구재단 설립자
김호연

차례

I.
기획·편찬의 변:
자료의 선택 경위와 성과

이태진

1. '김구포럼'의 발족과 초기 사업 구상

2016년 김구재단으로부터 '김구金九포럼'을 맡아 달라는 요청을 받은 것은 뜻밖이었다. 나는 이때까지 백범 김구(1876~1949) 선생이나 대한민국임시정부에 관한 직접적인 연구를 수행한 적이 없었기 때문이다. 2000년대에 발표한 두 편의 논문[1]이 임시정부 시대 및 그 요인要人에 관한 것이기는 하지만 1차 사료에 근거한 논문으로 간주하기에는 부족한 점이 많았다. 1992년부터 줄곧 주력해 온 '한국병합'의 불법성 및 대한제국 재평가에 관한 일련의 연구를 참작한 요청이었을까? 어쨌든 김구 선생 관련 일을 한다는 것은 나로서는 큰 영광이어서 곧 수락하였다. 이 분야에서 훌륭한 업적을 쌓고 있는 후배들이 나를 도와주리라는 믿음이 결단을 쉬이 하게 한 것 같다.

김구재단은 이미 미국·중국·타이완 등의 해외 유명 대학교에 '포럼'을 발족시켜 놓고 있었다. 하버드대학교 한국연구소 안에 '김구포럼', 베이징대학교에 '김구포럼', 타이완대학교에 '김신金信 포럼'을 각각 발족시켰다. 그러다 보니 국내 포럼이 빠진 상황이 되어 김구포럼(서울)을 발족시키기로 한 것으로 들었다. 포럼 좌장을 수락한 뒤, 학술기획위원회 구성을 서둘렀다. 이 분야 전문가들의 도움이 절실했기 때문이다. 몇 가지 연구 지원 과제를 설정하면서 동시에 연구에 필요한 기본 자료 조사 사업도 추진하기로 하였다. 이미 『백범김구전집』(전12책, 백범김구선생전집편찬위원회, 대한매일신보사, 1999), 『대한민국임시정부 자료집』(전45책, 국사편찬위원회, 2011) 등이 간행되어 있기는 하지만, 나는 이에 더해 일본 측에서 생산된 자료가 보충될 필요성을 느꼈다. 나는 일본 제국이 대한제국 국권 탈취를 목표로 조약을 강제한 역사를 연구하면서 『주한일본공사관기록駐韓日本公使館記錄』의 사료로서의 가치를 크게 느꼈다.

---

1 이태진, 「한국사의 근대, 현대 인식과 시대구분」(『인하사학』 10, 2003년); 이태진, 「대한민국 초대 부통령, 이시영」(『한국사시민강좌』 43집, 2008년).

1894년 『재조선공사관기록在朝鮮公使館記錄』에서 시작한 이 자료집[2]은 국사편찬위원회가 소장하고 있는 최상급의 유일본 근대 한일 관계 사료이다.

2. 『주한일본공사관기록』이 살아남은 사연

일본제국 정부는 1945년 패전의 기운이 짙어지면서 국내외의 주요 공공 기관, 군령 계통 기관의 주요 공문서들에 대한 소각 명령을 내렸다. 공사관·통감부 자료도 대상이 되었던 것은 말할 것도 없다. 그런데 기적 같은 일이 일어났다. 1938년 '조선사편수회'는 『조선사朝鮮史』(35책) 편찬 간행을 완료하였다. 고조선에서 1894년 청일전쟁 직전까지 편수회의 기준으로 주요 자료를 뽑아 편년순으로 정리한 자료집을 『조선사朝鮮史』란 이름을 붙여 간행하였다. 1년 뒤(1939), 곧바로 현대사에 해당하는 청일전쟁 이후 부분을 후속시키기 위해 자료 수집에 들어갔다. 경성제국대학에서 한국 근현대사를 가르친 다보하시 기요시田保橋潔(1897~1945) 교수와 조선사편수회 촉탁 다가와 고조田川孝三(1909~1988) 두 사람이 한 조가 되어 자료 수집에 나섰다.[3] 이들은 한국인들이 활동한 만주와 중국의 특정 지역도 대상으로 삼았지만, 조선·대한제국기에 생산된 일본 공사관 기록을 중요시하여 조선총독부가 보관 중인 공사관·통감부 공문서 기록들을 모두 사진 촬영하는 사업을 벌였다. 그 결과로 방대한 공문서 사진 슬라이드가 조선사편수회에 소장되었다. 1945년 어느 날 도쿄의 내각으

---

2 『주한일본공사관기록駐韓日本公使館記錄』이란 서명은 국사편찬위원회가 공사관 기록을 정리하여 출판할 때 붙여진 것이다. '주한'은 대한제국 주재의 뜻이며, 1898년 10월 대한제국 출범 전에는 '재조선일본공사관在朝鮮日本公使館'이라고 불렸다. 그러므로 1894~1898년간의 기록에 대해 여기서 『재조선在朝鮮공사관기록』이라고 잠칭하였다. 1906년 2월 통감부 설치 이후는 출판 당국(국사편찬위원회)이 『통감부문서統監府文書』로 구분하였다.
3 이태진, 「旅順 高等法院의 '안중근 관계 자료'에 관한 田川孝三의 復命書」(『역사의 창』 통권 34, 국사편찬위원회, 2012년).

로부터 소각 명령이 내려와 원본 공문서들은 잿더미가 되었다. 그런데 당시 조선사편수회의 촉탁으로 근무하던 신석호申奭鎬가 행정 직원 김건태金建泰의 도움을 받아 문서고에 있던 슬라이드본 일습을 다른 장소로 옮겨 소각을 면하였다.

광복 후, 신석호는 이 사실을 미군정 당국에 알리고 슬라이드 자료를 앞으로 연구자들이 활용할 방도를 협의하였다. 군정 당국은 조선사편수회에서 생산된 다른 자료를 포함하여 인수할 기구로 1946년 국사관國史館을 설립하고 미국 스탠퍼드대학교의 후버연구소로부터 슬라이드 자료를 정리하는 데 필요한 도움을 받도록 하였다. 후버연구소는 한국인 앤드류 남Andrew Nahm을 전담 연구원으로 채용하여 슬라이드 인화 작업을 추진하였다. 이 인화지가 나중에 영인본影印本『주한일본공사관기록』으로 출간되어 연구자들 앞에 놓였다. 그러나 영인본은 문서 해독에 불편한 점이 많았다. 흘려 쓴 글씨들이 많았기 때문이었다. 국사관은 1948년 8월 15일 대한민국 정부가 출범하면서 국사편찬위원회로 이름을 바꾸었다. 위원회는 신석호를 사무국장으로 하여 영인본 출간에 이어 일본어 초서 해독 인력을 십수 년 기용하여 활자본『주한 일본 공사관 기록』 28책(1986~2000),『통감부 문서統監府文書』 11책(1998~2000)을 세상에 내놓았다.

1992년부터 시작된 나의 '한국병합' 강제 연구는 이 자료에 의존한 바 컸다. 조선총독부 이왕직李王職 주관으로 1927년부터 관련 자료를 한자리에 모으고 1930년부터 실제 편찬 작업에 들어가 1935년 3월에 완성한『고종태황제실록』과『순종황제실록』(부록 포함)이 같은 시기의 기본 사료인 것은 말할 것도 없다. 그러나 일본제국의 국권 침탈과 관련하여서는 공사관 기록, 통감부 문서는 비교가 안 될 정도로 상세하다. 나의 연구 주제에서는 이 자료들이 기본 사료로 기능하였다. 그들은 침략 정책의 성공을 위해 조선·대한제국의 정부 요인 정탐 결과나 현지 상황을 본국 정부 외무성에 보고하고, 이에 대해 내각內閣이 내린 결정이나 외무대신이 바로 내린 훈령들이 실제 실행 과정으로 생생하게 담겨 있었다. 『주한일본공사관기록』은 정치·외교사적인 면에서 고종·순종 시대 의 '실록'이라는 역설이 나올 정도였다. 수년간 이를 연구 사료로 활용하던 중 에 2011년 9월 하순 국사편찬위원회에 위원장으로 부임하여 서고를 출입하 면서 이 기록들이 기적같이 살아남은 경위, 그리고 그 복원 사업이 곧 국사편 찬위원회의 발족 계기가 되었던 사실 등을 알게 되었다.

3. 『외무성경찰사』를 택한 까닭

나는 2016년 김구포럼 좌장을 맡으면서 김구 선생과 대한민국임시정부에 관해 이미 간행된 자료집 외에 이를 보충하는 사업을 두 가지 방향에서 검토하 였다. 하나는 상하이 임시정부가 프랑스 조계지에 소재하였으므로 프랑스 영 사관에서 대한민국임시정부의 동향에 관한 보고 자료가 있을 것을 예상하고 이를 찾아보는 것, 다른 하나는 일본제국 정부가 임정 활동을 감시하는 차원 의 자료 곧 『주한 일본 공사관 기록』의 후속에 해당하는 자료의 유무 확인, 이 렇게 두 가지였다. 전자를 위해서는 국사편찬위원회의 프랑스어 사료 정리에 참여한 적이 있는 전정해全旌海 박사에게 2018년 5월 프랑스 낭트 시 소재 프랑 스 외무부 문서관을 방문하여 관련 자료 조사 활동을 요청하였다. 이곳에서 거둔 성과는 수량적으로 크지 않았지만, 확인하는 의미는 있었다(본서 부록: 전 정해, 「프랑스 외무부 낭트문서관 소장 대한민국임시정부 활동 관련 자료 조사」 보고서 참조). 한편 후자, 즉 일본 측의 대한민국임시정부 및 요인들에 관한 탐문 자료 조사 는 기대 이상이었다. 일본 도쿄의 후지출판사不二出版社가 외무성 외교사료관 에 소장된, 외무성 산하 경찰 조직의 조선, 중국 일원에서의 탐문 활동으로 생 산된 자료를 한자리에 모아 2000년에 간행한 『외무성경찰사外務省警察史』 52 책(2000년)에 접할 수 있었다.

『외무성경찰사』는 제목부터 의아심을 자아낸다. 경찰이라면 어느 국가나 내무성 또는 내무부 산하에 들어야 하는데 외교 담당의 정부 조직에 경찰 조직이 들어 있는 것은 이례적이다. 그런데 이 사실 자체가 일본제국의 대외 침략주의의 특이성을 보여 주는 것이다. 일본제국의 대외 팽창의 역사는 흔히 19세기 말엽 이후의 구미 제국주의 사조의 하나로 간주한다. 그런데 이런 파악은 일본제국의 대외 침략주의가 저지른 반인륜적이거나 불법적인 행위에 면죄부를 부여하는 결과를 가져올 수 있는 것으로 신중할 필요가 있다.

일본제국의 대외 팽창 정책은 요시다 쇼인吉田松陰(1830~1859)이 1854년 옥중에서 쓴 『유수록幽囚錄』에서 비롯한다. 그는 이 글에서 일본의 장래에 관하여 다음과 같이 주장하였다. 섬나라 일본은 범선 시대에는 사방의 바다가 성벽이었지만, 증기선 시대에는 무방비의 나라가 되었다. 이런 여건에서 일본이 구미 열강의 식민지가 되지 않는 길은 하루속히 열강의 우수한 기술 문명을 배워 그 힘으로 그들에 앞서 주위 나라를 먼저 차지하는 것이라고 하였다. 선점의 대상으로 에조蝦夷(현 홋카이도)와 류큐(현 오키나와), 타이완·조선·만주·몽골·지나(중국) 등을 차례로 들고, 이어서 대양으로 나가 여송呂宋(필리핀) 등 동남아시아와 오스트레일리아·캘리포니아로 진출해야 한다고 하였다.[4]

요시다 쇼인은 도쿠가와德川 막부를 타도, 메이지 왕정복고에 앞장선 조슈長州 번벌 세력의 스승이다. 이토 히로부미伊藤博文(1841~1909)와 야마가타 아리토모山縣有朋(1838~1922) 등 그의 제자 및 후계는 놀랍게도 이 선점론을 순서를 바꾸지 않고 차례대로 실천에 옮겨 반세기 안에 6차례의 큰 전쟁을 일으켰다. 19세기 동서가 새롭게 만난 시대에 무사武士 사회의 전통이 보인 특유의 대응이라고 이해해야 할까? 이 대외 팽창주의는 산업혁명 이후 경제적 전개 양

4 이태진, 「요시다 쇼인吉田松陰과 도쿠토미 소호德富蘇峰-근대 일본의 한국 침략의 사상적 基底-」(『한국사론』 60, 서울대 국사학과, 2014년); 李泰鎭(邊英浩·小宮秀陵 譯), 「吉田松陰と德富蘇峰-近代日本による韓國侵略の思想的 基底-」(『都留文科大學紀要』 80, 2014年).

상으로서 나타난 구미의 이른바 신제국주의New imperialism와는 기본적으로 성격이 다르다. 팽창과 침략의 동력을 천황제 전체주의에서 구한 큰 차이가 있다.

그들은 도쿠가와 막부 타도의 구실과 대외 팽창의 명분을 천황제의 신성神聖에서 구했다. 만세일계萬世一系의 천황제는 부모와 자식 간의 인애仁愛를 본질로 하여 세계 팔방이 모두 그 천황의 품에 들어오는 팔굉위우八紘爲宇의 실현을 내걸었다. 그것은 스스로 끌리게 하는 것이 아니라 무력으로 강제하는 방식의 독존이었다. 이에 맞선 우리 선조·선배들의 항일 투쟁은 단순한 국권 회복을 위한 것이 아니라 세계사상 유례없는 이 천황제 파시즘의 불의·잔혹과의 대결이었다. 그 실상을 알기 위해서는 가해자 일본 측의 기록을 봐야 한다는 것이 곧 『외무성경찰사』를 주목하게 된 이유이다. 일본제국의 대외 팽창주의는 처음부터 침략을 '기획'하여 이를 실현해 나간 무력 만능주의였다. 그들은 침략 후에 국제 정세의 변화에 따른 불가피성으로 진실을 호도하거나 구미 '제국주의'와 동일성을 강조하였다. 반일 저항 세력에 대한 탐문 및 이에 근거한 파괴 대책에 대한 수많은 기록은 곧 주변국 선점 정책 실현 또는 유지를 위한 공작의 결과로 남은 것이다. 해외 외교 기구인 대사관 또는 영사관에 경찰 조직을 둔 사례가 일본제국 외에 달리 찾아보기 어려운 점 자체가 일본제국 침략주의의 특이성을 증거한다.

4. 통감부 '고등경찰'에서 외무성 '특고경찰特高警察'로

일본제국은 청일전쟁 수행 중에 조선 주재 공사관 및 영사관에 경찰 조직을 두었다. 그러나 그것은 아직 작은 규모로, 자국 '거류민' 보호란 목적 및 명분에서 크게 벗어나지 않았다. 그러나 1904년 2월 러일전쟁을 일으켜 한반도에 대규모 병력을 투입하면서 상주 병력으로 한국주차군韓國駐箚軍을 주둔시켰다.

상황이 완전히 달라졌다. 전쟁의 승리를 배경으로 1905년 11월에 '보호조약'을 강제하고 12월에 칙령 267호로 공사관에 경무부警務部를 설치하고 이어 1906년 2월에 통감부가 출범하면서 이쪽으로 소속을 바꾸었다. 경무부 인력은 보호조약 강제 당시부터 한국주차군과 함께 한국정부를 압박하는 활동을 벌이면서 체제화하였다. 그 경무부에는 처음부터 '고등경찰과'를 두어[5] 한국정부 및 군부 고관들의 동향을 탐지하였다. 중국 주요 도시에 설립된 일본 대사관 또는 영사관의 '특고경찰'은 통감부와 총독부의 '고등경찰'이 특화한 형태라고 볼 수 있다. 즉 특고特高는 곧 '특별고등경찰'의 줄임말이다(본서에 수록된 서상문의 「II. 일본제국 『외무성경찰사』 해설」 참조).

일본제국은 조선을 식민지로 만든 후, 1914년에 제1차 세계대전이 일어나자 연합국의 일원이 되어 독일에 대해 선전포고를 하면서 산둥山東의 독일 조차지를 차지하기 위해 출병을 단행하였다. 1919년 파리강화회의를 통해 세계평화공존을 지향하여 국제연맹The League of Nations이 출범하자 일본은 5대 중심국Big Five의 일원으로 다이쇼 데모크라시의 조류와 맞물려 '협조 외교'를 지향하였다. 그러나 이것은 기존의 대외 팽창 정책과는 상충하는 것으로 오래가지 못하였다. 1927년 조슈 벌 출신으로 육군대신을 역임한 다나카 기이치田中義一가 수상이 되면서 바로 세 차례에 걸친 산둥 출병을 단행하여 중국 본토 진출의 새로운 계기를 도모하였다. 다나카 내각의 '산둥 출병'은 의회 정당정치의 흐름을 깨는 결과를 가져와 만주의 관동군이 만주에 대한 영토적 지배를 모색하는 배경이 되었다.

'한국병합' 강제 후 만주와 중국 본토 진출은 요시다 쇼인의 '주변국 선점론'에서 가장 중요한 대목이었다. 일본제국 정부는 중국 각 성省의 주요 도시에 비중을 헤아려 순차적으로 영사관과 대사관을 설립하면서 산하에 '외무성 경찰'을 여러 형태로 배치하였다. 그들의 보고서는 이제 『주한일본공사관기록』

---

[5] 姜昌錫, 『조선통감부 연구』(국학자료원, 1995년), 26~30쪽.

의 정치·외교의 선을 넘어서 각지에 산재한 한국인·중국인의 항일 조직에 대한 탐문으로 특화하여 상세한 기록으로 후세에 남겨졌다. 그들의 보고에 오른 항일 투쟁, 특히 한국 독립지사들의 활약상은 일본의 '기획' 침략주의에 대한 대결로서 단순한 국권 회복을 넘어 불의·불법에 대한 인류애 차원의 투쟁으로서의 성격이 부여될 만한 역사라고 할 수 있다. 이것은 우리가 1910년 이래의 한민족 항일 투쟁사를 새롭게 조명해야 할 중요한 이유이기도 하다. 이 목록집이 국내외의 이 시대 연구에 새롭게 이바지함이 있기를 기대한다.

5. 『외무성경찰사』 수록 기사 목록화 — 한국 항일운동 관련 기록 표시

일본 후지출판사 간행의 『외무성경찰사』의 원본에 해당하는 외무성 외교사료관 소장 문건은 112책, 무려 72,053쪽에 달하는 방대한 규모의 자료이다 (서상문의 「Ⅱ. 일본제국『외무성경찰사』해설」 참조). 이 112책은 아래와 같이 5개 부部로 분류되었다.

(1) 전前 한국 부[元韓國 ╱ 部] 11책(1876~1907년) 3,884쪽
(2) 만주 및 지나(중국) 부[滿洲及支那 ╱ 部] 9책(1873~1937년) 3,677쪽
(3) 만주 부[滿洲 ╱ 部] 23책(1876~1937년) 17,929쪽
(4) 간도 부[間島 ╱ 部] 16책(1910~1938년) 10,829쪽
(5) 지나 부[支那 ╱ 部] 53책(1870~1940년) 35,734쪽

이 가운데 김구포럼이 목록화 사업의 대상으로 삼은 것은 (5) 지나 부[支那 ╱ 部] 53책이다. 이 중 (1)과 (4)는 한국 관련을 주제로 한 것이므로 별도의 목록화 작업이 필요하지 않다. 다만 (1)은 앞의 『주한일본공사관기록』과 어떤 차이가

있는지 앞으로 검토해 볼 필요가 있다. 대한민국임시정부를 중심으로 한 항일 운동 관계 연구를 위해서는 (5) 지나 부[支那ノ部] 53책이 중요하다. 여기서 한국 항일운동 관련 문건을 찾아내자는 것이 2018년 김구포럼 목록화 사업의 목적이었다. (5) 지나 부[支那ノ部] 53책은 다음과 같이 구성되었다.

① 北支(북중국) 22책
② 中支(중부 중국) 20책
③ 南支(남중국) 6책
부속 사진첩 5책

후지출판사 간행본은 위 내용이 제28~53권으로 묶어졌다. 본 포럼의 목록화 사업은 중지中支 곧 중부 지나(중국) 지역에 해당하는 제41~51권을 사업 대상으로 선정하였다. 여기에 수록된 보고 문건만 해도 2,126건에 달하였다. 이 가운데 684건 이상이 한국 독립운동 혹은 한인 관련 내용으로 조사되었다.

김구포럼은 제41~51권을 목록화의 대상으로 삼아, 각 문건의 제목을 표제화하고 이 가운데 한국 관계는 진한 색 마크로 표시하여 한국 항일 독립운동 연구에 편의를 제공하고자 하였다.

2000년 『외무성경찰사』 52책이 완간된 후, 우리 학계에서 이미 이를 활용하는 연구자들이 있는 것으로 안다. 다만, 후지출판사본은 원본 문건을 상하양단으로 편집하여 글자 크기가 읽기에 그렇게 편하지 않은 점이 있다. 많은 분량에 작은 크기의 활자는 연구자에게 결코 편한 조건은 아니다. 한국 관련 기사 목록이 있으면 연구에 적지 않은 도움이 될 것으로 판단하였다. 제45책은 전체가 한국 관계 문건으로 채워져 있다. 이것도 문건의 목록이 있으면 훨씬 이용이 편할 것이다. 제45책은 한인 애국단 윤봉길 의사의 홍커우공원虹口公園 의거를 비롯해 주요한 한국인 항일 투쟁이 일본 외무성 경찰의 정탐 보고 대상으로 올라 있다.

김구포럼은 학술기획위원회의 최종 검토를 거쳐[6] 2018년 5월 1일부터 1년 간, 「『외무성경찰사』 목록화 및 부분 해제 작업」을 연구 과제로 설정하여, 서상문徐相文·심철기沈哲基·도리우미 유타카鳥海豊 3인을 공동 연구원으로 하고 서상문이 팀장을 맡기로 하였다. 세 공동 연구원은 협의 끝에 아래와 같이 분담 권수를 정하였다.

· 서상문: 제41권, 제42권, 제47권, 제48권

· 심철기: 제43권, 제49권, 제50권, 제51권

· 도리우미 유타카: 제44권, 제45권, 제46권

공동 연구원은 분담 각 권의 기사들을 목록화하고 한국 관련 기사는 진한 색 마크로 드러낸 뒤, 각 권에 대한 총괄 해설을 붙였다. 연구팀은 최종 보고서에서 사업의 결과에 대해 다음과 같이 평가하였다.

첫째, 상기 11권에 수록된 문건들은 모두 국가 지도자나 정부 수준의 기관에서 직접 생산한 1차 사료는 아니지만, 중국 관내, 특히 상하이를 중심으로 한 중지中支 지역에서 활동한 한국인들의 독립운동, 공산주의 및 무정부주의 운동 연구에 한해서는 1차 사료에 준하는 사료 가치가 높은 것들이 적지 않다. 물론 엄밀한 사료 검증을 거쳐야 하겠지만, 이 가운데에는 그동안 관련 학계나 언론계에서 한 번도 참고하거나 소개한 바 없는 사료들이 대부분이다.

둘째, 중국 관내 한국독립운동사 연구뿐만 아니라 일본 민관民官의 중국 진출 및 중국 침략, 중국인들의 동향, 특히 국공國共 관계, 중국공산당 및 코민테른과의 관계 등 중국 현대사, 중일 관계사 등 연구에도 적지 않게 도움이 되는 사료들이 많이 포함되어 있다.

---

6 김구포럼은 운영위원회(위원: 정연식, 최연, 한시준)와 학술기획위원회(위원: 도진순, 서상문, 윤대원, 정병준)를 두고 운영되었다.

셋째, 본 11권의 해제 내용을 별도의 사료 해제집으로 간행을 해도 충분한 사료 가치가 있는 자료로서, 한국 독립운동 연구자는 물론, 중국 현대사와 일본 현대사 연구자들에게도 많은 도움이 될 수 있을 것으로 판단된다.

서상문은 전체 「해설」을 작성하면서 각 권 해설에 대해서도 점검하여 균형을 맞추었다. 포럼 좌장 이태진李泰鎭은 종반 단계에서 목록과 해설만 내놓을 것이 아니라, 주요 자료 9점을 선별하여 그 전문을 한국어로 번역하여 책 초반부에 넣기를 제안하였다. 이 자료집에 접하는 사람들에게 이 책의 성격을 이해하는 데 도움을 주는 효과를 기대한 배려였다. 선별된 문건 번역은 일본 히토쓰바시대학一橋大學에서 박사학위를 받은 최성희崔誠姬, 같은 학교 대학원 박사과정에 재학 중인 김유비金庾毘에게 부탁하였다. 번역문에 대한 감수 및 교열·윤문 등은 김홍수(홍익대학교 교양과 교수)가 맡아 수고하였다. 최종적으로 간행에 즈음하여 책이름 붙이기에 대한 협의는 '일제 외무성 경찰의 임정·항일지사 조사 기록'으로 낙착을 보았다. 1년여, 이 사업 추진 및 결과 수합에서 총괄 간사 역할을 한 오정섭에게도 감사를 표한다. 자료 정리 사업은 구매층이 많지 않은 특별한 출판 사업이다. 그런데도 기꺼이 이의 출판을 맡아 준 태학사에 감사를 표한다.

끝으로 일본 외무성 산하 외교사료관과 후지출판사에 특별한 감사를 표한다. 이 자료집은 이용자의 편의를 위해 후지출판사의 해당 간행물을 DVD로 제작하여 연구자들이 직접 열람할 수 있게 하였다. 이 기획에 외교사료관과 후지출판사가 모두 동의하였다. 한국인 및 중국인의 항일 투쟁사 연구는 21세기 동아시아의 평화 공존 체제 확립을 위한 정지 작업으로서, 역사적 의의가 있다. 이에 대한 동의로 감사를 표한다.

2021년 12월
김구포럼 좌장 이태진

II.
일본제국
『외무성경찰사』해설

서상문

1. '외무성 경찰'의 창설과 자료의 생성

1) '외무성 경찰'의 창설 목적과 주요 임무

'외무성 경찰'이란 19~20세기 일본정부가 조선(그 뒤 대한제국), 중국 관외 지역이었던 만주滿洲와 간도間島, 중국 관내 지역, 태국의 일본 영사관에 설치한 경찰로서 내무성이 아닌 외무성에 소속돼 외무성의 지휘와 감독을 받도록 만들어 놓은 경찰기관이다.[1] 당시 외무성 소속이라고 해서 '외무성 경찰'로 불렸지만, 한편에선 해외 주재 각 영사관에 속하는 경찰이라고 해서 '영사관 경찰'이라고 부르기도 했다. 이 조직은 일본 내에서는 전체적으로 해외의 일본 외교기관 소속 경찰을 총칭해서 '외무성 경찰'이라고 불렀지만, 해외 현지의 각 영사관 경찰에서는 자체적으로 '영사관 경찰'로 부르기도 했다.[2]

일본은 조선·청국·태국과 각기 불평등조약 성격의 「조일수호조규朝日修好條規」(일본명 일조수호조규日朝修好條規, 1876년 2월)와 「일청통상항해조약日淸通商航海條約」(1896년 7월), 「일섬수호통상항해조약日暹修好通商航海條約」(1898년 2월)을 체결하고, 이를 근거로 각국에서 획득한 영사재판권을 획득하여 각국 거주 일본 거류민의 보호와 단속, 권익 보호를 중요한 임무로 삼았다. 일본이 해외 각지의 일본영사관에 '외무성 경찰'을 설치한 것은 조선(1880년), 중국(1884년),[3]

---

[1] '외무성 경찰'이란 용어는 당시 중국 관내 각 일본 영사관에 설치된 '외무성 경찰'의 경찰 인원 숫자와 규모가 각 시기마다 달랐기 때문에 각 영사관에 따라 '외무성 경찰서', '외무성 경찰', '경무부' 등의 명칭으로 존재했다.

[2] 총괄하면, 당시 '외무성 경찰'과 이를 줄여서 부른 '외경', 그리고 '영사관 경찰'과 이를 줄여서 부른 '영경領警' 등 네 가지 명칭이 있었다.

[3] 이보다 더 이른 1882~83년에 베이징北京과 톈진天津의 일본 주차관駐箚館에 인원수 미상의 외무성 경찰관이 배치된 바 있었다는 『외무성보外務省報』(제337호, 1935년 12월 15일)의 기록이 있지만, 이를 증명하는 직접적인 사료는 나오지 않았다. 荻野富士夫, 『外務省警察史: 在留民保護取締と特高警察機能』(東京: 校倉書房, 2005年), 579쪽. 일본 경찰의 순사 2명이 중국 관내의 일본 영사관에 배치된 것은 1884년이 처음인데, 그것은 비공식적인 파견이었다.

태국(1899년), 1906년 만주 지역의 펑톈奉天 · 창춘長春 · 안둥安東, 1909년 간도순이었다.

일본은 해외 주변 국가들을 식민지화하는 과정에서 먼저 경찰과 사법권을 뺏은 후 군대해산순으로 군사권을 장악하였다. 그 초기에 타이완 · 조선 · 간도 · 만주 등 해외 각국의 영사관에 경찰을 둔 이유는 해당 국가에 자국 군대를 직접 주둔시킬 수 없는 상황에서 외교적 마찰을 최소화하고자 비밀리에 경찰을 운영하기 위한 것이었다.

메이지明治유신으로 국가 권력을 장악한 토막파討幕派(도쿠가와 막부 타도파)는 '천황 체제' 유지를 가장 중요한 국가적 과제로 삼았다. 이를 위해 일본 국내에서는 내무성 경찰이 일반적인 치안 유지를 비롯해 공산주의자나 천황 체제에 반대하는 자들을 검거하는 임무를 수행했다. 해외에서는 내무성 경찰을 외무성에 소속시켜 산하 각 영사관에 배치해 해외 침략을 원활히 하고, 식민지를 포함한 해외의 일본 거류민(당시 '재류방인在留邦人'으로 불렸음)의 보호 및 단속, 현지 주재국의 배일 · 항일 운동에 대한 외무성 대사관 및 영사관의 감시와 단속, 그리고 그에 대한 각종 정보 수집 임무 등의 국익 보호가 우선시됐다. 일본제국주의[4]는 러일전쟁 발발 직전인 1903년에 이미 구미와 중국을 비롯해 여러 나라에 71개 영사관을 설치했다.[5] 청일전쟁(1894. 6.~1895. 4.)과 러일전쟁(1904. 2.~1905. 9.) 시기에 주로 자국민 보호를 명분으로 해외 통상과 식산, 해외 국가들의 현지 사정, 그리고 전쟁 관련 사회와 군사 정보 수집을 확대하기 위한 것이었다.

외무성 경찰의 해외 주재는 전반적으로 이러한 배경과 목적에서 설립되었

---

4 메이지유신으로 자본주의화를 거치면서 청일전쟁(중국명 '갑오중일전쟁甲午中日戰爭')에서 승리한 결과 해외에 일본 전 국토의 80%에 가까운 면적의 식민지(타이완과 조선)를 소유하게 되면서 제국주의 국가가 됐다. 中塚明, 「日本帝国主義と植民地支配」, 歴史学研究会, 日本史研究会 編, 『講座日本史』(東京 : 東京大学出版会, 1970年), 6卷, 245쪽.

5 高嶋雅明, 「領事報告制度の發展と'領事報告'の刊行: "通商彙編"から"通商彙纂"まで」, 角山榮編著, 『日本領事報告の研究』(東京: 同文館, 1986年), 85쪽.

다. 중국의 경우, 청일전쟁과 러일전쟁 발발 전과 이후, 그리고 만주·간도 등지의 관외와 관내 지역의 사정이 각기 달랐다. 본 해설에서는 자료가 선택된 지역, 즉 관내 외무성 경찰의 주요 동기와 목적을 시기별로 정리, 소개한다.

1910년대에는 전반적으로 기본 임무의 수행 외에 만주 문제가 중요한 국가 전략 과제가 되어 이에 부응하는 활동이 해외 주재 외무성 경찰의 주요 임무가 됐다. 특히 1910년대 후반부터는 1917년 러시아혁명을 성립시킨 볼셰비키의 사회주의 세력, 그리고 1919년 3·1운동으로 해외에 망명해 대한민국임시정부(이하 "임정"으로 약칭)를 세우고 이를 구심점으로 한 한인 지사들의 항일운동이 등장하여 양대 위협 세력이 되었다. 이러한 배경에서 볼셰비키가 초기 일본인 사회주의자들을 코민테른Comintern에 연계시키려는 움직임에 대한 단속과 탄압, 한국 독립운동에 관련된 반일 인사의 대명사격인 '후테이센진不逞鮮人'의 단속 내지 검거는 '외무성 경찰'에게 부과된 주요한 임무가 되었다.[6]

1920년대의 일본 외무성 경찰은 전반적으로 천황제 유지를 근간으로 해서 사회주의 혹은 공산주의 사상이 동아시아에 흘러 들어온 상황에 대응해 한국 및 타이완의 식민지 보호와 아시아 지역의 적화 예방 차원에서 '과격 사상', '노국 과격파露國過激派(볼셰비키)' 이념을 제거하기 위해서 움직였다. 이 시기 한국 독립운동에 대한 감시·단속·탄압·검거·구속이 일본 외무성 경찰의 설립 목적과 존립 이유 중의 하나였다. 그러나 외무성 경찰 활동은 일본의 중국 진출 및 경영, 러시아에 대한 방비라는 더 넓은 범위의 목적에서 운영됐다는 점을 유의할 필요가 있다.

1921년, 일제는 상하이上海 일본 영사관의 경찰을 이른바 '특고경찰特高警察'로 운용했다. 이 국제도시를 통한 사회주의 사상과 러시아 공산당 볼셰비키의 영향이 일본 국내로 유입돼 들어오는 것을 차단할 목적이었다. '특고경찰'은 '특별고등경찰特別高等警察'의 준말로, 원래 그 이전 1911년 일제가 천황제 반대

---

6 荻野富士夫, 『外務省警察史: 在留民保護取締と特高警察機能』, 같은 책, 머리말 2쪽.

자들의 정치운동이나 사상운동을 단속하기 위하여 둔 경찰이었다. 러시아 사회주의자들에 대한 단속은 "특별고등경찰집무심득特別高等警察執務心得"의 조항으로 올릴 정도로 중점 업무였다.[7] 1920년대 후반에 이르러 그 당시 중국 내, 특히 상하이를 중심으로 한 지역에서 고양되기 시작한 각종 불평등조약 철폐 운동과 연동된 배일 운동, 국권 회수 운동에 대한 대응이 특고경찰의 중요한 임무로 삼아졌다. 중국 현지에서 일본군뿐만 아니라 일본 외무성 경찰 직원들이 중국의 비밀 정보 요원들에게 피살되는 상황[8]이 이어지는 가운데 외무성 경찰은 반일 언행을 보이는 '후테이센진', 즉 항일 독립운동 지사들에 대한 일상적인 감시와 강력한 단속 및 색출, 검거·취조·고문·감시, 매수와 회유, 정보 수집 등의 임무를 비밀리에 수행하였다.

1930년대는 현대 일본의 대외관계사에서 중대한 사건들이 자주 발생했다. 1931년 9월 일제가 도발한 만주사변(중국명 '9·18사변')에 이어 이듬해 1월 28일 중국 관내 침공을 감행한 상하이사변이 일어났다. 후자는 일제가 만주국 수립 공작을 분식粉飾하기 위해 국제사회의 시선을 다른 곳으로 돌리는 것이 목적이었다. 이 시기 이봉창(1901~1932)과 윤봉길(1908~1932) 두 의사의 대일 요인 암살 의거가 3개월 사이에 연이어 일어나고, 1937년 7월 중·일 간 전면 전쟁이 일어났다. 1920년대 후반부터 상하이와 산둥山東의 지난濟南 등지를 중심으로 일어난 반일 운동이 상하이사변으로 한층 더 격렬해지던 가운데 이봉창·윤봉길 두 의사의 의거로 일제의 요인들이 폭살당하는 사태까지 겹쳤다. 천황의 신변까지 위험에 노출되자 중국 내 외무성 경찰의 규모와 업무 수행에 근본적 변화가 생겼다.

전례 없는 사건들의 연속적 발생에 대응해서 상하이 일본 총영사관의 '외무성 경찰'(경무부)은 '벤이헤이便衣兵', '벤이타이便衣隊' 수색 검거를 시작하였고,[9]

---

7 由井正臣 編, 『資料 日本現代史』(東京: 大月書店, 1981年), 第6卷(国家主義運動), 51~52쪽.
8 陳恭澍, 『上海抗日敵後行動』(臺北: 傳記文學出版社, 1984年), 278~280쪽.

전투 지역에서는 일반인 통행자들까지 대상으로 검문 검색하여 급파된 육군과 해군 육전대를 보조하거나 보완하는 임무를 수행했다. 외무성 경찰 "본연의 직무" 또는 "경찰 사무의 본분"은 거류민의 보호 단속이었다. 이 본연의 업무보다 "사변 시 총포를 들고 일어선 국책의 제일선"에 서서 "첩보망의 확충", "방공진防共陣의 정비"와 같은 것이 곧 특고경찰의 일차적인 임무가 되었다. 중국 거주 일본 거류민 보호보다 한·중·일의 사회주의자들과 항일 세력에 대한 단속과 체포, 정보 수집으로 업무 중점이 옮겨 갔다. 새로운 임무로 "공비共匪와 마적馬賊의 검거 토벌"의 비중을 높여 가기로 했다. 정보 수집의 목표 설정 대상은 1920년 창당된 중국공산당[10]을 넘어 사상적으로 의심되는 일반 중국인·한국인도 포함되었다. 한국인 항일운동에 대한 단속과 검거, 첩보 공작과 정보 수집은 상하이 외무성 경찰이 맡게 된 최대 중점 과제였다. 여기에 업무 효율성을 높이기 위해 외무성은 전무원專務員으로 부영사副領事 1명, 경부警部 1명, 경무보警部補 1명, 순사부장巡查部長 1명, 순사巡查 3명, 선박계船舶係 순사 2명 등을 포함해 총 10명을 전담 인력으로 배치하였다. 이 인원의 다수는 제2과에 배치됐는데, 이는 상하이 영사관 직원 전체의 약 3할에 해당한다.[11]

　　1937년 7월 중일전쟁의 개전에 따라, 중국 관내 일본 '외무성 경찰'은 이듬해 봄부터 기존의 군사 행동에 대한 직접적 지원, 임전태세 확립 역할에서 "후방 치안의 확보"로 임무가 바뀌었다. 중일전쟁 전면화에 대응하라는 외무성 대신의 지시도 해외 주재 각 영사관과 경찰에 내려졌다. 일본군이 관내 내륙 깊

---

9 일반 시민과 같은 사복이나 민족의상 등을 착용하여 민간인으로 위장하여 수색하는 것을 뜻한다. 이는 국제법 위반 사항으로서 체포되면 재판에 회부되어 처형될 사항이었다.

10 중국공산당과 중국 역사학계에서는 중공의 창당 시기를 1921년 여름으로 보는 것이 정설이지만, 필자는 그 설을 반박하고 중공이 창당된 시기는 1920년 가을이었다는 설을 제시한 바 있다. 양쪽 주장의 근거를 비롯해 창당의 구체적인 시기, 중공이 창당 시기를 왜곡한 배경 등에 관한 세세한 논의는 서상문, 『혁명러시아와 중국공산당 1917~1923』(서울: 백산서당, 2008년 제2판), 제6장(중국공산당 창당문제의 재검토)을 참조.

11 荻野富士夫, 『外務省警察史: 在留民保護取締と特高警察機能』, 같은 책, 702쪽.

숙이 주요 거점 도시들을 공격하였다. 일제는 친일 거두 왕징웨이汪精衛(1883~
1944)의 난징南京 정부를 또 하나의 중화민국 정부로 승인하여 중국 관내의 절
반 정도를 점령하게 함으로써 간접적으로 장악하는 상황을 만들었다.[12]

1930년대 후반에 들어서면서 일제는 침략의 중심을 동남아시아로 향한 남
방 정책을 추동하게 되면서 북쪽으로부터 소련이 공격해 올 것을 우려하여 각
지 외무성 경찰에게 중국과 소련에 대한 군부의 임전태세 확립에 조력하라는
임무를 더 추가하였다. 이는 이미 만주 주재 외무성 경찰에게 부여돼 있던 것
을 중국 관내로 확대한 조치였다.[13] 군사행동에 대한 지원, 교전, 정보 수집, 언
론·출판의 통제, 일본 거류민의 보호 및 철수, 불량 일본인의 단속, 일반 '행정
경찰적' 역할 등이 임무 사항으로 열거되었다.

1940년대는 일제가 중일전쟁에 이어서 미국과의 태평양전쟁으로 전선을
크게 확대한 시기였다. 전례 없던 이 상황에서 외무성 경찰의 임무는 "동아치
안체제東亞治安體制", "대동아치안체제大東亞治安體制" 구축을 일선에서 수행하
여 "동아신질서東亞新秩序" 내지 "대동아공영권大東亞共榮圈" 조성에 이바지하
는 것이었다. "대동아"란 동북아시아·동남아시아·오스트레일리아를 더한
지역으로서 1940년 6월 전, 수상 고노에 후미마로近衛文麿가 '신체제운동 결의'
를 표명한 가운데 6월 29일 외무대신 아리타 하치로有田八郎가 행한 라디오 연
설 "국제 정세와 일본의 위치"에서 처음 사용한 용어였다. 7월에 출범한 '제2차
고노에近衛 내각'은 국책 요강으로 "대동아 신질서 건설"을 내세웠다. 그런데
일제가 이렇게 전선을 크게 확대한 것은 '일중日中전쟁의 조속한 해결'을 보기
위한 동기에서였다. 이는 일제 수뇌부가 "일본의 운명"에까지 영향을 미칠 과
제의 하나로 인식할 정도로 중차대한 문제였다.[14]

12 張玉法, 『中華民國史稿』(臺北: 聯經出版社, 1998年), 351~358쪽.
13 일본 군부와 정부의 소련에 대한 우려에 대해선 國防部史政編譯局 譯印, 『對中俄政略之策定:
　　大戰前後政略指導(三)』(臺北: 譯印者出版, 1991年), 日軍對華作戰紀要叢書 第38卷, 612쪽; 荻野
　　富士夫, 『外務省警察史: 在留民保護取締と特高警察機能』, 같은 책, 739쪽을 참조.

일제는 1940년 "남진南進 확대 정책"의 강행에 이어 이듬해 12월 '태평양전쟁'을 일으켰다. 1938년 제1차 고노에 내각은 중국 내 각지 외무성 기관들을 통합하여 흥아원興亞院에 소속시킨 바 있다. 1942년 11월 도조 히데키東條英機 내각은 이를 대동아성大東亞省으로 확대 개편하였다. 기존 '식민지'를 제외한 이른바 "대동아 지역"에 관한 정무는 모두 대동아성 아래에 일원화하였다. 외무성에는 당시 표현으로 "순외교純外交"로 일컬어진 국제 의례나 조약 체결이라는 형식적 절차에 관한 업무만 남겨졌다. 중국과 만주국 관련 문제도 대동아성의 관할 아래 두었고, 특히 중국 현지 기관들은 일원화되었다.[15] 중국 관내의 각 외교 공관들과 영사관 소속 '외무성 경찰' 관련 기관들의 전 직원들도 모두 대동아성으로 이관시켰다. 외무성 경찰이 대동아성 경찰 소속으로 전환됨과 동시에 인원과 기구도 대거 확충됐다. 이에 대한 자세한 내용은 다음 절의 '외무성 경찰의 규모'에서 언급하겠다.

1945년 8월 15일 천황이 항복 의사를 공표한 후, 8월 26일 대동아성은 폐지되었고, 모든 잔무殘務는 외무성으로 인계되었으며, 대동아성 경찰관은 '외무성 경찰'로 되돌아갔다. 외무성 경찰에 관한 규정들은 그로부터 1개월 남짓 더지난 10월 상순경에 '대동아 부내 임시 직원 설치 제도' 및 관련 '외국 재근在勤의 외무성 경찰관에 관한 건'이 모두 폐지되었다. 이는 그간 외무성 경찰을 관제상으로 규정하던 문건들이었다. '외무성 경찰'은 이로써 일본 관제 외무성의 조직상에서 완전히 없어졌다.

2) 중국 주재 '외무성 경찰'의 규모, 지휘 계통, 자료 생산

일제가 중국 관내에 '외무성 경찰'을 두게 된 것은 1896년 4월 16일부로 텐진

---

14 林茂, 辻清明 編輯, 『日本內閣史錄』(東京: 第一法規出版社, 1981年), 第4卷, 213~214쪽, 215~216쪽.
15 林茂, 『日本の歷史』(東京: 中央公論社, 1967年), 第25卷(太平洋戰爭), 293~294쪽.

天津·즈푸芝罘·상하이·쑤저우蘇州·항저우杭州·사시沙市·충칭重慶·샤먼廈門
의 각 영사관에 경부 1명(상하이만 2명)을 배치하는 것으로 시작됐다.[16] 앞 절에
서 소개하였듯이 이후 일제의 대중국 침략이 확대되고 사회주의사상의 확산
에 대해 대응할 필요성이 증대됨에 따라 그 인원은 계속 늘어났다. 1925년 3월
시점, 만주와 간도 지역까지 포함한 중국 전역에서 활동하고 있던 전체 외무
성 경찰 인원은 총 481명이었고, 이 중 관내 인원은 213명이었다. 1928년 현재
일제는 세계 각지의 140여 곳에 영사관을 개설한 상태였는데, 그 중 39개소가
중국 내에 있었다.[17]

만주사변 발발 직전인 1931년 8월 31일 시점에 중국 관내에 338명으로 늘어
났고, 중국 전역의 일본 외무성 경찰 인원도 985명으로 늘어났는데, 이는 전체
외무성 경찰 인원수의 약 38%를 차지한 수치였다.[18] 1932년 1월의 상하이사
변 후 중국 관내 외무성 경찰은 두 번에 걸쳐 더 확충됐다. 확충 후인 4월 1일
시점에 관내 489명으로 대폭 증원되었으며, 중국 전체 외무성 경찰 인원도
1,314명으로 늘어났다.[19]

그 뒤에도 중국 주재 외무성 경찰은 중국 전역에 걸쳐 계속 증가하였지만,
1934년 10월 만주 지역의 경찰기구 간의 대립 문제로 외무성경찰관만 무려
5,000명이 한꺼번에 총사직을 한 사실도 있다.[20] 당시 만주의 경찰 기구로는
관동군에 속한 헌병, 외무성 기관의 영사관 경찰, 관동청關東廳 관할 보통경찰
등 세 계통으로 나뉘져 있었다.[21]

---

16 荻野富士夫, 『外務省警察史: 在留民保護取締と特高警察機能』, 같은 책, 581쪽.
17 高嶋雅明, 같은 논문, 角山栄 編著, 『日本領事報告の研究』, 같은 책, 85쪽.
18 船橋治 編, 『外務省警察史』, 第5卷, 148쪽.
19 위의 책, 149쪽.
20 清水秀子, 「対満機構の変遷」, 日本国際政治学会 編, 『日本外交史の諸問題』(東京: 有斐閣, 1968
　年), Ⅲ, 148쪽.
21 위 각주의 같은 논문, 147쪽.

1935년 10월 1일 현재의 '외무성 경찰직원 배속표'에 따르면, 중국 관내 모든 외무성 경찰서에서 근무한 경찰관 수는 총 525명이었다. 이 숫자는 당시 일본 전체 외무성 경찰 인원의 약 29%에 해당됐고, 1930년대 중반까지 중국 관내의 외무성 경찰은 500명 전후의 수준을 유지했다.[22] 1937년 11월 말, 만주국에 재만在滿외무성 경찰관을 대량으로 이양해 줬을 때 관내 외무성 경찰관 수는 579 명이었다. 그 뒤로도 중국 주재 외무성 경찰 인원수는 지속적으로 증가돼, 일제 패전 직후인 1945년 8월 하순에서 10월 말 외무성 경찰이 해체 수순에 들어 갔을 즈음엔 약 6배로 늘어나서 중국 관내 경찰서 분관 및 출장소 포함 총 40 개소의 일본 영사관에 총 3,470명(예산 정원은 4,275명)의 외무성 경찰이 있었다.[23]

1만 명에도 미치지 못한 중국 주재 외무성 경찰의 이 인원은 같은 시기 중국에 배치돼 있던 최소 78만 명 이상의 일본군[24]에 비하면 200분의 1도 되지 않던 규모였다. 전쟁이 확대돼 일본군 병력이 만주로 크게 증원되기 이전인 1941년 전후에도 상황은 거의 비슷했다. 그래서 당시 외무성 경찰은 일본군에 가려져 크게 눈에 띄지 않았다. 앞서 언급한 바 있지만, 중국 주재 외무성 경찰 증원은 한중 양국의 항일운동과 중국공산당에 대한 정보 수집 활동의 비중을 높이려는 의지가 반영된 것이었다. 증원은 영사관과 대사관의 규모가 큰 상하이 · 칭다오靑島 · 톈진 · 지난 · 한커우漢口 · 샤먼 등 6개 지역에 편중된 것이었다.

외무성 경찰 인원의 확충은 '외무성 경찰'의 '특고경찰' 기능의 강화와도 맞물려 있었다. 상하이 총영사관 경찰부 제2과의 창설이 대표적이다. 1932년 12월 말에 입안되어 이듬해 4월 10일부터 시행되기 시작한 '경찰부警察部 사무 분

---

22 荻野富士夫, 『外務省警察史: 在留民保護取締と特高警察機能』, 같은 책, 708쪽.

23 外務省 編纂, 『日本外交年表並主要文書』(東京: 原書房, 1966年), 下卷, 附表 4, 97~98쪽; 荻野富士夫, 『外務省警察史: 在留民保護取締と特高警察機能』, 같은 책, 머리말 1쪽, 808~809쪽. 같은 저서의 853쪽에서는 이 3,470명은 8월 31일의 숫자라고 돼 있다.

24 新人物往來史戰史室 編, 『滿洲軍と關東軍』(東京: 菅英志, 1994年), 245쪽. 관동군의 병력 수는 같은 시기 120만 명이었다는 주장도 있다. 荻野富士夫, 『外務省警察史: 在留民保護取締と特高警察機能』, 같은 책, 머리말 1쪽.

장'에 따르면, 상하이 일본 총영사관 소속 외무성 경찰의 제1과 직원은 84명, 제2과는 과장 포함 25명이었다. 제1과는 경무계·보안계·형사계, 제2과는 조사기획계·섭외계·서무계·지나支那(중국)계·러시아계·일본인계·선인鮮人(한인)계·타이완계·검열계 등 총 9계로 편성되었다. 이는 제2과의 주요 업무 및 활동 중점이 일본인 관계, 한인 관계, 타이완인 관계, 러시아인 관계, 외국인 관계, 중국공산당과 노동운동에 대한 검열 등이었음을 보여 준다.

외무성 경찰의 규모가 이처럼 지속적으로 확장된 데는 두 가지 이유를 들 수 있다. 하나는 중국 내 정치 상황 변화에 대응해 각지 외무성 경찰의 인원이 더 필요했던 점, 다른 하나는 당초 자국 거류민 보호를 명목으로 사건 수사와 범인 체포를 위해 경찰관을 파견하고, 사건이 종료된 뒤에도 해당 경찰을 철수시키지 않고 치안유지를 명목으로 그대로 상주시켜 나가는 방식을 취하였던 점이다.

외무성 경찰 내부의 위계는 대체로 대사관과 총영사관의 참사관이 경무부의 부장을 겸했다. 계급별 구성과 지휘계통을 보면, 전체 일본제국 경찰의 최고 책임자는 총감總監, 그 아래 부총감副總監, 총감보總監補순이지만, 중국 주재 각지 대사관·영사관 소속 외무성경찰의 지휘계통은 맨 아래 직급인 순사에서 시작해서 순사부장巡査部長, 경부보警部補, 서기생書記生, 경부警部, 경시警視, 부영사副領事, 영사領事, 총영사總領事순으로 서열화되어 있었다. 이 가운데 서기생은 '외교관 등용 시험'이 아닌 '영사특별임용령領事特別任用令'에 따라 통역관·번역관과 함께 선발된 직책이었다.[25]

---

25 高嶋雅明, 같은 논문, 角山栄 編著, 『日本領事報告の研究』, 같은 책, 87쪽.

2. 『외무성경찰사』의 체제, 주요 내용과 사료적 가치

1) 『외무성경찰사』의 간행과 편성 체제

한·중·일 3국의 대외 관계는 일제 침략이 주요 역사 동인이 됨에 따라 시공간적으로 상당 부분 서로 포개져 전개된 부분이 많았다. 한국 독립운동 관련 사료도 한국 외에 일본과 중국(중화민국, 이하 '중국'은 모두 '중화민국'을 가리킴) 측에 의해 생산된 것이 많다. 일본은 제국주의 침략자이자 식민 당국자 혹은 피침략 국민에 대한 압제자로서, 한국은 일제 침략에 저항한 투쟁자로서, 중국 대륙은 일제의 침략 대상임과 동시에 한인 항일투쟁의 주요 공간 제공자로서 관련 자료들이 다수 생산되었다. 한·중·일 3국은 대략 1960년대부터 각기 자국사의 일부로서 자국 내에 소장된 관련 자료들을 정리하였다. 그래서 한국 독립운동 관련 사료가 일본, 중국에서 정리된 자료 속에 많이 나타나게 되었다.[26]

일본은 제국주의 침략의 당사자로서 침략과 저항의 3국간 관련 사료의 보고寶庫가 되었다. 천황과 궁내성, 군부와 대본영, 내각·외무성·관동성·만주국·조선총독부·타이완총독부 등 수많은 기관들이 모두 보고의 일부를 이루

---

26 한국 독립운동 관련 자료들이 놀랄 만큼 많이 자국 내 여러 학술 기관들에 분산 소장돼 있는 타이완 학계에서 나온 자료집으로는 대표적으로 中央硏究院近代史硏究所 編, 『國民政府與韓國獨立運動史料』(臺北: 編者刊行, 1988年)를 꼽을 수 있다. 그러나 이 자료집이 나온 뒤 지금까지 30여 년이 지났지만 더 이상 의미 있는 자료집은 나오지 않고 있다. 타이완 학계에서는 최근 10여 년 사이에 한중 관계사 연구의 제1세대격인 학자들이 거의 모두 타계하고 그 뒤를 이을 후속 세대가 없어서 한중 관계사 및 한국 독립운동 연구가 맥이 끊긴 상태이기 때문이다. 한국의 경우는 국사편찬위원회에서 펴낸 『韓國獨立運動史-資料』, 1~18권 (1968~1990), 『대한민국임시정부자료집』(2011년), 그리고 백범김구선생전집편찬위원회 白凡金九先生全集編纂委員會에서 펴낸 『白凡金九全集』(대한매일신보사, 1999년) 1~7권, 10~12권, 매헌윤봉길전집편찬위원회에서 간행한 『매헌윤봉길전집』(편자 출판, 2012년), 1~9권을 들 수 있다.

고 있다. 이러한 기관이나 조직들에서 생산된 침략 관련 사료는 지금까지 적지 않게 발행되었다.[27] 그 가운데 한국 독립운동사 연구에 도움이 되는 자료도 다수 포함된다.[28] 후나바시 오사무船橋治가 편집 간행한 『외무성경찰사外務省警察史』(東京 : 不二出版社, 2000年) 전 53권도 그 가운데 하나다.

후나바시 오사무는 후지출판사를 설립한 이래 지금까지 수십 년에 걸쳐 일제의 중국 침략을 증명하는 각종 사료들을 모아서 자료집으로 1,000권 이상 간행해 온 저명한 출판 경영인이자 역사가이다. 후나바시 오사무의 『외무성경찰사』 53권은 중국 주재 일본 외무성 경찰에서 편찬한 『외무성경찰사』 전 112책을 복간한 것이다. 112책이 어떻게 해서 53권으로 축소됐을까? 먼저 일본외무성에서 간행한 『외무성경찰사』 112책의 간행 연원과 경위에 대해 누가, 왜, 어떻게 순으로 살펴보고자 한다.

1937년 4월, 일본 외무성 동아국東亞局 제2과는 재외 '외무성 경찰'의 실무를 담당한 부서로서 특별한 기획을 세웠다. 만주에서 일본제국이 누린 치외법권이 만주국의 출범으로 철폐되고, 만주 지역 '외무성 경찰'이 같은 해 12월 만주국에 이양되기로 예정되자 이의 기념과 동시에 외무성 경찰이 그동안 수행해온 "광휘로운 역사光輝アル歴史"를 "후세에 전하고자" 4월 9일 『외무성경찰사』 편찬 계획서를 입안했다.[29]

편찬 작업의 주무처는 외무성 인사과였고, 인사과장이 편찬위원회 위원장을 맡았으며, 동아국장은 고문을 맡았다. 편찬 업무는 전임 외무성 이사관으로서 외무성 경시 스에마쓰 기치지末松吉次와 1943년 7월 중국에서 귀국해 새

27 姜德相 編, 『現代史資料』(東京 : みすず書房, 1965~76年), 25~29卷 ; 金正柱 編, 『朝鮮統治史料』(東京 : 韓国史料研究所, 1970年), 1~10卷 ; 船橋治 編, 『十五年戦争極秘資料集』 全31冊 ; 『十五年戦争極秘資料集』(補卷) 111권 등이 대표적이다.

28 金正明 編, 『朝鮮独立運動』(東京 : 原書房, 1967~68年), 1~5卷 ; 朝鮮總督府警務局, 『在外不逞鮮人ノ概況』, 『在満不逞團鮮, 社会主義團體ノ状況』(1928年).

29 이하 『外務省警察史』의 편찬 경위와 관련된 내용은 荻野富士夫, 『外務省警察史 : 在留民保護取締と特高警察機能』, 같은 책, 915~925쪽에서 정리했다.

로 촉탁으로 편찬 작업에 참여한 동아국 제2과의 외무성 이사관 소마 기요시相馬淸 2인이 주축이 됐다. 스에마쓰 기치지는 1925년 전후 몇 년간 간도 주재 일본 총영사관의 외무성 경찰부장을 지냈으며, 1928년에는『외무성경찰법규취外務省警察法規聚』를 편찬한 유경험자로서 당시 편찬 업무의 "최적임자"로 평가된 자였다.

『외무성경찰사』편찬위원회가 1937년 4월에 정식으로 발족됨과 동시에 인사과·문서과·회계과·동아국 제2과·동아국 제3과의 각 과장, 각 과의 고등관 1명과 촉탁 11명 등, 총 21명의 편찬위원이 구성됐다. 편찬 주무과 선정과 편찬위원의 인선이 완료되면서 편찬 작업에 착수한『외무성경찰사』편찬위원회는 편찬 요령 및 편찬 방침의 수립, 전임 위원 인선, 대장성 예산의 확보(제70차 의회에서 1937년도분 1만 엔 승인), 그리고 한국과 만주 등지의 일본 영사관 출장을 통한 자료 수집 및 편집, 해설 작성, 보수 및 교정, 인쇄 과정을 거쳐 먼저 1차로 일제의 식민통치나 세력 확대에 필요한 '조선', '만주', '간도', '중국 관내'를 지역별로 묶어서 편집한 88책을 간행했다.

그 뒤 1944년 10월 기존의 88책이 있는 데다 추가로 26책을 더 발행해 정본은 114책('외무성경찰사분류목록外務省警察史分類目錄' 포함)이 됐고, 사진 및 통계를 제외하고 기술만 돼 있는 부본副本 100책이 세상에 나오게 됐다. 원래 새로 25책 정도를 더 간행하기로 한 25책 중의 반에 해당되는 상하이 총영사관의 '조선민족운동' 전 5책, '공산, 무정부주의운동' 1책, 창사長沙·이창宜昌·사시·충칭·청두成都·윈난雲南 등지 영사관 경찰의 각 자료들은 마무리 하지 못해 결국 완성되지 못한 미정고未定稿가 되었다.[30]

정본 114책은 1937년 4월에 착수했을 때 당초 계획한 2년을 훨씬 넘겨 총 7년 반 이상이라는 긴 시간이 소요되어 완성된 것이었다. 그런데도 일부가 '미정고'로 남아 미완성인 채로 사업이 완료되었다. 편찬 과정에서 중일전쟁의

---

30 위의 책, 924쪽.

전면화로 재외 공관의 보고가 원활하지 못하거나 기대할 수 없게 된 상황 등이 원인이었던 것으로 짐작된다.

부본 100책은 그 뒤에도 계속 정오와 보수 작업을 거쳐 정본 114책과 함께 대동아성이 새로 발족되고, 외무성 경찰이 '대동아성 경찰'로 전환될 즈음인 1945년 3월 대동아성으로 이관됐다. 『외무성경찰사』에 수록된 자료들의 정본은 현재 일본 외무성 외교사료관에 소장돼 있는데 모두 열람이 가능하도록 공개되어 있다. 그러나 부본은 대동아성으로 이관된 뒤에 소개疏開되었기 때문에 소재 불명이라고 한다. 또 정본 중에도 일본 외무성 산하 외교사료관에는 '분류번호 1'로 분류된 '외무성경찰사분류목록外務省警察史分類目錄'과 '분류번호 2'로 분류된 '경찰관순직자명부警察官殉職者名簿, 경찰관공로기장부여자명부警察官功勞記章附與者名簿'는 눈에 띄지 않는다고 한다. 이 두 책을 뺀 112책에 수록된 문건들의 총 쪽수는 무려 72,053쪽에 달하는 방대한 규모다.[31] 이 112책은 아래와 같이 5개 부로 구성돼 있다.

표 1. 『외무성경찰사』 전 112책의 구성

No.	지역별 자료집	책수	문건내용 시기	분량
1	한국 관련 자료집(元韓國ノ部)	11책	(1876~1907년)	3,884쪽
2	만주 및 중국과의 경찰 관계 조약 및 제법규 관련 자료집(滿洲及支那ノ部)	9책	(1873~1937년)	3,677쪽
3	만주 지역 관련 자료집(滿洲ノ部)	23책	(1876~1937년)	17,929쪽
4	간도 관련 자료집(間島ノ部)	16책	(1910~1938년)	10,829쪽
5	중국 관련 자료집(支那ノ部)	53책	(1870~1940년)	35,734쪽

이 가운데 마지막 다섯 번째 No. 5의 '중국 관련 자료집[支那ノ部]' 53책은 다시 ① 북지北支(북중국) 22책, ② 중지中支(중부 중국) 20책, ③ 남지南支(남중국) 6책, 부속 사진첩 5책 등 3개 부분으로 세분되어 있다.

---

31 위의 책, 913~914쪽.

상기 후지출판사에서 간행된 『외무성경찰사』 53권은 후나바시 오사무가 일본 외무성 외교사료관에 소장된 『외무성경찰사』 114책 중 소재가 불분명한 '외무성경찰사분류목록'과 '경찰관순직자명부, 경찰관공로기장부여자명부'를 제외한 112책을 권수를 줄여 53권으로 재편집해서 복각판復刻板으로 간행한 것이다. 이하 본문에서는 불이출판사의 『외무성경찰사』 53권을 '후나바시 복각판본'으로 일컫고, 112책의 『외무성경찰사』는 '일본외무성판본'이라고 칭한다.

후나바시복각판본은 일제가 패망하기 전 조선(대한제국)·만주·간도·중국 관내로 나눠서 출간한 체제를 그대로 따랐다. 다만, 세로쓰기로 된 B5판의 크기를 실물 문건의 60%로 축소해서 4쪽의 문건을 복각판에는 1쪽에 모두 들어가도록 편집 배열한 것만 다를 뿐이다. 그리고 각 사료마다 하단의 ( ) 안에 명기돼 있는 일련번호는 일본 외무성 외교사료관의 분류번호를 그대로 반영한 것이다. 후나바시 복각판본에 수록돼 있는 문건들은 중국 주재 일본 외무성 경찰이 수집하거나 생산한 문건의 전부가 아니고, 이 책에 수록돼 있지 않는 사료들도 존재할 수 있다는 점은 주의를 요한다.

즉, 일본외무성판본은 북지北支와 중지中支 소재 대사관 경무부와 각지 영사관 소속에서 올라온 보고 서류, 동아국 제3과의 편찬물 등이 주요 사료가 됐지만, 본래는 외무성 경찰의 기구와 기능이 가장 많이 확충됐기 때문에 외무성 경찰서에서 이보다 더 많은 보고 서류와 편찬물이 대량으로 작성되고 축적됐을 것으로 추측되고 있다. 그러나 현재 일본 외무성 외교사료관에는 중국 주재 외무성 경찰들이 수집한 실제의 사료들이 전량 그대로 남아 있지 않다고 한다.[32]

총 53권으로 구성된 후나바시복각판본의 권수별 내용은 제1권~제3권에 한국 관련 자료가 수록돼 있고, 제4권~제6권은 만주 및 중국과의 경찰 관계 조약

---

32 위의 책, 808쪽.

및 제법규諸法規 관련 자료집이다. 제7권~제18권은 만주 지역 관련 자료집이며, 제19권~제27권은 간도 지역 관련 자료집이며, 제28권~제53권은 중국 관련 자료집이다. 중국 관련 자료집 가운데 북지 지역 관련 자료집은 제28권~제40권에 있으며, 중지 지역 관련 자료집은 제41권~제51권이며, 남지南支 지역 관련 자료집은 제51권~제53권에 있다. 이를 도표화하면 아래와 같다.

표 2. 판본 변화에 따른 편집체제 일람표

No.	日本外務省版本(에서)	후나바시 復刻版本(으로)
1	한국 관련 자료집(元韓國ノ部) 11책(1876~1907년) →	3권(제1~3권)으로 축소 (연도 변경 없음)
2	만주 및 중국과의 경찰 관계 조약 및 제법규 관련 자료집(滿洲及支那ノ部) 9책(1873~1937년) →	3권(제4~6권)으로 축소 (연도 변경 없음)
3	만주 지역 관련 자료집(滿洲ノ部) 23책(1876~1937년) →	12권(제7~18권)으로 축소 (연도 변경 없음)
4	간도 관련 자료집(間島ノ部) 16책(1910~1938년) →	9권(제19~27권)으로 축소 (연도 변경 없음)
5	중국 관련 자료집(支那ノ部) 53책(1870~1940년) →	26권(제28~53권)으로 축소 (연도 변경 없음)
계	총 112책 →	총 53권

이번에 김구재단 김구포럼에서 펴내는 『일제 외무성 경찰의 임정·항일지사 조사 기록』은 일본 외무성판본의 축소판격인 후나바시복각판본 가운데 중국[支那ノ部] 관련 제28권~제53권 중에서 제41권~제51권에 해당되는 11권의 중지中支 관련 문건의 목록만 대상으로 한 목록집이다.

중지 지역이란 중부 중국을 지칭하는 것이지만, 편찬자가 구체적으로 어느 지역이었는지 확실하게 밝히지 않아서 1945년 이전 중국의 지리적 개념을 이해할 필요가 있다. 이 시기 중국은 크게 만주滿洲·티베트西藏·청해靑海·신강新疆·서북西北·서남西南·화북華北·화중華中·화동華東·화남華南 지역으로 구분하였다. 이 가운데 중지 지역은 중국의 중부지방으로서 통상 화중지역을 가리켰다. 화중지역은 보통 창장長江 중류의 호북湖北·호남湖南 일대를 가리킨

다. 화동지역은 중국의 동부 지방으로 산둥·장쑤江蘇·안후이安徽·저장浙江·
장시江西·푸젠福建·타이완 등의 7개 성省과 상하이시가 포함되는데,『외무성
경찰사』는 중지 지역을 광범위하게 봐서 화동지역에다 서남지역 쓰촨四川성
의 충칭과 청두까지 포함시켜서 취급하고 있다.

　이 중지 관련 목록집의 권별 문건 생산처는 다음과 같다.

　　　제41권 ― 徐州領事館, 在支大使館中支警務部

　　　제42권 ― 上海總領事館

　　　제43권 ― 上海總領事館

　　　제44권 ― 上海總領事館

　　　제45권 ― 上海總領事館

　　　제46권 ― 上海總領事館

　　　제47권 ― 蘇州領事館

　　　제48권 ― 杭州領事館, 南京總領事館, 蕪湖領事館

　　　제49권 ― 九江領事館, 漢口總領事館, 鄭州領事館

　　　제50권 ― 長沙領事館, 宜昌領事館, 沙市領事館, 重慶領事館

　　　제51권 ― 成都領事館

　다음으로『일제 외무성 경찰의 임정·항일지사 조사 기록』의 분류 및 문건
의 분량에 관한 이해를 돕기 위해 이 목록집의 체제를 설명하면 아래와 같다.
이는 후나바시복각판본에 편성되어 있는 자료들을 기준으로 매권마다 자료
생산처와 자료 범주의 대소를 중심으로 ○, ○, •, - 순으로 분류했다. 즉,『일제
외무성 경찰의 임정·항일지사 조사 기록』에는 표제어의 순서별로 ○, ○, •,
- 네 종류로 구분했고, 이 중 표제어 앞에 ○가 표시돼 있는 항목은 가장 앞선 표
제어로서 대주제 격에 해당되는 문건을 가리킨다. 그 아래에 ○, •, -의 순서로
표시된 내용들은 모두 ○가 표시돼 있는 문건에 속하는 소항목인 셈이다. 본

목록집에 표제어 앞에 ○로 표시돼 있는 대주제 문건만 총 2,126건이며, 그 가운데 한국 항일 독립운동과 직접 관련된 문건은 총 684건으로서 대략 3분의 1 정도가 된다. 하지만 이 표제어 앞에 ○가 표시돼 있는 문건 아래에 속해 있는 작은 항목들 중에는 내용상 별도의 문건으로 봐야 할 것들이 많다.

한국 독립운동 관련 자료를 중심으로 일별하면, 전체적으로 중국 내 임정, 임정에 소속된 정당, 지도적 인물들의 사상과 활동, 광복군과 의열단 등의 한국독립운동 관련 자료들과 비한국 관련 자료들로 대별되지만, 한국 독립운동 관련 자료가 단 1건도 수록돼 있지 않은 제51권만 제외하고 각 권에는 모두 이 두 종류의 자료들이 섞여 있다. 그러나 그 외 제41권·제42권·제47권·제48권·제49권·제50권에는 모두 한국 관련 문건이 많지 않고, 한국 독립운동 관련 문건은 제43권·제44권·제45권·제46권에 집중돼 있다. 특히 제44권과 제45권은 한국독립운동과 관련되지 않은 문건이 단 한 건도 없다. 전책이 한국 항일 운동 관계 첩보 관련 문건으로 채워져 있다.

2) 주요 내용과 사료적 가치

앞에서 소개하였듯이 일본외무성판본에 수록된 자료는 19~20세기 중반까지 일본 외무성 산하 한국·중국·만주·태국 등지의 일본 영사관 소속 '외무성 경찰'의 활동 결과물들이다. 재외 외무성 경찰이 본국의 외무성·내무성·관동성의 대신 또는 부대신, 조선 및 타이완의 양 총독부, 몇몇 지방 현縣 정부와 주고받은 각종 취조서와 보고서(시찰·조사·상황商況·통상 등에 관한 복명서復命書)·품의서(상신서)·요청서·지시서 등의 공문서public records와 서한들이다. 때로 경찰서별로 자체적으로『경찰서연혁지警察署沿革誌』를 남겼는데, 이것은 경찰의 근무일지 성격의 기록물로서 외무성 경찰 자체와 관련된 내용은 대부분 이 자료에 근거한 것들이다.

1870년대부터 시작된『외무성경찰사』의 편찬 하한 시기는 1940년 12월 말까지다. 즉 본 자료집에 수록된 문건들이 생산된 시기는 대략 메이지 초기인 1870년대부터 1900년대 초기 다이쇼大正 시대를 거쳐 쇼와昭和 시대의 1940년 12월까지다. 김구(1876~1949)와 김원봉(1898~1958)을 위시한 임정 지도자, 임정 자체 또는 광복군·의열단 등의 한국 독립운동사 연구에 기본 사료로 활용될 수 있는 자료들은 1920~1930년대 후반까지 대략 20년간에 집중된다.

이번에 목록화 작업을 진행하면서 자료 조사팀은 지금까지 학계에 알려지지 않은 사료들을 다수 접하였다. 이 자료들을 어떻게 활용할 것인가는 전적으로 연구자들의 몫이다. 주요 내용과 사료 가치를 개략적으로 요약하면 다음과 같다.

첫째,『외무성경찰사』중지편에 담긴 재在중국 한인들의 항일운동에 대한 일본 외무성 경찰의 탐문·동향보고·취조·조사보고서·품의서·서한 등은 한국인들의 항일 독립운동, 공산주의 및 사회주의 운동, 무정부주의운동 연구자들에게는 물론, 한일관계사·중일관계사 연구자들에게도 1차 사료로서의 다양한 사실들facts과 추정inference, 그리고 침략의 주체였던 일제의 행적에 대한 견해opinion와 이해understanding에 큰 도움을 줄 것이다. 사실과 추정(혹은 추론), 견해 등은 모두 역사학에서 사료에 기반을 둔 주요 지식 활동이다. 역사가의 추정은 역사적 사실과는 다른 것이지만, 연구 대상에 대한 개념 설정이나 해석에 필요한 지적 행위이다.『외무성경찰사』자료집은 항일 독립운동 관련 자료나 사실의 원천이기도 하고, 때로는 역사가의 추론, 의견이나 가치 판단 및 평가에 도움을 줄 수 있는 1차 사료의 보고이다. 또 연구 영역에 따라서는 부분적으로만 진실로 간주할 수 있는 '불분명한 영역gray area'도 적지 않다.

둘째,『외무성경찰사』중지편 자료집 11권에 수록된 문건들은 모두 일제의 국가 지도자나 중앙정부 수준의 기관에서 직접 생산된 1차 사료와 함께 중국 관내, 특히 상하이·난징·창사를 중심으로 한 중지 지역의 일본 영사관에 소속된 외무성 경찰이 생산한 자료이다. 중지 지역은 중화민국의 수도 난징, 그리고 상공업·경제·무역·국제물류·교통·군사·교육·문화 등의 중심지 상하이와 난징·쑤저우·항저우·창사 등 주요 도시들이 산재한 지역이다. 이 지역은 각국 조계지 소재일뿐더러 임정이 여러 차례 옮겨 다닌 역사의 무대이기도 하다.

『외무성경찰사』 중지편에는 한국 독립운동, 공산주의 및 무정부주의 운동 연구에 관한 한 1차 사료에 해당하는 사료 가치가 높은 문건들이 적지 않게 수록돼 있을 뿐만 아니라 외무성 경찰이 첩자·이중첩자·매수자·고용인 등의 정보망을 활용해 조사 파악한 문건들이 매우 많다. 여기에는 임정 내부 사정, 즉 김구·안창호(1878~1938)·김규식(1881~1950)·김원봉 등 지도자들의 활동과 동향, 그리고 한국독립당·한국민족당 등 정당들을 비롯해 한인들 간의 알력과 마찰 갈등과 대립을 가늠할 수 있는 기록들도 다수 발견된다. 특히 임정 내부의 각 정당별 내부 사정, 김구·안창호·김규식·김원봉·안중근(1879~1909) 의사의 두 동생을 포함한 임정 한인 지도자들의 활동과 동향 등 독립운동 관련 자료는 여러 권에 걸쳐 산재하지만, 특히 제43권·제44권·제45권·제46권에 집중돼 있다.

셋째, 『외무성경찰사』 중지편은 전전戰前 일본근대사의 한 부분으로서 일본 외무성 경찰 자체의 역사뿐만 아니라 일제의 대외관계사와 중일관계사 연구에도 적지 않게 도움이 될 것이다. 특히 일제 침략사 연구에서 지금까지 군대와 외교기관에만 초점을 맞춘 기존의 연구 경향에 비춰 볼 때 침략 과정에서 수행한 외무성 경찰의 역할을 소상하게 기록한 자료들은 새로운 연구 주제 개발을 가능하게 할 것이 예상된다. 외무성 경찰의 각지 개설 및 폐쇄 과정, 경찰관의 부임과 전근, 임무와 활동, 교육과 포상에서부터 작게는 경찰관 개인의 문제 및 건강에 이르기까지 다양한 조사 기록들이 많이 수록돼 있다. 게다가 일본 민관군의 중국 침략 및 '진출'과 연동돼 중국 내 일본 거류민의 인구수에서부터 거류와 이동, 본국 철수, 아편 밀매, 밀수, 도박, 매춘과 방화 등의 각종 범죄와 무역, 상공업 종사, 기업 운영, 언론기관 운영 같은 여러 동향을 소상하게 조사한 자료들이 적지 않다. 『외무성경찰사』 중지편 자료는 한국 독립운동 연구자는 물론, 일본 및 중국 근현대사 연구자들에게도 많은 도움이 될 수 있을 것으로 판단된다.

넷째, 중국 사회와 중국인의 동향, 특히 국공國共 관계, 중국공산당 및 코민테른과의 관계 등을 주제로 한 중국현대사 연구에 필요한 자료뿐만 아니라 당시 중국 관내 각지의 사정들이 자세하게 조사돼 있어 지방지地方誌를 중시하는 중국의 지방사(향토사) 연구에도 유용하게 활용될 부분이 적지 않다. 구체적으로 중국 내 일본인·한인·소련인·유태인 등 외국인뿐만 아니라 중국인 자체의 지역별 인구 및 이동, 생활환경, 사회적 조건, 정치적·군사적 상황 등을 살필 수 있는 사료가 적지 않다. 즉 사회사·경제사·문화사적 연구에도 도움이 될 자료집이다. 타이완에 대한 각종 조사 보고서도 적지 않게 수록돼 있어 일제강점기 타이완 현대사와 대외관계사 연구나 일본-타이완 관계사 연구에도 1차 사료로서 활용될 부분이 많다.

III-1.
번역 대상 주요 문건 9점
선정 경위 및 해설

이태진

본 자료집은『외무성경찰사』(不二出版社, 日本東京) 제41책에서 제51책까지 11 책에 실린 외무성 경찰의 활동 보고 또는 훈령을 연구자들이 이용하기에 편리하도록 각 문건의 목록을 뽑아 제시한 것이다. 전 51책 중 위 11책은 중지中支 곧 중부 중국 곳곳에서 일어난 사건과 피의 등을 조사 보고한 자료이다.

1919년 4월 대한민국임시정부가 상하이에서 출범한 후 임정 요원들을 비롯한 항일 독립지사들이 주로 활동한 지역이 바로 '중지' 일대이다. 김구를 비롯한 임정 요인 및 항일 지사들에 관한 자료 보급에 이바지하려는 것이 이 자료집 간행의 목적이므로 위 11책을 정리 대상으로 선택하게 되었다. 앞「Ⅱ. 일본 제국『외무성경찰사』해설」(서상문 집필)에서 보듯이 목록화 작업을 통해 기대 이상으로 많은 자료가 확인되었다.『조선민족운동연감朝鮮民族運動年鑑』은 1946년 4월 동문사서점東文社書店에서 발행한 적이 있지만『외무성경찰사』제46권에 완질(총 326쪽)이 실려 있다. 1932년 4월 훙커우공원 폭탄 투척 의거 후 상하이 외무성 경찰(총영사관 경찰부 제2과)이 대한민국임시정부와 대한교민단 사무소를 급습하여 임정의 공문서 일체를 압수한 것을 정리하여 연감年鑑 형식으로 간행하여 조선인 통제 감시의 자료로 삼았다.[1]

이 자료집에 실린 보고문 가운데는 지금까지 학계에서 아직 접하지 못한 것도 적지 않다. 이 책은 어디까지나 목록집이지만, 수록 자료가 어떤 것인지 전공자가 아닌 사람도 인지할 수 있게 하는 것이 기획자로서 도리라고 생각하였다. 수록 자료 가운데 중요도가 높은 것을 선정하여 우리말 번역문으로 제시하면 자료집의 성격을 아는 데 큰 도움이 될 것이다. 역사 전공자라고 하더라도『외무성경찰사』에 처음 접하는 연구자에게도 도움이 될 것으로 판단하였다.

---

1 조선총독부 산하 조선사편수회는 1942년 다보하시 기요시田保橋潔 교수와 다가와 고조田川孝三 편수원으로 하여금 북지北支, 중지中支 지역의 사료 조사를 수행하게 하였다. 이때 두 사람은 상하이 주재 일본 대사관 경무부에 연감의 자료가 된 원본 공문서들이 보관되어 있는 것을 확인하고 이 사실을 복명서復命書에 담았다.『北支及中支出張復命書』(田保橋潔 田川孝三 報告, 국사편찬위원회 고전적실).

이에 기획자는 목록 작업에 임한 서상문·심철기·도리우미 유타카 3인에게 각기의 분담 부분에서 이 목적에 부합하는 문건을 각기 10건 정도 선별하여 추천하게 하였다. 수합 30건을 놓고 중첩성과 중요도를 가늠하여 최종적으로 9건을 선정하였다. 이 선정 문건을 한국어로 번역하여 일본어를 해독하지 못하는 분에게도 자료집의 성격을 이해하는 기회가 될 수 있도록 하였다. 아래에 선정 번역 문건 각기에 대한 간략한 해설을 붙인다.

1. 이강李堈 공 전하 경성 탈출 사건

다이쇼大正 8년(1919) 11월 24일 자 조선총독부 경무국장 발신 외무차관 앞 통보 적록摘錄 "이강李堈(의친왕) 공 전하 경성 탈출 사건" (제44권)

고종 황제의 둘째 아들 의친왕義親王 이강李堈(1877~1955)은 조선총독부를 상대로 항일 성향을 숨기지 않았던 인물이었다. 그가 상하이 임시정부의 항일운동에 합류하기 위해 출국을 기도한 사실은 널리 알려져 있으나 이에 관한 구체적인 자료를 찾기 어려웠다. 이 문건은 이를 충족시키는 중요 문건이다. 의친왕은 1919년 11월 상하이의 임정으로 가기 위해 경성京城을 탈출하여 의주義州까지 갔다가 일본군 헌병에게 체포되어 서울로 돌아와야 했다. 이 미수 사건을 주도한 전협全協 등 관련 인물들이 조사받은 문건으로서, 1. 관계자의 주소·성명(전협 등 19명), 2. 사건 기획 전 전협 등의 행동, 3. 이강 공의 일주逸走 등의 순으로 작성되어 있다. 제44권에 관련 문건이 두 가지가 실려 있다. 1919년 11월 11일 자의 「齋藤朝鮮總督發內田外務大臣宛實報要旨」(22886/18)와 1919년 11월 24일 자의 「齋藤朝鮮總督發內田外務大臣宛電報要旨」(22887/18)가 그것이다. 전자는 보고 초동 단계 것으로 후자에 거의 그대로 흡수되어 있어서 여기서는 후자만 택하였다.

2. 상하이에서의 다나카田中 대장 저격 사건

상하이에서의 다나카田中(기이치義一) 대장 저격 사건 (본건 일괄 집록輯錄) (제44권)

1) 다이쇼大正 11년(1922) 3월 29일 자 상하이 후나쓰船津 총영사 발신 우치다內田 외무대신 앞 보고 요지 — '다나카 대장 저격 상황 전말' 다나카 대장 저격 사건 제1보

이 자료는 1922년 3월 29일, 일본군의 다나카 기이치田中義一(1864~1929) 육군 대장에 대한 폭탄 저격 사건이 실패해 체포된 의열단 대원 김익상(1895~1925)과 오성륜(1900~1947) 두 사람의 공술 내용을 토대로 상하이 총영사관 외무성 경찰이 본국 우치다 고사이內田康裁(1865~1936) 외무대신에게 보고한 문건이다. 보고문은 (1) 다나카 대장 저격 사건 제1보, (2) 다나카 대장 저격 상황 전말 순으로 작성되었다.

2) 다이쇼大正 11년(1922) 4월 5일 자 상하이 후나쓰 총영사 발신 우치다 외무대신 앞 보고 요지 — 다나카 대장 저격 사건 제2보

이 문건은 1)에 이어 추후 수사 결과 보고로 혐의 내용이 훨씬 상세하다. "다나카 육군대장 살해 미수 및 조선총독부 폭탄 투척 사건 신문訊問 조서 발췌"는 1. 본인(김익상金益相, 28세)의 경력, 2. 조선 독립운동에 종사한 개황槪況, 3. 의열단의 내용, 4. 범행 사실로 구성되었다. "다나카 대장 암살 저격 사건 신문 조서 발췌"는 1. 본인(오성륜吳成崙)의 경력, 2. 조선독립운동의 상황, 3. 범죄 사실 등으로 기술되었다.

육군대신 다나카 기이치는 필리핀 정부에 파견되었다가 3월 28일 우쑹항吳淞港 입항의 기선 '파인트리 스테이트Pine Tree State'로 귀국 도중에 상하이에 도착하였다. 다나카 기이치는 메이지 시대 천황제 국가주의 체제를 수립하여 대외 팽창 정책을 주도한 조슈長州 육군 세력의 우두머리 야마가타 아리토모山縣有朋가 겐로元老로 하라 다카시原敬(1856~1921) 내각에 육군대신으로 추천한 인물이

다. 조슈 출신의 마지막 육군대신이었다. 그는 1927년 4월 입헌정우회立憲政友會를 배경으로 총리대신에 지명되어 부임하자마자 제1차 산둥 출병을 단행하여 다이쇼 데모크라시로 꺼져 가던 대외 팽창주의에 불을 다시 지폈다. 의열단에서 이런 인물의 동정을 살펴 제거의 대상으로 삼았다는 것은 주목할 점이 많다.

3. 조선공산당과 고려공산청년회의 상황에 관한 건

쇼와昭和 5년(1930) 11월 14일 자 재상하이 시게미쓰 총영사 발신 시데하라 외무대신 앞 보고 요지. "조선공산당과 고려공산청년회의 상황에 관한 건" (제47권)

상하이 총영사 시게미쓰 마모루重光葵(1887~1957)가 외무대신 시데하라 기주로幣原喜重郎(1872~1951)에게 조선공산당과 고려공산청년회의 상황을 보고한 문건이다. 보고자는 그에 대해 "치안유지법 위범違犯 피의자로 조선에 이송된 공산계 조선인 수령 구연흠具然欽이 1925년 조선공산당 사건 또는 1926년 6·10 운동 사건에 관련하여 체포된 조선공산당 및 고려공산청년회 조직 전후의 과정부터 운동의 경과와 관헌의 단속 및 검거 상황을 상술詳述한 것으로, 조선 공산주의운동의 상황 연구에 좋은 자료임과 동시에 금후 단속에도 참고가 될 것이다."라고 하였다.[2]

---

2 구연흠(1883~1937)은 1901년 대한제국 궁내부 시종원 우어시右御侍, 내부 주사 등의 관력을 가지나 일본에 국권을 빼앗기는 시기의 이력은 보이지 않는다. 1919년 『만주일보』 펑톈奉天 지국장에서 시작하여 1924년 『동아일보』 지부장, 1925년 『시대일보』의 논설부장을 거쳐 1925년 조선공산당에 입당, 공산주의운동에 나섰다. 1926년 6·10 만세운동 후 상하이로 망명, 1927년 상하이 지역 민족유일당을 결성하고, 9월에 중국공산당에 입당하였다. 1929년 광주학생운동을 지지하고 1932년 제13회 3·1운동 기념 시위를 주동하고 9월에 일본 경찰에 체포되어 서울로 압송되어 8년 형을 선고받았다. 1935년 가출옥 후 1937년에 사망하였다.

보고문은 구연흠 원고原稿(조선문 번역)「조선공산당과 고려공산청년회 대옥기大獄記(목차 6개 장)」의 소개로서, 1. 조선공산당과 고려공산청년회의 조직, 2. 당옥黨獄의 발단, 3. 중앙 간부의 개선改選, 4. 6·10운동(12개 항), 5. 검거의 선풍은 공산당계 12명이 먼저 피소되다, 6. 박순병朴純秉의 체포와 그의 참사 등으로 구성되었다. 조선공산당과 고려공산청년회에 관한 자세한 자료로 사료 가치가 높다. 1926년 6월 10일 순종 황제의 국장을 기하여 제2의 3·1독립만세 운동을 기도한 6·10만세운동에 사회주의 세력이 깊이 관여한 사실을 파악할 수 있는 자료이다.

4. 상하이 홍커우虹口공원에서의 폭탄 투척 사건

쇼와昭和 7년(1932) 5월 3일 자 재상하이 무라이村井 총영사가 요시자와芳澤 외무대 신에게 보낸 보고 요지. "상하이 홍커우虹口공원에서의 폭탄 투척 사건" (제45권)

김구가 주도한 한인애국단의 윤봉길 의사 상하이 홍커우虹口공원 폭탄 투척 사건의 전모를 알 수 있는 자료이다. 사건 후 김구와 그 외 한국인 지도자들의 동정 및 김구의 도피, 독립운동자들 사이의 불화와 파벌 투쟁, 이 사건에 사용된 폭탄 및 자금의 출처, 당시 반反김구 움직임의 대두와 김구의 광둥廣東 여행설, 한국 혁명 단체의 연합 및 중·한의 항일운동을 새롭게 파악할 수 있는 내용이 많다. 보고문의 목차는 다음과 같다. 보고문의 분량은 22면(번역문)에 달한다.

1. 재외在外 관민 합동 천장절天長節 축하식 회장의 폭탄 투척 범인 체포
2. 식장의 경비 정황과 폭탄 투척의 상황 (그림 포함)
3. 범인이 사용한 폭탄의 구조 및 그 휴대 상황 (도시락 폭탄 모형 포함)
4. 범인의 신원과 그 범행 동기 및 경위

5. 본 범행의 연루자와 그 조사 (피고인 신문조서, 판결서, 폭격범인 윤봉길의 약력
   및 유언, 청취서, 사형 집행 등)

5. 폭탄 사건 후의 김구 일파 및 그 외의 동정

**쇼와昭和 7년(1932) 11월 10일 자 재상하이 이시이石射 총영사 발신 우치다內田 외
무대신 앞 보고 요지. "폭탄 사건 후의 김구 일파 그 외의 동정" (제45권)**

홍커우공원 윤봉길 의거 후, 김구는 군무부장 김철金澈과 행동을 같이하여
당지當地 교통대학 체육 교사 조선인(중국 국적을 보유) 신국권申國權의 주선으로
김철과 면식이 있는 당지 외국인기독교청년회 주사 미국인 피치S. A. Fitch의 비
호를 받아 모某 목사의 사택에 잠복하였다. 군무부장 김철(1886~1934)이 "후테
이센진不逞鮮人"[3]으로 검거되어 취조받으면서 획득한 '김구 일파의 동정'에 대
한 보고문으로 다음과 같은 순서로 기술되었다.

제1, 홍커우공원 폭탄 사건 후의 김구 일파의 도피

제2, 독립운동자 간의 분야와 그 파벌 투쟁

제3, 동북의용군 후원회장 추푸청褚輔成(중국인)의 김구金九 비호

제4, 한인 독립운동자 간의 통신 연락

제5, 흉포 행위에 사용한 폭탄과 자금의 출처

제6, 최근 한인 독립운동자 간의 김구 반대 열기의 대두와 김구의 광둥廣東 여
　　행설

제7, 한국 각 혁명 단체의 연합과 한중韓中 항일운동의 합작

---

3 '후테이不逞'는 괘씸함, 뻔뻔스러움의 뜻으로, 항일운동 한국인을 '후테이센진'이라고 비하
　하였다.

김철 자신의 범죄 사실을 비롯해 1931년 7월 만주에서 발생한 만보산萬寶山 사건, 이로 인한 한·중 민중들 간의 충돌 사건, 당시 개최될 중국 측 시민대회에 대표로서 안창호가 파견된 사실, 이봉창의 도쿄 사쿠라다몬가이櫻田門外 폭탄 투척 사건, 김구의 지시에 따른 유상근 사건柳相根事件(1932) 등 관련 내용이 들어 있다. 보고문은 매우 구체적인 자세한 내용을 담아 사료 가치가 높다.

6. 불령선인不逞鮮人 김석金晳의 검거

쇼와昭和 9년(1934) 1월 14일 재상하이 이시이石射 총영사 발신 히로타廣田 외무대신 앞 보고 요지. "불령선인不逞鮮人 김석金晳의 검거" (제46권)

1933년 11월 31일 임시정부 김구계의 김석(1911~1982)을 검거하여 오랜 취조 끝에 획득한 사실들에 관한 보고문으로 다음과 같은 순서로 기술되었다.

1. 김석 검거의 상황
2. 검거 후의 석방운동
3. 김석 취조의 개황
4. 자백한 범죄 사실의 개요
5. 각종 사건에 관한 진술 개요

5의 각종 사건은 (1) 도쿄 사쿠라다몬 밖 폭탄 사건, (2) 유상근 사건, (3) 이덕주李德柱[俞鎭萬(俞鎭軾)]의 입선入鮮 사건, (4) 신공원 사건 순서이다.

김석은 1923년 숙부 김철金澈(나중 임시정부 국무위원)을 따라 상하이로 가서 영국계 중학교를 다니고 상하이 법정대학 정치학과에 입학하였다. 이해 학생 신분으로 대한교민단의경대大韓僑民團義警隊 간부가 되고, 1931년 박창세朴昌世·이수봉李秀峰 등과 상하이 교포들의 치안 유지 목적으로 상하이한인정위단上

海韓人正衛團을 조직하여 친일 주구 숙청에 앞장섰다. 이어 한중민족항일대동맹의 선전부장이 되고, 1932년 1월 서재현徐載賢·유상근柳相根(또는 兪相根) 등과 함께 상하이한인독립운동자청년동맹을 개조하여, 한국독립당 청년부문 별동대 상하이한인청년당을 조직하였다. 같은 해 3월 당원인 이덕주李德柱(다른 이름 서이균徐利均)·유진만(兪鎭萬, 다른 이름 兪鎭軾)에게 조선 총독 암살 임무를 주고 국내로 밀파하였다. 4월에는 최흥식崔興植·유상근을 다롄으로 밀파하여 관동군사령관 등 군부 요인을 저격하려 하였다. 파견된 동지들이 모두 체포됨에 따라 자신도 수배 대상이 되어 상하이를 탈출하여, 같은 해 임시정부 외교부장 비서장이 되었다. 윤봉길尹奉吉 의사 상하이 훙커우공원 의거와 관련해 상하이에서 일본 경찰에 잡혀 조사를 받게 되었다. 이 보고문은 그를 취조한 보고문이다.

7. 의열단義烈團 및 민족혁명당民族革命黨의 조직

쇼와昭和 11년(1936) 2월 16일 조사, 의열단義烈團 및 민족혁명당民族革命黨의 조직 (『난징경찰서 연혁지南京警察署沿革誌』에 의거함) (제48권)

난징에서 '후테이선인단' 혐의로 검문 체포된 안리돌이란 자의 공술 내용이 "안리돌 공술 대요"란 제목으로 아래와 같은 순서로 기술되어 있다.

1. 본적·주소·성명부
2. 경력
3. 난징으로 오게 된 동기
4. 의열단 및 민족혁명당 입당 정황
5. 혁명군관학교 간부훈련반 설치의 상황
6. 개교식 당시의 상황; 김원봉金元鳳과 육군 소좌少佐 군복을 입은 군관학교

중국인 장교가 동승

공술한 안리돌安李乭(1913년생)은 함길도 길주군 출신으로 유영청劉永淸 또는
안철암安鐵岩이란 이름도 있다고 하였다. 안리돌은 하얼빈에 거주하다가 베
이징을 거쳐 난징으로 와서 반해량潘海亮을 만나 난징 이탈리아 영사관 뒤편
에 있는 중국인 가옥에서 의열단 단원에 합류하였다고 한다. 이후 본의 아니
게 의열단 단원이 되어 내부 사정을 알게 된 것을 공술한 것으로 되어 있다.
1935년 3월 의열단에 입단하여 1936년 2월 검거되어 공술한 것으로 되어 있으
므로 의열단으로서 내부 사정을 숙지하는 기간은 10개월 정도가 된다. 의열단
소속 기간에 비하여 공술된 정보는 양적으로 과도한 느낌이 없지 않다. 그러
나 구체적인 내용이 많아서 사료로 활용 가치는 있다. 아래 두 문건에도 유사
한 내용이 있다.

○ 1936년 3월 30일 자 「在上海上田內務書記官發信萱場警保局長宛報告要旨」,
第46卷 (25933/109)

○ 1936년 11월 27일 자 「在南京總領事館發信外務大臣 앞 報告要旨」, 第48卷
(28541/181)

8. 재在난징 민족혁명당의 행동

쇼와昭和 11년(1936) 3월 30일 자 재상하이 우에다上田 내무서기관 발신 가야바萱場
경보국장警保局長 앞 보고 요지 (제46권)

상하이 영사관의 내무부 소속 서기관 우에다가 상관인 가야바 경보국장에
게 올린 보고서로서, 「재在난징 민족혁명당民族革命黨의 행동」이란 제목으로
다음과 같은 순서로 작성되었다.

1. 민족혁명당 각지의 소재지 및 구역
2. 중화민국 내에서 사용 중인 비밀 사서함
3. 군사부의 상황
4. 당무부 및 특무부의 상황
5. 당의 재정 상황
6. '혁명동지구제위원회'
7. 당내에서의 파벌 감정
8. 의열단(민족혁명당) ― 제4기 간부훈련생의 모집 상황(의열단 제4기생 응모
   자 5명 명단).

민족혁명당은 1935년 난징南京에서 조직된 독립운동 정당이다. 1919년 4월
에 출범한 상하이 임시정부가 국제연맹, 워싱턴군축회의를 상대로 한 독립 쟁

취 운동이 소기의 성과를 거두지 못하자 활력을 잃고 코민테른의 영향으로 분파 이탈 현상이 일어났다. 1930년대에 접어들어 윤봉길 의사의 홍커우공원 의거 성공을 배경으로 만주사변과 상하이사변으로 중국의 항일운동과 접속하여 다시 활기를 찾으면서 독립운동 단체들의 통일 방안이 모색되었다. 그 결과 김규식金奎植이 광복동지회光復同志會 대표로서 조선혁명당朝鮮革命黨의 최동오崔東昨, 의열단義烈團의 한일래韓一來, 한국독립당韓國獨立黨의 이유필李裕弼·김두봉金枓奉과 협의하여 1932년 한국대일전선통일동맹韓國對日戰線統一同盟을 결성하였다. 이 '동맹'은 보다 효과적인 항일 투쟁을 위해 1935년 7월 5일 한국독립당·의열단·신한독립당新韓獨立黨·조선혁명당·미주대한인독립당美洲大韓人獨立黨 등 5당 대표가 난징南京에서 민족혁명당을 결성하여 대당大黨 조직으로 발전하였다. 그러나 김원봉이 이끄는 의열단 계가 당권을 장악함으로써 이에 불만을 느낀 조소앙趙素昴의 한국독립당계가 1935년 9월 하순 이탈하고, 1937년 3월 지청천池靑天계도 이탈하여 4월 조선혁명당을 결성함으로써 민족대당民族大黨으로서의 성격은 약화되었다. 우에다 서기관 보고서「재난징 민족혁명당의 행동」은 바로 이 무렵 민족혁명당의 사정을 대상으로 하는 것이다. 각 사항의 보고는 각 부서의 내용이 관련 인명을 다수 제시하거나 교육 과정의 교재 및 교관 이름까지 밝혀 사료적 가치가 높다. 민족혁명당의 지부 소재지도 화중·화동·화남·화서·화북과 특별 제1(경성), 특별 제2(불명, 만주 지역?) 등으로 구체적으로 밝혔다.

민족혁명당은 이후 1937년 12월 조선민족해방자동맹·조선혁명자연맹 등을 규합하여 조선민족전선연맹을 결성하였으며, 1938년 10월 10일 그 산하 군사 조직으로 조선의용대朝鮮義勇隊를 조직해 중국 각지에서 활발한 항일 투쟁을 전개하였다. 민족혁명당은 결성 이후 줄곧 임시정부에 참여하지 않았으나, 중일전쟁 이후 임시정부를 중심으로 독립운동 정당과 단체들이 연합 전선을 형성하자, 1941년 11월에 개최된 제6회 전당대표대회 결의에 따라 임시정부에 참여, 광복 직후까지 활동하였다.

9. 재在상하이 영사관의 특고경찰特高警察 사무 상황

재상하이 영사관의 특고경찰特高警察 사무 상황 [쇼와昭和 12년(1937) 12월 말 조사]
(제43권)

제43권에 수록된 상하이 주재 일본 영사관의 '특고경찰' 곧 '특별고등경찰'
의 직무에 관한 기록이다. '특고경찰'은 '외무성 경찰' 가운데 한국인·중국인
등의 반일·항일 단체를 감시하는 직무 수행 경찰에 붙여지는 명칭으로서 외
무성 경찰의 핵심 역할에 해당한다. 상하이 영사관 경찰 제2과에서 보고한 "재
상하이 영사관의 특고경찰 사무 상황"이란 이름이 붙은 이 자료는 '외무성 경
찰'의 핵심 임무를 파악하는 데 도움이 되는 자료로 선별하였다. 목차는 아래
와 같다.

일반 상황

1. 재류 내지인內地人의 상황

2. 재류 조선인의 상황:

(一) 재류 조선인의 호구 누년累年 비교

(二) 재류 조선인의 직업

(三) 재류 조선인의 단속

(四) 요시찰要視察 단체

(1) 민족주의파 및 혼합 단체

(2) 공산주의 단체

(3) 무정부주의파 단체

3. 재류 타이완적민臺灣籍民의 상황:

(一) 사변 전의 상황

(二) 사변 후의 상황

(三) 재류 타이완적민의 호구

위 목차 가운데 3의 재류 타이완적민의 상황은 번역 대상에서 제외하였다. 위 목차에서 보듯이 국제 상업도시인 상하이에 거주하는 내지인(일본인)은 사상범을 대상으로 하고 있다. 조선인의 거주 실황은 호구 수(300~400호), 인구수(약 1000~1800명), 직업 인구(267) 등으로 조사되었다. 재류 조선인의 단속 사항에서는 1927년 6월의 (1) '공산주의운동 사건'에서 1937년 12월 27일의 (64) '맹혈단 수령, 의경대장, 전 김구파, 병인丙寅의용대 간부의 건'까지 총 64건이 망라되어 있다. 조선인 단속을 위해서는 영사관 경찰부에 특별히 전무원專務員으로 부영사 1, 경부 1, 경부보 1, 순사부장 1, 순사 3, 선박계 순사 2명 총 9명을 배치하고 있다고 밝혔다. 요시찰 단체에 대해서는 대체적인 형세 파악 수준이다.

1937년 12월 말의 시점에서 특고경찰 곧 외무성 경찰은 중국 내 일본군 점령지역에 대한 새로운 효율적 통치를 위해 내각에 흥아원興亞院을 특설하여 외무성의 기능이 변함에 따라 외무성 경찰의 위치가 바뀌게 됨에 따라 창설 이래의 경과에 대한 총괄적 보고가 정리된 것이다.

III-2.
주요 문건
9점 번역

김흥수 · 최성희 · 김유비

1. 이강李堈 공 전하 경성 탈출 사건

다이쇼大正 8년(1919) 11월 24일 자 조선총독부 경무국장 발신 외무차관 앞 통보 적록摘錄 (제44권·해설 49쪽 참조)

이강李堈[의친왕 - 옮긴이] 공 전하 경성 탈출 사건

이강 공 전하는 평상시 마음이 평온치 못하여 누차 외국에 나가고자 함을 측근에게 내비친 적이 있었다. 그래서 불령不逞한 자들은 공을 옹립하여 국권 회복 운동에 종사케 하면 양반 유생은 물론 조선 내외 인민의 신용을 얻는 것이 크다고 보아, 비밀리에 공을 꾀어내려는 계획이 있었다. 공은 기꺼이 시정잡배와 왕래하였고, 특히 이번 봄의 독립 소요의 수괴 손병희와는 비밀리에 회합, 모의하였으며 손병희가 체포되자 공은 몹시 낭패한 기색이 있었다고 한다. 최근 불령한 자들이 공을 꾀어내어 상하이로 가려 한다는 소문이 있어 경기도 제3부는 엄중히 공의 저택 부근을 경계했는데, 공은 11월 9일 오후 10시경 종자 김삼복金三福을 데리고 몰래 그 저택을 벗어나 소재를 알 수 없었다. 이에 경보警報를 사방에 발신하고 극력 수색해 마침내 21일 오전 11시 30분경 중국 안둥安東[현재의 단둥 - 옮긴이] 정거장 밖에서 공 및 동행자 정남용鄭南用을 발견하여 경성으로 보호, 연행하였다. 동시에 이재호李在浩 외 여러 명이 경성 하츠네쵸初音町[현 을지로5가 오장동 - 옮긴이]에 잠복한 것을 탐지해 12일 미명 하츠네쵸 192번지 이관수李觀修 집의 이재호를 체포했다. 더욱이 불령자들이 경성 창의문彰義門 밖 산 중턱의 민가에 있는 것을 염탐하여 알아내고, 같은 날 오후 4시 반 동창률董昌律·정운복鄭雲復·김삼복 3명을 체포하였고, 동창률이 소지한 권총 및 가택을 수색하여 불온 문서 및 그 원고, 그리고 인쇄기 1개를 발견 압수했다. 이어 19일에 이르기까지 거괴巨魁인 전협全協 이하 공범자 수명을 체포했다. 금일까지 판명된 것은 아래와 같다.

기記

1. 관계자의 주소, 성명

본적　　　민적民籍 없음

주소　　　중국 펑톈성 하이룽현海龍県 북산성자北山城子 대황구大荒溝

출생지　　경성부 남대문 밖 이문동

　　　　　(체포) 무직 전협 44세

본적　　　경성부 관수동觀修洞 29번지

주소　　　동 하츠네쵸初音町 192번지

　　　　　(체포) 무직 이재호(범재範宰)

본적　　　강원도 고성군 현내면県內面 철동徹洞

주소　　　경성부 하츠네쵸 192번지

　　　　　(체포) 무직 정남용(정필성鄭必成, 홍우식洪宇植) 24세

본적　　　평안남도 평양부 상수구리上水口里 83번지

주소　　　함경남도 원산부 상동上洞 34번지

　　　　　(체포) 무직 한기동韓基東 22세

본적　　　평안북도 희천군熙川郡 진면眞面 행천동杏川洞 577번지

주소　　　부정

　　　　　전 경성의학전문학교 2학년

　　　　　나창헌羅昌憲 (왕성준王成俊, 강우규姜宇圭[1]) 24세

---

1 한자 圭는 奎의 오자로 보임. - 옮긴이

본적   경성부 가사이쵸笠井町[현 을지로 3가 주변 – 옮긴이]

주소   동 하츠네쵸 192번지

(체포) 무직 동창률 52세

본적   경성부 예지동禮智洞 65번지

주소   상동

(체포) 포목상 양정楊楨 55세

본적   경성부 관훈동寬勳洞 196번지

주소   상동

(체포) 이강 공 저택 차부車夫 김삼복 35세

본적, 주소 불명 김충옥金忠玉 27, 8세가량

본적   경상북도 선산군善山郡 해평면海平面 송곡리松谷里

주소   경성부 은동恩洞 3번지

(체포) 송세호宋世浩

본적   충청남도 공주군 신상면新上面 유구리維鳩里

(체포) 이달하李達河 27세

본적   충청남도 아산군 이하 미상 윤희용尹喜用 연령 미상

본적   경기도 인천부 이하 미상

주소   안둥현安東県 신동상회信東商会 내 이을규李乙奎 25세

본적   충청남도 부여군 규암면窺岩面 외리外里 157번지

주소   경기부 수송동壽松洞 50번지

(체포) 김춘기金春基(이강 공 처남) 26세

본적   경기도 고양군 은평면 구기리舊基里 23번지

주소   상동

농부 최성호崔成鎬 41, 2세

본적   평안남도 평양부 이하 미상

양제민楊濟民 34, 5세

본적   경성부 원동苑洞 260번지

이강 공의 첩(이우李鍝 공의 모) 김흥인金興仁 36세

본적   경기도 개성군 송군면松郡面 본정本町 751번지

이강 공 간호부 최효신崔孝信 23세

본적, 주소 불명 강석룡姜錫龍(태동泰東) 38세

본적, 주소 불명 이종욱李鍾郁 45, 6세

2. 사건 기획 전 전협 등의 행동

본건의 절반은 전협을 우두머리로 하여 구상, 기획한 것으로 그 책략이 대담하면서 세심하고 그 수단은 괴기교치怪奇巧緻함이 극에 달하였다. 전협은 경성 양반집에 태어나 14세에 과거에 응시해 21세에 농상공부農商工部 주사主事에 임용된 지 2년 만에 그만두자마자 메이지 37년(1904) 일진회一進会에 들어가 송

병준宋秉畯·이용구李容九 등의 신용을 얻어 일진회의 평의원 및 총무원이 되었다. 메이지 38년(1905) 경기도 부평 군수로 임명되었지만 시사에 분개하여 메이지 40년(1907)에 그만두고 메이지 42년(1909) 가을 충청남도 천안군 출신 장석우張錫祐 외 1명과 함께 서간도로 이주하였다. 그 후 장석우는 베이징으로 갔다가 작년 7, 8월경 하이롱현海龍県으로 돌아와 전협 및 윤기우尹基祐(윤기우는 충청남도 천안 출신으로 때마침 러시아령 시베리아 지방을 배회하고 이곳으로 왔다)를 만나,

"유럽 전란의 결과 약소국은 독립을 선언하거나 민족이 단결하여 국가의 부흥을 꾀하고 있다. 우리 역시 이 기회에 조국을 되찾아야 한다."
고 설득하자 전협, 윤기우도 그 뜻을 같이하고 함께 국권 회복 운동에 분주하기를 약속하였다.

그들은 먼저 미국에 도항하여 배일排日의 수령인 이승만 등과 모의하려 하였는데, 이에 필요한 여비를 조선에서 모집하기 위해 서로 제휴하여 작년 9월 중순 경성에 들어왔다. 윤기우는 경상북도 경주의 부호 최준崔浚을(윤기우는 그 후 돌아오지 않음), 장석우는 같은 경상북도 칠곡군의 부호 장승원張承遠을 찾아가고, 전협은 경성에서 남작 정주영鄭周永의 아들 정두화鄭斗和에게 금 1만 원의 조달을 요청했으나 거절당했다. 그렇지만 생활비 등으로 1천여 엔을 증여받고 12월 10일경 전협과 장석우는 함께 경성을 출발하였다. 상하이로 가서 김구金龜(임시정부 경무국장)와 김중호金重浩, 이원일李元一 등과 회담하고 또한 비밀리에 미국행을 꾀했으나 이루어지지 않았다. 당시 상하이에서는 조선은 강화 회담의 결과 확실하게 독립한다는 설이 활발히 이루어짐에 따라 그들은 독립이 실현될 것으로 믿었다. 따라서 오랫동안 상하이에 머무를 필요가 없고, 오히려 독립에 대한 제국 관헌의 행동을 살피는 것을 급무로 여겨 올해 2월 초순 전협은 다시 경성에 돌아와 봉익동鳳翼洞에 거주하였다. 그리고 3월 1일 소요가 발발하자 전협은 전 일진회 회원 최익환崔益煥과 힘을 합쳐 독립운동에 매진할 것을 명세하였다. 전협은 오직 동지의 규합에 종사하고 최익환은 불온 문서의 인쇄와 배포를 담당했다. 이는 이른바 대동단이라는 불온 단체

조직의 시초로 그 후 다수의 가입자가 있었다. 대동단 단원은 끊임없이 불온 문서를 배포하여 민심을 선동하며 지금에 이르렀다. 6월 초순 최익환이 검거되자 전협은 주교정舟橋町에 잠복하고 이어서 예지동 양정楊楨의 집에서 기거했다.

6월 20일경 정남용鄭南用은 대동단원 권태석權泰錫의 소개로 전협을 방문해 자기가 최익환의 뒤를 이어 불온 문서의 인쇄와 배포를 맡겠다고 청했다. 또한 장의준張義俊(전라북도 김제군 출신)이 금 1천 350엔을 출자한 것을 가지고 전협은 인쇄기구를 구입하여 수은동授恩洞 150번지에서 겉으로는 인쇄업을 위장하면서 비밀리에 『대동신문大同新聞』을 발행했다. 『대동신문』은 불온, 험악한 문자로 가득하여 민심을 혹란惑乱시키는 것이 매우 크다.

3. 이강 공의 일주逸走

(가) 이강 공은 늘 외국에 가려 했다. 공의 처남 김춘기金春基는 어릴 때 미국에 갔다가 귀국 후에 무위도식함에 따라 다시 외국에 나가려고 누차 외유를 말한 바 있다. 그렇지만 서로 자금이 부족하여 함께 뜻대로 되지 않음을 한탄한 지 오래된 9월경 강석룡姜錫龍(일명 태동泰東)이 상하이로부터 와서 공의 저택 부속 가옥 안에서 김춘기와 만났다. 상하이의 형세를 이야기하면서 이강 공을 옹립하고 또한 조선 귀족 및 중망重望의 진신縉紳에게 권하여 상하이로 가서 독립선언을 발표하고 크게 위세를 떨칠 계획을 설명하였다. 김춘기가 공에게 그것을 권하자 공은 자금 조달이 있으면 그 일을 할 수 있다는 뜻을 내비치었다. 전협은 비밀리에 공이 뜻이 있다는 것을 들었다. 이에 음모를 기도하고 정운복을 이용하여 공에게 대금貸金 교섭을 하도록 하였다. 공은 정운복을 믿고 4만 5천 엔을 빌리기로 하고 그 기일을 9일로 약속했다. 그리고 강석룡은 자금을 조달할 때 공이 상하이에 갈 수 있도록 여권(안동현 경찰서가 발급한 것으로 안동

현 사람이 조선을 왕래하는 여행증명서임) 두 통을 준비하여 4일 이것을 김춘기에게 교부하고 시기의 도래를 기다렸다.

(나) 강석룡은 일찍이 김충옥과 함께 전협을 방문해 이강 공을 옹립한다면 여러 사람의 마음을 수람收攬하여 크게 위세를 떨칠 수 있고 이강 공 또한 외유의 뜻은 있지만 자금의 조달이 어렵다고 이야기하였다.

이보다 앞서 상하이임시정부 요원 이종욱李鍾郁은 전협을 찾아가 "남작男爵 김가진金嘉鎭이 임시정부 국무총리 안창호安昌浩에게 서신을 보내 상하이에 가고자 하는 희망을 알렸기 때문에 이번에는 김 남작과 동행한다는 사명을 띠고 입경했다"고 얘기하면서 도움을 요청했다. 이종욱은 그 후 김가진과 회담할 때, 김가진은 이강 공도 곧 상하이로 가시게 될 것이라고 이야기했다. 또 다음날 그 아들 의한毅漢으로 하여금 이종욱에게 '소인이 지금 상하이로 갈 계획인데 전하께서 이어서 왕림하소서(小人今往上海計殿下從狂[枉]駕)'라고 운운한 서면을 지참시켜 그 글을 전하에게 보내 올리면 공은 바로 상하이에 가실 것이라고 알리게 하였다(김가진은 이강 공과 아주 친밀하여 공의 서녀를 김의 아들에게 시집보낼 약속을 했다 한다). 이종욱은 김가진의 말을 믿고 김춘기를 중개로 이강 공에게 상하이행을 종용慫慂토록 했는데, 10만 엔의 준비가 있다면 갈 수 있다는 이강 공의 말을 전해 듣고 이를 전협에게 말했다. 이종욱 등의 뜻은 이강 공과 김가진, 그 밖의 귀족 명사를 다수 망라하여 상하이에 도항시키려는 것 같았다.

전협은 거액의 자금을 조달하는 것이 용이하지 않다고 생각하고, 또한 다수의 사람을 동행하는 것은 불가능하다고 보아 먼저 김가진을 상하이로 출발하도록 하고 이어서 공의 결심을 촉구하는 것이 상책이라고 여겼다. 이에 김가진으로 하여금 상하이행을 결심시키려 그를 관수동 26번지 박봉구朴奉九 집으로 유도하고 그의 의치 전부를 뽑아 그 얼굴을 바꾸고, 또 옷을 갈아입도록 해서 시골 사람으로 변장시켜 그 아들 의한과 함께 일산역에서 기차를 타고 이종욱과 동행하여 상하이를 향해 가게 하였다.

거액의 돈은 애초에 전협이 조달할 수 있는 것이 아니라서 그는 처음부터 속임수를 쓰려고 하였다. 그래서 어기권漁基權(어업권)을 가지고 한다면 반드시 이강 공은 마음을 움직일 것이고, 또 경무국 촉탁 정운복은 공이 가장 신뢰하는 곳이라서 정운복을 움직일 수 있다면 모계謀計를 용이하게 성취할 수 있다고 관측하였다. 정운복은 일찍이 대신大臣과 같은 존재였지만 한 번의 실패로 다시 일어서지 못하였으며 숙병宿病 때문에 빈곤이 뼈에 사무쳐 금전에 대단히 목말라하였다. 전협은 이재호로 하여금 이익을 가지고 정운복을 꾀어내 마침내 그 목적을 달성하고 정운복은 자진하여 돈을 빌리는 데 분주하게 되었다.

이재호는 구 양반으로 대한제국 정부의 기사技師가 되고 또 시종侍從이었으나 불평 때문에 사직하고 지금은 낙백落魄하여 의식衣食이 곤궁하다. 나창헌 등과 교제한 이후 불령한 행동을 하는 자가 되었다. 정운복과는 평소에 매우 절친하여 정운복은 용이하게 그의 말을 믿으니 전협의 간계奸計에 적당한 자이다. 즉 전협은 이종욱으로 하여금 정운복에게 "이강 공이 어업권을 저당抵當으로 한다면 부호 이민하李敏河는 기꺼이 자금을 조달할 것이다. 부호 한참판韓參判도 또한 참가할 것이다. 가시이 겐타로香椎源太郎와 계약이 만료된 후 그 권리를 빌려 받는 계약을 하려면 선금으로 금 3만 엔을 낼 것이다. 이 계약이 성립하면 주선료로 금 1만 5천 엔을 제공하고 정운복에게는 특히 그 중에서 9천 엔을 줄 것이다"라고 얘기하도록 했다. 상기 이민하 및 한참판이라는 것은 완전히 가공의 인물로 전협 자신이 한참판으로 위장하고 윤희용尹喜用으로 하여금 이민하로 변장시켰다. 그리고 정운복은 바로 서한으로 자금 조달의 건을 공에게 연락하고 더욱이 공을 방문해 크게 권유한 바가 있었

다. 공은,

"어기漁基의 문제는 이왕직李王職 사무관의 연서連署가 필요하므로 수속이 매우 번거롭다. 이와 같은 수속을 필요로 하지 않고 빌릴 수 있으면 돈의 조달을 의뢰하려 한다."

고 답을 하였으므로 정운복은 이를 이재호에게 말하고 이재호는 다시 이를 전협에게 전했다.

이에 전협은 그렇다면 어기를 저당하지 않더라도 전하를 위해 자금을 융통하겠다고 통고하도록 했다. 점점 꾀어낼 계획을 진행해 어느 날 이재호·한참판(전협)·이민하(윤희용) 외 1명은 정운복을 종로통 중국요리점 신세계에 초대하여 술과 식사를 대접하고 그 자리에서 계약은 성립되었다. 이민하(윤희용)는 그 기획에 공포를 느꼈는지 그 소재를 감추었기 때문에, 전협은 발각될 것을 우려해 급히 이재호로 하여금 정운복을 통해서 이강 공에게 한참판이 직접 만나 뵙고 약속한 돈을 교부할 것이라고 전하도록 하여 11월 9일 밤 만나서 회견하고 현금을 수수하기로 약속하였다. 그래서 정운복은 약속에 의거하여 같은 날 오후 8시경 공평동公平洞 3번지로 갔지만 공은 오지 않았다. 그날 밤 공은 몰래 저택을 빠져나와 이문동里門洞의 첩 김정완金貞完 집에 있었다. 그 집에서 수수를 행하려 해 정운복과 두세 번 왕복한 후 마침내 정운복의 말에 따라 오후 11시경 하인 김삼복을 따라 회합에 참가하였다. 전협과 이재호는 술과 안주를 준비하고 공 및 정운복을 향응하였다.

전협은 공이 오기 이전에는 정운복을 크게 우대하여 조선독립에 관한 의견을 묻고 정운복은 간곡히 그 불가능함을 설명했지만, 공이 오자 정운복을 별실로 유인해 그 본심을 얘기했다. 숨어 있던 정남용··나창헌·김충옥은 모두 실내로 들어오고, 김충옥은 권총으로 협박해 정운복의 동의를 구했다. 정운복은 아연실색하여 겨우 뜻을 정하고 앞방으로 돌아왔다. 이강 공에게,

"전하 결심 하시옵소서."

라고 권하였지만 전율하면서 속삭여 제대로 그 뜻을 전하지 못했다. 전협이 나서서 이강 공을 옹립하여 상하이로 일주逸走하는 음모를 누차 설명해 끝내 공의 응낙을 얻었다. 이때 김충옥이 권총을 가지고 실내에 들어왔다 한다. 당시 전협은 소포를 풀어 지폐를 보이면서 공에게 말하기를,

"이 돈의 총액은 4만 5천 엔을 헤아리는데 이것은 어기권을 위한 것이 아니라 전부 독립운동을 위해 사용하는 것이다."

라고 운운하였다. 나아가 동창률을 불러 금 1천 엔을 정운복의 집에 가져다주도록 명했다 한다. 이들 금액은 전부 허위로 전협의 소유는 겨우 4백여 엔에 지나지 않았다. 공의 응낙을 받자 바로 공을 인력거에 태우고, 또 전협의 지휘하에 정운복의 손을 묶고 재갈을 물려 인력거에 태웠다. 그들 모두를 창의문 밖 고양군 은평면 구기리 73번지 최성호(양정楊楨의 첩의 오라버니) 집으로 연행하였다.

공은 그날 밤 전협 등에게 상하이에 가는 것과 관련하여, 수인당修仁堂 거주 김흥인金興仁 및 간호부 최효신崔孝信과 같이 가야 하고 또한 흥인이 고 이태왕이 외국인으로부터 받아야 할 120만 엔의 채권증서와 그 외 비밀 서류가 들어 있는 가방을 보관 중이므로 흥인으로 하여금 그 가방을 가지고 오게 하도록 명했다. 또한 이재호에게는 전동의 심부름꾼(전동이라 함은 김춘기의 저택을 지칭한다)이라 칭하고 공의 저택에 가서 공의 비 등에게 전하라고 하면서 서면을 이재호에게 건넸다. 이재호는 바로 이것을 휴대했지만 그날 밤은 공의 저택에 가지 않고 자택에 있었다. 다음날 10일 오전 8시경 정남용은 다시 심부름꾼으로 이재호를 방문해 공은 간절하게 첩 김흥인이 오기를 기다린다고 알렸기 때문에 이재호는 간동諫洞에 이르러 차부로 하여금 그 뜻을 김흥인에게 전하도록 했다. 흥인은 미리 맡긴 가죽가방 및 여행용 가죽가방을 가지고 김춘기·최효

신과 함께 간동에 이르러 이재호를 만났는데 이재호는 김춘기의 동행을 거부하고 홍인 및 효신을 동반했다. 공은 홍인 및 최효신의 동행을 원하였으나 전협 등이 강경하게 거부했기 때문에 공은 다음날 출발하자고 하면서 금 2백 엔을 전협에게 받아 여비로 홍인에게 130엔을 나눠 주고 홍인 등은 경성으로 돌아왔다.

공의 비에게 전하라고 한 서면을 과연 이재호가 교부했는지 아닌지는 불명이다. 하여간 공의 저택 안에서는 10일 오전에 이미 공이 일출逸出한 것을 알았던 것이다. 경찰은 전날 밤 심경에 공의 저택 뒷문에서 거동이 수상한 자를 인지하고 추적하였으나 이문동(첩 김정완의 주택 부근) 부근에서 그를 놓쳤기 때문에 10일 이른 아침부터 공이 있는지 없는지를 물어도 저택 내부의 사람들은 입을 닫고 말하지 않았다. 오후 6시에 이르러 비로소 공의 부재가 분명해졌다. 이 때문에 경보 수배를 함에 신속을 결여한 것은 매우 유감이다.

(가) 김춘기는 9일 공이 자금을 조달했다는 것을 듣고 강석룡과 함께 여러 종류의 준비를 하면서 그날이 오기를 기다렸다. 그런데 9일 밤 이래 소재 불명이 되어 크게 낭패하여 종적을 조사하고 있을 때에 위의 사실로부터 공이 창의문 밖에 있는 것을 알고 강석룡과 함께 창의문 밖 세검정洗劍亭으로 급행했다. 마침 정남용·김충옥·나창헌·이을규 등은 세검정에 있었기에 강석룡은 크게 분노하여 공을 상하이에 꾀어내는 것은 우리의 예전부터의 계획인데 왜 우리의 기획을 방해하는가라고 소리치면서 서로 격론했지만, 김춘기는 일이 용이하게 되지 않는 것에 공포를 느껴 경성으로 도망쳐 돌아왔고, 정남용 등은 강석룡을 동반하여 최성호 집에 이르렀다. 강석룡은 최성호 집에서 전협을 보자 서로 그 의외에 놀라 교섭한 결과, 양자가 협력하여 일을 하기로 타협하였다. 이리하여 10일 밤 정남용·이을규·한기동은 이강 공과 함께 걸어서 수색역

에 도착했다. 착용하고 있던 외투를 벗어 해진 옷을 입고 삼등열차에 탔다. 또한 송세호는 관헌의 수색과 경계의 정황을 살피기 위해 일부러 남대문역에서 승차하여 같은 목적을 띠고 일단 평양역에 하차해 다음날 안둥현으로 향했다. 또한 한기동은 개성역에 하차해 경성으로 귀환하였다. 공 및 정남용과 이을규는 안둥역에 하차하고 이을규는 그곳에서 소재를 감추었다. 공은 압록강 철교 위에서 검문한 순사에게 소지한 여권을 보이고 성명을 거짓으로 말했지만 끝내 안둥역에서 평안북도 요네야마米山 경부警部에 의해 발견되었다. 평안북도에서는 일주逸走의 경보를 듣자마자 즉각 자동차로 요네야마 경부를 신의주에 출장 가도록 했으며, 요네야마 경부는 간신히 기차에 타서 구석구석 차내를 물색하였지만 공을 잡지 못했다. 기차가 국경을 넘어 안둥현에 도착했을 때 하차하는 자의 거동이 이상하여 즉시 검문하여 공의 일행이라는 것을 확인하고 동행하도록 하였다.

그와 동시에 들은 바에 의하면 강석룡 등은 안둥현에 도착하면 바로 이륭양행怡隆洋行으로 가서 양행의 기선으로 우쑹吳淞으로 항해하여 상하이에 들어갈 계획이었다 한다.

2. 상하이에서의 다나카田中 대장 저격사건

상하이에서의 다나카田中(기이치義一) 대장 저격사건 (본건 일괄 집록輯錄) (제44권-해설 50~51쪽 참조)

다이쇼大正 11년(1922) 3월 29일 자 상하이 후나쓰船津 총영사 발신 우치다內田 외무대신 앞 보고 요지

다나카 대장 저격 사건 제1보

일찍이 필리핀 정부에 파견된 다나카 육군대장 일행은 3월 28일 우쑹항吳淞港 입항의 기선汽船 '파인 트리 스테이트Pine Tree State'로 귀국 도중에 이곳에 도착하였기에 그 호기好機에 즈음하여 소관小官은 28일 일행을 위해 소관 관저에서 '앳홈at home'을 개최함과 동시에 이곳에 있는 미국의 주요 관민 및 우리 유력 실업가 다수를 초대했는데, 대장은 근소한 정박 시간을 할애해 참석을 승낙하고 수행원을 대동하여 '론치launch'[대형 선박에 딸린 보트 - 옮긴이]로 28일 오후 3시 35분 상하이 '번드bund'[상하이공동조계 하안 지구 - 옮긴이] 세관 부두에 상륙하였다. 그런데 이때 대장은 마중 나온 사람들과 인사말을 나누고 있었는데 돌연 중국 옷을 입은 한 폭한暴漢이 부두 입구의 길 위에서 대형 자동권총을 발사하였고 또한 다른 한 명의 폭한은 폭탄을 던져 다나카 대장을 저격한 불행한 일이 돌발하였다. 이 때문에 미국 부인 즉사 1명, 영국인 중상 1명, 파견 순포巡捕 중상 1명, 쿨리苦力 및 차부 부상 각 1명으로 합계 5명의 사상자가 발생했다. 그렇지만 폭탄의 불발로 인해 대장을 비롯한 일행 중에는 아무런 피해가 없었고(만일 폭탄이 파열하였다면 대장은 물론 부근에 있던 일본인은 전멸하였을 것임에 의심할 여지가 없다), 예정대로 소관 관저에서 '앳홈'을 마치고 오후 7시 후이샨滙山 부두에서 소증기선으로 오후 9시 우쑹항 정박 중의 '파인트리 스테이트'호로 귀환하여 고베항을 향해 출발하였다.

또한 저격 범인의 성명, 연령, 범행의 동기 및 목적, 피해자, 외부의 반향 및 그 후의 조치 대강은 별지와 같다.

다카카 대장 저격 상황 전말

1. 저격 범인의 성명, 연령, 주소 및 직업

상하이 프랑스 조차지 백이로白爾路[Rue Eugine Bard - 옮긴이] 정운리停雲里 18호

| 조선인 | 무직 | 김익상金益相 | 당시 28세 |
| 동 | 동 | 오성륜吳成崙 | 당시 23세 |

2. 범행 당시 범인 김익상은 흑색 양복 윗저고리를 입고 갈색 외투를 두르고 있었으며, 동 오성륜은 갈색 중국옷과 갈색의 긴 하의에 흑색 '조끼'형 상의를 입고 있었다.

3. 범행의 동기 및 목적

범인 김익상과 오성륜 두 명은 베이징의열단北京義烈團의 단원으로, 베이징 의열단에서는 근래 조선 독립운동은 도저히 성공의 가망이 없고 그렇다면 일본에 대한 전쟁도 또한 불가능하다면 당장의 방법으로 일본의 중요한 지위에 있는 큰 인물을 대상으로 차례로 쏘아 죽이는 것이 마땅하다는 방침으로 나와, 28일 다나카 대장의 상륙을 기다려 암살하려고 한 것이다.

4. 피해자

즉사자

(가) 미국 부인 '윌리엄 스나이더William J. Snyder'는 그녀의 남편과 함께 세계 여행 중이었다. 저번에 인도와 필리핀 방면의 관광을 마치고 다나카 대

장 일행과 동선하여 홍콩에서 상하이로 온 자로 이 지역에 수일간 체재, 관광한 후 톈진과 베이징 및 조선 각지를 거쳐 일본으로 가서 관광한 후 귀국할 예정이었던 자였다. 그러나 당일 다나카 대장 일행과 같은 '론치'를 타고 위의 세관 부두에 상륙하여 다른 동행자와 무심히 보행 중에 탄환이 명중하였으므로 즉시 자동차로 공제병원公濟病院에 입원 후 십 분이 지나서 사망하였다. 탄환은 전부 3개 명중하여 우흉부와 가슴부를 관통하였다.

(나) 중상자. 상하이 장완로江灣路 6호 '파이낸스 앤드 커머스Finance & Commerce' 지 기자 '톰슨H. A. Thompson'이라는 자로 쓰촨로四川路에서 도주 중인 범인을 붙잡을 때 범인이 쏜 권총 탄환을 맞고 공제병원에 수용되었다.

(다) 중상자. 공부국工部局 중앙경찰서 중국인 순포巡捕 제4호 황꾸이성黃桂生은 범인 오성륜을 쓰촨로四川路와 주장로九江路의 길모퉁이에서 붙잡으려고 하다가 마찬가지로 권총 탄환이 경부頸部를 관통하여 하이닝로海寧路 공부국병원工部局病院에 수용되었다.

(라) 각부脚部 관통상. 프랑스 조계에 거주하는 하이먼海門 출생의 중국인 짐수레 쿨리苦力 왕추이성王萃生 당시 25세. 통지아로同嘉路에 거주하는 강북江北 출생의 자가용차 차부 첸얼陳二 당시 25세. 이 두 명은 모두 쓰촨로와 푸저우로福州路의 길모퉁이 방면에서 범인이 쏜 권총에 명중하여 각부脚部 등에 부상을 입고 산둥로山東路 공부국병원工部局病院에 수용되었다.

5. 본 사건 발생으로 인해 종래 조선인의 독립운동에 대해 은근한 동정을 보내고 있던 여러 외국인도 그들의 위험하기 짝이 없는 폭거를 직접 목격하고, 특히 서양인 측의 사상자를 내기에 이른 결과, 그 폭거에 대단히 분개하여 공부국 당국에서도 장래 불령선인不逞鮮人의 단속 문제를 단순히 강 건너 불구경하지 않고 충분히 단속에 힘쓰겠다고 언명함에 이르렀다. 또한 프랑스 조계에

있는 자에 대해서는 프랑스 관헌이 힘써 단속하도록 항의하겠다는 취지를 말하고 있다.

6. 본건 발생 이래 공부국 경찰 당국에서는 극력 범인의 체포와 사상자의 간호, 수용에 노력함과 동시에 다나카 대장이 여객선으로 돌아갈 때 시하오西豪에 있는 소관의 관저에서 후이산滙山 부두로 향하는 길에는 총탐정장總探偵長이하 경부·순사警部巡査 30명이 5대의 자동차에 분승하여 다나카 대장이 탄 자동차의 전후를 경계하는 동시에 통로에는 다수의 제복·사복 경관을 배치하여 경계하는 등 용의주도를 다하였다.

7. 범인 김익상·오성륜 두 명은 3월 30일 오후 2시 공부국 당국으로부터 우리 총영사관 경찰서에 신병 및 사건 기록과 증거 물건의 송치를 받아, 즉각 범인의 취조와 증인의 신문訊問 등을 개시하였는데, 특히 범인 김익상은 작년 9월 12일 조선총독부에 폭탄을 던진 진범임을 자백하기에 이르렀다.

다이쇼 11년(1922) 4월 5일 자 상하이 후나쓰 총영사 발신 우치다 외무대신 앞 보고 요지

다나카 대장 저격 사건 제2보
다나카 육군 대장 살해 미수 및 조선총독부 폭탄 투척 사건 신문 조서 발췌

본적   경기도 고양군高陽郡 용강면龍江面 공리孔里 28번지
출신지   경기도 용산龍山 모토마치元町 산쵸메三丁目 191번지
현주소   상하이上海 백이로白爾路 정운리停雲里 18호

별명   나카무라 세이타로中村政太郎, 김부산金扶山
            철공직
본명   김익상金益相, 28세

1. 본인의 경력

본인(김익상)의 가족은 처와 장녀 2명으로 본적지에 있다. 남동생 1명 및 누나 2명은 이미 다른 집으로 시집을 갔다. 본인은 본적지에서 12세부터 14세까지 한문 서당에서 한학을 배우고 15세부터 용산역에서 철도 공부工夫가 되어 17세까지 같은 역에서 일하였다. 18세부터 용산전기회사龍山電氣會社 기계에 기름칠을 하는 일을 하게 되어 그 후 황해도 수안군遂安郡 수구면水口面 물동芴洞에 있는 한성광업회사漢城鑛業會社의 기계수로서 25세까지 근무하였다.

그 후 경성 다케조노쵸町竹園町 스기야마철공소杉山鐵工所에 고용되었으며, 그곳 주인의 명령으로 통근하면서 경성 이토연초상행伊藤煙草商行의 기계 수리에 종사하였다. 26세가 된 해의 봄에 스기야마철공소를 그만두고 바로 경성 서대문西大門 거리의 조선인이 경영하는 광성연초상회廣成煙草商會에 들어가 기계 수리 담당이 되었다. 당시 이 상회의 기계가 평톈奉天[현재의 선양 - 옮긴이]에 있었기 때문에 평톈에 근무하게 되어 다이쇼 9(1920)년 5월에 경성을 출발해 평톈으로 향했다. 다음해 5월 몰래 이 연초상회의 담배를 담보로 금 3백 엔을 빌리고 이를 가지고 도주하여 톈진天津으로 갔다. 이후 베이징으로 가서 조선 독립운동에 종사하게 되었다. 본인이 독립운동에 뜻을 둔 동기는, 유년 시절에 본인의 아버지가 일본인에게 학대받고 있던 것을 목격한 사실을 잊지 않았으며 그 후 본인도 또한 봉직奉職한 상회 및 철공소 등에서 일본인에게 냉대와 학대를 당한 것을 분개하여, 때가 오면 일본인에게 복수하고자 하는 원망하는 생각이 커져 독립운동에 참가함에 이르렀다.

2. 조선 독립운동에 종사한 개황

다이쇼 10년(1921) 5월 펑톈에서 그곳의 송강조宋康照와 친구가 되어 함께 톈진에 이르렀지만, 달리 아는 사람이 없었기 때문에 송강조의 소개로 베이징에 있는 의열단장 김약산金若山(김원봉)에게 가서 바로 의열단 암살부에 가입하고 그의 집에 동거하였다. 그런데 같은 해 6월 하얼빈 거주 영국인 '코브럴'이라는 자가 찾아와('코브럴'이라는 인물에 관해서 본인은 잘 알지 못하고, 김약산으로부터 하얼빈 및 블라디보스토크에 거주하면서 폭탄을 제조하는 자라고 들은 정도이고 한 번만 만났을 뿐이다) 자동차 한 대 및 폭탄 30개를 1,500엔에 매입하기로 교섭했으나 현금이 없었기 때문에 김약산은 이를 매수하지 못했다. 그렇지만 당시 두 사람은 코브럴로부터 폭탄 제조 방법을 배워 익힌 후 2개를 베이징 김약산 집에서 만들어 1개를 베이징 북문 밖에서 시폭試爆한 바 성공하였다고 한다.

그러므로 본인은 항상 일본인에게 압박받고 있음에 분개하여, 언젠가는 놀라운 사건을 꾸밀 계획 중에 김약산과 서로 모의하여 다이쇼 10년(1921) 9월 조선총독부에 폭탄을 던졌다. 그럼에도 일본은 조선을 독립시키지 않으므로 동지와 모의하여 장래에는 일본의 고관을 암살하는 외에는 다른 수단이 없다고 하였다. 이후 그 기회를 엿보던 중 이번 3월에 다나카 대장이 '필리핀'에 향하는 도중에 상하이에 들른다는 소문을 듣게 되자 이에 암살을 실행했던 것이다. 다나카 대장과 같은 고위 고관을 암살하는 것이 지름길이라고 생각하였으며 다나카 대장은 현재 육군대신이라고 오인하여 그렇게 한 것이다(별항의 범죄사실 제3 참조).

3. 의열단의 내용

A. 의열단의 조직 및 소재지
아래의 7부로 조직되었다

(재하얼빈)

1. 암살단

2. 재무부

3. 교육부

(재블라디보스토크)

4. 비행기부

5. 폭탄부

6. 총기제조부

7. 선전부 (재베이징)

B. 단원 중 중요한 자는 아래와 같다.

블라디보스토크(이하 미상)

(1) 의열단총장義烈團總長 장건상張建相 40세

베이징北京 북성北城 안정문安定門 대가大街

(2) 단장團長 약산若山 김원봉金元鳳 34세

베이징北京 북성北城 안정문安定門 대가大街

(3) 재무부원 송호宋虎 36세

베이징대학생

(4) 교육부원 강세우姜世宇 22세

베이징(이하 미상)

(5) 암살부원 김재희金在禧 26세

상하이전문학교

(6) 소속 불명 권준權晙 29세

상하이 백이로白爾路 삼등리三藤里

(7) 암살부원 양달호梁達浩 25세

도쿄(이하 미상)

(8) 암살부원 양주평梁朱平

경기 종로鍾路 조선여관朝鮮旅館

(9) 암살부원 박창식朴昌植 36세

그리고 의열단에서는 부장이나 그 밖의 간부 등의 명칭을 만들지 않고 단원이 모두 평등하다는 주의로 단원이라 해도 서로 각자의 행동에 관해서는 그 내용을 이야기하지 않는다. 또한 본 단원의 암호는 '力'이라는 글자를 공중에 손가락으로 써 만날 때 동지라는 것을 알리고, 수탁자受託者는 얼굴을 오른쪽으로 돌리는 것을 신호로 하고 있다. 단원은 각지에 산재한 자를 합하면 1천여 명에 달한다고 본인은 자백하지만 믿기 어렵다.

4. 범죄 사실

제1. 다이쇼 10년(1921) 5월 펑톈 황성연초상행에 근무 중 그곳에 거주하는 중매인 송강조와 공동으로 동 상회 창고에서 잎담배 약 800 관을 몰래 꺼내어 이것을 봉남만창고奉南滿倉庫에 넣어 그 증권을 가지고 운송업자 나카가와中川 모某 씨로부터 그곳의 신시가지에 거주하는 미곡상 박의식朴義植의 중개로 3백 엔을 빌려 바로 위의 송강조와 함께 톈진으로 도주, 소비했던 것이다.

제2. 이러한 가운데 조선에서의 중요한 관아를 파괴하는 것은 일반 조선인에게 독립열을 고취하는 한편 일본 관민에게 공포심을 일으키기 때문에 다이쇼 10년(1921) 9월 9일 베이징의열단장 김약산과 서로 모의하여(애초에 김약산으로부터 파괴에 관한 상담이 있어 본인은 스스로 실행하겠다고 말했다) 총독부에 폭탄을 던지기로 합의하고 본인이 그 실행을 맡기로 했다. 김약산으로부터 폭탄 3개(미리 영국인으로부터 구매해 놓은 것으로 블라디보스토크에서 제조한 것일 터이다) 및 권총 1정, 탄환 9백 발 및 현금 2백 엔을 받아 9월 9일 베이징을 출발해 11일 오후 7시 10분 경성 남대문에 도착했다. 남동생 집인 고양군 한지면漢芝面 이태음리

梨太陰里에서 1박하고 다음날 12일 오전 10시 20분경 총독부 통용문으로 들어가 2층으로 가서 먼저 비서과에 있는 사람을 겨냥하여 던졌으나 불발하였고, 계속하여 옆방인 회계실의 문을 열고 사무원을 겨냥하여 2개를 투척, 폭렬하자마자 바로 처음에 침입한 통용문으로 도망갔다. 태평통太平通으로 가서 조선인 헌 옷 상점에 도착하여 하얀 조선옷, 바지 및 버선을 구입하여 신용산으로 달려갔다. 나아가 조선인 잡화상점에서 조선 짚신을 구입하고 한커우교漢口橋 아래로 가서 흑색 목단이 양복을 강에 던져 조선옷으로 갈아입고 일단 친남동생 집으로 돌아와서 처자식에게 이 사실을 말하였다. 오후 1시 신의주행 급행열차를 타고 오후 7시 평양국平壤局에 이웃한 일본인 헌 옷집에서 단벌의 일본 옷 및 허리띠와 일본 버선을 구입해서 황금탕黄金湯에서 이것을 착용했다. 앞서 산 조선복은 거지에게 주고 그 길로 평양 니기와이쵸賑町 모 기생집에 가서 일본인 창기 사다코를 상대로 30엔을 쓰고 다음날 13일 오전 10시 기생집을 나왔다. 다시 대동문大同門 앞 대성관大成館에 가 기생 옥향玉香·매화梅花·홍화紅花 세 명을 불러 40엔을 또 낭비하고 오후 3시 30분 기생집을 나와 오후 4시 급행으로 북행하여 신의주에 오후 10시 하차하였다. 관헌의 눈을 피하기 위해 안둥현安東縣까지 걸어가서 일박한 후 14일 오전 11시 20분발 열차를 안둥역에 승차하여 16일 오전 10시 10분 베이징으로 도주하였다.

제3. 전부터 입단한 의열단은 보통 수단으로는 조선 독립이 불가능하다는 것을 깨닫고 암살부를 설치하여 도쿄·경성·베이징 등 각처에 부원을 파견하여 항상 일본의 고관을 죽이려고 계획 중이었다. 단장 김약산은 오성륜을 올해 1월에 상하이의 동지인 윤달호 집으로 파견하여 두었는데, 마침 올해 3월 다나카 대장이 '필리핀'에 가는 것을 신문지상으로 알게 되자 이것을 오성륜에게 통보하였다. 상하이에 상륙할 때 암살하라고 명령하였으나 일손이 부족하여 오성륜이 응원을 요청한바, 3월 중순 본인에게 상하이행을 명하였으므로 본인은 3월 22일 베이징을 출발할 때 김약산으로부터 권총 탄약 80발과 폭탄

1개 및 폭탄 뇌관 6개, 화기 1개를 받았다. 24일 상하이역에 하차하자 미리 통보를 받은 오성륜이 마중을 나와 바로 자택으로 안내를 받았다. 그날 밤 동지 양달호와 면회하고, 다음날 25일 밤 오성륜 집에서 밀의密議하였다. 또 26일 밤에는 3명 모두가 오성륜의 집에 모여 술잔을 기울이며 협의한 결과 유서를 써두기로 얘기가 정리되었다. 양달호는 이것을 필기하겠다고 하면서, 첫 번째로 김익상의 유언, 다음은 오성륜의 부분, 그다음은 양달호 자신의 부분을 잇달아 한 장의 괘지罫紙에 쓰고 있었는데, 양달호는 죽는다면 실행하지 말자고 썼기 때문에 김익상·오성륜과 논쟁이 시작되어 이후 본인 등은 양달호와 본건의 관계를 끊고 해당 유서를 김약산에게 보낼 예정하였지만 그대로 두었다. 다음날 27일 두 명은 상하이의 각 부두를 시찰 중 『상하이신문』에 다나카 대장은 28일 오후 2시 세관부두로 상륙할 것이라고 게재되어 있는 것을 보고 바로 돌아왔다. 다음날 28일 오성륜은 32형 권총을, 본인은 폭탄 1개와 권총을 소지하고 오전 8시를 전후하여 자택을 출발했다. 세관 부두 부근에서 각자 위치를 정해 두고 실행 방법으로 오성륜의 권총 발사와 동시에 폭탄을 투척할 계획하에 본인은 전봇대의 후방에, 오성륜은 세관 창고 북방에서 준비하고 기다렸다.

오후 3시 30분경 다나카 대장 일행이 예상한 대로 세관 부두에서 먼저 세관 검사소에 들어가고 나아가 도로로 나오려고 할 때에 오성륜은 가지고 있던 권총으로 세 번 연발하자 김익상은 바로 폭탄의 도화기導火器를 전봇대에 때린 후 다카가 대장을 목표로 던졌다. 대장의 일보 앞에 굴러감을 확인한 김익상은 바로 전차길 북쪽으로 도주 중 후방에서 추적해 오는 마부에게 한 발을 발사하여 좌대태부左大腿部 관통상을 입혔다. 나아가 주장로九江路 서쪽으로 들어가 쓰촨로四川路 북쪽으로 도주하다가 창고에 잘못 들어가 길이 막혔기 때문에 다시 돌아가려고 하여 '톰슨'에게 체포되려고 하자 톰슨의 흉부에 관통총상을 입혔다.

다나카 대장 암살저격사건 신문조서訊問調書 발췌

본적(자칭)	중국 북간도 화룡군和龍郡 월신사月新社 걸만동傑滿洞 신기촌新基村
출생지	함경북도 온성군 영와면 이하 미상
주소	상하이 프랑스 조차지 백이로 정운리 18호
별명	오진吳震
호명	일뢰一雷
학생	본명 오성륜吳成崙 당시 23세

1. 본인의 경력

가족은 8명으로 간도에 있는 부모와 처, 남동생 둘, 동생의 처 1명, 동생의 아들 1명이다. 8세 때 자칭 본적이라 칭하는 북간도로 이주하여 12세 때부터 그곳의 조선인이 경영하는 학교에 들어가 14세 때 퇴학했다. 16세까지 농업에 종사하고 같은 해 훈춘현琿春縣 황구荒溝에 있는 북일중학교北一中學校 내의 소학교에 입학했다. 나아가 중학교에 들어가 20세에 2학년을 수업修業했다. 그해 즉 다이쇼 8년(1919) 4월에 학우 백성삼白成三·한대준韓大俊·김인화金仁化와 함께 아무런 목적 없이 블라디보스토크로 건너가 그곳에 있는 김하석金夏錫의 소개로 러시아수비대 '야하也河'에 입영했다. 1개월 만에 퇴영하고 이후 자택에서 8월까지 농업에 종사했다. 8월부터 북간도 왕청현汪淸縣 남봉오동南鳳梧洞에 있는 학교의 교사가 되고 다이쇼 9년(1920) 3월 퇴직 이후 조선 독립운동에 분주했던 자이다.

2. 조선 독립운동의 상황

다이쇼 9년(1920) 3월부터 북간도 왕청현 북봉오동에 조선독립단朝鮮獨立團 도독부都督府가 조직되자 부장府長 최명록崔明錄으로부터 교련사敎練師의 의뢰를 받았다. 1개월 동안 군대교육으로 변경하기 위해 부장으로부터 1만 엔을 받아 조선독립단의 재무 담당 최정국崔正國과 함께 총기 구입을 위해 4월 14일 러시아령을 향해 출발하였다. 82정의 총기를 구입하자 바로 도독부장에게 통보하려 귀환함과 동시에 퇴단하여(조선독립단은 군사교육을 주된 목적으로 하기 때문에 본인은 이것과 어울리지 않아 퇴단하기에 이르렀다) 길림吉林으로 갔는데, 훈춘에서 동기생인 김경삼金景三을 만나 80엔을 빌려 퉁저우通州로 갔다. 나아가 베이징에 와서 의열단장인 김약산과 면회하고, 김약산의 권유로 의열단에 가입, 교육부에 소속되었다.

이후 베이징에서 영어보습학교英語補習學敎에 들어가 수업 중이었는데 다이쇼 10년(1921) 1월 암살부로 소속이 바뀌자 종래의 방법과 수단으로는 독립의 목적을 이룰 수 없다고 깨닫게 되었다. 단장 김약산 및 지부장 김익상과 함께 앞으로 일본 내지의 고관으로 해외로 출항하는 자는 전부 암살한다는 협의를 하고 있던 중, 상하이가 가장 적당한 곳이라고 생각하여 올해 1월 16일 김약산의 명에 따라 32형 권총을 받고 상하이에 있는 동지인 양달호 쪽으로 파견되어 오게 된 것이다.

3. 범죄 사실

상하이에 온 이래 항상 고관高官의 왕복에 주목하던 중 때마침 올해 2월 16, 17일 다나카 대장의 '필리핀' 여행이 신문에 보도되자 상하이에서 암살하려고 계획하였지만 사람이 부족하여 다나카의 귀로에 목적을 달성하고자 2월 하순 베이징 거주 단장 김약산에게 응원 방법을 의뢰했는데, 3월 1일에 김익상을 파견하면 목적을 달성할 수 있다는 답변을 받았다. 김익상은 3월 22일 베이징을 출발하여 24일 상하이에 도착해 즉시 오성륜의 안내로 그의 집에 거주하였다. 다음날 26일 밤 동지인 양달호·김익상과 함께 3명은 이윽고 다나카 대장을 암살하려고 모의하고 그날 밤 유서를 썼는데, 양달호만 죽을 이유가 없다고 하여 김익상·오성륜의 의사에 반대한 결과 싸움이 일어났다. 양달호는 그이후 본건에 관계하지 않게 되었다. 다음날 27일 김익상·오성륜 두 명이 상하이 각 부두를 시찰하고 다음날 28일 오전 8시 '번드'에서 만나기로 약속하여 김익상과 전후해서 집을 나왔다. 세관 부두 부근에서 다나카 대장 일행을 기다리면서 실행 계획을 세워 김익상은 공중전화 뒤에서, 오성륜은 잔디밭 남쪽에 위치하여 통로를 끼고 기다리고 있었다. 오후 3시 35분경 다나카 대장이 '론치'에서 상륙하고 '번드'거리로 나와 불과 15, 6보의 삼각형이 되었을 때 미리 약속한 대로 제일 먼저 오성륜이 다나카 대장을 목표로 32형 '스톨'식 권총을 3발 발사하였지만 다나카 대장을 명중하지 못하고, 부근에 있던 외국인 부인 '윌리엄 제이 스나이더'의 우흉부右胸部에 3발을 명중하여 즉사시켰다. 김익상은 바로 폭탄을 투척하고 주장로九江路로 도주하고 오성륜은 한커우로漢口路로 도주했다. 도중에 한커우로와 쓰촨로四川路의 십자로에서 중국 순포巡捕의 오른쪽 머리를 부상시키고, 다시 쓰촨로 남쪽으로 도주 중 또 발사하여 부근에 있던 중국인 인력거부 첸얼陳二의 오른 발목에 관통 총상을 입히고, 또 다시 도주하다가 외국인 순포巡捕에게 체포되었다.

3. 조선공산당과 고려공산청년회의 상황에 관한 건

쇼와昭和 5년(1930) 11월 14일 자 재상하이 시게미쓰重光 총영사 발신 시데하라幣原
외무대신 앞 전보 요지 (제47권-해설 51~52쪽 참조)

조선공산당과 고려공산청년회의 상황에 관한 건

별지는 10월 15일 당관當館[재상하이 총영사관 - 옮긴이]의 치안유지법 위범違犯
피의자로 조선에 이송된 공산계 조선인의 수령 구연흠具然欽이 1925년 조선공
산당 사건 또는 1926년 6·10운동 사건에 관련하여 체포된 조선공산당 및 고려
공산청년회 조직 전후의 과정부터 운동의 경과와 관헌의 단속 및 검거 상황을
상술한 것으로 조선공산주의운동의 상황 연구에 좋은 자료임과 동시에 금후
단속에도 참고가 될 것이다.

구연흠 원고原稿(조선문 번역)
조선공산당과 고려공산청년회 대옥기大獄記

목차

서론
　적화사상의 침입, 3·1독립운동의 실패, 원인, 조선 민중의 자각, 사상의 변천, 민
　중운동자대회民衆運動者大會 및 해산, 조선공산당과 고려공산청년회의 탄생, 사
　명, 선언서의 설명(목적 및 당국의 과업) 등

1. 조선공산당과 고려공산청년회의 조직
　전조선민중운동자대회全朝鮮民衆運動者大會 준비 및 대회 금지禁止, 시위운동, 11

명의 처형

1925년 4월 17일 조선공산당 조직(책임비서 김재봉金在鳳)

1925년 4월 18일 고려공산청년회 조직(책임비서 박헌영朴憲永)

국제공산당과 연락을 위해 당대표 조동호趙東祜, 청년회 대표 조봉암曺奉岩을 '모스크바'에 파견

2. 당옥黨獄의 발단

1925년 11월 22일 재신의주 신만청년회新灣靑年會와 변호사 박유정朴有楨 및 해당 지역 경찰 순사 스즈키 도모요시鈴木友義와의 싸움, 박 변호사의 고소, 신의주 경찰서 활동, 비밀문서 발견 당 및 청년회 폭로, 간부의 검거

3. 중앙 간부의 개선改選

위의 신의주경찰서의 당 및 청년회 간부 검거로 인해 남은 사람들은 제2차 새 간부를 선정

4. 6·10운동

(1) 이왕李王[순종 – 옮긴이] 장례식과 민중의 격앙

(2) 당 간부의 결정

(3) 적敵 경찰의 준비 상황

(4) 시위운동 대략 방침

(5) 격고문檄告文의 인쇄

(6) 불꽃사의 격문

(7) 사전 발각

　　가. 안정식安正植의 구술

　　나. 천도교당의 수색과 박朴·민閔·양楊·이李 씨 여러 동지의 체포

　　다. 경성역에서 '불꽃'사의 격문 발각

(8) 권오설權五卨 체포

(9) 실패 중 데모 운동 계속

(10) 6월 10일의 대분화大噴火

(11) 총독부의 긴급 회의

(12) 기소된 11명의 학생과 그 수형受刑

5. 검거 선풍은 공산당계에, 12인 먼저 피소

6. 박순병朴純秉의 체포

구연흠 원고(조선문 번역)

아아! 괴물은 침입하여 왔다. 지금부터 77년 전의 '칼 마르크스' '엥겔스'가 말한 유럽을 배회한 그 괴물의 발끝은 그 사이 전 인류의 평등을 위해 전 세계를 돌며 만악萬惡의 악마인 제국주의 통치군統治群과 끊임없이 싸웠는데, 저들의 불합리한 제도로 필연적으로 발생하는 세계대전을 기회로 하여 '니콜라이' 제정의 쇠줄에 결박되었던 민족 1억 3천만의 인구를 자유의 천하에 해방한 '러시아' 혁명의 성공을 고하고, 하늘 높이 타오르는 화염과 같이 순풍을 타고 남쪽에서 대서양 서안을 향해 날아왔다. 조선에 침입한 때는 바야흐로 1919년 3월 1일에 발발된 조선민족 독립운동이 실패한 직후였다.

이 조선 독립운동을 말하면 참가한 군중이 2백만에 달하고 고귀한 생명의 피로써 3천리 들판을 짙게 물들인 것이다. 양으로써 보면 웅대하고 질로써 보면 치열하였다. 그러나 물거품처럼 바람 앞의 등불처럼 소멸해 버린 것은 그것은 무엇 때문이었는가? 이것에는 무릇 두 가지 큰 원인이 있다. 하나는 민중을 기초로 한 혁명 영도 기관이 없이, 오직 기회를 봄에 명민한 두뇌를 가지고 명예를 넓힘에 교묘한 수단을 가진 일군의 지사 선생들이 어떤 마음에서인지

황황皇皇 수천 자의 독립선언서를 발표한 후 그 자리에서 적의 진문陣門을 향해 항복한 것이다. 또 하나는 세계 정국政局에 대한 정확한 시찰視察 없이 오직 미국 대통령 등이 주장해서 나온 소위 민족자결주의라고 하는 것을 부적이나 주문처럼 믿은 환상과 파리강화회의, 환언하면 독일·오스트리아 영토의 분부分賦 회의에 청원서 한 장을 제출하면 한반도 2천만 군중을 수화水火에서 구제해 준다는 착각을 가진 것이다.

이리하여 저 웅대한 군중의 열렬한 피로써 그에 상응하는 대가를 받지 못하고 참혹한 실패로 돌아가 버린 것이다. 생각하면 애석하지만 당연한 결과로 인정하지 않을 수 없다. 그러나 총명한 우리 민중은 이 한 번의 시련으로 무엇을 얻었는가. 기회주의적 지식분자는 민중 혁명의 전위대로 믿을 수 없다는 것, 또 식민지 해방운동은 다른 제국주의자의 동정에 공명共鳴하는 것으로써는 불가능하다는 것을 깨달았다. 그리고 그 착각과 환상의 영역에서 힘차게 뛰어나올 생각이 급박할 때, 마침 들어온 저 괴물은 그 중위重圍의 일각을 돌파하여 세계의 새소식을 전달함과 동시에 식민지 혁명운동의 유일한 정로를 계시啓示하여 준 것이다. 즉 안으로는 노농군중勞農群衆이 단결하여 직접, 간접으로 정치적·경제적 반항을 궐기시키고, 밖으로는 전 세계의 피압박 민족과 통치국 자체 안의 무산계급과 함께 연합 전선 및 공동 투쟁으로 진출하지 않으면 안 된다는 것을 자각하였다.

이에 조선 민중은 사상상의 절대적 충동을 수지受持하고 급격히 방면을 전환하여 풍기조용風起潮湧의 기세로 경주장 가운데 서서, 혹은 구덩이에 추락하는 자도 있고, 혹은 잘못된 길로 일주逸走하는 자도 있으며, 또한 교왕과직矯枉過直의 폐해도 있지만, 이는 계몽의 초기에 처하여 피할 수 없는 것이다. 1923년[1924년의 오기 - 옮긴이]에 노농총동맹勞農總同盟과 청년총동맹이 조직되기에 이르러, 비로소 운동의 체계가 점차 정연한 길을 밟게 되었던 것이다. 3, 4년 동안의 짧은 세월의 역사에 비추어 보면 과연 장족의 진보라고 말하지 않을 수 없다. 이러한 장족의 진보를 보기에 이른 것은 또한 제국주의 강압 정치와 금융자본이 급격하게 돌입한 결과이다.

그리고 이러한 도정道程에 이르러 여러 방면의 투쟁 운동이 기분적으로 흐르는 것이 많고, 조직적·통일적 정책이 성립되지 않아 노력군중勞力群衆으로 하여금 놀라 방황하게 했을 뿐만 아니라 특히 민족주의자에 대해 큰 오해와 알력이 생긴 동시에 전 민족적 혁명 역량을 집중하기 어려운 지경으로 함락되기에 이르자 선구자들의 무한한 고심과 사회 군중의 필연적 요구로부터 전조선민중운동자대회를 소집하게 되었다. 이 민중운동자대회의 이면에서 조선공산당과 고려공산청년회의 탄생을 보게 되었다. 그렇다면 조선공산당과 고려공산청년회는 과연 어떠한 사명을 가진 것인가? 이에 대해서는 1926년 6월 7일 발표된 조선공산당선언서를 빌려 설명할 필요가 있다. 동 선언서의 결론 한 구절에 이렇게 쓰여 있다.

"조선 공산주의자들은 일본제국주의의 압박에서 조선을 절대로 해방한다는 것으로써 당면의 근본 과업을 삼고, 이 과업을 실행하기 위하여 일본제국주의에 대립한 조선의 모든 역량을 집합하여 민족혁명유일전선을 작성하고 적의 영루營壘에 향하여 정확한 공격을 준비하고 또한 개시하여야 할 것이다." 라고 하였다. 이어서 말하기를,

"조선 공산주의자들은 그 소유 일체의 역량을 집합하여 1925년 4월에 조선공산당을 조직하고, 아울러 공산당의 목적과 투쟁의 구체적 방침을 세웠다. 조선공산당에서는 이 투쟁의 기본적·결정적 역량은 가장 많이 압박을 받고 가장 많이 착취 받는 전 민족의 87'퍼센트'나 되는 제국주의의 약탈과 자본주의 생산의 조립상 단결되고 집중되는 노동계급과 농민들로 본다. 이는 그들이 그들 자체 내에 혁명적 정력을 가장 많이 비축하였고 또한 일본제국주의의 성역城域을 안으로부터 파괴시키는 폭탄의 힘을 가지고 있는 까닭이다. 이들 노력자勞力者들이 민족 해방운동의 근본적 투쟁자로 될지며 도시의 소'부르주아'와 지식자들은 이에 부수하여 나갈 것이요,'부르주아'들은 혁명의 주력대로 될 능력은 없으나, 그러나 그들도 또한 제국주의자들의 압박을 받아 불만

족의 요소를 가지고 있다. 따라서 아직까지 그 자체 내에 혁명적 소질이 없지
아니하므로 혁명의 선봉대와 직접 동맹할 수 있을 것이다. 조선공산당은 조선
무산자와 반무산자半無産者들의 산아産兒요, 이 산아는 이미 그들의 영수로 되
어 절대絶大의 책임적 과업을 제국주의자와의 투쟁에 있어서 군중을 지도해
나갈 것이다"라고 했다. 또한 "조선공산당은 이하의 강령을 세운다"고 하면서
먼저 "당면한 투쟁의 목적은 일본제국주의의 압박에서 조선을 절대로 해방함
에 있다"고 하는 한마디로 쓴 후, "당면한 정치적 요구는 아래와 같다"라고 하
면서 12개 조항을 열거했다.

1. 민주공화국을 건설하되, 국가의 최고 및 일체 권력은 국민으로부터 조직
   한 직접·비밀(무기명투표)·보통 및 평등의 선거로 성립한 입법부에 있을 일
2. 직접·비밀·보통 및 평등의 선거로 광대한 지방자치를 건설할 일
3. 전 국민의 무장을 실시하여 국민 경찰을 조직할 일
4. 일본의 군대와 헌병 및 경찰을 조선에서 철수할 일
5. 인민의 신체 혹 가택을 침범 못 할 일
6. 무제한의 양심·언론·출판·집회·결사 및 동맹파업의 자유를 가질 일
7. 문벌門閥을 타파하고 전 인민의 절대 평등의 권리를 가질 것
8. 여자를 모든 압박에서 해탈解脫할 일
9. 공사公私 각 기관에서 조선어를 국어로 할 일. 각종 학교에서 조선어로써
   교수敎授할 일
10. 학교의 자유를 보장하고 무료 또는 의무의 보통 및 직업교육을 남녀 16세
    까지 실시할 일. 빈민 학령 자녀의 의식과 교육 용품을 국가의 경비로 공
    급할 일
11. 각종 간접세를 폐지하고 소득세 및 상속세를 누진율로 할 일
12. '소비에트'사회주의연합공화국과 우의友誼적 연맹을 체결할 일

그다음 "노동계급의 육체적·도덕적 타락을 방지하기 위하여 노동계급의 해방 투쟁 능력을 발전시키기 위하여 아래와 같이 요구한다"고 하였다.

1. 무제한의 직업조합의 조직 및 동맹파공同盟罷工의 자유를 가질 일
2. 어떤 임금노동자를 물론하고 일일 8시간 이상의 노동을 하지 못할 일
3. 남녀를 물론하고 일주 36시간 이상의 계속적 휴식을 법률로 정할 일. 단 임금은 삭감하지 못할 일
4. 일정 시간 이외의 노동을 절대로 금지할 일
5. 야간노동을 금지할 일. 단 기술상 필요에 의하여 부득이한 경우에는 노동단체의 허가를 받을 일
6. 16세 이하 아동의 노동을 기업소企業所에서 금지할 일
7. 여자 신체에 유해한 기업소의 여자노동을 금지할 일. 산모의 산전 2주, 산후 4주간의 노동을 금지할 일
8. 불행 혹 작업상 위험의 관계로 노동자가 그 노동력의 전부 혹 일부를 손상할 때에는 법률로써 고주雇主에게 민사적 책임을 부담지울 일
9. 노년 노동자에게 국고로부터 양로금養老金을 줄 일
10. 노동자를 사용하는 각 기업소에서는 정확하게 위생검사를 할 일. 기업소의 경비로 노동자의 무료 요양療養의 보험을 할 일
11. 고주가 노동법 혹 보험법에 위반되는 행위를 할 경우는 형사적 책임을 지울 일
12. 어떤 기회 어떤 구실(벌금·배상 및 기타)로 노동자의 임금삭감을 절대로 금지할 일

등의 12개 조항을 열거하였다. 그 밖에 "농민들을 지주와 대토지 소유자의 압박에서 해방하기 위하여 아래와 같이 주장한다"고 하면서,

1. 대토지 소유자와 회사 및 은행이 점유한 토지를 몰수하여 국가의 토지와 함께 농민에게 교부할 일

2. 소작료를 폐지할 일

3. 수리기관水利機關을 지방의 소유로 하고 농민이 무료로 사용할 일

의 대강을 들고, 또한 "농민에게 절대로 필요한 이상의 주장을 관철하기 위하여 다시 아래와 같이 요구하고, 이 요구에 대하여 농민조합의 투쟁이 승리를 얻도록 노력할지라"라고 하며 13개 조항을 열거하였다.

1. 조선 농민을 토지에서 구축하는 일본 이민을 폐지할 일

2. 동양척식회사東洋拓殖會社, 후지흥업회사不二興業會社 및 기타 토지의 매수를 폐지할 일

3. 농민의 소작료와 기타 체금滯金을 이유로 하는 동산 또는 부동산의 압수를 폐지할 일

4. 농민에 대한 국가 및 지방의 세금을 최저율로 할 일

5. 연초烟草와 인삼 등의 전매 및 면綿·견繭 등의 강제 공동판매를 폐지할 일

6. 소작료를 3할 이내로 할 일

7. 소작료는 수확 판매 뒤의 성적에 의해 교부할 일

8. 소작인은 토지 소유자에 대하여 소작료 이외에 어떠한 것(무료 노동과 세찬歲饌·마름료舍音料 및 기타 각종 뇌물)을 제공하지 않을 일

9. 지세·종자·비료·관개灌漑 등 일체의 비용을 토지 소유자가 부담할 일

10. 소작권은 서면 계약으로 확정하고 농민조합이 이것에 관여할 일

11. 지주와 대토지 소유자에 대한 농민의 투쟁을 자유롭게 할 일

12. 농민조합을 법률로 승인할 일

13. 수리비水利費를 최저율로 감하減下할 일

이상 기록한 바에 의하면 조선공산당과 고려공산청년회의 목적 및 목적을 달성하기 위한 당면의 과업이 어떠한 것인지, 말하는 바를 명백하게 알 수 있다. 이를 요약하여 말하면 조선공산당은 일본제국주의의 압박에서 조선 민족을 절대 해방하기 위해 조선의 모든 역량을 집합하여 민족혁명유일전선을 이루는 것이다. 이와 같이 모든 역량을 모으기 위해서는 가장 많이 압박을 받고 가장 많이 착취를 당하는 전 민족의 87'퍼센트'인 노농계급을 기초로 하고, 도회의 소자본가·지식인 내지 불만을 가진 '부르주아'까지 직접 동맹을 해야 한다. 이리하여 일본제국주의의 영루營壘에 대하여 정확한 공격을 개시하고, 민주공화국을 건설하는 데는 국민에 의해 직접·비밀·보통 및 평등 선거로 성립된 입법부를 일체 권리의 최고 기관으로 하며, 농민·노동자·여성들의 정치적·경제적 절대 해방, 절대 평등을 보장한다는 것 등이다.

조선 민족의 혁명운동의 구체적 방안이 이때에 이르러 비로소 확립되고 동시에 일본제국주의자가 보기에는 진정한 대적大敵을 만난 것이다. 대적을 만났을 때 그 공포 발악이 한층 잔혹해지는 것도 당연한 것이지만, 그 때문에 적은 전조선민중운동자대회를 해산시킨 후 예민한 촉수는 어떤 이면의 결사가 있는가 하여 평소 흉독의 마수를 길게 뻗치고 어떤 쪽을 향해서 물까, 어떤 쪽을 향해서 상처를 낼까, 이 방면으로만 전심으로 정력을 경주했다. 마침내 1925년 11월 신의주경찰서에서 단서를 얻어 체포하고 다음해 6월 종로서는 경로를 발견하기에 이르렀다. 전국 경찰을 총동원하여 조선 각 공산당 및 고려공산청년회 제1선 내지 제2선의 간부를 비롯해 수백 명의 전위 분자를 검거하여 인간으로서는 실로 있을 수 없는 고문 담금질을 자행하고 유례없는 대옥大獄 사건을 양성釀成한 것이다. 조선공산당 및 고려공산청년회 대옥기大獄記는, 곧 이 사건의 시말을 편찬한 것이다. 그리고 그 대옥기를 쓰는 데는 먼저 조선공산당과 고려공산청년당이 탄생하는 도정, 즉 최초의 동기와 어떠한 형태로 배태胚胎, 발달, 완성하였는지를 상세히 기술할 필요가 없다고 생각하는 사람도 있겠지만, 이는 당사黨史가 아니라 당옥黨獄이므로 그것을 생략해도 무리한 이야기는 아니다. 이 당옥기의 정신은, 당의 비밀을 엄수하지 않으면 안 되므로, 단순히 적의 경찰서 또는 재판소에서 발표한 사실의 요지와 악형惡刑·남법濫法을 사용한 것을 상세히 기록하고, 이어서 이에 대한 군중의 항쟁 사실을 빠짐없이 채집採集하려 한 것이다. 원래 공개되지 않은 재판인 적의 법정에서 동지들이 반항한 일은 조사 불능한 것도 많고, 또한 졸렬한 문장이라서 의사를 조리 있게 밝히지 못한 점도 적지 않으므로, 독자의 양해와 질정叱正이 있기를 깊이 바라는 바이다.

조선공산당 및 고려공산청년회 대옥기

1. 조선공산당과 고려공산청년회의 조직

1925년 4월 20일 오전 10시를 기해 경성에서 개최하려 한 전조선민중운동자대회가 있었다. 이 대회는 그 당시 사상 단체의 중진 가운데 하나인 화요회火曜會가 주최한 것으로 사회운동 각 방면의 투사 70여 명이 발기한 것이다. 전국 각지에 산재한 노동·농민·청년·여성·형평衡平·사상 등 500여 단체의 대표는 이미 일주일 전부터 경성 중앙에 있는 탑동공원塔洞公園 뒤 낙동樂洞 ○○번지의 대회 준비 사무실을 중심으로 왕래가 매우 번잡하여 그 주위에 둘러싸인 혁명적 기분은 삼각산 고봉高峯의 높이처럼 오르고 있었다. 개회 시각이 12시간도 남지 않은 19일 오후 11시에 포악한 경찰의 개회 금지 통고를 접함과 동시에 침울한 공기가 온 도시에 충만하고 청년 동지들의 열혈은 원래대로 용솟음쳤다. 그래서 21일 오후 7시에 일제히 적기를 내걸고 혁명가를 부르며 양대兩隊의 시위 행렬을 이루어 종로 대가大街로 향하려 했을 때 경찰대와 일대 충돌이 일어났다. 그 현장에서 다수 검거자가 나온 것은 차치하고,
11인 동지는 각 1년의 징역에 처해졌다.

조선에 사회운동이 발발勃發한 후 혹은 청년운동에서 혹은 노농운동에서 부분적 총 회합이 없었던 것은 아니나 각 부분의 운동선을 망라하여 경제상·정치상으로 또는 조직적·통일적으로 민족적 혁명전선의 근본방침을 토의 결정하려는 대 집회는 이번이 처음이었다. 또한 적기 아래에서 혁명가를 부르며 경성 시내에서 시위 행렬을 거행한 것도 처음이었다. 그 때문에 그 당시에 세인世人의 주시를 야기했을 뿐만 아니라 수년을 경과한 지금까지도 일반의 기억이 여전히 새롭다. 그러니 이것은 단순히 표면에 나타난 사실이다. 무엇보다도 중대한 사실은 그 이면에 잠재했던, 즉 조선공산당과 고려공산청년회가 이때 조직된 것이다. 민중운동자대회 기간의 3일 전인 1925년 4월 17일 오후 1시에 김재봉金在鳳·김과전金科全·주종건朱鍾建·윤덕병尹德炳·조동호趙東祜·김찬金燦·조봉암曺奉岩·독고전獨孤佺·홍덕유洪惠裕·송봉우宋奉瑀·권오설權五卨·진병기陳秉基·김상주金尙珠·유진희兪鎭熙 등 14인이 경성 고카네쵸黃金町 1쵸메丁目에 있는 중국요리점 아서원雅敍園에 모여 오랫동안 현안이었던 조선공산당 조직에 관하여 토론을 끝내고 그 자리에서 중앙 간부를 선거하였다.

집행위원: 김재봉, 김과전, 유진희, 주종건, 조동호, 정운해鄭雲海, 김찬
검사위원: 윤덕병, 송봉우, 조봉암

이렇게 선출된 다음날 4월 18일 오후 7시에 박헌영朴憲永·임원근林元根·권오설·임형관林亨寬·조이환曺利煥·박길양朴吉陽·홍증식洪增植·신철수申哲洙·장순명張順明·김단야金丹冶·김찬·조봉암·정경창鄭昌·안상훈安相勳·김동명金東明·진병기陳秉基 등 17명이 경성부 훈정동薰井洞 4번지 박헌영 집에 모여 고려공산청년회를 조직하고,
박헌영·권오설·홍증식·신철수·조봉암·김찬·김단야를 집행위원으로 선정하였다.

조이환·김동명·임형관은 검사위원으로 선정되었다.

이렇게 당과 청년회가 조직된 후 당 또는 청년회 간부들이 각각 간부회를 개최하여 호선互選한 결과 당의 책임비서는 김재봉이 선거되었고 청년회의 책임비서는 박헌영이 되어, 각 그 사무를 공동 처리한 후에 밖으로는 국제적 연락을 아주 공고히 하기 위해 조동호가 당대표가 되고 조봉암은 청년회 대표로 하여 '모스크바'에 파견하였다. 또한 안으로는 조직 확장 및 정책 실행에 대해 대대적으로 노력하였다.

2. 당옥黨獄의 발단

1925년 11월 22일 오후 7시경 평안북도 신의주에 있는 신만청년회원新灣靑年會員 모 씨가 신의주 로쇼쵸老松町의 경성식당京城食堂 2층에서 자기의 결혼 피로연을 열었는데 청년회원 30여 명이 출석하였다. 그 때 마침 그 지역의 변호사 박유정朴有楨이라는 자가 1층석에서 술자리를 열고 신의주경찰서 순사 스즈키 도모요시鈴木友義라고 하는 자 외 몇 명과 함께 합석하여 있었는데, 위의 신만청년회원에 대하여 아무런 이유 없이 모욕적인 언사를 난발亂發하여 결국 청년회원 몇 명과 스즈키 사이에 다툼이 생기고, 이어서 피아간 구타까지 일어났다. 아아! 박유정이라고 하는 자는 변호사의 본분을 잃고 그 지위를 이용하여 검사도 알고 서장과도 친하다고 하여 비루한 권력을 남용하는 것에 부끄러움이 없는 놈이다. 게다가 그 당시 순사까지 한편이 되었던 것이다. 평소부터 질시와 압박을 받던 청년회원들이 과연 무사 평온하기를 바랄 수 있겠는가. 박유정은 재빨리 청년회원 19명을 구타, 상해죄의 명목으로 고소장을 제출하였다. 그 때문에 신의주경찰서는 돌연 큰 적을 만난 듯한 기세로 다수의 순사를 출동시켜 신만청년회 간부 또는 조선일보사 지국장인 독고전獨孤佺 외 15명을 한꺼번에 체포했다. 한편으로는 신만청년회원의 가택을 무리하게 수사하여 회원 김경서金景瑞 집에서 일종의 비밀문서를 찾아냈다. 저들은 이것을 기회로 압수하고 체포된 사람들에게는 여러 종류의 악형惡刑을 다해 저들의 이른바 엄중한 취조를 한 결과, 경성을 중심으로 한 조선공산당과 고려공산청년회의 조직이 있다는 것과 전체 간부 및 몇 명 당원의 성명이 발각되었다. 이리하여 신의주와 안둥현安東縣(신의주 대안의 중국 지방), 경성·강화·대구·마산·평양 등 각 지방에서 다수의 사회운동자가 체포되었다. 그 가운데 독고전·임형관·조동호·박헌영·임원근·조이환·진병기·서정희徐廷禧·박길양·송봉우·윤덕병·김상수·홍증식·신철수·장순명·유진희·주종건·김과전·김경서·김재봉 등 20명이 치안유지법 위반이라는 죄명으로 기소되어 신의주 지방법원의 예심에 회부되었다.

3. 중앙 간부의 개선改選

신의주 사건이 발생되어 당과 청년회 간부는 거의 체포되고, 또는 망명, 도주하여 당 간부로는 책임비서 김재봉과 청년회 간부로는 권오설이 온갖 어려움을 무릅쓰고 경성에 그대로 은거하면서 뒷일의 처리에 고심 중이었다. 김재봉은 당원 모 씨를 만나 이미 내정한 제2선 당 간부 조직에 관한 것과 사후 처리에 대하여 단단히 의뢰한 뒤 동년 12월 20일 결국 체포되었다.

권오설은 역시 예정되어 있던 제2선 청년회 간부로 하여금 회무會務를 계속하도록 했는데 그 신 간부들은 누구였던가?

당의 집행위원은 강달영姜達永·이준태李準泰·김철수金綴洙·이봉수李鳳洙·홍남표洪南杓·전정관全政琯·권오설이고, 책임비서는 강달영, 검사위원은 홍덕유洪悳裕·구연흠具然欽이었다.

청년회 집행위원은 권오설·전정관·염창렬廉昌烈·박민영朴珉英·이지탁李智鐸·김경재金璟載·이병립李炳立이고, 책임비서는 권오설이었다.

이렇게 새로운 간부가 생겨 사업을 진행 중일 때 권오설은 물론 비밀리에 숨어 있었고, 그 밖의 다른 사람들도 모두 표면 운동의 형적을 감추고 암암리에 당원의 수습과 조직의 확장에 대한 활동을 계속하고 있었다.

4. 6·10운동

6·10운동이라 함은 6월 10일, 즉 융희제隆熙帝의 장례일을 기하여 민족적 통일전선을 작성하는 제1보로 혁명적 대시위운동을 폭발시키려 한 당의 첫 사업이었다. 기대한 성공은 달성하지 못했다고 할지언정 전 조선 민중의 혁명심리에 절대적인 충동을 주었다. 또한 포악하기 짝이 없는 적의 간담을 서늘하게 하였을 뿐만 아니라, 당옥黨獄으로 확장된 중요한 원인이 또한 여기에 있기 때문에 그 운동의 전말을 아래에 기록한다.

(1) 이왕의 상喪과 민중의 격앙

당과 청년회는 여러 종류의 사업을 착착 진행할 때 긴 시간 병상에서 미류彌留하시던 창덕궁 이왕의 상보喪報를 접하였다. 이날은 곧 1926년 4월 23일이었다. 창덕궁 이왕은 누군가 하면, 곧 망국주亡國主 융희제隆熙帝 그 사람인데, 그 상보를 들은 민중들은 그것을 애모哀慕하기보다는 망국의 은통隱痛이 이것에 의해 새롭게 발동되었으며, 일본에 대한 수한讐恨이 이것으로 인해 새롭게 끓어오른 것이다. 이 때문에 창덕궁 문 앞에 모여 통곡하는 군중은 매일 천 명 이상 다수에 달하였다. 또한 외딴 시골에 이르기까지 회곡會哭의 소리로 산천초목조차 수심의 기색을 띠었던 것이다. 같은 달 28일 오후 1시에 용사 송학선宋學先이 비수를 품에 넣고 금호문金虎門(창덕궁 서협문西夾門) 앞에서 조선 총독 사이토 마코토齋藤實를 척살하려고 하였지만 불행히도 다카야마 다카유키高山孝行라는 인물을 오살誤殺하고, 이어 사토 고지로佐藤孝次郎와 순사 오환필吳煥弼을 쓰러뜨렸다. 경성에 있는 일본인 국수회國粹會 회원 와타나베 데이치로渡邊定一郎 등 20명이 복수하는 방법으로 흉기를 휴대하고 궁내에 돌입한 일이 있었는데, 조선 민중의 심리는 한층 격앙되었던 것이다.

(2) 당 간부의 결정

군중의 격앙이 이렇게 끓어올랐을 뿐 아니라, 이때 융희제의 장례를 6월 10일에 거행한다고 발표하였기에 이날엔 틀림없이 경성 시민이 총출동하고, 또 전국 각 지방에서 상경한 봉도단奉悼團과 구경 군중 등 수십만 명이 경성에 모일 터였다. 그래서 당 간부들은 권오설의 제의에 따라 신중하게 검토한 결과, 이윽고 6월 10일을 기해 혁명적 대시위운동을 거행하기로 결정하였다. 이것에 관한 지도 임무를 권오설에게 위임하고, 밖으로는 망명 동지와 상호 호응하고 안으로는 독립운동자들과 연락을 취하여 전민족적 공동전선을 망라하였다.

(3) 적 경찰의 대비 상황

이때 적 경찰 측에서는 신의주에서 발각된 당과 청년회 간부 중에 체포를 피한 자가 있었으므로 그 종적 탐색에 주야로 고심했다. 그때 융희제의 상喪으로 극도로 격앙된 인심이 언제 어떤 사변으로 폭발할지 미리 알 수 없었지만, 1919년 3월 1일 광무제光武帝의 상례喪禮를 기회로 하여 독립운동이 발발한 경험도 있으므로, 미리 극단적인 위협 수단으로 경향 각지에 배치한 2만여 명의 순사를 전부 무장시키고, 여관·하숙집·기차·기선·자동차정류장 부근에 사복형사들도 배치하여 왕래하는 여행객의 신변을 수색했다. 또한 지방에 있는 주의 인물에 대해서는 일절 경성행을 금지할 뿐만 아니라, 조금이라도 수상한 점이 있으면 경찰서에 검속하여 바깥출입을 금하였다.

(4) 시위운동의 대략 방침

적의 경계가 이처럼 엄밀하였기 때문에 우리 운동과 관련하여 각 지방에 대한 연락이 원활하게 되지 않았다. 경성에서는 그 정도로 활동하기 어려운 환경 속에서 오히려 온갖 고난을 무릅쓰고 착착 진행하여 먼저 그 대체적 방침을 아래와 같이 정하였다.

① 사회주의·민족주의·종교계·청년계·학생계의 혁명 분자를 망라하여
　대한독립당을 조직할 것
② 대한독립당은 먼저 6월 10일을 기해 대시위운동을 수행할 것
③ 앞의 시위운동의 방법은 장의 행렬이 진행하는 연도沿道를 따라 요소요소
　에 시위대를 배치해 두어 격문과 선전 전단을 산포하고 이어서 대한독립
　만세를 고창할 것

(5) 격문의 인쇄

이와 같이 대체로 방침을 결정한 뒤 각 방면에 대해서 독립당 조직에 관한 교섭을 개시하였다. 한편, 엄밀한 경계 가운데서 단시일 내에 인쇄물을 완성하는 것이 매우 곤란하였으므로 격문과 선전 전단의 작성을 서두르고 인쇄에 착수하였다.

인쇄! 인쇄! 이것은 정말 말로는 쉬운 일이나 과연 인쇄할 곳이 없었다. 신문사 또는 잡지사에 가서 인쇄할 수도 없었다. 또한 어떠한 활판소에 가더라도 할 수 없었다. 이러한 몹시 어려운 임무를 누가 맡았는가 하면 박병원朴秉源·민창식閔昌植·양재식楊在植·이용재李用宰·백낙천白樂天 등인데, 그들 동지는 과거 또는 현재의 인쇄공과 연락했지만 적당한 장소도 없어 솜씨 좋게 인쇄할 방법이 없었다. 어쩔 수 없이 명함을 인쇄하는 소형 인쇄기를 극비리에 구해 민창식이 살고 있는 경성 안국동 26번지 감고당感古堂이라는 큰 건물 구석의 한 침실에 배치하였다. 그리고 그들은 시내의 각 활판소를 돌며 필요한 활자 수천 개를 수집하여 격문 및 4종의 선전 전단을 각각 인쇄하였는데, 사람의 이목을 피하기 위해 밤에 착수하였으며, 5월 초순부터 약 1개월 동안에 겨우 완료하였다. 그 고심참담한 경과는 실로 말하기 어려운 것이었다.

이렇게 인쇄를 종료한 뒤 그 장소에 그대로 놓아 두면 발각의 우려가 있었기에 목궤와 양철통 등에 단단히 넣어 보통의 집기와 같이 싸매어 6월 3일에 시내 경운동 ○○번지 천도교당 구내 손재기孫在基 집에 은닉해 두었다.

이리하여 그 중에서 얼마를 꺼내어 『개벽開闢』과 『신여성新女性』, 『신민新民』 등의 잡지 안에 끼워 넣거나 혹은 광고 우편물 안에 넣어 경부·경의·호남·경원 등 철도 연선에 있는 각 단체 및 경향의 각 관공서에 배부하는 한편, 상하이에서 들어오는 인쇄물을 기다려 그것과 함께 6월 10일에 사용하려 했던 것이다.

(6) '불꽃'사의 격문

상기와 같이 상하이에서 들어온 인쇄물은 무엇인가 하면, '불꽃'사 명의로 발행된 '곡복哭服하는 민중에게 격함'이라는 제목의 선언과 각종 표어를 열거한 '삐라'가 4천여 장인데, 이는 상하이에 있는 동지들이 작성하여 안둥까지 운반해 둔 것이다. 안둥에서 경성까지의 수송은 김항준金恒俊 동지가 담당했는데, 그는 안둥 호리와리堀割 산쵸메三丁目 1번지 삼성三成운송점에 근무하는 강연천姜延天 군에게 의뢰하여 이부자리 안에 넣고 기민하게 국경을 넘어 선천宣川까지 수송했다. 선천에서 다시 상자 안에 넣어 보통 화물처럼 포장하고 수취인을 경성 장사동長沙洞 ○○번지 홍일헌洪一憲 군이라고 표기했다. 철도편으로 경성까지 보낸 뒤 김항준은 다시 화물 교환증을 가지고 6월 3일 상경하여 조선일보사 지방부장인 홍덕유洪悳裕 동지에게 전하고 그날 돌아갔다. 홍일헌은 권오설의 임시 가명이었다.

(7) 사전 발각

가. 안정식安正植의 자백

이때 경상북도 경찰부에서는 지폐 위조범을 검거하고 그 공모자가 경성 내에 잠복하고 있다고 하여 경기도 경찰부 앞으로 그 자의 체포를 부탁한 적이 있었다. 6월 4일 아침 시내 모처에서 혐의자 1명이 종로경찰서에 잡혀 옴과 동시에 세밀하게 조사한 결과, 뜻밖에도 인쇄물 1장이 발각되었다. 이 인쇄물은 우리들이 6월 10일에 사용하려고 한 격문이다. 이것을 발견한 경찰은 대경실색하여 그 출처를 묻자 그 자는 선천 지방에서 금광을 경영하는 안정식이라는 사람으로부터 받았다고 고백했다. 이 고백을 얻은 종로경찰서는 급히 형사 2명을 선천에 파견하여 5일에 안정식을 체포하고, 다음날 6일 종로경찰서에 도착했다. 엄중한 취조를 한 결과 안정식은 다음과 같이 말했다. "5월 초순경 권오설이 나에게 중대 계획을 말하면서 운동 자금 5천 엔을 청구했다. 그때 2매의 격문을 주어 그것을 받아 두었는데 전날 우연히 그 사람에게 1장을 주었다"고 했다. 신의주 사건 발생 뒤 망명자들을 체포하려고 주야로 쉬지 않고 고심하고 있던 경찰서는 안정식이 말한 것에 따라 권오설이 아직 경성에 숨어 있다는 것을 알고, 그가 매우 중대한 계획에 관계하고 있는 것을 입증하려 하였다. 따라서 긴장된 공기는 더욱 긴장되어 경계 수색을 더욱 엄밀히 하게 되었다. 기묘하게도 천도교당 사건과 경성역 사건이 가까운 날 나란히 일어나 우리들이 계획한 것이 수포가 되었다. 이어서 공산당 대검거가 야기되게 되었다.

　나. 천도교당의 수색과 박朴·민閔·양楊·이李 씨 등 여러 동지의 체포
　전술한 것처럼 종로경찰서에서 뜻밖에 격문 1장을 발견하게 되어 안정식을 체포하고 그 격문의 출처를 알게 되었다. 그러나 권오설이 어디에 숨어 있는가? 공모자는 누구인가? 격문 전부를 어디에 숨겨 두었는가? 전혀 알지 못하여 매우 황거惶遽 중이었다. 이때 마침 『개벽』잡지 6월호가 불온하다고 하여 그것을 압수하기 위해 6월 6일 오후 4시 그 잡지사를 수색 중이었다. 『개벽』은 원래 적에게 질시嫉視를 받고 있었기 때문이다. 이 잡지사는 경운동 천도교당 구내에 있는데 천도교에 대한 저들의 주목이 한층 엄밀해졌다. 잡지를 압수하고 또 천도교당 전부를 수색하여 보았지만 별다른 단서를 발견하지 못하고 돌아갔다. 날은 이미 해질녘이 되어 조선인 형사 1명이 남아 극비리에 일반의 동정을 살피고 있을 때, 개벽사에 모여 동 잡지를 제본하고 있던 여공들이 일제히 이 풍파 속으로 빠져 숨이 아직 진정되지 않은 채 천도교당 구내에 늘어서 있

는 방 안에 모여, 이번 국장일에는 대사변이 일어날 것이라고 무의식하게 담화하던 중에 그 집의 유아 한 명이 마침내 "저 '궤' 안에는 무엇을 넣어 두었는가. 이번에 수색할 때 발견되었다면 어떻게 되었을까"라고 말하였다. 저 궤라고 함은 격문을 숨겨 둔 용기를 지칭하는 것이다. 이때 방 밖에서 엿듣고 있던 형사놈은 이것을 듣고 종로경찰서에 급보했다. 이 급보를 접한 경찰서는 경찰을 총동원하고 경기도 경찰부의 응원까지 청구해 결국에 천도교당을 포위하고 수색했다. 그 결과 우리들의 인쇄물 전부를 압수함과 동시에 그 인쇄물은 박병원, 민창식 등이 은닉하여 둔 것임을 알게 되었다. 질풍신뢰疾風迅雷와 같이 박병원·민창식 두 명을 체포함과 동시에 민창식의 집에서는 인쇄기까지 압수했다. 또한 양재식·이용재도 한꺼번에 잡혔다. 그리고 적 경찰은 돌연 경계령을 발령해 서대문형무소와 경성형무소를 비롯해 중요한 관서·관사 및 요소요소에 무장 경관을 배치했다. 또한 자동차를 타고 다니는 형사대는 동서남북으로 바쁘게 돌아다니면서 7일 아침 용산에 있는 조선군사령부로부터 약 2천여 명의 군대를 출동시켜 시 내외에서 시위 행렬을 하는 등 전시 상태를 보였다. 그리고 종로경찰서는 밤낮으로 시내 각 단체를 수색하여 7일 오후 3시까지 주의 인물 2백여 명을 체포했다. 유치장이 부족했기 때문에 종로경찰서 연무장演武場과 회의실을 임시유치장으로 사용하였다. 그래도 부족하여 서대문경찰서에 분산하여 유치시키는 등 실로 수라장과 같았다.

다. 경성역에서 '불꽃'사의 격문 발각

상하이에서 안동현까지, 그곳에서 다시 험난한 국경을 기묘하게도 넘어 다음 달 3일 경성까지 운반하여 두었던 인쇄물, 이것은 상기와 같이 김항준이 화물 교환증을 홍덕유에게 맡기고 홍덕유는 다시 권오설에게 주었지만, 이것도 수취할 겨를도 없이 역시 경찰에게 발견되었다. 이와 같이 발견된 경로를 말하면 이 또한 기묘하기 그지없다. 6월 6일 천도교 사건이 발생한 뒤 밤낮으로 쉬지 않고 검거에 열중하던 종로경찰서 형사대는 그 다음날인 6월 7일 아침 돌연 경성역 화물계로 가서 경의선에서 온 화물 전부를 탐색하던 중에 홍일헌 앞으로 온 화물을 풀었는데, 그 안에 들어 있던 인쇄물이 발각되었다. 이것이 경성역에 도착해 있다는 것을 어디에서 탐지했는지는 명확하지 않으나, 그 당시 신문지상의 보도에 따르면 이번 국장 당일에 중대 계획을 야기하기 위해 해외로부터 무엇인가 책동이 있을 것이라고 우려하여 경찰서의 신경이 과민하게 된 데 이날 미명에 만주 방면에서 다수의 위험물이 철도로 경성역과 모모 처에 수송되었다는 정보를 접하고 이와 같이 수색한 결과 뜻밖에 우리들의 인쇄물을 발견하였다고 생각한다.

(8) 권오설의 체포

이렇게 물적 증거가 발견되어 다수의 사람들이 잡히면 동시에 혹독한 취조는 매우 가혹하기 때문에 권오설의 주소가 발설되지 않기를 바랐지만 6월 7일 오후 11시에 이르러 경성부 장사동 52번지에서 끝내 체포되었다. 이때 종로경찰서는 오랫동안 체포하려 했던 권오설 이 사람이 또한 중대 운동의 유력한 지도자인 것을 알게 된 이상, 저들의 원통하고 분한 마음은 권오설을 체포하면 현장에서 죽이려는 기분이 되어있을 때, 권오설의 주소도 알게 되었기 때문에 그 살기는 짐작할 만하였다. 이에 수십 명의 형사대는 먼저 장사동 일대를 물 한 방울도 새지 않도록 경계망을 치고 권오설이 거주하는 가택을 습격하였다. 신의주사건 발생 뒤 권오설은 여러 번 주소를 변경하고, 그간 잡힐 뻔했던 경우도 한두 번이 아니었는데 기묘하게도 탈출하여 왔다. 그런데 6월 6일 이후 또다시 주소를 변경하였지만 마땅한 은신처도 없고 또 수중에는 일 푼의 금전도 없었기 때문에 권오설 자신뿐만 아니라 동지들의 초조한 마음은 실로 말하기 어려울 정도였다. 이 상태에서 포위되고 습격을 받았기 때문에 권오설의 좌우에 있던 사람들은 형세가 급박한 것을 눈치 채고 권오설에게 모험적으로 피신하는 것이 어떻겠는가라고 권고했지만, 권오설은 대세가 이미 잘못된 것을 알고 태연하게 있던 중 한 시간도 지나지 않아 형사대가 돌입했다. 권오설은 웃으면서 말하기를 "귀하들이 나를 수색함에 꽤나 수고를 끼쳐 대단히 미안하다"고 말하면서 조금도 말과 얼굴빛에 변함이 없는 모습으로 체포되어 갔다.

(9) 실패 중에도 운동은 계속

우리들이 6·10운동의 대체적 방침을 세워 먼저 대한독립당 조직에 관하여 각 방면의 주요 인물들과 교섭을 해 본 결과, 이것에 찬동하는 사람도 소수는 아니었지만 적의 경계가 너무나 엄밀함에 따라 1919년 독립운동 당시 경인 각지에서 무참하게 학살을 받은 것을 연상하여, 이번의 운동을 야기한다면 그 이상의 학살이 벌어지지 않을까라는 생각을 품고 주저하고 망설이는 사람도 또한 다수였기 때문에 결국 구체적 조직을 보는 것에 이르지 못하였다. 이에 용감하게도 응답한 사람은 학생계가 가장 다수였으나 겨우 4일을 앞두고 천도교당 사건이 발생하고, 그 후 7일에는 경성 소요 사건이 발생하고 그 다음 8일에는 권오설이 체포되었다. 이어서 경성에 있는 각 단체, 즉 조선인쇄직공청년동맹朝鮮印刷職工靑年同盟·여성동우회女性同友會·정우회正友会·신흥청년동맹新興靑年同盟·경성청년회京城靑年會·전진회前進會·조선학생회朝鮮學生會·조선학생과학연구회朝鮮學生科學硏究會·'서울'청년회靑年會·경성청년연합회京城靑年聯合會·중앙협정준비회中央協政準備會·조선노농총동맹朝鮮勞農總同盟·조선청년총동맹朝鮮靑年總同盟·조선노동회朝鮮勞動會·경성인공동맹京城印工同盟·사회주의자동맹社會主義者同盟·적박단赤雹團·사상동맹준비회思想同盟準備會 등을 전부 수색하여 일체 서류를 압수하고, 각 방면에서 검거된 사람이 9일까지 300여 명에 달하여 우리들의 제반 계획은 완전히 실패로 돌아가고 말았다. 그렇지만 이날을 그대로 보내는 것은 도저히 있을 수 없었다. 예정 계획의 백분의 일이라도 실행하고자 결심하고 필사적으로 노력한 결과, 과연 적군의 머리 위에 벼락을 내리고 50만 대중의 앞에 혁명적 기동연습을 알렸다.

(10) 6월 10일의 대분화

이날 우리 운동을 서술하기 전에, 먼저 경성에 모였던 군중의 복잡한 광경과 적의 경계 상태를 다시 한번 관찰해 보자. 앞에서 말한 예상대로 지방에서 봉도단奉悼團과 경꾼 20여만 명이 경성에 집합하여 여관, 하숙집 등은 전부 만원이 되었다. 이 사람들과 경성 주민 30만의 인구와 함께 시내 각 거리는 매우 혼잡하였다. 또한 장지葬地까지 25리나 되는 연도에 인산인해를 이루었다. 사전에 경계를 엄밀하게 한 적 경찰 쪽에서는 3,600여 명의 경관과 순사를 출동시켜 일광에 빛나는 검은 물론, 개개인의 어깨에는 장총, 허리에는 권총, 그중 대부분은 말을 타고 있었다. 그리고 이 정도로는 도저히 완전한 방비가 안 된다고 생각해 의복병義伏兵이라는 이름하에 육해군 8천 명을 출동시켜 장지를 호위하였다. 또한 조선군사령부에서는 보병·기병·포병 등 합계 5천여 명을 출동시켜 조선신궁朝鮮神宮과 독부 신·구청사, 그 밖의 주요 관서를 수위하는 한편, 1919년 독립운동 때 만세 소리가 울려 퍼진 탑골공원 안에는 임시 병영을 설치하여 헌병과 재향군인 내지는 소방대까지 총출동시켜 군중의 통행을 차단하는 등 그 기세는 만약 폭동이 발발한다면 일거에 척살刺殺할 준비였다.

이때 우리들의 상황은 전체 계획이 이미 파괴되어 조금도 실현될 여지가 없었지만, 오직 용감한 학생군學生軍의 끓어오르는 뜨거운 피는 검도劍刀에도 총탄에도 두려움과 겁이 없었다. 이렇게 해서 예정대로 시간과 장소를 엄수하여 6월 10일 오전 8시에 장의 행렬이 창덕궁 돈화문 앞을 출발한 후, 순로順路를 따라,

제1차 종로 3쵸메(파자교把子橋 언덕) 단성사극장 앞에서

제2차 관수교觀水橋 남변南邊에서

제3차 고가네쵸黃金町 5쵸메 사범학교 앞에서

제4차 고가네쵸黃金町 6쵸메 훈련원 광장에서(당시 재전齋殿을 설치한 곳)

제5차 동대문 안 부인병원 앞에서

제6차 동대문 밖 창신동 채석장 입구에서

제7차 고양군 숭인면 신설리 앞에서

제8차 고양군 안암 관제묘關帝廟 앞에서

구한국 국기를 게양하고 대한독립만세를 고창하면서 격문과 선전 전단을 융희제의 대여大轝가 통과 할 때 적군, 적 경찰과 군중 앞에 살포하여 적 군경의 대오를 8회나 문란시킨 것은 비할 데 없이 용장勇壯한 혁명 연습이었다고 하지 않을 수 없다.

그러나 빈손 맨주먹으로는 전투를 야기할 수 없었기 때문에 동충서돌東衝西突하는 적군의 총검 아래 체포가 개시되어,

중앙고등보통학교

연희전문학교

'세브란스'전문학교

보성전문학교

양정의숙

배재고등보통학교

경성제국대학

기독교청년학원

중동학교

협성학교

등 시내 각 사립학교 학생과 그 밖의 청년 150여 명이 현장에서 체포되어 경찰서에 구인되었다. 또한 달려오는 적 경찰의 말굽에 유린당해 중경상자도 다수 나왔다.

(11) 총독부의 긴급 회의

6월 10일을 앞두고 경계에 경계를 거듭한 적은 천도교당과 경성역에서 여러 종류의 인쇄물과 다수의 주의 인물을 검거하였기 때문에 대사변은 발발하지 않을 것이라고 안심하였을 것이다. 또한 1만 3천여 명의 군대와 3,600여 명의 순사 내지는 재향군인·소방대까지 출동시켜 철과 같이 방비를 한 이상 이 정도라면 무사할 것이라고 자신감도 있었을 것이다. 결국 눈송이와 같이 격문이, 천둥과 같이 대한독립만세 소리가 울려 퍼지자 저들은 경황驚惶하고 실착失錯하고 포박하는 한편, 총독부에서는 고등관 긴급회의를 개최하여 대책을 토의하게 되었는데 경연硬軟 양파로 나뉘었다. 경파는 즉 경찰국장 미쓰야 미야마쓰三矢宮松를 중심으로 철저한 검거와 엄중한 법률로 조선인 '불령不逞' 사상을 근본적으로 박멸하자고 하는 논법이었다. 연파는 내무국장 ○○○를 중심으로 이 사건을 확대시키는 것은 조선인의 혁명운동을 세계에 선전하는 것이 된다며 오히려 검거의 범위를 축소하여 경미한 징벌로 유야무야하는 가운데 묻어 버리자는 논법이었다. 이러한 악랄한 연파[원문 그대로 - 옮긴이]의 주장은 어느 정도 실행되었다고 관측된다. 그리고 검거가 시작되어 이미 검거한 학생 가운데 90명을 검사국에 압송하고 그 중 11명만 제령制令 제7호 위반으로 기소되었다.

(12) 기소된 11명의 학생과 그 수형受刑

6·10운동의 관계 인물 중에도 권오설 이외의 사람은 공산당 판결 때 한꺼번에 판결하였는데 그것은 이다음에 기술하지만 기소된 11인은 전부 학생으로

연희전문학교생	이병립李炳立
중앙고등보통학교	박용규朴龍奎
동	이동환李東煥
동	유면희柳冕熙

동	이선호李先鎬
경성제국대학 예과생	이천진李天鎭
중동학교	곽재형郭在炯
동	김재문金在文
동	황연환黃延煥
중앙기독청년학원	박두종朴斗鍾

등이었다. 이렇게 기소된 후 ○년 ○월 ○일 경성지방법원에서 징역 1년 집행유예 5년이라는 판결을 받았지만, 검사가 항소를 제기하여 ○년 ○월 ○일 경성복심覆審법원에서 다시 판결한 결과 모두 징역 1년의 체형體刑에 처해졌다.

5. 검거의 선풍은 공산당계에, 12명이 먼저 피소되다

6·10운동의 전말은 대략 전술과 같이 그 관계자 가운데 학생만 먼저 기소되어 일단락을 보았지만, 그 외는 전부 6·10운동자라기보다는 공산당 혐의가 주가 되었다. 종로서에 구금된 사람이 약 2백 명이었는데, 이래저래 석방되어 7월 2일까지 종로서에 유치된 사람은 민창식·박내원·양재식·이용재·백명천·염창렬·박민영·권오설·손재기·김항준·강연천·홍덕유·이봉수·이준태·김경재·김해金海·이지탁·김창준·구연흠·홍남표·박의양·이상훈·이수원李壽元 등 23인이었다. 이날 적 경찰은 1천여 쪽의 취조서와 압수한 인쇄물, 인쇄기 등을 경성지방법원 검사국에 송부하고, 다음날 3일 오후 2시 동 법원 검사 사토미里見는 종로서에 출장하여 앞의 23인 가운데 박내원·민창식·양재식·이용재·백명천·염창렬·박민영·권오설·김항준·홍덕유·이봉수·김경재·손재기·이지탁·강연천·박의양·이수원 등 17인에게 구인장을 집행하여 서대문감옥에 이송하였다. 이준탁·김해·구연흠·홍남표·김창준·이상훈 등 6명은 종로서에 그대로 유치되어 있다가 7일에 홍남표·구연흠이

석방되었다. 12일에는 검사국에 보내진 17인 가운데 박내원·민창식·이용재·백낙천·염창렬·박민영·권오설·김항준·홍덕유·김경재·이지탁 등 12인만 기소되어 예심에 붙여져 이봉수·손재기·강연천·박의양·이수원 등 5인은 방면되었다. 이렇게 하여 이 사건은 간신히 일단락될 것으로 관측되었으나 다시 한번 생각해 볼 것이 있다. 즉 이번 사건이 끝내 백여 명의 대옥으로 확대될 것인데 어떻게 하여 이렇게 간단히 일단락을 고함에 이르렀는가.

첫째 신의주에서 검거된 동지들이 옥외獄外에 있는 동지들의 성명을 누설하지 않았고, 둘째 이번 종로서에 잡힌 동지 중에 권오설·염창렬·이봉수·홍덕유 등은 비밀강령을 지켜야 할 사람들로 인류에 없는 혹독한 악형 고문 때문에 몇 번이나 죽다가 살아났지만 오직 당을 위해 생명을 희생하려는 각오 아래 이 사건을 어느 정도 축소시켰기 때문이다. 그 강의剛毅한 기백과 침착한 정신에 대하여 경복敬服할 수밖에 없다.

이처럼 12명만 예심에 회부되고 그 밖에 중앙 간부인 이봉수·홍남표·구연흠까지도 석방된 것을 보면 종래 경찰의 검거는 누구의 진술에 의한 것이거나 어떤 물적 증거를 얻어 검거한 것이 아니라 저들이 추상적으로 용의 인물이라 하여 체포한 것이 명백하게 되었다. 지금까지 종로서에 남아 있는 이준태·이상훈·김창준 세 동지의 고통이 우려되나, 이 동지들의 진술로부터 새로운 단서가 발생되지 않을 것임을 일반이 신뢰하기 때문에 정말로 안심되는 한편, 현재 종적을 감춘 박순병·강달영 두 동지만은 멀리 몸을 피하여 시기를 기다리는 것이 좋은 책략임을 모두가 알고 있었다. 또 박순병·강달영 자신도 이렇게 할 생각이었는데, 전부 종적을 감추기 전에 적 경찰에 체포됨에 따라 당옥은 확대되었다

6. 박순병朴純秉의 체포와 그의 참사

박순병은 당원이면서 또 공청[공산청년회 - 옮긴이]의 중요한 임무를 맡고 있었다.

표현 단체로서는 신흥청년동맹과 한양청년연맹의 상무집행위원이 되어 계급 전선의 건아일 뿐만 아니라 그 당시 시대일보사時代日報社의 사회부 기자로 철필구락부鐵筆俱樂部 부원으로 문필계에서도 무산자의 입장에서 쟁쟁한 명성을 지닌 동지였다. 이지탁과 함께 경성부 돈의동 ○○번지에서 기숙 중 6월 20일 오전 7시 이지탁이 체포될 때, 형사가 박순병에게 동행을 요구하자 박순병이 말하길, "이 자리에서 동행을 요구하면 동행하지만 다만 나는 신문사에 잠시 들렀다가 가고자 하니 아무쪼록 허가해 주시오"라고 이야기 하자 형사는 무슨 생각을 했는지 허락하고 이군李君[이지탁]만 데리고 갔는데, 박군朴君[박순병]은 그때부터 종적을 감추고 동지들의 집을 전전했다. 적의 탐색이 점차 고조에 달한 것을 살피고 멀리 몸을 피하려 했으나 수중에 소지하고 있는 여비가 한 푼도 없어 내일모레 하며 지체하다가 끝내 7월 17일 수은동授恩洞에서 종로서 형사의 손에 체포되었다(이하 생략).

4. 상하이 홍커우虹口공원에서의 폭탄 투척 사건

쇼와昭和7년(1932) 5월 3일 자 재상하이 무라이村井 총영사가 요시자와芳澤 외무대
신에게 보낸 보고 요지 (제45권-해설 52~53쪽 참조)

상하이 홍커우虹口공원에서의 폭탄 투척 사건

1. 재류 관민 합동 천장절天長節 축하식 회장에서 폭탄 투척과 범인 체포

이곳 재류 관민의 천장절 봉축은 예년 공동조계 홍커우虹口공원에서 관민
합동의 축하식을 거행하고, 모의점模擬店[행사장에 임시로 설치한 음식점 등 - 옮긴
이] 등을 설치하여 성대하게 행해졌는데, 올해는 사건[상하이사변 - 옮긴이] 후이
므로 모의점 등을 설치하지 않고, 단순히 관민 합동의 축하식을 거행하는 것
에 그쳤다. 당일 우리 상하이 파견군은 오전 9시가 지나면서부터 홍커우공원
에서 관병식을 거행했기 때문에 재류 관민은 물론 외국인들도 다수가 모여 무
려 수만 명이나 되었다. 관병식은 오전 11시 20분경에 끝나고 이어 예정대로
축하식으로 바뀌었다. 식장 중앙 앞에 설치된 봉축대奉祝臺 위에는 시게미쓰
重光 공사를 비롯해 무라이村井 총영사, 시라카와白川 군사령관, 노무라野村 제3
함대사령장관, 우에다植田 제9사단장, 가와바타河端 행정위원회장 및 도모노
友野 민단 서기장이 착석하고, 그 앞에는 이곳의 일본인 아동과 학생들, 중앙에
는 재류 일본 관민이 정렬하였다. 거의 축하식이 끝나고 기미가요 합창이 한
창일 때인 오전 11시 40분경 갑자기 식대式臺 뒤쪽의 군중 속에서 한 명의 남자
가 나와서 휴대한 수통형의 물건을 단상에 던졌는데, 그와 동시에 큰 소리와
함께 작렬하였다. 전기前記 단상에 있던 여러 사람들 모두가 파편에 의해 부상
을 입게 되었다. 그 가운데 가와바타 행정위원회장은 가장 심한 중상을 입어
다음날 오전 3시 10분 결국 사거하였다.

범인은 해당 폭탄을 투척할 때 소지하고 있던 도시락 모양의 물건을 지상에 두었는데, 먼저 한 개를 투척한 후 다시 이것을 주워 들려고 할 때 부근에 있던 우리 해군 일등병조一等兵曹 및 경비 중인 헌병과 영사관 경찰서원(다카야나기 기치에高柳吉衛) 등에게 바로 체포되었다. 그런데 일본인 군중이 매우 격앙하여 그를 포위하고 구타하여 마침내 졸도시키기에 이르렀는데 헌병의 힘으로 바로 공원의 우리 헌병 제1분대에 데려가서 가뒀다.

2. 식장의 경비 정황과 폭탄 투척의 상황

식장의 약도는 아래와 같은데, 당일 식장 내외의 경비는 주로 헌병이 맡았고 영사관 경찰서장 이하 경찰서원은 풍기계風紀係에 소속되어 함께 경비 임무를 맡았다.

범인의 자백과 현장 목격자들의 진술을 종합하면, 범인은 식대式臺 후방 군중 속에 섞여 있으면서 기회를 엿보고 있었는데 오전 11시 40분경 휴대한 도시락 폭탄을 지상에 두고 어깨에 메고 있던 수통형 폭탄을 벗겨 가죽 끈이 부착된 그대로 오른손에 들고 몇 걸음 전진하여 기마병의 바로 뒤에서 단상을 목표로 투척하고, 다시 지상의 도시락 폭탄을 던지려고 되돌아왔는데 군중에게 밀려 넘어져 체포되었던 것이다.

그리고 당시의 경비 상황은 식대 위 각 대관大官의 신변 호위를 위해 6명의 기마병이 식대 후방에서 식장을 보면서 서 있었고 그 후방 몇 미터 떨어진 장소에 몇 명의 보조헌병이 배치되었으며 군중은 그 후방에 있었는데, 보조헌병이 어느 쪽을 향해 서 있었는지는 명료하지 않으나 호위 기마병은 군중을 등지고 식장을 향해 있었던 것은 사실이다.

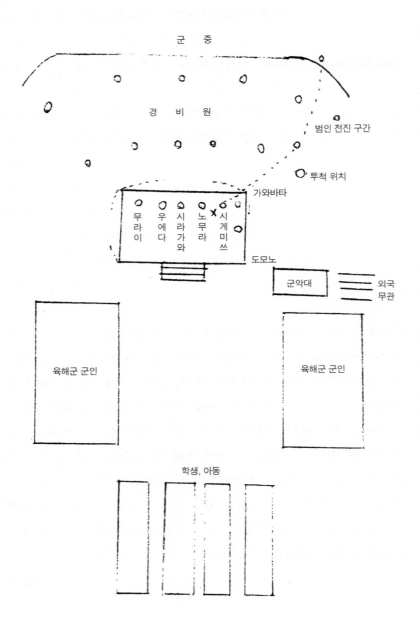

군 중

경 비 원

범인 전진 구간

투척 위치

가와바타

무라이 / 우에다 / 시라가와 / 노무라 / ✕ / 시게미쓰

도모노

군악대

외국 무관

육해군 군인

육해군 군인

학생, 아동

118

3. 범인이 사용한 폭탄의 구조 및 휴대 상황

범인은 폭탄 두 개를 휴대하고 왔는데 의심을 피하기 위해 이것을 은폐할 때 아주 교묘한 방법을 사용하였다. 즉 한 개는 수통형으로 만들어 '알루미늄'제 수통 안에 넣고 외부에 백색 삼베로 덮고 가죽 끈을 달아 이것을 어깨에 걸었다. 이 폭탄은 수통의 입구 부분에 신관을 위치시켜 발화용 삼베 끈을 부착하였다. 다른 한 개는 도시락형으로 만들어 '알루미늄'제 도시락에 넣고 이것을 보자기로 싸고 신관 부분에 작은 구멍을 뚫어 여기서 발화용 끈을 내었다. 도시락형 폭탄의 구조는 다음과 같다.

(1) 용적
길이 5촌寸 4푼分 [약 16.2cm - 옮긴이]
폭 3촌 4푼 [약 10.2cm - 옮긴이]
두께 1촌 5푼 [약 4.5cm - 옮긴이]
(2) 중량
3킬로그램 반(약 한 관)

(3) 그 밖의 외형 및 내부 구조는 별첨한 그림과 같다. 폭탄은 무쇠(놋쇠)로 제작되었으며 중앙 양 끝을 통하는 한쪽에 큰 구멍을, 다른 한쪽에는 작은 구멍을 뚫어 큰 부분에 점화 장치를 만들었다. 폭약은 염소산칼륨과 유황, 트리니트로톨루엔의 합성물로 약 270그램이다. 점화 장치는 별첨한 그림과 같이 먼저 마찰약 안에 있는 톱 모양 철편의 한쪽 끝부분에 삼끈을 부착하고 이것을 당기면 철편의 톱니는 마찰약을 마찰시키고 발화시켜 도화선에 점화된다. 이어서 완연도화약緩燃導火藥을 거쳐 기폭제로 옮아간다. 이 장치는 중국 육군이 사용하는 것으로, 독일과 러시아의 기구이다. 이것은 제조하는 데 경비가 적게 들어 염가로 만들 수 있다고 한다.

이 폭탄을 감정한 파견군사령부 이쿠타生田 참모중좌의 말에 의하면, 이 물품은 단순한 시정市井의 모조품이 아니고 무쇠를 사용해 주조한 점으로 볼 때 단순히 한 개를 만든 것이 아니라 아마 여러 개를 동시에 만든 것이 아닌가 사료된다고 하였다.

4. 범인의 신원과 그 범행 동기 및 경위

본적: 조선 충청남도 예산군 덕산면 시량리柿梁里 139
주소: 상하이 프랑스 조계지 패륵로貝勒路[Rue Amiral Bayle - 옮긴이] 동방공우東方公寓 30호
　　　무직 윤봉길尹奉吉
　　　메이지 40년(1907) 5월 19일생[2]

위 범인은 본적지에서 농업에 종사했는데 조선인과 일본인 사이에 차별 대우가 있다고 믿고 이를 분개하여 조선 독립의 염원을 품게 되었다. 쇼와 5년(1930) 3월 신의주를 거쳐 같은 달 31일 안둥현安東縣에서 기선 광리환廣利丸에 승선하여 4월 상순 칭다오靑島에 도착, 조선인이 경영하는 식당 송죽당松竹堂 주인의 소개로 칭다오 펑톈로奉天路 중원中原세탁점에 직원으로 고용되었다. 그다음 해인 쇼와 6년(1931) 5월 8일 칭다오에서 상하이로 와서 프랑스 조계지 하비로霞飛路[Avenue Joffre - 옮긴이] 화합방和合坊의 모 음식점에서 약 30일 동안 체재 중에 조선인 박진朴震이 지배인인 종품공사鬃品公司(털모자 재료 제조공장)에 직공으로 고용되었으나 올해 2월 중에 해고되었다. 일을 그만둔 후에는 공동조계지 퉁저우로通州路의 조선인 이 모 씨가 경영하는 신공양행信恭洋行에서 미분류米粉類를 도매하여 이를 홍커우 '마켓'에서 소매하고 있었다. 윤봉길이

---

2 윤봉길의 자필 이력서에는 1908년 5월 22일로 되어 있다. - 옮긴이

가출하게 된 동기는 앞에서 기술한 것처럼 독립운동에 투신하기 위해서이기 때문에 상하이에 온 뒤로는 조선 독립운동자를 찾고 있었는데 7월에 이르러 이춘산李春山을 알게 되고 그의 소개로 한국독립당韓國獨立黨에 가맹하였다. 그 후 이춘산과 때때로 만남을 지속하고 있던 중인 올해 4월 15일 프랑스 조계지 백래니몽마랑로白來尼蒙馬浪路[Rue Brenier de Montmorand – 옮긴이] 모처의 다관茶館에서 회합할 때 처음으로 이번의 불령不逞 행동에 관해 상담을 했다. 4월 20일 같은 장소에서 이춘산으로부터 은 2백 불을 받고 윤봉길은 범행 실행을 굳게 결의하였다. 4월 24일(일요일) 홍커우공원에서 칙유勅諭 하사下賜 50년 기념식을 기회로 삼으려 했는데, 폭탄 입수가 지체되었기 때문에 실행할 수 없었다. 그날은 현장에 가서 행사 모습을 자세하게 시찰하고 시라카와 사령관과 우에다 사단장 등을 확실히 봐 두었던 것 같다.

　시간이 지나 27일 오후 8시경 이춘산은 윤봉길이 하숙하는 곳에서 두 개의 폭탄(앞에 나온 것)을 윤봉길에게 건넸다. 그 다음날 28일 정오 이춘산은 유락장遊樂場 '대세계大世界' 인근의 중국청년회관中國靑年會館에서 윤봉길을 불러 오찬을 함께했다. 그 후 윤봉길은 미리 실지를 답사하기 위해 바로 홍커우공원으로 가서 관병식 예행연습을 보고 귀가하였는데, 오후 8시경 이춘산이 다시 윤봉길을 찾아와 폭탄의 사용법을 가르쳐 주었다. 범행 실행의 당일 곧 29일에는 오전 6시경 기상 후 하비로霞飛路와 여반로呂班路의 모퉁이에 있는 법대法大 자동차공사汽車公司에서 자동차를 빌려 홍커우공원으로 갔다. 오전 7시 50분 문 앞에서 하차하고 문지기인 중국인에게 일본어로 인사하고 공원 안으로 들어갔다. 휴대한 수통형 폭탄은 오른쪽 어깨에서 왼쪽 겨드랑이 아래로 메고 도시락형 폭탄은 보자기로 싸서 오른손에 들었다. 그리고 미리 우쑹로吳淞路의 일본인 사진관에서 입수한 시라카와 사령관과 우에다 사단장의 사진을 소지하였다. 이윽고 관병식이 끝나고 관민 합동의 축하식으로 바뀌어 행사가 막바지에 이르러 국가 합창 중일 때 비가 내려 군중이 점차 흩어지기 시작한 그때에 전진하여 앞에 나온 2항과 같이 식대 위를 목표로 폭탄(수통형)을 투척했던 것이다.

5. 본 범행의 연루자와 그 조사

윤봉길의 진술에 의한 위의 이춘산이라는 자는 본 범행의 주범으로 지목되는바, '춘산春山'은 이유필李裕弼의 자이며 이유필이 본건의 주모자가 아닌가 추측된다.

이에 그 인상의 특징 등에 관하여 윤봉길에게 물으니, 그 말하는 바가 매우 애매하며 단순히 윤봉길의 진술에 의거해서는 이유필이라는 확증을 얻을 수 없지만, 아무튼 그 이름이 일치하는 바라서 일단 이유필을 주범이라는 혐의하에 조사를 진행하는 것으로 했다. 29일 오후 2시 프랑스 공부국工部局 경찰에 전화하여 정치부 주임경부 '에메리아노프'의 내관來館을 요구하고, 바로 하비로霞飛路 보강리寶康里 54호의 이유필 주소에 가서 검거함과 동시에 또한 윤봉길의 주소에 가서 가택수색을 실시할 것을 요구했는데, '에메리아노프'는 이를 승낙하고 떠났다. 이유필은 교민단僑民團 정무위원장으로 한교韓僑 사이에서 중요한 지위를 차지하고 있으며 한국독립당의 집행위원이다. 그리고 29일 오후 6시에 프랑스 조계 공부국 형사 두 명과 동행하여 1명의 조선인을 영사관에 인도하였는데, 그 말하는 바에 따르면 프랑스 경찰 형사가 이유필 집에 이르렀을 때 이유필은 이미 도주한 뒤였고, 그 가족의 말에 의하면 이유필은 오전 8시경에 외출했다는 것이었지만, 계속 해당 가옥 안에서 잠복 중일 때 위의 조선인이 들어왔기 때문에 그를 체포하였는데, "자신은 중국인이다"라고 주장하므로 중국인임을 증명할 수 있는 것을 제시하라고 요구했더니 환룡로環龍路 260호에 가서 중국 공안국이 발급한 여권을 제시했기 때문에 그 여권을 넣은 손가방을 압수하여 동행했다 한다.

이에 해당 조선인을 심문한바 흥사단장興士團長 안창호安昌浩(당시 48세[3])인 것이 판명되어 바로 그를 유치하고 현재 조사 중이다.

---

3 안창호는 1878년생으로, 당시 55세였다. - 옮긴이

이번의 폭탄사건은 미증유의 사건으로서 내외 각 방면에 충격을 주었는데 이것의 선후善後 조치로 그 대책을 마련하기 위해 29일 오후 5시 30분부터 영사관 내에서 아래와 같이 군부 각 방면과 협의를 하였다.

육군 측   하라다原田 참모중좌
                이나가키稻垣 헌병대위
해군 측   기타오카北岡 대좌(공사관 무관)
                이토伊藤 중좌(육전대 참모)
공사관 측   모리야守谷 1등 서기관
총영사관 측 이구치井口 영사
                아카기赤木 사무관
                하나자토花里 서장

이들과 신중하게 협의한 결과 이 기회를 이용하여 한국 독립운동에 일대 타격을 줄 방침 아래 일제 검거를 프랑스 측에 요구하기로 하였다. 다만 같은 날 이미 중대 사범의 결행으로 인해 조선인 전부가 극도로 그 신변을 경계하고 있을 것이며, 아마 대부분이 도피하여 그 소재를 감추었을 것으로 사료된다. 가령 일제 검거를 해도 경찰이 그 효과로 얻을 것이 거의 없을 것이지만, 이것에 의해 우리 쪽의 위력을 보이고 프랑스조계가 반드시 안전지대가 아님을 알도록 하여 그 운동의 근저를 동요시키는 이익이 있음을 바랐을 따름이다.

위 합의의 취지에 따라 오후 7시 반 이구치 영사는 프랑스 총영사와, 다시 오후 10시 이구치 영사는 아카기 사무관과 함께 프랑스 공부국 경찰과 일제검거에 관하여 상세히 협의했다. 다음날 30일 오전 4시 우리 검거반(아카기 사무관을 총지휘로 하여 영사관 경부 이하 44명, 헌병대원 22명의 응원을 더하고 별도로 헌병 장교 3명, 합계 70명)을 출동시키고 오전 5시에 프랑스 공부국 경찰대와 현지에서 회동하여 아래의 14명의 주소지를 각각 수색하도록 했다.

한국임시정부 재무부장

동 독립당 집행위원

동 교민단 정무위원 겸 의경義警 대장 김구金九(57세)

한국독립당 집행위원

동 교민단 정무위원 겸 서무부장 이유필(48세)

동 독립당 집행위원

동 임시정부 국무위원장 겸 법무부장, 외교위원회 위원 이동녕李東寧(64세)

동 독립당 집행위원

동 임시정부 외무부장 겸 외교위원회 위원 조소앙趙素昻(46세)

동 독립당 집행위원

동 임시정부 군무부장 겸 군무위원회 위원 김철金澈(47세)

동 독립당 집행위원

동 임시정부 권사위원회 위원 박창세朴昌世(44세)

동 독립당 집행위원

동 교민단 경무대警務隊 간사 엄항섭嚴恒燮(35세)

동 교민단 경무대 간사 최석순崔錫淳(45세)

동 독립당 집행위원

동 교민단 의원 차리석車利錫(49세)

동 독립당 집행위원 백기준白基俊(44세)

상하이한인청년당 이사장 김석金晳(22세)

한국의용군 간부 김동우金東宇(38세)

　　위의 일제검거 결과 전게 14명 가운데 1명도 체포하지 못했지만, 검거를 위해 갔던 장소에 있었던 하기下記의 용의자 조선인 11명을 체포하여 일단 프랑스 경찰과 동행하였는데, 같은 날 오후 전부 우리 측에 인도했다.

마랑로馬浪路 숭崇 1리 16 (최석순 집)

장상국張相國(26세), 호성원胡聖源(24세), 이기함李基咸(19세)

랄비덕로辣斐德路[Route Lafayette‐옮긴이] 388 (박창세 집)

박제도朴濟道(23세), 박제건朴濟建(17세)

마랑로 446 (조소앙 집)

김덕근金德根(18세)

마랑로 보경리普慶里 8호 (이동녕, 엄항섭 집)

장현근張鉉瑾(24세)

하비로 보강리 65 (김붕준金朋濬 집)

김덕목金德穆(19세), 박화산朴華山(17세), 차균찬車均燦(27세), 이달문李達文(35세)

위 11명은 모두 현재 유치, 취조 중이다.

또한 전기 각 장소에서 무기와 탄약 등을 특별히 수색했는데 교민단 2층 침실 안 버들고리 속에서 권총탄(납) 40발, 소총탄 5발 및 권총집 1개를 발견하였다.

이리하여 이 일제 검거는 목적한 인물은 한 명도 체포하지 못했으나 프랑스 조계에서 조선인의 독립운동에 일대 통렬한 타격을 준 것은 사실이며 이 점에서 상당한 소기의 목적을 달성하였다고 사료된다.

또한 김구 외 이 사범事犯 연루자에 대해서는 육해군 측과 긴밀히 연락을 계속 취하면서 조사를 진행하고 있다. 범인 윤봉길에 대한 헌병대의 신문조서(1, 2회분)를 참고로 별첨한다.

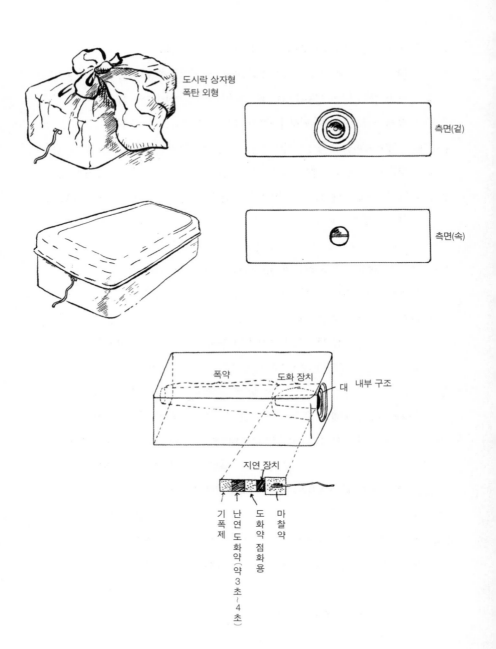

도시락 상자형
폭탄 외형

측면(겉)

측면(속)

폭약 　　도화 장치　　대　내부 구조

지연 장치

기폭제
난연 도화약（약3초~4초）
도화약 점화용
마찰약

피고인 신문조서

쇼와 7년(1932) 4월 29일 육군 헌병대 대위 오이시 마사유키大石正幸는 상하이 제1헌병분대에서 피고인을 아래와 같이 신문하였다.

질문 본적, 현주소, 직업, 성명, 연령은 무엇인가?

답 본적은 조선 충청남도 예산군 덕산면 시량리 139
현주소는 상하이 프랑스 조계지 패륵로 동방공우 30호
성명은 윤봉길, 연령은 25세
직업은 현재 무직.

질문 네가 오늘 신공원에서 수류탄을 던진 당시의 상황을 상세히 이야기하라.

답 나는 오늘 오전 7시 50분경 수류탄 두 개 중 수통형은 오른쪽 어깨에서 왼쪽으로 걸고 도시락형은 오른손에 들고 신공원 정문에서 중국인 문지기에게 일본인이라 하고 공원 안으로 들어가 식대 부근에 이르러 투척할 시기를 기다렸다. 오전 11시 40분경 도시락은 내 발밑에 두고 수통형은 어깨에서 벗겨 오른손에 들고 왼손으로 끈을 당기며 앞의 사람을 밀어 헤치며 2미터 정도 전진해 호위병의 후방에서 식대의 중앙 시라카와 대장을 목표로 투척하였다. 그때 나는 그 결과를 볼 여유도 없이 부근의 많은 사람들에게 붙잡혔다.

질문 그 수류탄은 어디에서 입수하였나?

답 조선인 이춘산으로부터 27일 오후 7시경 앞의 주소에서 수통형 1개, 도시락형 1개, 모두 두 개를 수령하였다.

질문 그 이춘산과 너는 어떠한 관계인가?

답 이춘산도 나도 한국독립당원이다. 나는 1930년 조선에서 청도에 도착해 일본인 나카하라 세탁점에 1년 취직하였는데 다음 해 4월 3일

청도를 출발해서 상하이에 왔다. 중국 종품공사(말의 갈기로 여름 모자를 만드는 공장)에 취직, 같은 해 7월 이춘산과 사해로四海路와 마랑로 교차로점의 찻집에서 처음 만나 알게 되었다. 이때 이춘산이 어떤 목적으로 상하이에 왔는가라고 물어 조선 독립운동의 본부가 상하이에 있다는 것을 듣고 왔다고 답하자 이춘산은 나도 독립당원이라고 말하며 나에게 입당을 권유해서 나도 자진하여 이춘산의 소개로 독립당에 입당했다.

그 후는 전기前記 찻집에서 매월 2회 혹은 3회 이춘산과 조선 독립운동에 대해 서로 이야기했다.

질문 이춘산의 현주소, 이름, 연령, 직업, 인상, 복장 등은 어떠한가?

답   이춘산은 현주소 직업 등을 나에게 일절 밝히지 않았다. 그 이유는 서로의 주소와 직업을 알게 되면 갑자기 영사관 등에 잡힐 것을 염려하고 있었던 듯하다. 때문에 그 밖의 것도 자세하게 얘기하지 않고 다만 성명만 이춘산이라고 말했다.

연령은 35, 6세 정도라고 생각한다.

키는 5척 7, 8촌 정도, 약간 살쪘고 모발은 3, 4촌[약 9~12cm - 옮긴이] 정도 자랐고 앞가르마는 7 대 3으로 나누었고 눈·코·입 등은 평범. 직업은 무직인 듯하였다.

다른 특징 등은 잘 모른다. 복장은 양복을 입을 때도 있고 중국옷을 입을 때도 있다. 그 밖의 상세한 것은 모른다.

질문 본 사건의 계획 시기 및 그 동기는 무엇인가?

답   지금부터 20일 정도 전에 이춘산과 전기 찻집에서 협의하였다. 그 동기는, 조선이 일본에 병탄되어 있는 것은 우리의 참기 어려운 고통이라서 그 독립을 도모하려고 결행하였다.

질문 이번의 계획은 언제 실행하려고 생각하고 있었는가?

답   천장절 날에 결행하려고 생각하여 칙유 50주년 기념식 때 그 위치 등은 연구하여 두었다.

질문 천장절 날 시라카와 대장이 온다고 하는 것을 어떻게 알게 되었는가?

답 그것은 일본어 신문(신문명 미상)으로 천장절 날 신공원에서 관병식이 있다는 것을 알았다.

질문 시라카와 대장과 우에다 장군의 얼굴을 어떻게 알았는가?

답 신문과 기타로 대략 알고 있었고 다시 우쑹로 부근의 사진관에서 시라카와 대장과 우에다 중장 등의 사진을 구입하여 이를 확인하였다.

질문 이춘산으로부터 수류탄을 수령하기 이전에 무엇인가 수령하지 않았는가?

답 지금으로부터 10일 정도 전 이춘산으로부터 전기 찻집에서 중국 은 2백 불(대양大洋)을 5엔 지폐 40매로 수령하였다.

질문 그건 어떤 의미의 돈인가?

답 그것은 본 사건의 준비비 및 나의 유흥비로 수령하였다. 그전에는 아무것도 수령하지 않았다.

질문 그 돈을 현재 소지하고 있는가, 아닌가?

답 그 후 외투·구두 등을 구매하고 그 밖의 음식 등에 사용하여 지금은 5불 정도 소지하고 있다.

질문 그 후 이춘산과 만나지 않았는가?

답 어제 정오경 조계 팔선교八仙橋 대세계大世界 옆의 중국기독교청년회에서 술을 마시며 오늘의 일에 관해 상담하였다. 그때 이춘산은 오늘 중에 내일 행사장에 가서 여러 가지로 연구하여 두도록 말했다. 그 밖에는 아무것도 듣지 못했다.

질문 그 후 너는 무엇을 하였는가?

답 어제 오후 2시경 공원에 가서 오후 5시경까지 현지에서 여러 가지 조사를 하였다.

질문 그때 어떤 것을 조사하였는가?

답	식대의 위치 및 그 주위에 모일 사람들의 종류를 팻말로 알았다. 그리고 내일은 식대의 뒤에 일반 청중에 섞여 결행하려고 결심하였다.
질문	그 후 너는 무엇을 하였는가?
답	어젯밤 8시경 전기 여관에서 이춘산과 면회하였다.
질문	그때 아무것도 말하지 않았는가?
답	수류탄의 사용법을 배웠다. 그때 오늘 실지 조사한 상황을 이야기해 두었다.
질문	수류탄의 사용법은 어떻게 배웠는가?
답	이춘산은 끈을 당기면 약 4초 후에 폭발하니 끈을 세게 당기고 바로 내던지도록 가르쳤고, 또 끈 당기는 방법을 실제로 조금 당기면서 가르쳐 주었다.
질문	이춘산이 수류탄을 어디서 구했는지 듣지 못했는가?
답	물어보았지만 이춘산은 일절 말하지 않았다.
질문	오늘 이춘산과 만나지 않았는가?
답	일절 만나지 않았다.
질문	그 밖에 달리 말할 것이 있는가?
답	아무것도 없다.

위 문답을 녹취하여 읽으면서 들려주었는데, 사실과 틀림이 없다고 말했으나 인장이 없으므로 지장을 찍도록 했다.

쇼와 7년(1932) 4월 29일
상하이파견군 헌병대
육군사법경찰관 육군 헌병 대위 오이시 마사유키

제2회 피고인 신문조서

쇼와 7년(1932) 4월 30일 육군 헌병 대위 오이시 마사유키가 상하이파견군 헌병대 본부에서 제2회 피고인을 신문한 것은 아래와 같다.

질문 어제 네가 말한 수통형 및 도시락형 수류탄은 어떤 구조로 된 것인지 상세하게 말하라.

답 수통형 수류탄은 별지 그림과 같은 것이다. 도시락형은 사건의 현장에 유기하여 두었으므로 잘 알 것이라고 생각한다.
(현재 조사 연구를 위해 병기창에 회송 중)

질문 시라카와 대장 및 우에다 장군을 살해하면 조선 독립이 가능하다고 생각했는가?

답 가능하다고 생각하지 않는다. 그렇지만 같은 황색인인 지금의 일본이 세력이 있다고 해서 조선을 병탄하고, 또 지금 나의 현 거주지인 상하이까지도 병탄하고 있으므로 어느 정도 의사가 통할 거라 생각하여 하였다.

질문 그렇다면 너는 일본군이 상하이에 출정한 이유를 알고 있는가?

답 그건 모른다.

질문 무엇이 정당한지 아무 분별없이 단순히 일본은 상하이까지 병탄한다고 오신誤信하여 이러한 행위를 한 너는 지금 어떻게 생각하고 있는가?

답 그 선악善惡에 대해선 내가 지금 말하지 않아도 판단할 수 있을 것으로 생각한다. 그러나 요는 이것이 나의 목적이다.

질문 너는 이렇게 하는 것이 목적이라고 말하는데, 그렇다면 앞으로도 또한 이와 같은 행위를 계속할 마음인가, 어떠한가?

답 앞으로는 이러한 일을 할 마음은 없다.

질문 그렇다면 이번의 행위가 나쁘다는 것을 알고 후회하고 있는가?

답 그렇다.

질문 너는 어제 조선의 독립운동에 관해 상하이에 온 후 매월 2회 내지 3회 정도 이춘산과 회담하였다고 말했는데, 그때 회담의 개요는 어떠한가?

답 그것은 지금 잘 기억하고 있지 못하지만, 요컨대 이번에 했던 일 같은 것에 대한 얘기였다.

질문 그렇다면 어제 한 사건 외에 아직 달리 계획하고 있는 것이 있는가?

답 그런 계획은 따로 없다.

질문 너는 본 사건을 4월 29일 천장절 때 단행하려고 생각하고 그 사전 준비로 4월 24일 칙유 50주년 기념식 때에도 현장에 가서 연구하였다고 하였는데, 그것은 그 때 이미 결행의 의사가 있었던 것이 아닌가?

답 그렇지 않다.

질문 그렇다면 4월 24일 칙유 50주년 기념식 때는 이미 천장절 날 관병식이 있다고 한 것을 알고 있었는가?

답 알고 있었다.

질문 그것은 어떻게 알았는가?

답 이춘산에게 들었다.

질문 너는 어제 말한 것과 오늘 말한 것이 다른 점이 있는 듯한데 그 점은 어떠한가?

답 어제는 오늘과 다른 곳이 있다고 한다면 그것은 오늘 쪽이 사실이다. 어제는 사건 당초로 다소 흥분하고 있어서 머리도 명료하지 않았던 것 같다.

질문 너는 조선이 일본에 병합되어 있는 것을 분개하였다고 말하였는데, 어떤 점을 분개하고 있는가? 특별히 일본인이 조선인에 대해 차별 취급이라도 하는 것이 있는가?

답　　차별 취급이 있는지 없는지는 내가 일본인을 접촉한 일이 별로 없어서 모른다. 오히려 당신이 잘 알고 있겠지. 요컨대 자기의 것이 다른 사람의 권한 내에 들어가면 누구라도 분개할 것이라고 생각한다.

질문　그 밖에 다른 할 이야기는 없는가?

답　　아무것도 없다.

위 문답을 녹취하여 읽으면서 들려주었는데, 사실과 틀림없다고 말했으나 인장이 없으므로 지장을 찍도록 했다.

쇼와 7년(1932) 4월 30일
상하이파견군 헌병대
육군 사법경찰관 육군 헌병 대위 오이시 마사유키

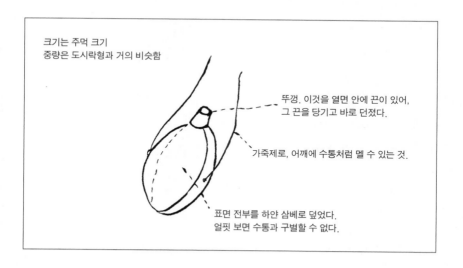

크기는 주먹 크기
중량은 도시락형과 거의 비슷함

뚜껑. 이것을 열면 안에 끈이 있어, 그 끈을 당기고 바로 던졌다.

가죽제로, 어깨에 수통처럼 멜 수 있는 것.

표면 전부를 하얀 삼베로 덮었다. 얼핏 보면 수통과 구별할 수 없다.

쇼와 7년(1932) 6월 20일 자 재상하이 무라이 총영사 발신 사이
토斎藤 외무대신 앞 보고 요지

폭탄 사건 범인 윤봉길에 대한 판결

판결서

조선 충청남도 예산군 덕산면 시량리 139
상하이 프랑스 조계지 패륵로 동방공우 30호
무직 윤봉길
메이지 41년(1908) 5월 19일생[4]

위 살인, 살인미수, 폭발물단속벌칙 위반 피고 사건에 대해 당 군법회의는
검찰관 육군법무관 미요시 지타로三好次太郎가 간여한 심리를 끝내고 판결한
바 다음과 같다.

주문
피고인 윤봉길을 사형에 처한다.
압수 물건 중 도시락상자형 수류탄(증 제2호)은 이를 몰수한다.

이유
피고인은 수년 전부터 조선이 역사와 풍속 등을 달리하는 일본의 통치하에
있는 것을 불합리라 하여 조선 민족을 위해 그 독립을 회복하는 것을 열망하여

---

4 윤봉길의 자필 이력서에 따르면 생년월일은 1908년 5월 22일이다. - 옮긴이

왔는데, 드디어 조선 독립운동에 진력할 목적으로 고향 집을 나와 쇼와 6년 (1931) 5월 8일 상하이에 도항한 이래 프랑스 조계지 안에 거주하며 제모製帽 공장에 취직하면서 생계를 꾸렸다. 그 사이 대한교민단장 김구와 그 밖의 불령한 무리들과 자주 여러 번 접촉하고 있었는데 쇼와 7년(1932) 4월 중순경 프랑스 조계 마랑로 사해다관四海茶館에서, 또 같은 달 20일경 동 조계 서문로西門路 모 조선인 집에서 두 번 모두 김구의 초치招致로 그와 회담하였다. 김구로부터 만일 피고인이 진정으로 독립운동에 진력할 의사가 있다면 애국단원이 되어 4월 29일 천장절에 폭탄으로 암살을 결행하라고 교묘하게 종용하여, 피고는 이를 흔쾌히 수락하였다. 또한 같은 달 24일 전기前記 사해다관 부근의 모 찻집에서 김구와 회담할 때 천장절에 육군 대장 시라카와 요시노리白川義則 및 육군 중장 우에다 겐키치植田謙吉를 살해하라는 것을 김구로부터 듣고 이것의 준비를 위해 중국 지폐 90불을 받았다. 이에 지금 장군을 살해한다고 해서 조선의 독립에 직접 효과가 없지만 조선인의 각성을 촉진하는 한편 세계 사람들에게 조선의 존재를 인식시키는 것이 가능하다고 생각하여 이윽고 위의 두 장군을 살해할 것을 결의하였다. 이후 김구의 지시대로 애국단 단원으로서 기념 촬영을 하고 또 김구로부터 폭탄 사용의 방법을 교시받았다. 나아가 같은 달 28일 시라카와 대장과 우에다 중장의 사진을 입수하여 그 모습을 분명히 인식해 두었다. 또 상하이 신공원에 가서 다음날 관병식 및 관민 합동 축하식의 준비가 되고 있는 식장의 상태를 정찰한 후 그날 밤 8시경 프랑스 조계 화룡로 원창리 13호 모 조선인 집에서 김구와 만나 그로부터 내일 사용할 수통형과 도시락형 두 수류탄을 보여주었는데 이것의 사용법을 이해했다. 이에 일체의 살해 준비가 이루어져 다음날 29일 이른 아침 위의 모 조선인 집에서 김구로부터 두 개의 수류탄을 수령했다. 수통형 수류탄은 오른쪽 어깨로부터 왼쪽 겨드랑이에 메고 다른 것은 미리 준비하여 둔 '모슬린' 보자기에 포장하여 같은 날 오전 8시경 교묘하게 관헌의 눈을 피해 전기 신공원 축하식장의 식단 왼쪽 대각선 후방 일반 관람석에 위치하고 폭탄 투척의 기회를 엿보고 있을 때 관병식이 종료하고 이어 관민합동축하회가 개최되어 시라카와 대장, 우에다 중장 외 5명이 위의 식단 위에 줄지어 서고 관민 일동이 국가 기미가요의 합창을 끝내려고 모두가 숙연하여 피고인에 주의하는 자가 없음을 보자 호기를 놓칠 수 없다고 여겨, 지금 피고인이 폭탄을 투척하면 위의 두 장군을 살해할 뿐만 아니라 단상 위에 있는 다른 사람들도 필연적으로 살상될 것이라고 예견하면서 감연히 손에 든 도시락형 수류탄을 땅에 놓고 어깨에 있는 수통형 수류탄을 벗겨 그 발화용 끈을 당김과 동시에 식단 근처에 돌진하여 그 좌측 후방에서 단상 위를 목표로 수류탄을 투척하여 그것을 작렬케 하였다. 그로 인해 단상에 있던 시라카와 대장에게 치료 일수 약 4주를 요하는 전신 폭탄 파편상破片傷을, 우에다 중장에게는 치료일수 약 6주를 요하는 왼쪽 다리의 폭상爆傷 및 오른 다리 발바닥, 왼쪽 어깨, 머리 및 왼쪽 슬개부 폭탄 파편상을 입혔으며 단상에 있던 해군 중장 노무라 기치사부로野村吉三郎에게 전신 폭상을 입혀서 오른쪽 눈을 적출하지 않으면 안 되게 함에 이르렀다. 또 전권공사 시게미쓰 마모루重光葵의 사지四肢 및 둔부에 치료일수 약 4개월을 요하는 백 수십의 폭상 및 오른쪽 종아리 골절을, 상하이 총영사 무라이 구라마쓰村井倉松의 사지에 치료 일수 약 3주를 요하는 폭상을, 상하이거류민단 행정위원회 위원장 가와바타 사다지河端貞次의 우측 흉부에 깊이가 흉막강胸膜腔에 달하는 창상創傷을, 민단 서기장 도모노 모리友野盛의 사지와 안면에 치료 일수 약 6주를 요하는 수류탄 탄편상을 각각 입혔다. 이 중에 가와바타 위원장은 위의 창상으로 인해 흉막강 내출혈을 일으켜 다음날 30일 오전 3시 10분 사망함에 이르렀다. 그렇지만 피고인은 시라카와 대장과 우에다 중장에 대하여는 모두 살해 목적을 달성하지 못하고 즉시 현장에서 체포되었다.

　이상의 사실은

1. 피고인이, 당 공판정에서 판시判示한 식단 위에 있었던 시라카와 대장 이하 7명이 각 판시와 같은 상해를 입었기 때문에 가와바타 위원장이 판시

와 같이 사망함에 이르렀던 점을 제하고, 판시와 같은 취지의 공술을 한 것과,

1. 증인 도모노 모리에 대한 예심 신문조서의 도모노 모리의 공술로서, 자신은 쇼와 7년(1932) 4월 29일 천장절 축하회 위원으로 신공원 식장에 출장하여 식단 정면을 향해 왼쪽으로부터 무라이 총영사, 우에다 중장, 시라카와 대장, 시게미쓰 공사, 가와바타 거류민단 행정위원회 위원장 및 자신의 순으로 단상에 서서 기미가요의 합창이 끝날 무렵 수통과 같은 것이 단상에 던져져 노무라 중장의 전면 부근에 떨어졌으며, 얼마 안 있어 자신은 정강이를 맞은 것 같은 느낌이 들어 부상당한 것을 알고 단상을 둘러보니 단상의 사람들은 이미 사방으로 흩어지고 있었다는 취지의 기재가 있고,

1. 증인 나시오카 도시오梨岡寿男에 대한 예심 신문조서에, 자신은 파견군사령관 시라카와 대장을 수행하고 신공원에서의 천장절 축하식장에 출석하여 좌측 장교석에 있었는데, 오전 11시 40분경 국가 합창이 끝날 무렵 자신의 오른쪽에서 이상한 소리가 계속 나고 누군가의 부르짖는 소리를 들었다고 생각하는 순간에 단상의 가와바타 위원장과 도모노 서기장 사이로 날아와 노무라 중장과 시게미쓰 공사의 중간 전방 단상에 낙하한 물체가 곧 작렬했다. 이 때문에 시라카와 대장과 우에다 중장, 시게미쓰 공사 등이 부상을 입고 모두 응급처치를 받았으며, 단상의 다른 사람들도 쓰러져 있는 것을 보았다는 취지의 기재가 있고,

1. 예심관의 조회에 대한 제3함대 부관 미즈노 교스케水野恭助의 회답서에, 제3함대 사령장관 노무라 중장은 4월 29일 상하이 신공원에서의 천장절 축하식에 참석하여 오전 11시 40분경 갑자기 투척된 폭탄이 작렬하여 전신에 폭상을 입었고, 또 단상에 있던 다른 사람들도 전부 상처를 입었다는 것을 현장에서 알았다는 취지의 기재가 있고,

1. 돈구 유타카頓宮寬가 작성에 관계한 가와바타 사다지의 감정서에, 가와

바타의 우측 흉부 창상은 폭상으로 깊이가 흉막강에 달하여 흉막강내출혈을 일으켰으며, 그것이 사인이 되어 가와바타는 4월 30일 오전 3시 10분 사망함에 이르렀다는 취지의 기재가 있고,

1. 시라카와 요시노리, 노무라 기치사부로, 우에다 겐키치, 시게미쓰 마모루, 무라이 구라마쓰, 도모노 모리의 각 진단서에 각각 판시한 관계 부분과 부합하는 상해가 있다는 취지의 기재가 있고,
1. 압수한 도시락형 수류탄(증 제2호)과 수류탄 파편(증 제3호)이 존재한다는 것을 종합 고핵考覈하여 이를 인정한다.

법률에 비추어 피고인이 사람의 신체를 해칠 목적으로 폭발물을 사용한 행위는 폭발물단속벌칙 제1조에 해당하고, 사람을 죽인 것은 형법 제199조에, 미수에 그친 것은 각 형법 제203조와 제199조에, 사람의 신체를 상해한 것은 각 형법 제204조에 각각 해당하는바, 살인과 살인미수 및 상해는 하나의 행위로 몇 개의 죄명을 얻었으므로, 형법 제54조 제1항의 앞부분과 제10조에 준거하면 살인죄의 형이 가장 중하다. 이것과 폭발물단속규칙 위반죄는 상호 경합하는 것으로 동 벌칙 제12조와 형법 제10조를 적용하여 더 무거운 폭발물단속규칙 위반죄의 형에 따라 사형을 선택한다. 피고인 윤봉길을 사형에 처하고 주문에서 게시한 물건은 본건 범죄행위에 사용하려 한 물건이므로 형법 제19조에 준거하여 이것을 몰수하는 것으로 한다.

이에 주문과 같이 판결한다.

쇼와 7년(1932) 5월 25일
상하이파견군 군법회의
재판장 판사 육군 공병 중좌 핫토리 교타로服部曉太郎
재판관 육군법무관 오쓰카 미사오大塚操
재판관 판사 육군 치중병 대위 마치다 이사무町田勇

위 등본謄本 임

쇼와 7년(1932) 5월 25일
상하이파견군 군법회의
육군 녹사錄事 후쿠다 데쓰조福田哲三

쇼와 7년(1932) 10월 19일 자 재상하이 이시이石射 총영사 발신 우치다內田 외무대신 앞 보고 요지

폭격 범인 윤봉길의 약력 및 유언

상하이 훙커우공원 폭탄 범인 윤봉길의 약력 및 유서라는 것을 최근 입수하였는데, 이것과 관련하여 상하이헌병대가 윤봉길을 취조한 바에 따르면 흉행兇行 전전날인 4월 27일 오후 6시경 윤봉길은 그의 주소 동방공우에서 김구의 명령으로 소지한 중국 수첩에 연필로 그 이력 및 두 아이에 대한 유서 등을 쓴 뒤 김구에게 교부한 것 같다(별지 제2호 취조서 참조).

그리고 그 후 김구 일당은 별지 제1호문과 같이 「윤봉길 의사의 자서自書 약력 및 유촉遺囑」을 등사판으로 만들어 각지의 조선인에게 배부했다고 한다.

(제1호)

선서문

나는 적성赤誠으로써 조국의 독립과 자유를 회복하기 위하여 한인애국단의 일원이 되어 중국을 침략하는 적의 장교를 도륙하기로 명세하나이다.

대한민국 14년 4월 26일 선서인 윤봉길

한인애국단 앞

윤봉길 의사의 자서 약력 및 유촉遺囑

이력서

본적 충남 예산군 덕산면 시량리 139번지

본관 파평坡平

부 윤황尹璜

모 김원상金元祥

애국단원 봉길

무신戊申년 5월 22일생

(서력 1901년[1908년의 오기 - 옮긴이])

7세에 사숙私塾에 취학했는데 8, 9세 동급생보다 총명하였으므로 선생과 이웃 마을 부로父老들이 재동이라 호명하였다. 그 반면에 또 하나의 별호는 '살가지狸'였다. 성질이 남달리 군세고 조급하였으므로 동무들과 다툼에 패한 적이 없었으며 혹은 접장接長[서당 한문 선생의 칭호 - 옮긴이]에게 맞더라도 눈물 흘리고 울지 아니하고 도리어 욕설을 하였으며, 서당 규칙위반으로 선생이 종아리를 치려고 옷을 걷어라 하면 두 눈을 크게 뜨고 말뚱말뚱 쳐다만 보았다.

15세 되도록 독공篤工을 하였으므로 사율일수四律一首는 무난히 작성하였다. 이 아래 기재된 옥련환시玉連環詩 일경一經은 15세 때 7월 파접罷接[서당에서 계절마다 읽을거리를 바꿀 때 하던 행사 - 옮긴이] 때에 여러 빈객이 나의 재능을 보기 위한 전운성시前韻成詩였다.

불후의 명성 선비의 기개 밝고 　　　不朽聲名士氣明

선비의 기개 밝고 밝아 만고에 빛나리 　士氣明明萬古晴

만고에 빛나는 마음 배움에서 우러나며 　萬古晴心都在學

배움과 행함이 모두 영원하리　　　　　都在學行不朽聲

　16세가 되던 해에 여러 선생의 충고를 불원不願하고 『일어속성독본』을 사다가 일어를 자습하기로 결단을 내렸다. 1년 동안 조금도 쉬지 않고 부지런히 공부하였으므로 통화는 능하였다.

　17세에는 개도 안 먹는 똥을 누는 사람이 되었다[서당의 선생이 되고자 함을 의미함 - 옮긴이]. 부형네 권고 또는 이웃 마을 선생의 권유뿐만이 아니라 내가 내 자신을 성찰하여도 할 일이 없었다. 그러므로 부득이 7,8명의 아동을 가르치게 되었다. 18세까지 2개년이다. 19세에는 피폐한 농촌 개척을 목적하고 동리洞里 부로父老와 상의하여 상촌上村에 작은 집 한 채를 세우고 돈 없어 공부 못 하는 아동을 모집하여 야학을 근근이 한 결과 성적이 매우 우수하였다. 그 아동 및 부형과 친목을 도모하여 미풍양속을 장려키 위하여 매년 학예회를 개최하였고 또는 월진회月進會를 조직하여 매 1회씩 월례회에 집합하여 고담古談 및 신사조新思潮를 강연하였다.

　이하 기재는 「시량동가柿梁洞歌」이다.

　(가보歌譜는 동요 '반달半月歌' 가보로)

　1. 조화신공造化神功의 가야산伽倻山의 정기를 받고
　　　절승가경絶勝佳景 수덕산修德山의 정기를 모아
　　　금수강산錦繡江山 삼천리三千里 무궁화원에
　　　길이길이 빛을 내는 우리 시량리
　2. 가야산伽倻山은 우리의 배경이 되고
　　　온천溫泉들은 우리의 무대장이라
　　　두 팔 걷고 두 발 벗고 출연하여서
　　　어서 바삐 자작자급自作自給 실현을 하자
　3. 암흑동천暗黑東天 계명성啓明星이 돋아 오나니

약육강식弱肉强食 잔인성殘忍性을 내어 버리고
상조상애相助相愛 넉 자를 철안鐵案 삼아서
굳세게 단결하자 우리 시량리

23세 날이 가고 해가 갈수록 우리 압박과 우리의 고통은 증가할 따름이다. 나는 여기에 한 가지 각오가 있었다. 솔직히 말하자면 뼛뼛 말라 가는 삼천리 강산을 바라만 보고 있을 수 없어라. 수화水火에 빠진 사람을 보고 그대로 태연히 앉아 볼 수는 없었다.

여기에 각오는 별것이 아니다. 나의 철권으로 적을 즉각 부수려 한 것이다. 이 철권은 널 속에 들어가면 무소용이다. 늙어지면 무용이라 내 귀에 쟁쟁한 것은 상하이 임시정부였다. 다언불요多言不要, 이 각오로 상해를 목적하고 사랑스러운 부모형제와 애처애자艾妻愛子와 따뜻한 고향 산천을 버리고 쓰라린 가슴을 부여잡고 압록강을 건넜다.

나서 보니 먼저 닥치는 것은 금전의 고통이라 간신히 칭다오靑島까지 왔으나 상하이까지 올 여비는 없었다. 그러므로 일인日人 나카하라 겐지로中原兼次郎의 세탁소에 고용인이 되었다. 출가 여비는 내 돈이 아니었고 월진회비였으므로 내가 이왕 고용된 이상에는 그 돈을 환상還償하고 여비를 마련하는 대로 떠나려고 하였다. 그러므로 1년간 유체留滯하였다.

24세 5월 8일에 목적지인 상하이에 상륙하였다. 나를 맞는 사람은 없었으나 목적지에 온 것만은 무상 기뻤다. 남의 주머니에 금이 들었는지 똥이 들었는지 누가 알리오. 와서 보니 또 닥치는 금전 곤란이다. 그러므로 중국종품공사中國鬃品公司 직공이 되었다. 본 공장의 한인 공우工友가 17명이었으므로 한인 공우친목회가 창립되었다. 공우회의 회장이라는 명칭을 띠었었다.

그런데 창주廠主 박진朴震이와 사소한 감정이 있어 해고를 당하고 계춘건桂春健 군과 함께 훙커우虹口에 작은 채소상小菜商을 개점하였다.

그리고 그 후는 여러 선생님들이 아실 것이다.

142

유족

부 윤황尹璜 신묘辛卯년 11월 5일생

모 김원상金元祥 (경주 김씨) 기축己丑년 12월 16일생

처 배용순裵用順 (성주 배씨) 정미丁未 8월 15일생

장자 모순模淳 정묘丁卯 9월 11일생

2자 담淡 (내가 객지 나온 뒤에 출생) 경오庚午년 5월 19일생

강보襁褓에 싸인 두 병정兵丁에게 —— 모순, 담

너희도 만일 피가 있고 뼈가 있다면 반드시 조선을 위하여 용감한 투사가 되어라. 태극에 깃발을 높이 드날리고 나의 빈 무덤 앞에 찾아와 한잔 술을 부어 놓으라.

그리고 너희들은 아비 없음을 슬퍼하지 말아라. 사랑하는 어머니가 있으니. 어머니 교육으로 성공한 자를 동서양 역사상 보건대 동양으로 문학가 맹가孟軻가 있고, 서양으로 프랑스 혁명가 나폴레옹이 있고, 미국에 발명가 에디슨이 있다. 바라건대 너의 어머니는 그 어머니가 되고 너희들은 그 사람이 되어라.

수필

피 끓는 청년 제군들은 아는가.

무궁화 삼천리 우리 강산에

왜놈이 왜 와서 와글대나

피 끓는 청년 제군들은 모르는가.

되놈 되 와서 되 가는데

왜놈은 와서 왜 아니가나.

피 끓는 청년 제군들은 잠자는가.

동천東天에 서색曙色은 점점 밝아오는데

종용從容한 아침이나 광풍이 일어날 듯
피 끓는 청년 제군들은 준비하세.
군복 입고 총 메고 칼 들며
군악 나팔에 발맞추어 행진하세.

27일
신공원에서 푸른 풀을 밟으며
처량한 방초芳草여
　　내년에 춘색春色이 이르거든
　　왕손王孫으로 더불어 오게
청청靑靑한 방초芳草여
　　내년에 춘색이 이르거든
　　고려강산高麗江山에도 다녀가게.
다정한 방초여
　　금년 4월 29일에
　　방포放砲 일성一聲으로 맹세하세

백범白凡 선생에게
높이 우뚝 솟은 푸른 산이여	巍巍靑山兮
만물을 품어 기르는도다	載育萬物
서 있는 푸른 소나무여	鬱鬱蒼松兮
사시장철 변함이 없도다	不變四時
번쩍번쩍 밝게 빛나는 봉황이 나는구나	濯濯鳳翔兮
천 길이나 드높이 날아오르는도다	高飛千仞
온 세상이 모두 탁한데	擧世皆濁兮
선생 홀로 맑으시도다	先生獨靑

늙을수록 더욱 강건해지는 게	老當益壯兮
오직 선생의 의기뿐이로다	先生義氣
원수 갚으려 온갖 핍박을 참고 견딤이여	臥薪嘗膽兮
선생의 참된 마음이로다	先生赤誠

청취서

본적 조선 충청남도 예산군 덕산면 시량리 139
주소 상하이 프랑스 조계지 패륵로 동방공우 30호
윤봉길 (당시 25세)

위의 사람은 쇼와 7년(1932) 10월 11일 상하이파견헌병대 본부에서 본직에 대해 아래와 같이 임의 진술을 하였다.

질문   너는 윤봉길인가?
답   그렇다.
질문   너는 올해 4월 29일 상하이 신공원에서 관병식장에 폭탄을 투척하기 이전에 유서를 쓴 적이 있는가?
답   사건의 명령자인 김구의 요구에 따라 나의 약력과 감상 등을 써서 건넨 적이 있다.
질문   당시의 상황을 상세히 말하라.
답   올해 4월 27일 나는 상하이 신공원의 관병식장 상황을 사전 답사하고 돌아온 날 오후 6시 반경 김구가 동방공우 내 집으로 찾아와서 말하기를 "이것이 너의 최후이니 너의 경력과 감상을 써라"고 하므로 나는 평소 쓰고 있던 중국제 수첩에 연필로 쓰고 다른 것이 쓰여 있는 곳을 찢어 버리고 그 수첩을 건넸다.

질문   유서의 내용은 무엇인가?

답   나의 이력서와 내가 작성한 고향'시량리 노래' 및 나의 아이들에 대
       한 유서, 그리고 조선 청년에 대한 나의 감상을 수필로 적었다. 내가
       올해 4월 27일 오후 1시경 상하이 신공원의 식장을 사전 답사하러
       갔을 때 내가 밟은 잔디는 그대로 일어나지 못하는 것도 있었고 다
       시 일어난 것도 있었다. 그것을 보고 나는 인간도 역시 강한 자에게
       유린당할 때에는 이 잔디와 하등 다를 바가 없다고 생각하니 매우
       슬픈 감정이 솟았다. 그 마음을 유서로 썼다.

질문   유서 중의 이력은 사실과 다른 바가 없는가?

답   김구로부터 갑자기 요구받아 쓴 것이므로 연차에 다소 틀린 곳이 있
       다. 유서를 쓸 때에도 나는 김구에게 그것을 사양하였는데, 김구는
       "연차 등은 다소 틀려도 지장이 없으니 자기의 의사대로 명료하게
       써라"고 말해서 오후 9시경까지 약 두 시간 반이 걸려 썼으나 아주 서
       투른 글이 되었다.

질문   너는 시를 쓰는 소양이 있는가?

답   내가 서당에 다니고 있을 당시에 매일 시를 배우고 열심히 공부하였
       다. 내가 지어 발표한 것 중에 사람들의 칭찬을 받은 것도 있다. 잘 지
       은 것은 지금도 잘 기억하고 있으며 당시에 지은 대로 틀림없이 쓰
       는 것이 가능하다.

질문   네가 고향'시량리 노래'를 만든 것은 누구의 의뢰를 받은 것인가?

답   누구에게도 의뢰를 받은 것이 아니라 내가 혼자서 만든 것임에
       틀림이 없다. 그렇지만 곡은 당시 유행하는 노래의 악보를 사용하
       였다.

질문   너의 유서는 김구가 세상에 발표한다고 말하지 않았는가?

답   그것은 말하지 않았다. 만일 발표한다고 했다면 나는 충분히 생각
       하여 상세히 자구字句도 훌륭하게 썼을 것이다. 그런데 김구는 내가

순식간에 쓰는 것을 보고 "군은 참으로 소양이 있구나!"라고 하였다. 하나 빠트리고 말하지 않은 것이 있는데 유서의 내용 안에 김구에 대한 유서도 동시에 썼다.

질문 너는 이상 말한 것 외에 유서와 같은 것을 쓴 사실이 있는가?

답 앞서 말한 것 이외에는 없다.

질문 너는 유서의 문제에 대해 달리 무언가 말할 것이 없는가?

답 없다.

진술인 윤봉길

위를 녹취하여 읽으면서 들려주었는데 사실과 다름이 없다고 말하므로 서명하고 지장을 찍게 함.

쇼와 7년(1932) 10월 11일

상하이파견군 헌병대

육군사법경찰관

육군 헌병 군조 스도 데이치로 須藤貞一郎

쇼와 7년(1932) 11월 18일 재상하이 이시이 총영사 발 우치다 외무대신 앞 전보 요지

당지當地 파견헌병대는 장교 이하 28명을 남기고 다른 사람은 전부 철수하기로 결정했다. 오는 28일 당지를 출발하여 귀환할 예정인데 훙커우공원 폭발사건 범인 윤봉길은 11월 18일 당지를 출발하여 다이요마루大洋丸로 오사카를 향해 호송될 것이다. 고베에 상륙할 예정이다.

쇼와 7년(1932) 12월 26일 자 마쓰모토松本 육군성 법무국 국원局員 발신 데라지마寺嶋 외무성 조약국 제2과장 앞 통보 요지

윤봉길 사형 집행

올해 5월 25일 상하이파견군 군법회의에서 살인, 살인미수, 상해, 폭발물 단속벌칙 위반죄로 사형 판결을 받은 윤봉길에 대하여 12월 19일 위의 형을 집행함.

5. 폭탄 사건 후의 김구 일파 및 그 외의 동정

쇼와昭和 7년(1932) 11월 10일 자 재상하이 이시이石射 총영사 발신 우치다內田 외무대신 앞 보고 요지 (제45권-해설 53~54쪽 참조)

폭탄 사건 후 김구 일파의 기타 동정

사건의 전후를 통해 김구 일당이 재미在美 한국 교민僑民 및 재상하이 항일 여러 단체와 밀접히 연락을 가지고 그 후원과 비호하에 활동하여 왔고 또한 장래 계속하여 활동할 의도가 있음이 관측되었으므로 더욱 계속하여 엄중 주의 중이다.

기記
제1. 홍커우공원 폭탄 사건 후 김구 일파의 도피
제2. 독립운동자 간의 분야分野와 그 파벌 투쟁
제3. 동북의용군 후원회장 추푸청褚輔成의 김구 비호
제4. 불령선인 사이의 통신 연락
제5. 흉포 행위에 사용한 폭탄과 자금의 출처
제6. 최근 조선인 독립운동자 사이의 반김구 열기의 대두와 김구의 광둥廣東
　　여행설
제7. 한국 각 혁명 단체의 연합과 한중 항일운동의 합작

제1. 홍커우공원 폭탄 사건 후 김구 일파의 도피
김구는 4월 29일 홍커우공원에서의 관병식 기회를 이용하여 흉포 행위의 결행을 계획하자, 그 반동으로 우리 측으로부터 강압을 받을 것을 예상하여 4월 26일 전에 그의 임시 거처인 프랑스조계 환룽로環龍路 118호의 19 러시아인

셋방 Mrs. Astahoff[5]의 집을 나와 중국가中國街의 봉래시장蓬萊市場 부근으로 집을 옮겼다. 한국임시정부 간부에게는 극비리에 4월 29일 흉포 행위 결행[6]의 뜻을 누설하고 피난 여비로 국무위원[7]에게 각 60불, 비서에게 30불을 배부, 지급하였다.

사건이 발생하자 김구는 군무부장 김철金澈[8]과 행동을 같이 하며 당지當地 교통대학交通大學 체육 교사 조선인(중국 국적을 보유) 신국권申國權의 주선으로 미리 김철의 면식이 있는 당지 외국인기독교청년회 주사 미국인 S. A. Fitch[9]의 비호를 받아, 그가 아는 모某 목사의 사택에 잠복하였다. 그런데 당시 우리 측의 이들 일파에 대한 추적이 더욱 급해짐을 알고 김철은 5월 10일 도망쳐서 항저우杭州로 가서 청태제2여사清泰第二旅社에 투숙하고 제32호실에 들어가 동소同所에 한국임시정부판공서韓國臨時政府辦公署를 개설하였다. 그리고 같은 곳에서 사건 후 제1회 국무위원회의를 개최하기로 하였으므로 김구 또한 5월

---

5 김구는 4월 8일 우리 측의 현장 급습을 당해 위기일발의 사이에 간신히 도주한 자인데, 일단 항저우杭州로 도피하였다가 다시 상하이로 돌아와 환룡로環龍路(Route Valloon) 118호의 19인 Mrs. Astahoff 집 안쪽 2층의 1실을 빌려 4월 16일부터 엄항섭嚴恒燮과 함께 이곳으로 이사하였다. 김구는 사건 전 이미 이곳을 떠났으나 엄항섭은 그대로 수일간 이곳에 머무르다가 결국 5월 2일 오후 6시 외출하여 타처로 옮기고 다음 날 3일 밤 그의 부인을 시켜 짐 전부를 받아 오게 하였다. ─ 옮긴이

6 4월 29일 관병식 당일 김구가 흉포한 행위로 나갈 계획이 있는 것에 대해 당시 프랑스 조계 경찰 당국이 사전에 알고 있었던 형적形跡이 있다. 즉 프랑스 경찰본부 정치부장 Sarly는 사건 전야(28일) 우리 측의 관계관의 초대를 받고 그 출석을 약속했음에도 불구하고 그 시기에 이르러 출석하지 않았다. 그러므로 우리 측의 초대를 고의로 기피한 것이라는 의혹이 있고, 김구가 사전에 이와 같은 배려를 입은 것을 보면 당연히 프랑스 조계 당국과 통하고 있었다고 믿지 않을 수 없는 것이다.

7 임시정부 국무위원은 위원장 이동녕 외에 조완구·조소앙·김철·김구의 4명이다.

8 원문에서는 김철의 한자 표기를 金徹에서 金澈로 수정해서 표기했으나 金澈이 올바른 표기이다. ─ 옮긴이

9 미국인 S. A. Fitch는 당지 Foreign YMCA의 주사인데 그의 아버지는 당지의 저명한 목사이며 그의 형은 목사로 지금 항저우에 있다. S. A. Fitch는 중국에서 태어난 관계상 극단적인 친중 배일사상을 가지고 있었다. 앞서 김구가 발표한 영문선언서 같은 것도 S. A. Fitch의 도움으로 행해진 것이라는 정보가 있다.

14일 상하이를 출발하여 항저우로 가서 취영여인숙聚英旅社에 투숙하였다.

사건 후 두 번의 현장 급습[10]으로 프랑스 조계의 조선인은 적어도 임시정부 또는 민단 내지 독립당에 관계가 있는 자는 성내에 혹은 남시南市에, 또는 항저 우·쑤저우·난징·베이핑北平 등으로 각각 그 연고를 구해 도피하거나 사방으 로 흩어졌다. 임시정부 간부 중 김구와 김철 외에 이동녕李東寧·조완구趙琬九· 조소앙趙素昻 등은 항저우로 달아나고, 민단 간부 이유필李祐弼[李裕弼의 오기 – 옮 긴이. 이하 이유필로 표기]과 이시영李始榮·이수봉李秀峰·엄항섭嚴恒燮·최석순崔 錫淳 등도 또한 일시 항저우로 도피하였으나, 그 후 점차 상하이로 돌아와 남시 성내에 잠복하였다. 그리고 이들 일파는 말할 것도 없고 그 밖의 무리들도 지 금은 그 거처가 일정하지 않고 주위의 정세에 따라 각처를 전전하는 실상이 다. 김구의 복심이라고 볼 수 있는 자는 안공근安恭根·엄항섭·김동우金東宇· 안경근安敬根·왕웅王雄·이동녕인데, 이 중에 이동녕은 늘 김구와 동거하고 엄 항섭 또한 김구의 비서로 때로는 상하이로 오는 일이 있으나 그 좌우를 떠나지 않는다. 이에 반해 안공근은 김구의 재상하이 대표격으로 그의 거처[11]를 성내 로 정하고 때로는 항저우와 난징에 가지만 그의 본거는 상하이에 둔 것 같다. 그리고 안경근과 김동우, 특히 안경근은 김구와 안공근 또는 김구 일파와 기 타와의 연락 교섭의 역할을 하고 있는 듯하다. 왕웅은 우리 측의 검거를 두려 워하여 난징으로 이전하였다고 한다.

제2. 독립운동자 간의 분야分野와 그 파벌 투쟁

작년 만보산萬寶山사건에 이어 만주사변이 발발하게 되자 재상하이 조선인 은 이상한 충동을 받고, 그 민족의식을 자극하여 중국 측의 항일운동과 합류 하고 이것을 추수追隨하기에 이르렀다. 먼저 상하이한인각단체연합회上海韓

---

10 4월 30일 새벽 및 5월 6일 새벽 두 번의 현장 급습을 말한다.
11 성내城內 국화로國貨路 천덕리天德里 14호라 한다(헌병대 정보에 의함).

人各團體聯合會를 조직하여 활동을 시작했는데, 임시정부는 국무위원회의 결과 일본 측에 대한 공포적 파괴 행동을 결행하기로 정했다. 정부 부내에 특무기관特務機關이란 것을 설치하고 김구를 책임자로 임명하였다. 이에 김구는 스스로 혹은 자금책에, 혹은 인선에 몰래 백방으로 노력하여 결국 재미 한교로부터 송부해 온 자금을 이용하여 올해 초의 사쿠라다몬櫻田門 밖의 불경사범不敬事犯을 결행하였다. 본 사건은 재미 한교는 물론 중국 측 항일 여러 단체의 비상한 찬사를 받고 독립운동자 사이에서 김구의 입지는 갑자기 급등하여 단연 그 두각을 나타내기에 이르렀다. 그리고 그 사이 중국 측 항일 여러 단체와 연락을 더욱 밀접히 하여 흉포 행위를 계속했다. 이들 중국 측 항일 여러 단체로부터의 자금의 출연出捐을 바랄 가망이 충분하였으므로, 군무부장 김철은 조소앙과 함께 김구의 활동을 원조하고 흉포 행위의 하수인이 될 만한 인물의 물색, 중국 측과의 연락 교섭[12] 등에 간여하고 노력한 바가 있었다. 그런데 한편 종래 재상하이 독립운동자로 기격奇激한 운동을 좋아하지 않고, 온건 착실하게 사회 실상에 맞게 그 실력을 양생하여 종국의 목적을 달성하는 것을 표방한 흥사단興士團 원동부장遠東部長 안창호安昌浩 역시 시국의 변천을 감안하여 중국 측의 동정을 얻어 그 원조를 구하기를 바랐다. 광둥廣東에서 온 불령선인 왕억王億[13]과 서로 모의하여 한중 연합의 항일 단체 조직을 획책하였다. 그러나 안창호는 4월 29일 우리 측의 수배로 프랑스 경찰의 손에 체포, 우리 측에 인도

---

12 올해 3월 상하이사변 후 재상하이 불령선인들은 김구·김철·조소앙 등의 주창에 의해 중국 측 광둥廣東파의 일당과 합작하여 '중한항일대동맹中韓抗日大同盟'이란 것을 조직하였다. 3월 하순 김구가 그의 심복 이덕주李德柱와 유진만兪鎭萬을 조선으로 보낼 때에도 김철·조소앙이 이것에 참여하여 계획하였고, 이들 두 명에 대해 송별연을 베풀어 격려하는 바가 있었다. 이것에 의해 당시 김철은 김구와 대등한 지위에 있으면서 항일 흉포 행위 결행에 대해 참획하는 바가 있었음을 간파할 수 있다.

13 왕억은 광둥에 사는 조선인으로서 늘 중국 측에 접근하여 항일운동에 종사해 왔지만 상하이사변 중 상하이로 와서 안창호에 접근하고 그와 합작하여 항일 테러 계획을 수립하려고 한 형적이 있다. 그 후 일단 북중국으로 향했으나 다시 상하이로 와서 결국엔 그 모습을 숨겼다.

되고 왕억 또한 당지를 떠나 그 계획은 수포로 돌아갔다.

4월 29일 훙커우공원 폭탄 사범의 결행을 보자 김구와 김철 등은 다른 불령 선인들과 함께 그 모습을 감추고 5월 중순에 연이어 항저우로 도피하여 김철 이 숙박한 청태제2여사에서 5월 15, 16일 양일에 걸쳐 사건 후 제1회의 국무위 원회의를 개최하였는데, 그 출석자는 이동녕·조소앙·조완구·김철 5명으로 본 회의에 의해 재무부장 김구를 군무부장에, 군무부장 김철을 재무부장으로 경질 임명하였다.

그런데 이보다 앞서 김구의 훙커우공원 사건 직후 19로군十九路軍이 임시정 부에 준 돈 7천 불을 김철 일파가 횡령했다는 소문에 분개하고 있던 김구 일파 는 난징에 있는 박찬익朴贊翊을 통하여 민단 관계의 이유필 일파와 서로 모의 하여 5월 29일 박창세朴昌世·김동우金東宇·안경근安敬根·문일민文逸民을 항저 우로 보내 그 소지금을 몰수시켰다.

그런데 본 사건은 조선인 사이에 이상한 충동을 주어 금전 문제를 중심으로 그 투쟁이 점점 첨예화하고, 더 나아가서는 그 추태를 사회에 폭로하고 중국 측에 대한 신용을 실추해 버릴 우려가 있게 되었으므로 그 선후 조치를 강구하 기 위해 6월 상순에 이르러 국무위원회를 자싱嘉興에서 전후 2회 개최하였다. 그 결과 위의 항저우판공서습격사건杭州辦公署襲擊事件을 심의하기 위한 독립 당 이사회를 개최하기로 하여, 6월 하순 항저우 시내 모 소학교에서 4일간에 걸쳐 회의한 바 있었다. 본 회의에 참석한 자는 이유필·안공근·김두봉金枓奉· 이시영李始榮·최석순崔錫淳·엄항섭·송병조宋秉祚·박찬익·김구·김철·이 동녕·조완구·조소앙·김석金晳 등 13명[14]이다. 박창세와 김동우를 회의석상 으로 불러 판공서습격사건의 전말을 보고하게 하고 그 진상 조사에 박찬익· 엄항섭·김두봉을 선임하고 산해散解하였는데 지금도 그 결과를 보지 못하였 다. 이리하여 표면적으로 본 문제는 일단 해결된 것 같으나 김구와 김철 사이

---

14 14명의 오기로 보인다. -옮긴이

의 감정은 쉽게 융화하기에 이르지 못했다. 김철 일파는 항저우판공서습격사건을 김구의 뜻을 받은 엄항섭의 사주에 의한 것이라고 믿고 크게 앙심을 품고 있는 실상이다.

4월 29일 폭탄 사건에 의해 뿔뿔이 흩어진 불령선인 간부 중 먼저 상하이로 귀환한 것은 이유필 일파로, 이유필은 프랑스 조계 백래이몽마랑로白來爾蒙馬浪路 보경리普慶里 4호의 민단 사무소를 중국가의 노서문老西門 김가방金家坊 112호로 이전하고, 정치위원을 개선改選하여 정무위원장 이춘산李春山, 의경대장 박창세, 재무부장 최석순, 서무부장 엄항섭, 간사 이수봉으로 하여 그 진용을 바꾸었다. 엄항섭을 제외한 사람들 모두가 이유필파의 인물로 채워진 것이다.

엄항섭은 김구의 고굉股肱으로 일한 인물인데 아마 김구파를 대표하여 민단위원에 참가한 것으로 사료된다. 그런데 엄항섭은 9월 20일 자로 사표를 제출하고 상하이를 떠났는데 그 후임에는 김두봉을 임명하였으므로 민단에서 김구 일파의 세력은 근절된 형태가 되었다. 무릇 이유필이 독립당 및 교민에게 지급된 은 5천 불을 착복하고 임시정부에 보고하지 않았다는 정보가 김철과 조소앙 등에게 전해졌다. 이와 동시에 조소앙과 김철, 김석 등은 상하이시 상회上海市商會가 윤봉길尹奉吉·안창호 등의 유족에게 조위금으로 증여한 금 7천 불로 개인의 배를 불렸다는 소식이 김구 측에 전해졌다. 이 때문에 위의 국무위원회에서 김구와 김철 사이의 감정은 자연히 소원하게 되어 김구와 김철을 경질하고 서로 직임을 바꾸어 임명했음에도 불구하고 김구는 그 군무부장직을 사직한다고 하면서 16일 이동녕과 함께 자성으로 떠났다.

지난 5월 21일 중국 신문 『시시신바오時事新報』 지상에 안창호에 관한 기사가 게재되었다.[15] 그 내용은 안창호를 비난하는 것으로 그 기사의 출처가 김철

---

15 5월 21일 『시시신바오』의 기사는 김석이 투서한 것이다. 당시 안창호가 체포된 데 대한 동정이 대단하여 중국 측으로부터 의연금義捐金 출연이 적지 않았기 때문에 안창호가 진정

일파인 김석임이 판명되었다. 이들은 종래 교민단에서 김구보다 우세한 세력을 가지고 있었으나, 두 번의 폭탄 사건 이래 김구의 명성이 홀로 올라감을 보고 내심 유쾌하지 않은 것이 있어 교민단을 자기 세력하에 두고 기관지『상하이한문上海韓聞』을 이용하여 열심히 자기선전을 행하는 한편, 직접 중국 측 항일 여러 단체에 접근하여 그 후원을 얻으려고 노력하고 있었다. 이를 위해 김구 일파에 대항하여 흉포 행위를 획책하고[16] 박창세와 이수봉 등으로 하여금 이의 실행방법을 연구하게 한 사실이 있다.

요컨대 현재 상하이의 불령선인은 폭탄 사건 및 그로 인한 중국 측 및 재미 한교로부터 획득한 자금을 둘러싸고 김구파·김철파·이유필파 3파로 나뉘어 때로 이합집산의 변화는 있어도 대체로 서로 정립하여 대항하고 추한 투쟁을 일삼는 실정이다.

제3. 동북의용군 후원회장 추푸청褚輔成의 김구 비호

4월 29일 폭탄 사건 후 김구는 잠시 당지當地 외인기독교청년회外人基督敎靑年會 주사 S. A. Fitch의 알선으로 그의 친구인 모某 목사의 집에 잠복하였지만, 5월 14일 상하이를 출발해 항저우로 가서 2, 3일 동안 항저우에서의 제1회 국무위원회의에 출석하고 자싱嘉興으로 옮겼다. 이때 누구의 알선에 의한 것인지 명료치 않으나 동북의용군후원회장[17] 추푸청褚輔成(자 혜승慧僧)[18] 의 비호를

한 혁명가가 아니라는 뜻을 발표하여 그 열기를 식히려고 한 것은 결국 자파의 지위 옹호를 위해 한 것이다.

16 이유필은 올여름 이래 동북의용군후원회東北義勇軍後援會에 접근하려고 누차 그 간부와 회담한 사실이 있다. 그리고 항일 흉포 계획을 세워 그 실적을 올릴 필요가 있다고 여겨 박창세·이수봉 등으로 하여금 필요한 폭탄과 권총 등의 변통에 노력하게 하고, 목표를 재상하이 각 관헌, 주요 경제 기관에 두고 획책을 진행시키고 있는 형적이 있다.

17 동북의용군후원회는 이른바 동북의용군의 경제적 후원을 표방하고 조직된 것으로 의용군에 대한 의연금 모금 단체이다. 당회 외에 비슷한 2, 3단체가 있다. 시 정부는 '의용군' 원조라 해서는 일본에 대해 좋지 않으므로 '난민구제회難民救濟會'로 개칭하게 해서 이들을 전부 합동시키라고 종용하고 있었지만, 본 후원회는 완고하게 그 명칭을 유지하고 있다.

받게 되었다. 일단 자싱에 있는 그의 집에서 엄항섭·이동녕 등과 함께 묵었으나 후에 단신으로 나와 추푸청이 경영하는 직포공장織布工場·자싱사창嘉興絲廠·가륜사창嘉綸絲廠·위성사창緯成絲廠 중의 하나인 가륜사창 부속 사택으로 이전하였다고 한다. 이리하여 김구는 그곳에 거처를 정하고 일단 정착했으나, 불령운동과 그 밖에 이른바 공무상 사람과 면담을 해야 할 때는 나와서 항저우·쑤저우·상하이에 수시로 출장하여 용무를 처리하고 끝나면 또 자싱으로 돌아가 잠거하고 있는 모양이다. 이와 같이 김구는 동북의용군후원회의 비호를 받고 있을 뿐 아니라, 후원회로부터 물질적 원조를 받고 있는 것 같다. 올여름 이래 몇 차례 후원회에 자금을 요구해 왔다. 즉 9월 하순부터 10월 상순에 걸쳐 안공근을 사자로 삼아 두세 번 후원회와 교섭하도록 했고, 다시 10월 7일에는 엄항섭으로 하여금 동일한 절충을 하도록 한 사실이 있다. 10월 9일 안공근은 김구의 뜻을 받고 상하이 애문의로愛文義路 연주리聯珠里 전절공회全浙公會의 추푸청을 방문하고 교통부 상하이전보국 사무원 민필호憫弼鎬[閔弼鎬의 오기 - 옮긴이]를 통역으로 운동자금 출연의 구체적 교섭을 하여 결국 동북의용군후

그 사무소는 상하이上海 곡령로牿嶺路 인안리人安里 29호 추푸청의 주택에 있고 사무원은 3,4명이 있어 형식적인 사무를 집행하고 있다. 최근 시찰한 바에 의하면 새로 만든 군복이 묶음으로 한쪽 구석에 쌓여 있고, 또 상인이 기증한 '플란넬'과 같은 옷감이 겹겹이 쌓여 있다. 위 사무원의 말에 의하면, 이 후원회에 최근까지 모인 액수는 30만 원 내외이며 각 상점과 회사 사무원 등의 모집원이 호별로 방문하여 기부를 받으며 모집원은 현재 20명가량이라 한다.

18 추푸청은 자싱인으로 당년 63세이다. 일본 도요대학東洋大學 고등경정과高等警政科를 졸업하고 귀국하여 자싱부상회(현재는 자싱상민협회嘉興商民協會)의 총리가 되어 오랫동안 상인 사이의 지도자였던 자이며, 후에 저장성浙江省의 자의국諮義局 의원이 되어 저장군정부浙江軍政府 참사 중의원 의원으로 국회에 나가 부의장으로 일한 적이 있다. 현재는 상하이 법정학원法政學院 원장과 전절공회全浙公會 대표자로 상당한 자산가였지만, 정치운동으로 거의 가산을 탕진하고 현재는 무산자와 같다. 연설에 솜씨가 있고 선전이 뛰어나다. 원래 친일가였으나 21개조 후 배일의 급선봉이 되어 일이 있을 때마다 배일 선전에 노력하고 있다. 그러나 원래 신용이 없고 종래에도 누차 이러한 수단으로 교묘히 착복한 예가 있다. 따라서 은행이나 회사 기타 유력한 상점 등은 거의 동북의용군후원회를 상대로 하지 않고 있다.

원회로부터 5, 6천 원 정도 지출하겠다는 추푸청의 회답을 얻었다고 한다.

제4. 불령선인 사이의 통신 연락

4월 29일 홍커우공원 폭탄 사건 후 임시정부와 독립당, 그 밖의 불령운동에 관계가 있는 일파의 조선인은 모두 프랑스 조계를 떠나 도피하여 뿔뿔이 흩어졌으나, 이들 분산한 불령선인 간부 간의 연락 유지에 대해서는 그들이 극히 고심한 바였던 모양이다. 김구가 사건 전 이미 조선·만주 방면에 대관大官 암살의 목적으로 파견한 이덕주李德柱·유진만兪鎭萬·김긍호金兢鎬·유상근柳相根·최흥식崔興植 등과의 통신 연락은 오로지 프랑스 조계 신천상리新天祥里 20호 안공근 가족의 주택을 주소로 하여 행해졌다. 그러나 이들 통신의 일부가 관헌의 손에 들어가 결국에는 김긍호·유상근·최흥식의 검거를 보았기 때문에, 그 후 통신 연락에 대하여는 극도로 경계를 더하게 된다. 자성에 있는 김구로부터 상하이에 있는 안공근·엄항섭·김철 등에 대한 통신은 전부 안경근 외 1, 2의 심복에 의해 지참되고 있는 사실을 인지하였다.[19]

---

19 당관에서 그 후 입수한 김구의 서간이 있다. 9월 5일 자 김철 앞의 것인데 안경근이 직접 지참한 것이다. 그 내용은 다음과 같다.

「一江仁兄偉鑑
爲詢別來
兄體萬裕, 閣節泰和而滬上別無事故不爲之關慮而已弟雲遊跡跡姑無安棲所事亦無奉聞者耳今接藕泉兄書送我百金兄自傳之云故玆委送一波而商矣卽爲擲送口ㅁ(一字不明)望餘只此不備
九月五日 凡弟拜」

위 서간 중 우천藕泉은 조완구, 일파는 엄항섭이다. 그 후 김구는 9월 하순 이곳 전차 차장 감독 유일평劉一平에게 다음 번역문과 같은 서간을 보낸 사실이 있다. 이 또한 안경근이 직접 지참한 것이다.
「유군劉君에게, 요즈음 생활 곤란은 어떤지. 요사이 들으면 '버스' 회사 사변에 대해 그토록 강경하게 진출하려고 하는 군의 입지에는 무한히 찬성하나 좀 더 큰 사건을 결행하기 바란다. 가족의 생계 문제를 고려할 것 없이 일을 하는 데 노력하라. 금전은 문제가 아니다. 이 편지를 보는 대로 곧 의향을 통지하기 바란다. 匆匆 白凡」

김구는 사건 발생 후를 통해 난징에 있는 박남파와 극히 밀접한 연락을 가지고 그의 책모에 의해 동북의용군후원회 19로군 등에 접근한 모양이고, 비밀리에 문서의 왕복을 하고 있다. 또 한편 재상하이, 재베이징 등의 불령선인 간부와도 연락을 유지해 왔는데, 이들 연락 방법으로 상하이전보국 사무원인 조선인 민필호[20]를 이용하였다. 원래 민필호는 박남파와 친밀하였으므로 저들 일파 사이에서 민필호가 통신 연락의 중심이 될 것을 박이 민에게 권유토록 했던 것이다. 즉 올해 6월 상순 박남파는 비밀리에 상하이로 와서 당시 상하이 성내城內 국화로國貨路 천덕리天德里 14호에 거주 중인 동지 안공근과 함께 민필호에게 장래 재상하이 동지와 각처에 뿔뿔이 흩어진 동지 사이의 통신 연락 기관이 되어 활동할 것을 명했다. 이로 인해 민필호는 난징·항저우·베이징 방면으로부터 민필호에게 송부해 오는 통신을 모으거나 이를 심부름꾼에게 넘기고 혹은 다시 원하는 수신인에게 전송하는 등 적절히 처리해 왔는데, 그 접수한 우편물은 1개월 평균으로 난징의 내신來信이 14, 15통, 베이징의 내신이 2, 3통, 항저우와 자싱嘉興의 내신이 4, 5통이며, 박남파로부터 온 것은 정기精奇, 조성환曹成煥(재베이징)으로부터의 것은 조기曹奇라 이서하고, 항저우와 자싱으로부터 온 것은 등기澄奇 또는 강기江奇라 표기하였다. 또 전보는 미국교민단, 하와이, 파리 등 각지로부터 김구 또는 임시정부 앞으로 온 것이며, 내용은 운동 자금의 통지 또는 폭탄 사건 후의 상하이 상황을 묻는 것이 주였다라고 한다.

---

20 민필호는 16세 때 상하이로 와서 그의 형 민제호憫濟鎬[閔濟鎬]와 동거 후 프랑스 조계 전보학교에 입학, 1년 후 졸업하자 곧 상하이전보국원이 된다. 이래 각지로 전근하고 결국 상하이로 되돌아와 독립당에 가맹, 박남파와 친교를 맺었다. 또 왕웅과도 친밀한 관계로 왕웅의 집 프랑스 조계 서문로西門路 226호를 빌려 9월 상순 이사하였다. 10월 13일 당지 파견 헌병대의 손에 체포되었으나 김구 일파의 통신 연락을 내보內報한다는 약속하에 15일 석방되었는데, 그 후 1, 2의 통신을 하였을 뿐이며 19일 가족을 데리고 어디론가 도망갔다.

제5. 흉포 행위에 사용한 폭탄과 자금의 출처

올해 1월 8일 사쿠라다몬櫻田門 밖 불상사건不祥事件 및 4월 29일의 흥커우공원 폭탄 사건에 사용한 수류탄 및 폭탄의 출처는 상하이 남시南市의 병공창兵工廠에서 이를 김구에게 제공하기 위해 중개 노력을 한 자로, 동 병공창의 창고장이었던 조선인 왕웅王雄이라 칭하는 왕해운王海雲임은 의심할 여지가 없는 것 같다. 즉 이에 관해서는 저번에 안공근이 누설한 것과 더불어 유상근의 진술에 의해 이를 추측할 수 있을 뿐 아니라, 윤봉길의 진술에 의하면 그가 처음 김구로부터 폭탄 2개를 제공받은 것은 프랑스 조계 서문로西門路 226호로 이 주소는 당시 왕웅의 집이었다. 위의 사실은 왕웅이 폭탄을 제공한 중개자였음을 추측하기에 충분하다. 뿐만 아니라 김구의 통신상의 연락자이며 또 왕웅과도 친한 사이인 민필호가 위 폭탄은 왕웅이 병공창과 의논하여 김구에 손수 건넨 것이라는 취지로 진술하였다. 덧붙이자면 왕웅은 사건 발생 후에도 김구와 긴밀한 연락을 유지하고 있었던 모양이나 9월 상순 서문로 226호의 집을 퇴거하여 프랑스 조계 사명저四明邸 12호 덩스링鄧司令의 집에 기거하였다.

그 후 병공창을 그만두고 현재 산먼완개항공사三門灣開港公司에 취직, 근무 중이다.

김구가 대역 사건 범인 이봉창李奉昌에게 손수 건넨 300불 및 그가 도쿄로 송금한 1백 엔이 재미 한교가 임시정부에 송금한 것임도 거의 확실한 것 같다. 당시 김구는 임시정부 재무부장의 직에 있었고, 이들 임시정부 앞으로 보낸 송금을 이용할 수 있는 지위에 있었던 것이다.[21] 흥커우공원 폭탄 사건의 하수인 윤봉길에게 직접 건넨 90불, 최흥식崔興植에게 지급한 580불[22](전후 3회에 걸쳐),

---

21 이봉창의 진술에 의하면, 쇼와 6년(1931) 12월 13일 밤 사진관과 같은 집을 나와 걸으면서 한 말에 김구는 미국에 있는 조선인 동포가 자금을 송부해 오는 것이라고 누설하였다 한다(이봉창 제8회 신문조서 제8문답). 그 후 한인청년당 이사장 임시정부 외교부 차장 김석이 누설한 바에 의하면 작년 만주사변 이래 재미 한교의 송금이 증가하여 재무부장 김구가 이를 처리하고 있으므로 이봉창에 대한 급비는 위의 재미 한교의 송금에 의한 것임이 명백하다고 한다.

유상근에게 지급한 1천 불[23](전후 2회), 이덕주에게 지급한 120원, 유진만에게 직접 건넨 60불, 김긍호에게 지급한 50불 등 합계 1천9백 불의 흉포 행위 자금이 어디서 나온 것인가는 직접 이를 알 자료가 없어 명료하지 않다. 그러나 올해 3월 20일 프랑스 조계에서 조선인 김구·김철·조소앙 등이 상의, 계획하여 중국 측 광둥파 후용칭胡用淸 등과 함께 중한민족항일대동맹中韓民族抗日大同盟을 조직한 사실에 근거하면 아마 위의 동맹의 중국 측 간부를 통해, 혹은 광둥파 내지 19로군 간부로부터 받은 것으로 사료된다.

홍커우공원 폭탄 사건은 불령선인 측에서 보면 의외의 성공이며 중국 측 항일 여러 단체에 이상 충격을 주어 이들 단체 사이에는 불령선인을 이용하여 항일의 수단으로 쓰려는 기운이 농후하다. 이 정세를 간파한 중국 각지의 불령선인들은 여러 곳에 이름을 내세워 중국 측에 접근을 기도하고, 서로 경쟁하며 자금의 인출에 열중하기에 이르렀다. 즉 당지 한국독립당 가운데 김철·조소앙 일파는 시상회市商會에, 김구 일파와 이유필 일파는 각각 동북의용군후원회, 동북수재난민구호위원회에, 또한 김구 일파는 따로 19로군에 접근하여 독립운동 내지는 흉포 행위 실행을 위해 상당한 다액의 자금 출연을 요청하여 온 듯하다. 민필호의 진술과 기타 정보에 의하면, 김구파·김철파·이유필파에서 모두 19로군과 동북의용군후원회, 시상회 등으로부터 수천 원의 출연을 얻고 있는 모양이나 구체적 사실은 명료하지 않다.[24]

---

22 올해 3월 28일 상하이를 떠날 때 김구로부터 180불, 4월 26일 200불, 5월 19일 200불을 받았다.

23 2월 25일 광둥으로 향해 출발하기 2일 전에 민단에서 김구로부터 700원을 받고 다시 4월 26일 다롄大連으로 출발할 때 300원을 받았다.

24 민필호의 진술에 의하면, 조선인과 중국 측 항일 단체 사이의 자금 수수 상황은 표와 같다 (헌병대 조사에 의함).

연월일	금액	교부자	수령자	적요
쇼와 6년(1931) 말일	미상	주칭란 朱慶瀾	박남파	안공근을 거쳐 김구에 교부하여 독립당의 비용에 충당하였다고 한다. 또 일설에는 이봉창의 내지 도항에 관계가 없는가라고 말하는 자도 있다.
쇼와 7년(1932) 5월 초순	5천 불	상하이시상회	김철 조소앙	안창호 및 윤봉길의 가족 구휼금으로 수령하였다고 하나 2명이 횡령, 착복하였다는 설이 있다.
쇼와 7년(1932) 5월 중순	각 300불	주칭란	김홍서 金弘叙 최동오 崔東旿 김원봉 신익희	
상동	2천 불	상동	박남파	안공근을 거쳐 김구에 교부.
쇼와 7년(1932) 5월 하순	1천 불	상동	박남파	독립당단에 교부한다는 언질로 얻었으나 이유필과 박남파의 쟁탈전이 되어 아직 누구에게도 교부되고 있지 않다.
쇼와 7년(1932) 연월일 미상	1만 불	19로군	왕웅	안공근을 거쳐 김구에 교부하다 독립당비와 윤봉길 가족 구휼비로 하였다고 함.
쇼와 7년(1932) 연월일 미상	금액 미상 폭탄 약간과 같이	주치청 朱齊青	한국혁명당 韓國革命黨 왕공해 王公海	
쇼와 7년(1932) 6월 초순	5천 불	동북재민구제회 東北災民救濟會	상하이한인 교민단	
쇼와 7년(1932) 10월 9일	5천 불	추푸청 褚輔成	안공근	교부의 승낙을 받았으나 아직 실제 접수가 없다고 함.

제6. 최근 조선인 독립운동자 사이의 반김구 열기의 대두와 김구의 광둥廣東 여행설

사쿠라다몬櫻田門 밖 및 홍커우공원에서의 흉포 행위는 모두 김구 개인의 계획과 책모에 의해 실행된 것으로, 이 두 사건에 의한 명성은 홀로 김구가 독차지한 바가 되어 임시정부·독립당·교민단 등의 간부로서 이를 유쾌해하지 않는 자가 적지 않다. 저번에 김철은 중국 측으로부터 지급된 자금 문제와 관련한 임시판공서습격사건으로 인해 이를 주로 김구 일파의 사주에 의한 것이라 하여 크게 앙심을 품은 바 있고, 이유필 등 민단 간부 일당은 김구가 두 사건으로 물질상 상당히 유복한 상태임에도 불구하고, 동시에 두 사건 때문에 거주에 위협을 받고 그 직업을 떠나 분산 유리한 무고한 조선인을 돌보지 않는 것을 원망하고 있다. 또한 독립당으로서는 그 반대당인 한국혁명당[25] 일파가 자기 세력 확장을 위해 김구에게 접근하려 한 것을 운 좋게도 김구가 이를 이용하여 자기의 손아귀에 거두어 이윽고 임시정부의 실권을 장악하는 야심을 감춘 것이라 하여, 김구에 대해 시기의 눈으로 감시하는 실상이다. 김구는 사건 후 추푸청의 집에서 비호를 받았으나 9월 상순 그 집을 나와 같은 자싱에 있는 추푸청의 직포공장 가륜사창의 부속 사택으로 이전하여 이동녕·엄항섭과 그의 가족 3명, 김의한과 그 가족 2명과 동거하며 남양화교연합회南洋華僑聯合會의 의연금을 주로 하고, 그 밖에 주청란·추푸청 등의 원조금을 합치면 약 6만 불의 자금을 가지고 있다고 전해지고 있다. 이것에 대해 독립당에서는 김구 자신이 상하이로 와서 합작할 것을 요청하였으나 김구는 말을 이랬다저랬다 하며 응하지 않고 있다. 그 태도가 도리어 한국혁명당에 편을 드는 것 같은 모양으로 보였기 때문에 결국 이들과 최후의 교섭을 하기 위해 10월 5일 이사장 송병조는 항저우에서 김구파의 수령 이동녕과 친교가 있는 조완구를 통하여 김구와 이동녕에게 면접을 요청하였다. 조완구는 송병조의 뜻을 받아 다음

---

25 한국혁명당은 올해 2월 상순에 조직되었다. 그 주요 인물은 윤기섭尹琦燮(전 인성학교仁成學校 교장), 정태희鄭泰熙[쇼와 4년(1929)도 상하이교민단 총무], 김사집金士執(재조선, 변호사) 등이다. 이사장은 윤기섭, 총무는 정태희, 외교부장은 신익희, 재정부장은 왕웅이며, 전 당원 약 40명 가운데 상하이에 있는 자는 성준영成濬英·최용덕崔龍德 외 약 20명이다. 난징의 당원 가운데 신익희申翼熙가 가장 유력하며 신익희는 난징국민당 중앙당부의 모과某科에 근무하고 있어 중국 측과의 연락이 긴밀한 자이다. 또 난징에 있는 조선인 비행사는 모두 한국혁명당 당원이다. 한국혁명당의 목적은 독립당의 그것과 완전히 동일하나 다만 독립당과 정권 쟁탈을 해야 할 대립적 지위에 있다. 한국혁명당의 윤기섭과 신익희는 다 같이 독립당원이었으나 독립당에서 제명된 자이다.

6일 그 뜻을 자싱에 있는 김구에게 서면으로 통지한 바 있다. 송병조가 김구와 면담하는 용건은 김구로 하여금 완전히 독립당으로 복귀할 것을 권설勸說하는 데 있었던 것 같다. 이에 대해 김구는 부재이고 이동녕은 병이라 칭하여 면접을 거부하였다. 송병조는 불평을 가득 품고 10월 12일 헛되이 상하이로 돌아왔다. 조완구는 따로 위의 상황을 상하이의 김철 앞으로 통신하였다.[26] 이에 송병조·이춘산·김철·박창세 등 독립당 간부가 서로 회합하여 김구의 태도에 대한 장래의 방책을 의논하고 그의 금전 문제에 관한 비행을 조사 발표하여 이를 성토하기로 하고, 또한 김철에 대해 앞의 공직을 피탈 처분한 것을 취소할 것을 약속하였다. 이리하여 김구 일파는 사실상 독립당과 분리한 것과 같은 상태가 되고 양자 사이의 골은 더욱 깊게 되었다.

이보다 앞서 김구는 19로군이 당지에서 철퇴한 후 남양화교연합회와 동북의용군후원회, 동북난민구제연합회 등에 대해 그의 심복인 박남파를 중개로 왕성하게 활동하여 그 경제적 원조를 구하려고 노력해 왔다. 또한 상당히 그 목적을 달성한 것 같은데도 다시 그 운동을 확대할 목적으로 저번에 박남파를 광둥으로 보내 광둥정부 요인 사이에서 운동하게 한 바가 있었던 모양이다. 그런데 박남파는 그의 교섭이 뜻대로 되지 않아서 10월 하순 서신을 동북의용군후원회 간부 우샨吳山[27] 앞으로 보내 광둥성 당부 정치분회 주석 첸치탕陳濟棠

---

26 10월 13일 자 재항저우 조완구로부터 재상하이 김철에게 보낸 다음과 같은 서간(번역문)이 있다.

「강 형,

귀서는 잘 받았습니다. 그 후 별고 없으신지요. 소생은 여전하게 지내고 있습니다. 김구는 부재이고 이동녕은 병으로 올 수가 없다고 합니다. 송군은 어제 귀환하였습니다. 어제 『상하이한문』을 보니 '우리 운동 과거의 오류'라는 제목의 논문은 무의식적인 것이 아니라고 생각합니다. 귀형도 보셨을 줄로 생각합니다. 무엇인가 들으신 것은 없습니까. 추량秋凉이 깊어 가는 때인 만치 조심하시기를.

천제泉弟로부터

10월 13일」

27 우샨은 쓰촨성四川省 사람으로 연령은 48세. 일본제국대학 법학사로 오랫동안 광둥에서 정치운동에 종사했으며 일시 광둥정부 사법차장으로 근무하였다. 북벌군이 난징에 들어

을 소개해 달라고 요청하였다. 또한 한편으로 김구에게 서신을 보내 광둥 측은 김구 자신이 광둥에 와서 교섭하는 것이 좋을 것이라는 의향이므로 매우 급히 광둥으로 와 달라는 뜻을 말하여 왔기 때문에, 김구는 마침내 결심하고 10월 31일 당지를 출발하여 그의 심복의 한 사람인 안공근을 동반하고 광둥으로 향하였다고 한다. 또 이와 동시에 당지 조선인 사이에 김구는 신변의 위험을 두려워하여 남양南洋으로 도피하였다는 소문도 유포되고 있다. 위 광둥행에 관해서는 최근 그의 비호자인 추푸청이 누설한 것이라고 전해지므로 단지 소문으로 흘려듣기 어려운 것이 아닌가 사료된다.

제7. 한국 각 혁명 단체의 연합과 한중 항일운동의 합작

독립당 내의 반김구 열기가 높아져 온 일은 전술한 바와 같다. 최근 독립당에서는 김구·이동녕·안공근·엄항섭·조완구 5명을 제명하려는 논의가 있었으며, 독립당 외에 시국에 자극되어 곳곳에 조직된 조선인의 혁명 각 단체 또한 가리지 않고 김구의 전횡적 활동과 독점적 명성에 반감을 품는 자가 적지 않다. 그런데 10월 중순 베이징에서 김영호金永浩, 즉 이준연李埈然과 김규식金奎植 2명이 상하이로 와서 한편으로 그의 소속 단체인 요동의용군遼東義勇軍의 대표라 하여 동북의용군후원회의 경제적 원조를 요청하는 동시에, 다른 한편으로 독립당과 한국혁명당 사이의 불화를 조정하는 데 분주하였다. 그 알선의 결과 독립당과 한국혁명당의 융화를 보았을 뿐 아니라 더욱이 재베이징 한국 동족회와 재난징 의열단, 재만주 조선혁명당 등 5단체의 연합을 실현하기에 이르렀다. 대체로 동북의용군후원회와 기타 항일 단체는 한국 혁명 단체에 대해 그 운동자금을 지급할 의사가 있으나 그 단체 및 이를 대표하는 인물이 각기 달라 어디를 원조해야 할지 갈피를 못 잡고 이의 응대에 고심하고 있기 때

오기 전부터 상하이에 체류하여 전국철로협회全國鐵路協會 총간사의 직함으로 배일 운동이 일어날 때마다 배일 단체의 주동자가 되었다.

문에, 쌍방의 편의를 위해 그 통일·연합을 할 필요가 요구된 것이라 할 수 있다. 이리하여 10월 말에 이르러 위 5개 단체는 서로 합하여 '한국대일전선통일동맹韓國對日戰線統一同盟'과 같은 것을 조직하였다. 그 단체명과 책임자는 다음과 같다.

한국독립당(상하이) 이춘산 김두봉
한족동맹회(베이징) 김규식[28]
조선혁명당(만주) 최의산崔義山[29] 유춘교柳春郊(별명 동열東說)
의열단(난징) 박건웅[30]
한국혁명당(난징) 신익희 윤기섭

한편, 중국 측 항일 단체들 사이에도 동북의용군후원회 간부 주칭란·추푸청 일파의 전횡을 미워하는 자가 적지 않아, 오히려 이 기회에 각 단체를 일괄하여 연합조직을 만들어 내어 한국 측의 연합조직과 합작하는 것이 더 낫다고 여기는 자가 많았다. 이에 한중 양 간부가 여러 가지로 절충한 결과 연합조직을 만들게 되어, 11월 2일 중국가 성내 소동문小東門 부근에서 한국독립당 이하 5단체와 중국 측 항일 단체 대표자가 회동, 협의한 결과 '중한민중토일동맹中韓民衆討日同盟'이란 것을 조직하였다. 그리고 본 동맹의 사무는 총무부·군무부·외교부·재무부·조직선전부·특무부·조사부의 7부에 의해 분장되었다. 조선인으로 그 책임적 지위에 있는 자는 군무부장 유춘교, 조직선전부장 박건웅, 특무부 부부장 이춘산, 특무부 부원 이수봉 등이다. '중한민중토일동맹'의

---

28 김규식은 미국 유학생. 톈진天津에 있었으나 동북의용군후원회와 연락하기 위해 10월 중순 상하이로 와서 현재 당지에 있으면서 한국 독립운동 통일을 위해 알선 중이다. 일설에 그는 동북의용군후원회로부터 5천 원의 여비를 받고 북미로 선전을 위해 여행할 예정이라고도 한다.
29 최의산은 일본사관학교 출신이고, 연령은 50세가량.
30 박건웅은 난징에 있고, 연령은 27, 8세.

중국 측 구성 분자의 여하, 그 강령, 목적, 활동 상황 등에 대해서는 현재 계속 내탐 중이지만, 위 단체의 성립으로 재중 조선인의 독립 혹은 항일을 목적으로 하는 독립운동의 열기는 점점 높아져 각종 세력의 협조·통정統整에 의해 그 역량을 강화하여 왔음은 부정할 수 없는 사실이라 할 수 있고, 시국의 변천에 따라 어떠한 방향으로 그 운동을 전개하는지 무릇 주의를 게을리 할 수 없는 것이 있을 것이다.

쇼와 7년(1932) 11월 21일 자 상하이 이시이 총영사 발신 우치다 외무대신 앞 보고 요지

대역 사건에 관한 김구의 성명

10월 15일 발행된 『신장일보申江日報』(주기. 쑨커孫科의 기관지) 지상에 중국통신사中國通信社의 기고라며 별지 번역문처럼 '한인애국단 단장 김구, 한국 열사 이봉창 의거의 전말을 선포함'이라는 제목으로 김구의 성명서라는 것을 게재했다. 해당 기사의 앞머리에 '중국사中國社 부언附言'이라고 하여 "본 성명서는 애국단 단장 김구로부터 최근 원문 두 통을 우송하여 왔으며 그 번역 발표를 부탁해 옴에 따라 이를 번역하여 각 신문사에 보내 우리 국민으로서 분기하도록" 운운하고 게재한바, 위 성명서는 『신장일보』(소보少報)에만 게재되었을 뿐 다른 신문지에는 게재되지 않았기 때문에 전기 중국사의 부언을 그대로 믿기는 어렵다. 그렇지만 저번 이봉창 사건 발생 직후 이곳 『민국일보民國日報』가 불경 기사를 게재하여 중일 관계를 악화시켰기 때문에 마침내 상하이 공부국에 의해 폐쇄된 전례가 있었기에 다른 각 신문사는 이런 전철을 밟게 되는 것을 우려해 게재하지 않은 것으로 사료됨.

위 성명서가 과연 김구 자신이 집필한 것인지, 그의 뜻을 받은 다른 사람이 작성한 것인지, 혹은 중국통신사 또는 『신장일보』의 위작인지, 또한 중국사에 보낸 이 글의 원고는 어느 나라 글인지(올해 5월 김구가 '홍커우공원 폭탄 사건의 진상'이라는 제목으로 각 신문사에 투서한 글은 영문이었던 예도 있음) 등 그 출처가 불명한 점, 다른 한편으로 본 성명서의 내용을 보니 이봉창과 김구를 위대하게 하기 위해 고의로 사실을 과장 왜곡한 점이 적지 않고, 또 다른 한편으로 이봉창이 상하이를 떠나기 전후의 사정에 대해서는 김구 및 그 측근 이외의 자들로서는 알 수 없다고 여겨지는 내용을 상당히 상세하게 기술하고 있는 점, 앞에서 언급한 '홍커우공원 폭탄 사건의 진상'의 기술 중 "이봉창 사건의 상세는 다른 기회로 미룬다"고 쓰고 있어 김구가 훗날 이봉창에 관하여 무엇인가 발표할 용의가 있음을 암시한 점 등으로 추정할 때 이 성명서는 사실 김구가 자신의 이름을 높이는 것과 함께 중국인의 동정으로 당관의 체포를 피하기 위한 신변 보호와 물질적 원조를 얻기 위한 한 수단으로 발표한 것으로 사료됨. 그렇지만 본 건에 관해서는 그 진상을 분명히 할 필요가 있다고 판단하여 공동조계 공부국 경찰의 협력을 얻어 내탐 조사한 바 아래와 같음.

(一) 먼저 공동조계 한커우로漢口路 248호 소재 신장일보사에 대해 조사한바, 10월 14일 난징로와 산둥로의 모퉁이에 있는 대륙상장大陸商場 제435실 중국통신사 상하이지부로부터 중국어 원고를 송부받은 것으로 판명됨에 따라 다시 이 통신사를 조사한 결과 다음과 같은 여러 사항을 밝혀냈음.

(1) '펜'으로 쓴 조선어 및 한문 원고 2통을 우편으로 10월 9일 수령하였음.

(2) 위의 원고가 들어 있던 봉투는 이미 파기되었다고 하지만 중국통신사 사원의 기억에 따르면 아마도 상하이에서 발송된 것이라 함.

(3) 그리고 또한 10월 12일 중국 봉투에 중국식 편지지에 중국어로 아래와 같은 의미를 모필毛筆로 쓴 편지를 수령했음.

「배계拜啓. 지난 번 이봉창 선생의 도쿄 폭탄 사건 전말을 쓴 원고 1부를 송부했습니다만, 이미 받으셨으리라고 생각합니다. 아무쪼록 귀사에서

교정을 본 후 발표해 주시기 바랍니다. 경구敬具

중국통신사 귀중

10월 11일 김구 呈 金九之印」

(4) 이 편지는 10월 12일 상하이 중국가 서문로 제14분국分局 관내에서 투함된 것으로 해당 봉투의 날짜 '스탬프'에 의해 밝혀졌음.

(5) 중국통신사 직원은 위의 편지를 받은 후 같은 날인 13일에 중국어 원고를 여러 통 등사판 복사로 제작하여 이를 이곳의 『신보申報』와 『신문보新聞報』, 그 밖의 한자 신문사에 송부했지만 외자 신문사에는 1통도 보내지 않았음.

(6) 『신장일보』 이외의 각 한자지漢字紙는 이 통신을 입수했으나 저번 『민국일보』가 이봉창 사건에 관해 불경 기사를 게재했기 때문에 중일 관계에 분규를 일으켜 마침내 공부국 경찰에 의해 폐쇄된 전철을 밟을 우려가 있어 모두 이를 묵살한 것임.

(二) 나아가 위의 원고 및 서찰의 필적에 대해 조사한바, 서찰은 김구의 자필임이 거의 확실한 것으로 인정되나 조선어 원고는 과연 김구의 직필인지에는 의문의 여지가 있음. 또 중국어 원고는 김구의 필적이 아님이 일목요연하여 아마도 다른 조선인이 조선어 원고를 번역한 것으로 사료됨. 그러나 위의 서찰이 김구의 자필인 이상 가령 조선어·중국어 원고가 김구의 자필이 아니라 하더라도 적어도 김구의 의사에 의해 작성된 것이라는 것은 용이하게 상상할 수 있음. 더구나 본서를 발표함으로써 직접적으로 유형무형의 이익을 누릴 수 있는 것은 이봉창을 제외하고는 김구 한 사람뿐이라는 것을 고려할 때, 이 원고가 김구의 발의로 나온 것이라고 단정할 수 있다고 사료됨.

본건에 대해서는 또한 계속하여 내탐 주의 중이나 그 후 10월 30일 자 『민성주보民聲週報』 제38기(국가주의파인 중국청년당의 기관지임)에 '사쿠라다몬櫻田門의 일탄—彈'이라는 표제하에 주천충周天冲의 서명으로 위의『신장일보』와 같은 기사를 게재하고 있는데, 이것은 중국통신사의 발표 때와 꽤 시일이 경과한 뒤여서 아마도『신장일보』의 기사를 전재한 것으로 사료됨.

　(주기. 별지는 불경 기사가 많으므로 생략)

6. 불령선인不逞鮮人 김석金晳[31]의 검거

쇼와昭和 9년(1934) 1월 14일자 재상하이 이시이石射 총영사 발신 히로타廣田 외무
대신 앞 보고 요지 (제46권·해설 54~55쪽 참조)

불령선인 김석金晳의 검거

본건에 관하여 그 소재를 엄히 탐색 중이었는데 11월 22일 그 소재를 탐지하
고 같은 날 체포한 이래 구속하여 취조 중이지만 말을 이랬다저랬다 하며 용이
하게 사실을 자백하지 않았다. 그럼에도 미리 수집한 여러 정보로 추궁한바
별지와 같이 홍커우공원 폭탄 사건 및 기타 사건 관계까지도 진술하여 대체로
범죄 사실이 명료함에 따라 조선총독부와 협의한 다음 가까운 시일 내에 신병
을 조선에 호송할 것임.

검거 상황 및 취조 상황은 아래와 같다.

1. 김석 검거 상황

김석에 관한 각종 정보에 관해서는 재작년부터 누차 보고한 대로 본인은 쇼
와 7년(1932) 1월 부랑 과격한 청년을 규합하여 '테러' 공작을 목적으로 한 청년
당을 조직하였다. 이 청년당 중에는 유상근柳相根·이덕주李德柱·유진만兪鎭萬
등 흉포한 폭파·암살 행위를 하려 했던 자들이 있다. 게다가 같은 해 4월 신공
원 폭탄 사건과도 무언가 밀접한 관계를 가졌으며, 나아가 같은 해 11월에는
중국혈혼제간단中國血魂除奸團과 결탁하여 폭탄 제조에 종사하고, 혹은 아리
요시有吉 공사 암살을 계획하는 등 가장 위험성이 있는 인물이므로 엄밀히 조

---

31 원문에서는 김석의 한자 표기 金晳을 김절金晢로 수정했으나 金晳이 올바른 표기이다. -
옮긴이

사한 결과, 지난해 11월 31일 영사관 경찰서에서 그 돌아다니는 곳을 밝혀내어 체포했다. 그렇지만 수속상의 문제로 프랑스 관헌과 분규를 초래하여 결국 신병을 석방시킴에 이르렀다. 그 후 소재를 숨기고 각지를 전전하여 여전히 불령운동에 종사하여 만주국 교란의 사명을 띠고 만주에 들어갔다는 정보가 있어 사실 여부를 내사 중인바, 최근 러일 관계의 분규에 편승하여 만주국 교란 및 항일 공작을 위해 올해 안에 러시아에 들어갈 계획이라는 정보 및 해당 통신을 입수했기 때문에 이곳에 잠복하고 있다는 것이 확실하지만 그 소재가 묘연하여 알 수 없었다. 계속하여 예의 수색 중이었는데 11월 중순 그가 잠복한 장소를 탐지하였다. 그렇지만 여러 복잡한 객관적 사유에 의해 그 장소에서는 검거의 가망이 없다고 고려 중이던 11월 22일 오후 7시경 프랑스 조계 김신부로金神父路 중남반점中南飯店에 들른다는 (모 인물과 회견 약속이 있었음) 정보를 확보했다. 이에 검거 계획을 수립하고 같은 날 오후 5시경 프랑스 총영사와 교섭하여 영장 집행의 승인을 얻었다. 오후 6시경 영사관 제2과장 이하 제2과 과원 6명은 프랑스 공부국에 이르러 급박한 사정을 설명하고 교섭한 결과 정치부장 '사리' 이하 외국인·중국인 형사 6명의 응원을 얻어 오후 6시 50분경 중남반점에서 약 4정町[1정은 약 109미터 - 옮긴이] 떨어진 서가회로徐家匯路에 집결했다. 영사관원을 중남반점 부근에 파견하여 망을 보던 중 오후 7시 10분 김석이 단독으로 가게에 들어가는 것을 확인하였기에 바로 프랑스 관헌의 협력을 구하고 함께 가게를 습격하여 모 씨와 회견 중인 김석을 체포하였다. 그런데 김석은 길가에 모인 군중 및 프랑스 관헌을 향해 "중국 국적을 취득하고 있는 자기가 일본 관헌에게 체포당할 이유가 없다"라고 큰 소리를 급히 지르면서 반항적 태도로 나왔지만 아무런 사고 없이 신병은 일단 공부국으로 연행하였다.

저 김석은 프랑스 공부국에서도 중국적 취득 사실을 말하며 일본 관헌에게 인도하는 것은 불법이라고 말했으나, 김석의 진술이 애매하고 프랑스 측을 믿게 하기에 부족하여서 전기 정치부장 '사리'는 위의 항변에 귀를 기울이지 않고 신병을 우리 쪽으로 인도함에 따라 오후 8시 그 인도를 받아 영사관에 구속하였다.

2. 검거 후의 석방 운동

김석이 검거되자 그 가족 및 친구들은 김석이 중국적을 취득하고 있다는 이유로 시정부市政府 및 중상연합회中商聯合會, 그 밖의 각 방면에 석방 운동을 개시하였다. 이곳 중국 신문은 모두 한목소리로 중국적을 취득한 김석의 체포는 불법이고 중국의 주권을 침해하는 것이라고 대대적으로 보도하여, 우리 쪽에 잘못이 있는 것처럼 선전하여 연일 그 석방 운동에 관한 기사를 게재하였다. 그리고 먼저 저들은 김석의 처 최혜순崔惠淳 명의로 시정부에 귀화 증서를 제출하여 그 석방 교섭을 청원하고, 이어서 변호사 쉬제徐傑에게 교섭을 위임하였다. 쉬제는 가족 대표 등과 함께 1월 5일에 프랑스 공부국 경찰을, 다음날 6일에는 프랑스 총영사를 방문하여 프랑스 경찰이 신병 인수를 일본 영사관과 교섭하도록 요구했다. 또 가족 대표 등의 운동과 병행하여 상하이시상회 제2특구시민연합회, 프랑스조계납세화인회佛租界納稅華人會, 중국차가인연합회中國借家人聯合會, 중국변호사연합회 등의 각종 단체는 모두 본건에 관하여 회합을 열고 태도를 결정한 다음, 시정부와 프랑스 총영사관 등에 대하여 석방 교섭 운동을 하였다. 선언을 발표하거나 혹은 신문기자를 초대하여 그것을 호소하는 등 여론 환기에 노력하였다.

그리고 위의 청원을 받은 상하이시정부는 상하이시 공안국으로 하여금 사실을 조사하도록 한 결과 틀림없다고 하여, 12월 13일부 공문으로 김석의 석방 및 장래의 안전 보장을 요구하였다. 우리 쪽에서는 12월 15일부 공문으로 간단하게 그쪽의 요구를 거절해 두고, 또한 동 시정부는 프랑스 총영사에 대하여서도 12월 14일부 공문으로 김석의 우리 쪽 인도에 대하여 항의하고 프랑스 경찰에 다시 인수하도록 요구하였다. 이 때문에 본관本官은 프랑스 총영사에게 우리나라의 법률상 조선인의 외국 귀화를 인정하지 않고 또한 중국의 귀화 승인에 잘못이 있다는 점을 설명하고, 우리 측이 시정부에 보낸 회답 공문 및 김석 호적등본의 번역문을 송부해 두었는데, 프랑스 총영사는 12월 20일자 공문으로 마땅한 조치를 하기 바란다고 하여 이를 간단히 부인하고, 시정부가 프랑스 총영사 앞으로 보낸 공문의 사본을 보내왔다.

같은 달 26일에 이르러 전기 변호사 쉬제가 본관을 내방하여 저들의 주장을 말하므로 이쪽의 논거를 설명하여 석방 운동의 단념을 권고해 두었다. 그때 쉬제의 간절한 희망에 따라 담화를 금지하는 조건으로 김석과 면회하도록 했다.

그 후에도 전기 각 단체는 위의 운동을 계속하는 모양이라서 이번 달 11일 오후 2시 공동조계 웨이하이로威海衛路 '중사中社'에서 김석 가족 대표라고 칭하는 진양陳陽, 이세창 및 변호사 쉬제, 루윈메이樓允梅 등의 주최로 다화회茶話會를 개최하였다. 10여 단체의 대표자가 출석하여 붙잡힌 경과와 교섭 경과를 보고한 후 김안金案[김석 문제 - 옮긴이]후원회라는 단체를 조직하였다. 또한 본건은 국가 주권에 관계하는 바가 심대하다고 프랑스 대통령 및 파리에 있는 인권보장동맹회에 전보를 청할 것과 12일에 시정부와 프랑스 총영사에게 다시 교섭할 것을 결의하고 다음날 12일에 각각 이곳들을 방문하여 교섭한 모양이다.

3. 김석 취조의 개황

(一) 본적 전라남도 함평군 신광면新光面 함정리咸井里 604번지
　　주소 상하이 프랑스 조계 백래니몽마랑로白來尼蒙馬浪路 446호 김철金澈 집
　　　　상민 무직, 일명 김광초
　　　　김석(당시 23세)

(二) 전과

쇼와 3년(1928) 4월 24일 윤연식尹鍊植이라는 자와 공모하여 전남 나주군 문평면文平面 사무소에 침입하고 완구용 권총으로 사무원을 협박하여 휴대 금고 1개를 강탈, 도주하는 중 같은 날 체포되었다. 같은 해 5월 하순 대구 복심覆審 법원에서 강도죄로 징역 3년 6개월에 처해져 개성소년형무소에 복역 중 같은 해 11월 즉위 대전[御大典] 은사를 받아 2년 8개월로 감형되어 쇼와 5년(1930) 5월 4월 잘못을 뉘우치는 마음이 현저하다고 하여 가출옥되었다.

(三) 경력

김석은 김철의 둘째 형 김영표金永杓(곤坤)의 자식으로 그의 출생 전에 김영표가 사망하여 김철의 큰형 김영원金永遠의 양자가 되었다. 12세 때 전남 영광보통학교靈光普通學敎 졸업, 같은 해 4월 영광고등보통학교靈光高等普通學校에 입학해 2년간 재학 중 다이쇼 13년(1924) 겨울 숙부 김철의 의뢰로 상하이에 오게 되었다. 다음 해인 다이쇼 14년(1925) 4월 이곳 공동조계 공부국에서 경영하는 '퍼블릭 스쿨'에 입학하였지만, 같은 해 겨울 의부 김영원의 병간호를 위해 귀국하였다. 다이쇼 15년(1926) 여름 상하이에 와서 위의 '퍼블릭 스쿨'에 입학하고 17세 때 즉 쇼와 2년(1927)에 졸업했다. 다음 해인 쇼와 3년(1928) 1월 유학목적으로 일본에 도항해 도쿄시東京市 혼죠구本所區 다이헤이쵸大平町 상애회相愛會 부근 모 하숙집에 하숙하였다. 와세다대 학부과에 통학 중 같은 고향 출신 윤연식이라는 자를 서로 알게 되어 향리의 숙부 김영식으로부터 받은 학자금 800엔을 전부 소비하고 쇼와 3년(1928) 4월 조선으로 돌아가는 도중 전기와 같이 강도를 하여 검거되었다. 쇼와 5년(1930) 4월 출옥하고 쇼와 6년(1931) 7월 목포를 경유하여 게이안마루慶安丸를 타고 다시 상하이에 와서 숙부 김철 집에서 무위도식하던 중 같은 해 9월 프랑스 조계 김신부로 법정대학法政大學에 입학했다. 쇼와 7년(1932) 4월 홍커우공원 폭탄 사건으로 학교를 퇴학하고, 이후 난징·항저우 및 이곳 프랑스 조계를 전전하며 무위도식하던 중 올해 9월

26일부터 10월 23일까지 상하이시정부 정보부에 일본 신문 번역계로 근무하며 일급 6불을 받았다. 그 후 난징시 당부黨部 조사과 부과장급 장충張沖(중국인)이라는 자가 현 주소련 중국 대사가 교대한다면 참의장參議長에 취임하게 될 것이라고 하면서, 본인은 그 부하인 참의參議로 취임해 소련으로 가려고 운동 중이었다.

(四) 자백한 범죄 사실의 개요

제1.

쇼와 6년(1931) 만보산사건 이후, 당시 김구를 정무위원장으로 하는 대한교민단에서 위의 사건 후 대책을 협의하고, 같은 해 9월 15일경 프랑스 조계 민국로民國路(중국인 예배당) 침례당에 교민대회를 소집하자 여기에 참석하였다. 교민대회는 주석단主席團에 안창호·이동녕·조소앙을 선거하여 본인은 유진동柳振東[劉振東]·이덕주·박창세·차리석과 함께 서기단에 추천되어 취임하고,

> (1) 만보산사건 및 조선인과 중국인의 충돌 사건은 모두 일본제국의 계획적 행동이며 조선인은 단순히 이용당했음에 지나지 않다고 강조하고 중국 측의 조선인에 대한 오해를 일소하는 것에 노력할 것,
> (2) 만주 거주 조선인에게 중국인과 충돌을 야기치 않도록 통고할 것,
> (3) 가까운 시일에 개최될 중국 측 시민대회에 본회 대표로 안창호를 파견하여 중국을 지원하고 일본과 만주를 배척하는 강연을 함으로써 만보산사건에 대한 양해를 구할 것,
> (4) 중국 측 각 신문통신사에 만보산사건은 일본이 조선인을 사주한 결과 발발한 것임을 선전하기 위해 조소앙으로 하여금 그러한 원고를 작성하여 투고하게 할 것.

이라는 4항을 결의함과 동시에 이것의 실행을 상하이 한인 각 단체연합회에 일임하게 하는 것으로 되어 9월 21일 프랑스 조계 마랑로 보경리 4호 대한교민단 사무소에서 상하이 한인 각 단체연합회 제3회 총회에 참석하여 교민대회 서기로 위의 연합회 위촉 사항을 보고했다. 쇼와 7년(1932) 중순 동소에서 개최된 위의 제4회 총회에서는 청년당 이사장으로 참석하여 청년당을 본 연합회에 가맹시켰다. 종래 회장단이 흥사단, 재무단이 한국노병회韓國勞兵會, 비서단이 여자청년동맹이었는데, 청년당이 여자청년동맹을 대신하여 비서단이 되고, 본인은 청년당 이사장의 이름으로 흥사단 안창호의 비서에 취임하여,

(1) 올 3월 1일의 기념 공작은 각 단이 일치하여 행할 것.
(2) 당일에 선언서와 기념 격문을 낼 것.

등을 결의하고 같은 해 3·1기념일 직후 재하와이 '신민회新民會'로부터 본 연합회 앞으로 '미국 재류 동포도 일치하여 독립운동을 원조하고 한층 노력을 바람'이라는 의미의 선언서를 우편으로 보내오자 연합회 비서 자격으로 안창호의 명을 받아 자택에서 위 선언서 8부를 작성하여 가맹 단체인 한국노병회·병인의용대丙寅義勇隊·소년동맹·화랑사花郎社·애국부인회·흥사단·청년당·여자청년동맹에 배포하고 독립운동 전선의 통일과 강화에 열심히 노력했다 한다.

제2.

쇼와 6년(1931) 6월 9일 만주사변 발발 이래 중국 민중의 배일·항일 감정이 치열해지자 당시 임시정부 외교부장 조소앙은 조선인 민족주의자를 대표하여 상하이 프랑스 조계 거주 중국인 변호사 우청위伍澄宇와 협의하여 난징정부 군사위원 위안공모團公謀 등의 찬동을 얻어 한중이 합작해 항일을 담당하기로 결정했다. 조소앙의 주도로 동년 11월 중순경 2회에 걸쳐 프랑스 조계 대마로

大馬路 관생원冠生園 및 12월 중순 프랑스 조계 날회덕로辣淮德路 206호 중국인 리원강李文剛 집에서 중국 측으로부터 홍십자회紅十字會 비서 지주칭稽耉靑 이하 9명, 조선 측으로부터 김구·조소앙·김철·조완구·안경근·김동우·이유필·김석 등이 회합하여 협의한 결과, 한중 민족이 연합하여 일본제국에 반항해서 중국의 실지 회복 및 조선의 독립을 도모할 목적하에 비밀결사 중한민족 항일대동맹中韓民族抗日大同盟을 조직하였다.

제3.

쇼와 6년(1931) 11월 재상하이중국학생연합회에서 항일 구국의 이름 아래 대일 전쟁을 목적으로 하는 중국구국학생의용군中國救國學生義勇軍이라는 것을 조직하자 김석 자신이 재학하는 법정대학法政大學에도 그 세포로서 법정대학학생의용군法政大學學生義勇軍이 조직되자 그 목적을 다 알고 거기에 가입하였다. 법정대학학생의용군 제47반원班員으로서 군장軍裝의 지급을 받고 군사교련을 받았을 뿐만 아니라 상하이사변 중에 전 반원들이 배일·항일 강연을 할 때 동 반원들의 활동을 원조하고 청중으로부터 중국 19로군에 보낼 의연금 모집에 종사하였다.

제4.

이보다 앞서 쇼와 6년(1931) 9월 4일 오후 4시경 자택에서 서재현徐載賢으로부터 상하이한인독립운동청년동맹이 구한국의 국권 광복을 목적으로 하여 독립운동의 전위적 임무를 실천하려 조직되었으나 그후 유명무실 상태에 빠져 있음을 유감으로 생각해 새롭게 동일한 목적 아래 강력하고 과격한 단체의 조직을 희망하고 있다는 것을 들었다. 협력할 것을 분주히 권유받자 이전부터 본 동맹의 목적 및 그러한 정황은 동거 중인 김덕근金德根으로부터 듣고 일찍부터 가맹을 희망하고 있던 바라서 그 자리에서 찬성하고 가맹을 승낙하였다. 이리하여 동일 오후 8시부터 프랑스 조계 마랑로 보통리 4호(대한교민단 사무소)

에서 개최된 임시총회에 출석하여 주석에 선거選擧되어 협의한 결과, 본 동맹을 해체함과 동시에 상하이한인여자청년동맹과 합병하여 한층 공고하게 해야 한다고 제의하였으나 일단 여자청년동맹과 교섭한 다음에 결정하기로 해서 서재현·서이균徐利均·옥인섭玉仁燮과 함께 해소 위원이 되어 본 동맹의 해소 및 신조직 계획 수립 등의 임무 일체를 맡게 되었다.

그 후 누차 해소위원회를 개최하고 옥인섭에게 여자청년동맹에 위의 교섭을 하도록 하였으나 거절당하였기 때문에 본 동맹을 해체하여 더욱 새롭게 과격한 결사를 조직하기로 결정했다. 회원의 동의를 얻어 해소 선언서를 작성하여 프랑스조계 각 방면에 배포하였다. 쇼와 7년(1932)에 1월 25일 프랑스 조계 망지로望志路 모 중국요리점에서 이덕주·서재현·유상근·김덕근·조시제趙時濟·이규서李圭瑞·연충렬延忠烈·유진동劉振東과 함께 9명이 회합하여 신당 조직 준비회를 개최하고 신당의 명칭을 상하이한인청년당으로 정해 이덕주·서재현과 함께 강령 규약 선언서 기초 위원으로 선출되었다. 김석 본인은 규약의 기초를 담당하여 동월 31일 프랑스조계지 마랑로 보경리 4호 교민단 사무소에서 창립총회를 개최하였다.

먼저 당헌과 당칙, 선언서를 심의 결정하고 간부를 선거한 결과 본인은 이사장이 되었다. 그리고 계속하여 협의한 결과,

(一) 3·1기념식을 성대하게 거행하고 민중으로 하여금 혁명 의식을 환기시키기 위해 그날 밤 혁명극을 개연開演할 것,

(二) 현재 상하이에서 흉적兇敵과 결사적으로 전투하고 있는 19로군 장병을 구호, 원조하기 위하여 구호대를 조직할 것을 결의하였는데, 구호대 조직에 관해서는 제안자인 유상근·이덕주 등이 광둥군관학교 입학을 구실로 참가를 거부하였기 때문에 논쟁이 야기되어 결국 조직하지 못했다. 그 후,

(一) 3월 1일 소위 조선독립만세소요기념일에는 청년당 명의로 '3·1절 기념

선언'이라는 제목으로 말미에 '국토 회수 주권 회복, 민족적 자유 획득'이라고 쓴 격문을 작성하여 프랑스 조계 각 방면에 배포하고,

(二) 당일 오후 7시부터 대한교민단 주최하에 프랑스 조계 하비로霞飛路 보경리寶慶里 58호 이유필 집에서 각 단체 대표자가 개최하는 기념 축하식에 청년당 대표로서 임석하여 당시 의경대장義警隊長이었던 김구 외 20명과 함께 조선 독립에 관한 의견을 교환하였다.

(三) 쇼와 7년(1932) 3월 청년당 이덕주가 한국독립당 지부의 조직 및 조선 내 일본 대관 암살의 사명을 띠고 조선 내에 침입하기 위해 출발한다는 사정을 자세히 알고 이 활동을 격려하기 위해 프랑스 조계 살파새로薩坡賽路 (이하 주소 미상) 김동우 집에서 김동우의 발기하에 개최된 송별회에 참석하여 본 계획 및 유상근, 유진식兪鎭軾도 각자 대관 암살이나 그 밖의 '테러' 공작을 위해 상하이를 떠난다는 사정을 듣고 이를 승인했다. 위의 3명이 모두 청년당원이므로 탈당하여 행동할 것인지를 그 자리에 있던 이덕주·유진식·김동수金東守와 함께 협의한 결과, 일시에 23명이 탈당하는 것은 일반의 오해를 초래하여 '테러' 공작의 비밀이 폭로될 우려가 있으므로 유상근·유진식만 표면적으로 광둥군관학교에 입학하기 위해 상하이를 떠난다는 이유로 탈당을 승인하였다. 이덕주는 표면적으로는 탈당을 신고하지 않고 상하이를 떠났다는 이유로 후일 제명 처분에 부치도록 해 3일 후 (이덕주 출발의 다음날) 프랑스 조계 서문로 226호 왕웅 집에서 긴급이사회를 소집하였다. 출석자는 왕영재王英哉 및 본건의 일체 사정을 자세히 아는 송진표宋鎭杓·한태주韓泰宙·김석의 4명인데, 유진식과 유상근 두 명의 탈당원을 전기의 형식으로 수리하기로 결정하였다.

(四) 4월 1일 프랑스 조계 마랑로 보경리 4호 교민단 사무소에서 청년당 이사회를 개최하여 당 세력의 확장과 임시총회 개최를 결의하고 동월 11일 오후 7시부터 위의 교민단 사무소에서 임시 총회를 개최하여 앞으로의 활동 방침을 협의한 결과,

(1) 혁명 의의의 앙양 및 선전을 위해 본 당의 기관지 '성종醒鐘'을 발행할 것

(2) 사무소를 설치할 것

(3) 정기적 모임을 힘써 행할 것

(4) 반민족운동 박멸을 위해 공산주의자의 반제 운동에 반대하는 선언서를 발포發布할 것

(5) 간부의 보선補選

(6) 유상근·유진식의 탈당을 승인할 것

등을 결의하였다. 김석 본인은 그 결의에 기초해 사무소를 물색하고 프랑스 조계 랄비덕로辣斐德路[Route Lafayette - 옮긴이] 옥진리玉振里 20호 중국인 집 2층을 월 6불로 빌려 사무소로 정했다. 4월 14일 위 사무소에서 이사회를 소집하여 신입 당원을 심사하고 신임 간부의 부서를 결정하였다. 4월 17일에 기관지 창간호(등사판으로 그 서두에는 당시 국무원이었던 김철·김구·조완구·조소앙·이동녕 및 이유필·엄항섭·백기준白基俊·김동우·안공근 등의 축사를 게재하고, 안창호를 비방하는 만화를 게재한 것)를 발행하고 계속하여 동월 24일 제2호를 작성, 배포하여 조선 독립사상의 앙양과 선전에 힘쓰는 등 청년당의 목적 수행을 위해 노력하였다.

제5.

쇼와7년(1932) 2월 26일 프랑스 조계 살파새로薩坡賽路 188호 김동우 집에서 동지 유진식·유상근김동우와 잡담 중 이번에 유상근은 김구의 명을 받아 타이완총독 암살을 목적으로 광둥을 경유해 가까운 시일에 타이완에 건너갈 예정이라는 것과 폭탄 투척 연습을 위해 시골로 여행하고 2, 3일 후에 상하이로 돌아온 것 등을 들었다. 그 행위를 찬성하여 그 다음날, 즉 2월 27일 오후 7시경 다시 김동우 집에서 김동우·유진식과 함께 송별회를 열어 여러 차례 격려하고 프랑스 조계 마랑로 보경리 4호 교민단 사무소까지 배웅하였다. 3월 24일경 유상근은 타이완으로 건너가지 못하고 상하이로 돌아왔다. 가까운 시일에

우치다內田 만철滿鐵 총재가 신징新京[만주국 수도로 현재의 창춘 - 옮긴이]으로 여행할 예정이므로 그 기회에 우치다를 암살하려고 만주로 들어갈 계획을 세우고 있다는 것을 듣고, 4월 23, 4일경 유상근이 출발할 때 전기 김동우 집에서 송진균·김동우와 함께 송별회를 열고 저번과 같이 격려하고 교민단 사무소까지 배웅하였다.

제6.

쇼와 7년(1932) 3월 상순(날짜는 미상), 김동우 집에서 청년당원 이덕주·유진식 두 명이 임시정부 내무부장 조소앙의 명을 받아 이덕주는 태고양행太古洋行 기선汽船으로 안둥현에 상륙하고, 이어서 유진식은 이륭양행怡隆洋行 기선으로 마찬가지로 안둥현에 상륙하여 함께 조선 내에 잠입하여 한국독립당 세포 조직 결성에 종사함과 동시에 기회를 봐서 대관 암살 및 폭파 공작을 감행한다는 계획을 듣고 이것을 양해하여 "당원으로서 이름을 더럽히지 않도록 활동할 것" 등으로 격려했다. 전기와 같이 그 다음날 긴급이사회를 개최하고 두 사람의 청년당 탈당에 진력하여 비밀 누설을 방지했다. 이덕주가 출발할 때는 김동우 집에서 대한교민단 사무소까지 배웅하고 또한 수일 후 유진식이 출발할 때에도 김동우 집에서 송별회를 열고 격려하여 대한교민단 사무소까지 배웅하였다.

제7.

쇼와 7년(1932) 4월 27일 자택에서 숙부 김철로부터 "어제 26일 오후 9시부터 프랑스 조계 거뢰달로巨籟達路[Route Ratard - 옮긴이](이하 주소 미상) 임시정부 임시 판공처辦公處에서 국무원회의가 개최되어, 먼저 김구로부터 '신공원에서 오는 29일 일본 육군의 열병식이 거행되므로 윤봉길이라는 자가 폭탄을 투척하여 대관을 암살함으로써 중일전쟁을 발발시킬 예정이다'라고 하면서 이것의 승인을 구했다. 조소앙과 조완구 두 명은 이렇게 해서는 조선인이 상하이에 거주할 수 없게 된다고 반대했지만, 김구로부터 윤봉길은 결행 후 자살할 것이므로 조선인의 소행이라는 것이 발각되지 않을 것이라는 설명을 들었기 때문에 결국 그것을 승인하게 되었다"라는 취지의 정황을 상세히 듣고 (1) 본건 계획은 일절 비밀로 할 것 (2) 사건 발생 후는 조소앙과 연락하여 중국 측으로부터 활동 자금을 인출하는 임무를 맡을 것을 명받자 흔쾌히 승낙하고 그 성공을 빌었는데, 4월 29일 오후 1시경 청년당 사무소에서 일지를 기재하다가 김덕근으로부터 당일 오전 11시경 신공원 사건이 발생하고 범인은 즉시 체포되었다는 것을 듣게 되었다. 같이 있던 김광일金光一과 송진표 등과 함께 프랑스 조계 마랑로 숭일리 최석준 집에서 오후 3시경부터 동지 6명과 함께 축배를 들고 동 6시경 산회하였다.

위 사건 후 4월 30일 미명에 동지 김덕근이 체포되었다는 통지를 받자 바로 프랑스 공원으로 피난하고, 여명을 기다려 하비로 명덕리 30호 중국 홍십자회 비서 지주청 쪽에 피신하여 자기의 임무인 중국 측으로부터의 자금 염출捻出 운동에 종사하였다.

즉, 임시정부 외교부장 조소앙의 부하가 되어 임시정부 외교차장의 직함으로 중국 홍십자회 비서 지주청을 통해 상하이시상회 주석 왕샤오라이王曉籟에게 신공원 폭탄 사건은 한국임시정부의 사업으로 계획하고 김구가 주가 되어 이것을 실행하였다고 설명하면서 국무원 등의 피난 구제금으로 임시정부에 보조금을 내줄 것을 분주하게 노력한 결과 5월 12일에 교섭이 성립하여 5월 13일 1,300불을 수취하고 다음날 14일 상하이를 출발해 항저우에 이르러 청태제2여관 임시정부 임시 판공서에서 위의 돈을 조소앙에게 직접 건네고 220불을 분배 받아 3박하고 17일 상하이로 돌아왔다. 5월 23일경(제2회째) 1,200불을 받아 같은 날 중국 측의 사자 정청칭鄭澄清과 함께 항저우에 가서 2박했다. 그 사이 김철·조소앙조완구와 함께 임시 판공처에서 협의한 결과 다시 장래의 활동자금으로 중국 측으로부터 1만 불의 원조를 받기로 했다. 5월 24일 위의 정 징칭 초대회招待會에 참석하여 1만 불을 요구하는 운동을 벌이고 5월 25일 정징청과 함께 상하이로 돌아왔다. 5월 30일(제3회째) 피난비 800불을 받아 항저우에 가서 조소앙에게 직접 건네었다.

　그런데 이에 앞서 공원 사건에 대한 애국단의 성명서가 발표되었기 때문에 김구 일파의 신용이 높아지고, 반대로 조소앙 및 본인 등의 신용은 극도로 실추하게 되었다. 더구나 5월 29일 조소앙은 항저우에서 박창세·김동우·안경근·문일민 등으로부터 당시 한자신문에 게재된 안창호 비방 기사가 조소앙이 투고한 것이라는 이유로 권총으로 협박을 받았다. 또한 피난비 잔액 800불도 강탈당한 사건이 발생하여 조소앙은 완전히 의기소침하게 되고 전기 1만 불의 활동 자금은 어쩔 수 없이 자연히 중지되기에 이르렀다.

　제8.

　쇼와 7년(1932) 8월 15일부터 생활비를 얻을 목적으로 영사관 순사 고토 겐타로後藤源太郎의 밀정이 되었지만 전혀 자료 수집을 하지 못했을 뿐만 아니라 동년 10월 상순 조선의 조상이라고 전해지는 단군의 일지日誌를 읽고 "조선인인 자기가 조선 독립을 위해 활동하는 동포를 파는 것은 죄악이다"라는 생각이 생겨 위의 고토 순사와 관계를 끊고 종래와 같이 조선독립운동에 분주하게 되었다. 짧은 기간이라고는 하나 그가 밀정이었다는 사실을 폭로할 것을 두려워해서 고토를 암살하여 이것을 미연에 방지하기로 결의하였다. 쇼와 7년(1932) 10월 15일 프랑스 조계 애다아로愛多亞路 서중앙공우西中央公寓 동東3호 저택에서 친구 호성원胡聖源을 방문해 자기의 처지와 고충을 말하고 고토 순사를 암살하려는 사정을 털어놓았다. 암살 방법으로 첫째, 고토 형사를 어떤 구실을 만들어 야간에 중국가中國街로 꾀어내어 암살할 것. 둘째, 중국가로 꾀어내는 것이 불가능할 경우 정보를 제공한다는 구실로 공동조계 난징로南京路 영안공사永安公司 8층 옥상 정원에 꾀어내 빈틈을 보아 그곳에서 밀어 떨어뜨리고 자살한 것같이 그 장소를 호도할 것으로 정했다. 호성원의 승낙을 얻으려 대기하던 중에 호성원은 양심의 가책을 견디지 못하여 고토 순사에게 이 사정과 계획 일체를 내통했기 때문에 실패로 돌아갔다. 본인 역시 모처럼 살인을 한다면 고토보다도 일본 대관·요인을 암살하여 자기의 명성을 얻는 것이 낫다고 생각해 고토 암살을 중지하였다.

제9.

위의 고토 순사 암살은 중지했지만 살인을 범하려는 뜻을 계속 가지고 대관·요인을 암살하기로 결의하였다. 먼저 아리요시有吉 중국 주재 공사를 권총으로 저격, 살해하려고 쇼와 7년(1932) 11월 당지 법정대학생으로 구 학우인 중국인 종이핑鐘一平(당시 25세)으로부터 권총 한 자루를 20불에 매수하여 무허가로 난징 평강부平江府 6호 지주청(홍십자회 비서) 집에 맡기고, 아리요시 공사의 난징과 항저우, 그 밖의 중국 각지 여행 때 경계가 느슨한 틈을 타 결행하려고 기회를 엿보고 있던 중 11월 20일경부터 혈혼제간단血魂除奸團으로부터 폭탄 제조 의뢰를 받아 그 교섭 및 그 밖의 일로 매우 바빠 기회를 얻지 못하고 본 음모도 또한 자연히 중지되는 형태가 되어 오늘에 이르렀다.

제10.

쇼와 7년(1932) 11월 22일 프랑스 조계 하비로 중국인 우청위 변호사 사무소에서 중한민족항일대동맹원인 광둥인 장잔잉黃展英(당시 25세)으로부터 혈혼제간단에서 사용할 폭탄 제조의 의뢰를 받았다. 혈혼제간단은 일본 상품을 취급하는 중국 상점과 그 밖에 일본의 이익이 되는 영업을 하는 장소에 폭탄을 투척하거나 그 밖의 방법으로 일본의 상품을 배격하는 항일 공작을 감행할 목적으로 만든 비밀결사였다. 또한 그 공작에 사용될 폭탄이라는 사정을 알면서도 한편으로 조선 독립운동 자금을 조성할 목적으로 그것을 승낙했다. 11월 24일 프랑스 조계지 김신부로金神父路 법정대학에서 중국인 학생 쑨지에쉐孫介學(27세)를 방문하여 수통형 폭탄 제조 설계도 작성을 의뢰하고 그 자리에서 도면을 구입했다. 화약류의 가격은 분명하지 않지만 껍데기만 1개에 6, 7불이면 구입할 수 있다는 것 등을 듣고 알게 되었다. 다음날 25일과 그 다음날인 26 일 두 차례 공동조계 웨이하이로威海衛路 중사中舍150 51호실에 투숙 중인 동 향 출신 이화학 연구가 손창식孫昌植을 찾아가 쑨지에쉐가 작성한 폭탄 도면을 보여 주고 강렬한 폭탄 제조 방법의 교수를 청하였지만 거절당하였다. 우선 껍데기만 주문하려 분주하던 중 같은 해 11월 31일 프랑스 조계 남유애로藍維 藹路 여의리如意里 2호 장잔잉 집에서 영사관 경찰서원의 습격으로 검거되었지 만 프랑스 공부국원의 보호를 받아 다음날 12월 1일 오전 10시경 석방된 사건 이 있었기 때문에 폭탄 제조도 자연히 중지되기에 이르렀다.

(五) 각종 사건에 관한 진술 개요

(1) 도쿄 사쿠라다몬 밖 폭탄 사건

쇼와 6년(1931) 9월 만주사변 후 한국임시정부에서는 누차 국무원회의를 개 최하고 협의한 결과, 임시정부의 퇴조를 만회하고 중국 민중의 항일 기세가 고양된 것을 기회로 중국 측으로부터 자금을 받아 '테러' 공작을 감행하기 위 해 특무대特務隊라는 기관을 설립했다. 가까운 시일 안에 신징 여행 예정이었 던 우치다內田 만철 총재를 암살하기로 정하고 김구를 대장으로 임명하여 이 것의 계획과 실행 일체를 일임함과 함께 임시정부 전 수입의 반액을 특무대에 지급하기로 하였다. 같은 해 11월 상순 당시 외교부장이던 조소앙은 난징 중 국국민당 중앙당부中央黨部 조직부장 천리푸陳立夫로부터 5천 불의 활동 자금 원조를 받아 그 반액을 김구에게 직접 건네었다. 나머지 반액은 당시 재무부 장인 김구에게 일임하는 것을 꺼려 자기의 신변에 무언가 활동 기관을 설치할 야심으로 잔액 2,500불을 자기가 보관하였다. 박세창과 김철에게 사정을 털 어놓고 12월 중순 김동우·이덕주·양상근·이수봉 등을 규합하여 한국의용군 韓國義勇軍을 조직하기로 협의하고 임시정부에 승인을 구하였으나, 김구 등의 강경한 반대로 거절당했기 때문에 김구에 대한 감정이 온건치 아니하였다. 이에 쌍방이 대립하게 되자 조소앙 등은 계속 의용군 조직에 분주하는 한편, 의경대義警隊 대장 겸 특무대장인 김구는 이 때문에 그 부하인 의경대원 양상근·이덕주·김동우 등의 반동적 총사직으로 완전 고립 상태에 빠지게 되었다. 우치다 만철 총재 암살 계획도 여행 중지로 그림의 떡으로 돌아갔다. 그렇지만 이보다 앞서 11월 중순에 왕웅을 통하여 중국 병공창兵工廠으로부터 폭탄 4개를 받고 이미 이봉창을 사주하여 흉포 반역 음모를 기도하고 비밀리에 계획 준비를 진행했다. 이봉창의 출발 직전 12월 6일 밤 프랑스조계 마랑로 보경리 4호 임시정부 판공처에서 국무원 회의를 개최하고 김구로부터 "이봉창이란 자를 도쿄에 파견하여 폭탄을 투척하도록 드디어 준비 일체를 완료하였으니 승낙하여 주기를 바란다"고 제의하였다. 김철·조소앙 두 명은 "공연히 경비를 요할 뿐으로 성공할 가망이 없다"고 반대하였으나, 이미 자금도 지급하였고 안공근의 아들 안낙생安樂生은 기념사진을 촬영하고 기타 일체의 준비가 완료된 후였으므로 결국 전원이 이를 승인하였다. 그리고 이봉창은 출발 후 12월 하순 도쿄로부터 "물건이 팔린다. 1백 전송電送하라"는 암호전보로 자금을 요구하여 왔기 때문에, 김철은 임시정부에서 위 전보를 자택으로 가지고 와서 발신국을 김석에게 문의하기에 전보의 내용을 물어보았더니 단순히 "이봉창이란 자가 파괴 공작을 위하여 도쿄에 잠입하였다"라는 취지의 답변을 했을 뿐 본 계획의 상세한 것은 당시 일절 말하지 않았다 한다(이 점 진술에 의심스러운 점이 있지만 증거가 없으므로 본인의 진술대로 기술했다). 위 국무원회의의 모습은 쇼와 7년(1932) 1월 중순 김철로부터 김구에 대한 반동적 행동이 불가한 것 및 한국의용군 해산의 유시를 받았을 때 상세하게 듣고 안 것으로, 준비 진행의 구체적 상황은 잘 알지 못하며 1·8사건[이봉창 의거 – 옮긴이] 후 자기 행동의 잘못을 깨닫고 숙부 김철의 권고도 있어 한국의용군을 해체하기로 하고 스스로 해체 성명서를 작성하여 배포했다 한다.

그 후 임시정부는 쇼와 7년(1932) 1월 4일 영사관의 수색을 당하여 프랑스 조계 거뢰달로巨籟達路 호 미상(환룡로環龍路 부근)에 임시 판공처를 설치하고 국무원인 김구·조소앙·김철·이동녕·조완구 등은 이곳에 잠복하였던 모양으로 1·8사건 후 다시 국무원회의를 열고 대책을 협의한 결과, 한국독립당은 조직 후 하등 조직에 관하여 일반 사회에 표명한 것이 없으므로 이번 도쿄 사건은 당의 사업으로 성명하기로 결정하고 해당 성명서를 발표하였다 한다. 또 본건에 대하여는 중국 측으로부터 사건 후 원조금의 교부를 받은 형적이 없다고 한다.

(2) 유상근柳相根 사건

쇼와 7년(1932) 1월 31일 청년당 창립총회 후 구호대 조직 문제 논쟁에 기인하여 유상근은 훈련부장의 직을 그만두고 다시 김구의 부하가 되었다. 김구의 사명을 띠고 파괴 암살 사업을 맡으려고 장쑤성江蘇省 류허현柳河縣 방면으로 가서 폭탄 투척, 권총 사격 훈련을 하고 2월 중순경 상하이에 돌아왔다. 프랑스 조계 살파새로薩坡賽路 호 미상 김동우 집에 거주하고 있다가 곧 광둥을 경유해서 타이완으로 건너가 타이완 총독을 암살하려 2월 27일 이곳을 출발하기로 했다. 이에 27일 오후 7시경 김동우 집에서 청년당원과 유진식·김석 등이 모여 송별회를 개최하고 김동우·유진식·김석 세 명은 유상근을 배웅하려 프랑스 조계 마랑로 보경리 4호 교민단 사무소에 이르렀다. 김동우는 사무소 안에서 폭탄이 들어 있는 '트렁크' 한 개를 꺼내어 유상근과 둘이서 부두로 향했다.

그 후 김석은 3월 중순경 김동우 집으로 갔는데 그 도중에 유상근이 반제동맹원 이 모 씨와 살파새로薩坡賽路 노상에서 싸움을 하고 있는 것을 보고, 먼저 그것을 중재하고 유상근을 김동우 집에 데리고 와서 상하이로 돌아온 사정을 물으니 "광둥은 중국 측 관헌의 공산당원에 대한 수색이 엄중하기 때문에 위험하여 타이완으로 건너갈 기회를 얻지 못하고 부득이 상하이로 돌아왔다"라고 했다. 그렇지만 약 2주 후 유상근은 다시 최흥식과 함께 만주의 신징新京으로 가서, 우치다 만철 총재의 신징 여행이 예상되므로 그 기회에 우치다를 암살하려 했다. 출발 당일 김동우 집에서 유상근·송진표·김동우·김석 4명이 회합하여 송별회를 열고, 신문기사와 같이 교민단 사무소까지 세 명이 배웅했다. 김동우는 교민단 사무소에 보관하고 있던 '트렁크' 한 개를 가지고 황포차黃包車로 유상근과 함께 부두로 향했다.

이후 유상근으로부터 아무 연락이 없었으며 그 후의 행동은 신문기사로 알았을 뿐이고 자세한 사정은 모른다고 한다.

(3) 이덕주李德柱와 유진만兪鎭萬(유진식兪鎭軾)의 입선入鮮 사건

쇼와7년(1932) 1월 상순 김석은 이덕주·유진식 등과 함께 청년당 조직에 분주하던 중 이덕주는 프랑스 조계 마랑로 숭일리 최석준 집에 기거하고 있었는데, 1·8사건 전 김석이 이덕주를 방문했을 적에 이덕주는 향리 친형이 보낸 서신을 보여 주고, "자신의 고향에는 재산이 약 20만 엔이 있지만 친형이 이것을 전부 차지하여 자신에게는 전혀 송금하지 않기 때문에 일단 순종하고 귀국하여 재산을 처리한 후 한국독립당의 세포 기관이라도 조직할 것이다"라는 등의 말을 했다. 그런데 1월 31일 청년당 창립총회 후 구호대 조직 문제로 이덕주·유진식과 대립하게 되어 이후에 깊은 교제 없이 이덕주는 2월 하순경 프랑스 조계지 살파새로薩坡賽路 118호 김동우 집으로 이사했으며 김동우 집에는 유진식도 살고 있었다. 3월 1일 당시 교민단장인 이유필 집에서 개최된 기념 축하회에서도 이덕주와 동석하였지만 아무런 비밀 계획 등이 있는 모양이 없었는데, 3월 상순 김동우는 김석 집에 채소절임을 얻으러 왔을 때 조선만두를 만들고 있으니 김석에게 놀러 오도록 권하여 김동우와 함께 김동우 집에 이르렀다. 김동우는 "오늘은 이덕주와 최후의 작별이다"라고 하면서, 이덕주는 청년당 창립총회 후 쌍방의 의사가 소원하게 된 것은 사적 감정에 기인한 것이 아니라 공적인 감정이라고 진사陳謝했다. 그리고 "자기는 이번에 임시정부 내무부장 조완구의 명으로 한국독립당 세포 기관 조직으로 활동함과 동시에 기회를 봐서 대관 암살 및 파괴 공작에 종사하기 위해 조선으로 들어갈 예정이다"라고 말했다. 김석도 자기의 잘못을 진사하고 앞으로 서로 손잡고 활동하겠다고 맹세하고 쌍방이 악수했다. 이덕주가 동일 오후 8시경 태고양행太古洋行 기선汽船

부두로 향할 때, 김동우 · 유진식 · 김석 세 명은 교민단 사무소까지 그를 배웅하였는데, 배가 사정에 의해 출발이 이틀 늦춰졌기 때문에 그날 밤에 돌아왔다. 그 다다음 날 배웅하는 사람 없이 정오 넘어 위의 부두에서 승선하여 안동현으로 향했다.

이덕주 출발 후 약 1주가 지나 유진식도 출발하게 되어 김동우 집에서 한태인(현재 광둥 중산대학中山大學 재학 중)과 송진표 · 김석 · 김동우 4명이 송별회를 개최했다. 다수가 배웅한다면 발각될 우려가 있으니 부두까지 한태인 한 명만 배웅하고 이룽양행怡隆洋行 기선으로 안동현을 향해 출발하였다.

그 후 아무런 소식이 없었지만 홍커우 폭탄 사건 후 김철과 연락하려 5월 1일 남시南市 봉래시장蓬來市場 영빈다관迎賓茶館에 이르렀을 때 김동우로부터 이덕주는 도중에 무사히 평북 정주定州에 도착하였다는 것을 듣고 알았다고 한다.

(4) 신공원 사건

앞의 기술처럼 쇼와 7년(1932) 11월경 임시정부 국무원회의에서 김구에게 '테러' 공작 일체를 일임하게 된 후 조소앙은 특무대의 명칭을 의생단義生團으로 하고 그 선언 · 강령 · 규약을 작성하여 김구에게 주었다. 그 후 김구가 안공근 집에서 낮잠 중일 때 유아가 이것을 파기했기 때문에 아무런 강령과 규약 없이 이후 '테러' 분자를 개인적으로 사주, 선동하여 계획을 진행했다. 결행 직전에 국무원회의에 자문하여 승인을 얻는 것을 예사로 한 모양이다. 4월 26일 홍커우공원 사건 계획을 국무원회의에 제출하면서 "오는 4월 29일 홍커우공원에서 일본 육군의 열병식이 거행되므로 윤봉길이란 자를 사용하여 폭탄을 투척하도록 하여 재차 중일전쟁을 발발시키도록 계획을 추진했다"고 해당 계획 및 윤봉길의 인물 등을 설명하고 승인을 구하였다. 그런데 조소앙, 조완구는 "현재 일본 육군이 상하이에 있는 상황에 이와 같은 사건을 조선인이 결행한다면 조선인은 상하이에 거주할 수 없게 될 것이다"라고 반대한 것에 대하여 김구는 "본건은 조선인이 결행한 것이라는 것을 절대 비밀로 하고, 이것의 절대 비밀을 기하기 위하여 윤봉길에게는 조선인이라고 밝혀질 우려가 있는 물건은 일절 소지하지 않게 하였으며, 결행과 동시에 자살할 것을 명령하여 놓았으므로 그와 같은 염려는 없다."고 설명하여 이의 없이 만장일치로 가결되었다.

이보다 앞서 4월 24, 5일경 프랑스 공부국은 교민단에 "일본 총영사가 프랑스 총영사 앞으로 국무원 김구·김철·이동녕·조완구·조소앙의 5명과 김석 외 8명에 대한 체포장 집행을 부탁했고, 프랑스 총영사는 이를 승인하였으니 각자 경계할 것"이라는 통지가 있었다. 교민단에서는 즉시 이것을 관계자에게 밀보密報함과 동시에 4월 26일 각 국무원에게 60불, 그 밖의 이들에게는 10불 내지 15불씩 피난비를 지급하였다. 이 때문에 그 무렵엔 자택에 있는 자는 거의 없었고, 모두 사방으로 흩어져 프랑스 조계나 중국가中國街를 전전하고 잠복하면서 피난하고 있었다.

4월 29일 김구는 교민단 사무소의 중국인 소사小使를 신공원에, 엄항섭은 청년당원 김덕근을 황푸공원黃浦公園에 파견하여 상황을 즉시 보고하도록 하고 성공을 기원하던 중, 김덕근은 오전 9시경부터 약 1시간 동안 황푸공원에 있었으나 폭음이 없어 엄항섭 집으로 돌아와 대기하고 있었는데, 정오경 위 소사가 와서 윤봉길이 체포된 것을 보고하였다. 이에 엄항섭은 김덕근 및 이규홍李奎弘에게 명하여 자전거로 프랑스 조계 거주 조선인에게 통보하여 피난할 것을 주의시켰다.

김석은 당일 오전 10시경 기상하여 일지를 쓰고 있을 때 김덕근으로부터 통지를 받고 최석순 집에서 동지와 함께 축배를 들었다. 그 후 왕웅의 조카 왕영재는 "훙커우 사건은 김구가 누차 왕웅을 방문하여 폭탄의 위력에 관한 이야기를 하였으므로 자기는 미리 알고 있었다"는 등을 말한 바 있었다 한다. 또 본 사건에 사용된 폭탄은 김구가 왕웅을 통하여 중국 병공창兵工廠에서 특별 주문한 것이라 한다.

(청취서 생략)

7. 의열단義烈團 및 민족혁명당民族革命黨의 조직

쇼와昭和 11년(1936) 2월 16일 조사, 의열단義烈團 및 민족혁명당民族革命黨의 조직
(『난징경찰서연혁지南京警察署沿革誌』에 의거함) (제48권-해설 55~57쪽 참조)

본적　조선 함경북도 길주군 장백면長白面 주남동洲南洞

주소　난징시 화루강花路崗 묘오율원妙悟律院 내內

　　　유영청劉永清 또는 안철암安鐵岩 곧 안리돌安李乭

위 사람의 공술 대요 및 본인이 제출한 '민족혁명당의 상황'은 아래와 같음.

기記

안리돌 공술 대요

1. 본적·주소·성명부

본적　조선 함경북도 길주군 장백면 주남동

주소　난징시 화루강 묘어율원 내

　　　통칭 유영청 또는 안철암 곧 안리돌[다이쇼 2년(1913) 12월 4일생]

2. 경력

향리의 길주공립보통학교吉州公立普通學校 졸업 후 그곳의 공립농업학교에
입학, 쇼와 7년(1932) 3월 2년 조업條業 퇴학함. 그 후 자택에서 농업에 종사 중
쇼와 8년(1933) 11월 취직을 목적으로 부모 허락 없이 하얼빈哈爾賓으로 가서 예

전부터 알던 사이인 전 조선총독부 순사巡査 김상필金尙弼 집에 약 5개월 동안 기숙 후 지난 해[1935년 - 옮긴이] 1월까지 하얼빈 도외道外의 영풍호永豊號 정미소에서 조수로 기숙했다.

3. 난징으로 오게 된 동기

예전부터 위 정미소에 출입하는 취원창聚源昶(송화강 하류 약 70리 지점)에 거주하는 조선인 이광민李光民(당시 44~45세)의 소개로 알게 된 자칭 하얼빈 전가전傳家甸 거주 조선인 박상광朴相光(나이 35, 6세. 신장 5척 5촌 정도. 알맞게 살찌고 얼굴 갸름함. 머리 '올백'. 중국옷을 입어 일견 교육가 타입)에게 베이징 동북대학東北大學 예과豫科 입학을 알선하겠다는 속임수에 넘어가 작년 1월 말 단신으로 하얼빈을 철도로 출발하여 전술한 박이 지정한 베이징 중국여관 회문공우會文公寓에 박의 실형이라고 칭하는 박상택朴相澤(나이 45~46세. 신장 5척 6촌 정도. 둥근 얼굴에 머리 '올백'. 중국어에 정통한 일견 교육가 타입)을 방문하여 동북대학 입학 알선을 의뢰했지만, 당시는 입학 기간이 아니어서 입학이 불가능하므로 상하이에서 프랑스인이 경영하는 푸단대학부속고등중학교復旦大學附屬高等中學校의 입학을 권고받았는데, 박의 말에 의심스러운 점이 있어서 상하이행에 불안을 느끼면서도 신변의 위험을 두려워하여 이에 복종하고 미지의 조선인(후일 판명되기를, 그자는 제1기 졸업생 시천조施天肇이며 화루강 묘오율원에서 동거 중인 자임)이 안내역으로 그 외 2명의 조선인과 같이 차를 타고 베이징을 출발했다. 상하이로 가는 도중의 다음날 아침 난징의 샤관下關에서 하차하여 시천조의 안내로 그날 밤 샤관의 중국 여관에서 1박하고 그 다음날 아침 성내 우전검사소郵電檢查所로 연행되어 이춘암李春岩 곧 반해량潘海亮과 대면하였다.

4. 의열단 및 민족혁명당 입당 정황

반해량과 면회 후 난징의 이탈리아 영사관(소재 지앤인샹鋼銀巷) 후방에 있는 중국인 가옥에 안착했으나 그 가옥 내에는 만주와 베이징, 상하이 방면에서 모집된 조선인 청년 15, 6명이 거주하였다. 거기에서는 매일 하는 일 없이 독서 등으로 시간을 보내고 가끔 훈련반에서 사용할 '프린트' 제본 보조로 종사했다.

3월 중순 감시자가 본적, 성명, 경력, 난징으로 온 목적, 장래의 희망, 알선자 성명 등을 기입하는 인쇄물을 교부하자 처음으로 그곳이 의열단과 관계된 곳임을 감지했다.

이에 불령단不逞團 가입을 전혀 희망하지 않았음에도 감시가 엄중하고 동시에 그곳의 일본 영사관 유무도 확실하지 않아서 도저히 탈출은 불가능하다고 체념하고 머물렀다.

그렇게 지내는 중 4월 1일 황룽산黃龍山 기슭에서 조선혁명군朝鮮革命軍 간부 양성훈련반이 개시될 때, 성적이 우수한 자부터 순차적으로 의열단 간부급인 신악申岳 · 석정石正 · 김세일金世一 등에게 불려 가서 정식 입단을 하였으며, 본인은 6월 초순에 김세일에게 불려 가서 입단 수속을 마쳤다.

이렇게 한 것은 주변의 상황이 어쩔 수 없다고 자각하고, 입단하여 내부의 사정을 자세히 알고 장래 저들과 대항할 의사에서였다.

나아가 7월 하순 교실에서 김세일 교관이 전교 생도에게 이번 달 초순 혁명 단체의 단일당인 '민족혁명당民族革命黨'이 결성되어 의열단도 그 당에 입당하니 모두 그 당에 입당하라는 훈화가 있어서 모두 함께 그 자리에서 입당서에 서명했다.

5. 혁명군관학교 간부훈련반 설치의 상황

3월 19일 무렵 앞의 주소에서 오균吳均이 본인 외 9명에게 내일 아침 일찍 훈련장 설치를 위해 먼저 출발하라는 지시를 전달하고 미리 각자의 치수를 재고 맞춤 중인 군복으로 갈아입도록 했다.

이 군복에는 중앙육군군관학교 생도와 동일한 것으로 왼쪽 흉부에 '중앙육군군관학교中央陸軍軍官學校 정치훈련연구반政治訓練硏究班 제2대 제3기 중화민국 24년용'이라고 적힌 것이 부착되어 있다.

다음날 새벽 신악의 지휘 아래 천막을 치고 본인 등 11명이 1대의 트럭에, 다른 승용차 1대에는 김원봉金元鳳과 육군 소좌少佐 군복을 입은 군관학교 중국인 장교가 동승하여 성문 출입증을 휴대하고 선두가 되어 오전 4시에 출발, 중화문中華門을 통과하여 상팡젠上方鎭에 도달하여 하차했다. 짐은 일륜차에 신고 황룡산 기슭 천녕사天寧寺에 도착하여 훈련반 설치 준비에 착수했다.

천막과 책상, 의자 및 기타 가구는 새로 조달한 것이고, 천막 12장은 1천 수백 원을 투자하여 군관학교의 보증으로 상하이에서 월부로 구입한 것이다. 책상은 1개에 4원 수십 센트를 주고 60여 개를 갖추었다.

6. 개교식 당시의 상황

이윽고 준비가 끝나 4월 1일 오전 10시부터 김원봉이 임석하여 대략 이하의 순서로 개교식을 거행했다.

(참석자는 교장 김원봉 이하 교관 8명, 중국 측 국민정부 요인 1명, 생도 28명임)

기記
1. 개회사   신악
1. 제1, 2기 훈련 경과 보고

1. 교장 훈시   김원봉

훈시 요지

지금이야말로 세계대전이 동양의 일각이나 유럽의 일각에서 반드시 대두할 정세이다. 이 대전에는 필시 제국주의 일본이 그 소용돌이 속으로 투신할 것이다. 우리 혁명 투사는 20 수년의 갖은 고난을 견디며 혁명의 달성에 노력했으나 유감스럽게도 기회를 얻지 못하고 세월을 보냈는데, 지금이야말로 다시 올 수 없는 절호의 기회를 맞이하려 하고 있다. 이에 우리 혁명 투사는 더더욱 결속을 굳건히 하고 일치단결 분기하여 최후의 목적 달성에 최선의 노력을 다할 것을 기해야 한다…… 운운

1. 교관 훈화   석정石正
1. 내빈 축사   국민정부 요인
1. 학생 선서문 낭독
1. 구호 제창
  (1) 약소민족 해방 만세
  (2) 타도 일본제국주의
  (3) 중국민족부흥운동해방 만세
  (4) 조선민족해방 만세

7. 입학 후의 상황

4월 2일부터 학교 및 훈련을 시작했는데 오전 4시 30분 내지 5시 기상하여 오후 9시까지 거의 휴식할 겨를이 없이 맹렬한 훈련을 실시했다. 당초 28명의 생도를 점차 만주 지방에서 모집하여 난징으로 온 5월 중순에는 44명이 됐지만 그 중 9명은 9월 중에 중국 측 중앙군관학교 입학시험을 위해 중도 퇴학하

여 졸업자는 결국 35명이 되었다.

8. 학과 및 담임 교관명

(一) 군사학과
    (1) 보병조전步兵操典   김세일
    (2) 군대 내무 및 육군 예식   이○○
    (3) 사격교범   김 준金俊
    (4) 지형학   이○○
    (5) 축성학築城學   이○○
    (6) 기관총학   이○○
    (7) 전술학   김 준
    (8) 진중요무령陣中要務令   오 균
    (9) 군제학   신 악
    (10) 기관총해부학   김세일
    (11) 도상전술圖上戰術   김 준
    (12) 야간교육   하진동何振東
    (13) 야외연습 상정想定   김세일
    (14) 군사간이측도軍事簡易測圖   이○○
(二) 자연과학류
    (1) 대수代数   방○○
    (2) 기하幾何   이○○
    (3) 물리物理   왕현지王現之
    (4) 화학化學   왕현지
    (5) 조선역사   김두봉金枓奉
    (6) 만주지리   김두봉

(三) 정치학 기타

(1) 당조직 및 선전	양민산楊民山
(2) 세계경제 및 지리	석정
(3) 유물론철학(마르크스)	석정
(4) 사회학(마르크스)	석정
(5) 경제학(마르크스)	석정
(6) 정보학	반해량
(7) 각국혁명사(영·미·불·러·독·백 등)	전영주全營珠
(8) 중국혁명사	반해량
(9) 유물사관	김두봉
(10) 조선언문(철자법)	김두환金斗煥

9. 졸업 후의 상황

졸업 다음날 그곳에서 사복으로 갈아입고 5명 내지 10명을 1조로 하여 도보로 돌아왔는데, 본인은 5인조의 1명이 되어 전기前記 시천조의 안내로 성내 평사가評事街 경화육상잔京貨陸商棧에 수용되었다가 약 한 달 뒤 화루강 묘오율원으로 옮겨졌다. 그곳에서는 별로 하는 일도 없이 독서 등으로 지냈다.

10. 전향의 동기 기타

본인은 원래 속임에 홀려 왔으며 자기의 의지에 반하여 강제적으로 입단했다. 입단한 이상은 내부 사정을 상세히 알아 장래 저들과 대항하고자 열심히 공부했기 때문에 간부의 신용을 얻어 6~7명의 조장으로 추천됐다. 당시는 외출도 자유롭게 허용되지 않았고 또 일본 영사관과는 30리 떨어진 지점에서 거주하는 관계로 연락 방법도 없었다. 그 때문에 어쩔 수 없이 시기의 도래를 기다리던 중에 작년 10월 초순 졸업과 동시에 성내로 옮기게 되었다. 11월 말부터 약 3번에 걸쳐 영사관원과 연락하기 위해 영사관 및 영사관원 주택 부근을 왕래했으나 중국 측 헌병경찰의 감시가 엄중해서 목적을 달성하지 못했다. 그런데 우연히 금성金城의원이 일본인 의사가 경영하는 곳임을 알고 올해 1월 심야에 동지들의 틈을 엿보아 영사관 앞으로 서신을 쓰고 1월 13일 금성의원에 가지고 가서 원장에게 의뢰하였다. 16일에 다시 방문하여 영사관 관원과 면회하고 이후 몇 번 정보를 제공했다. 아울러 영사관의 지시에 따라 동지의 회유 공작에 분주하던 중 신변의 위험을 느껴 이번 달 15일 오전 9시에 전기 금성의원에 의뢰하여 영사관의 보호를 청원했다.

11. 의열단의 상황

작년 7월 초순 민족혁명당 결성과 함께 의열단은 표면상 해산됐지만, 내부에서는 여전히 구 의열단이 존재하며 민족혁명당의 당원에 대한 지휘명령 같은 것도 직접 전달한다.

12. 민족혁명당 최근의 상황

(一) 전 한국독립당원韓國獨立黨員 조소앙趙素昻 외 5명은 민족혁명당에 공산주의자가 다수 존재하고 더구나 저들은 상당한 세력을 가지고 있다고 해서, 매사에 의견의 차이를 초래하여 작년 12월에 민족혁명당을 탈퇴했다.

(二) 올해 1월 민족혁명당에서 현재 당의 공작에 종사하지 않는 당원에 대해 공작 지원서라는 것을 인쇄 배포했다. 각자 지원 항목(군사·특무·당무의 셋임)을 기입하고 서명하여 제출하도록 한 결과 군사 지원자가 약 60명, 특무 지원자가 약 30명, 당무지원자가 약 35~36명이었다. 김원봉파는 약 60명(제2기 군관 훈련 졸업생 30여 명, 동 3기 졸업생 30명)이다. 그리고 이 당에서는

이들 지원자의 지도 감독 및 사무의 통제, 연락의 원활을 도모할 목적으로 동종 공작원을 동일한 곳에 기숙시키려는 입장에서 최근 숙소를 이동할 예정인데, 대체의 주소는 다음과 같다.

(1) 군사공작원 숙사　　통제문通済門 내 대평리大平里
(2) 특무공작원 숙사　　부자묘대석제가夫子廟大石堤街
(3) 당무공작원 숙사　　호가화원胡家花園

13. 김구·김원봉·이청천李靑天 3파의 상호 관계

원래 이들 3파는 최후의 목적을 같이함에도 운동상의 전략과 전술을 달리하기 때문에 서로 연락을 유지하지 않고 있다. 특히 김구는 상하이사변 때 일약 용명을 떨치자 장제스蔣介石에 대해 군사에 관한 부하의 양성 및 앞으로의 운동 자금을 요구한 결과, 뤄양洛陽군관학교에 조선인반의 설치를 허용함에 이르렀다. 원래 김구는 군사 방면에 관한 경험이 부족하고 또 독자의 힘으로 만사를 담당하는 것이 불가능함을 알고 만주에서 이청천李靑天을 그의 부하와 함께 초청하여 군사 교관에 임명하는 한편, 김원봉에게는 학생 모집을 의뢰했다. 그런데 김원봉은 급속히 모집하는 것이 곤란하였기 때문에 자파 훈련반 제2기생 14명을 상하이와 베이징 방면에서 모집한 것처럼 가장하여 뤄양에 보내 입교시켰다. 이에 김구·김원봉·이청천 3파의 학생 96~97명이 이청천 지휘 아래 훈련을 시작했는데, 김구는 예전부터 이런저런 관계로 적대시하는 이청천에게 자파 학생을 일임하는 것은 부하를 빼앗길 불안이 있다는 것을 느껴 중도에 이청천에 대해 시위적 태도를 보였다. 김원봉도 또한 이 사이에 부하 학생들로 하여금 몰래 김구와 이청천 두 파 학생의 탈취를 획책하도록 했다.

이상의 관계에 의해 이청천이 김구의 태도에 불만을 품고 마침내 김원봉에게 도움을 요청함에 따라 김원봉은 이 기회를 놓치지 않고 이청천에 대한 경제적 원조를 주기에 이르렀다. 김구에 대한 관계가 점차 악화되자 학교 당국은 이를 감지하고 예정보다 졸업 시기를 앞당겨 일동을 돌려보냈다.

그 후 김원봉은 이청천 및 그의 부하에 대해서는 계속 경제적 원조를 했는데, 이청천은 김원봉의 원조를 받고 그 아래에 있는 것을 유쾌해하지 않았다. 직접 중국 측의 원조를 받고자 장제스에게 "김원봉은 공산주의자이다"라고 비밀리에 통보했는데, 이 중상문은 중앙군관학교 교육처장 장지중張治中을 거쳐 김원봉에게 회부되었다. 두 파의 관계 역시 아무튼 융화를 못 하는 상황이 되었지만, 여전히 이청천은 김원봉에게서 직접 경제상의 원조를 받고 있는 관계상 민족혁명당 결성 후에도 여전히 김원봉의 지배를 달게 받고 있는 상태이다. 한편 민족혁명당 결성 당초 김원봉은 김구에게 당위원장과 군관학교의 최고 지위를 주는 조건으로 입당을 간청했지만, 김구는 "경제적으로 유리한 입장에 있으며 또 혁명운동은 역량의 집중이 아니라 투쟁에 있다"는 의견으로 입당을 거부했기 때문에 두 파는 더욱 대립하는 상태에 있다.

14. 김구파의 적색비밀단체赤色秘密團體

작년 8월경 김구파 내에서 약 30명의 비밀단체를 조직하고, 책임자 한韓 모는 국제공산당의 승인을 구하려 상하이를 경유하여 소련으로 가는 도중, 상하이에서 우리 관헌에 체포되기에 이르렀다. 이러한 내부 사정이 판명되자 김구는 자기 부하 전원을 조사하여 적색단체에 가입 중인 자 대부분을 방축했다. 그 중 15명은 베이징과 톈진, 상하이 방면으로 갔으며 이 중 4명은 민족혁명당에 가입했다. 현재 김구파 약 40명은 이곳의 부자묘를 중심으로 거주하고 있다.

15. 중국 측의 원조 상황

종래 김구와 김원봉은 중국 측으로부터 매달 5천 원의 원조를 받고 있었는데, 최근 중국 측은 경제적 곤란을 이유로 매달 2,500원으로 반감했다. 김원봉은 이 외에 개인으로부터 매달 500원을 지급 받고 있다. 그리고 군관학교 졸업생의 생활비 및 공작원 파견비는 별도로 받고 있다.

16. 김원봉파의 이곳 주소

작년 말까지는 대체로 난징 성내 서남부 화루강花露崗을 중심으로 집단적으로 거주하도록 했는데, 제3기 졸업생에 대해 정찰술을 연구시킬 목적으로 올해에는 5명 내지 10명으로 나누어 디이第一공원 부근, 화루강 부근, 이탈리아 영사관 부근, 유공가油工街 부근의 4곳에 분산하여 기숙하도록 했다. 그런데 이들은 모두 하급 당원이며 고급 간부는 화루강을 중심으로 거주하지만 부하에게는 절대 비밀로 하고 있는 상태이다.

17. 조선인의 중국 관헌 복무 상황

(1) 중국 육군 각 지방에 근무하는 장교 약 30명
(2) 난징 중앙육군군관학교 재학 중인 자
　　가. 김원봉파 12명
　　나. 김구파 14명
　　이들은 내년 봄에 졸업 예정
(3) 난징 헌병사령부 근무 장교 30명
(4) 난징 헌병사령부 우전검사처郵電檢査處 근무자 8명
(5) 수도경찰청 근무자 8명
(6) 항저우杭州항공학교 재학생 5명(그 중 김구파 2명, 김원봉파 3명)

18. 전향 또는 탈출 희망자 상황

본인의 동기생 중 약 3분의 2는 모집원의 감언에 속아 자기의 의사에 반해 입당 및 훈련을 받은 자로, 대부분은 혁명을 이해하지 못하고 또 실행력도 부족한 소위 혁명적 인물이 아니다. 좋은 기회가 있으면 전향 또는 탈출을 희망하는 자가 상당수 있다고 예상한다.

19. 본인의 장래 희망

본인은 종래 혁명 사상의 대요를 약간 연구하고 있고 더욱이 이번의 불령선 인단不逞鮮人團에서 교습을 받아 그 대요를 이해하게 되었다. 그렇지만 본인이 전향한 동기는 전술한 바와 같이 당초에 속임을 당하여 또 자기의 의사에 반해 입당하고 훈련을 받은바, 원래 저들의 혁명 사상과 본인이 품고 있는 사상은 전혀 일치하지 않는다. 이번의 전향도 완전히 주의와 사상의 상이에 의한 것이기 때문에 자기의 체험과 연구를 기초로 하여 어디까지나 불령단과 싸우고 싶은 희망을 가지고 있다.

8. 재在난징 민족혁명당의 행동

쇼와昭和 11년(1936) 3월 30일 자 재상하이 우에다上田 내무서기관 발신 가야바萱場 경보국장警保局長 앞 보고 요지 (제46권-해설 57~58쪽 참조)

재在난징 민족혁명당民族革命黨의 행동

1. 민족혁명당 각지의 소재지 및 구역

현재 아래의 7지부로 상세한 내용은 판명되지 않지만 각 지부 모두 상당히 활발히 활동하며, 그 중 특별 제1(조선 내), 제2(만주) 두 지부는 맹렬히 잠행 운동 중이므로 위험을 느끼지 않는다고 중앙당 부원들이 호언하고 있다고 한다.

○은 지부 소재지

화중華中 지부	○ 난징南京	전장鎭江 방면
화동華東 지부	○ 상하이上海	항저우杭州 저장성浙江省 방면
화남華南 지부	○ 광둥廣東	충칭重慶 쓰촨성四川省 방면
화서華西 지부	○ 난창南昌	경성京城 조선 일반
화북華北 지부	○ 베이징北京	톈진天津, 지난濟南, 뤄양洛陽 방면
특별 제1지부	○ 경성京城	조선 일반
특별 제2지부	○ 불명	만주 일반

2. 중화민국 내에서 사용 중인 비밀 사서함

난징성南京城 구내 기망가奇望街 우편국 우체통	106호(주로 중앙당부)
동	132호(주로 의열단파)
동	116호(주로 이청천파 즉 군사부)

3. 군사부의 상황

이청천을 수령으로 하는 군사부 부원은 대부분 뤄양군관학교를 졸업한 이청천파 자들인데, 그 중 32~33명은 작년 4월에 졸업하였다. 4월 12, 3일경 난징으로 돌아와 난징 국부로國府路 태산여관泰山旅館에 보름 동안 투숙했다. 4월 말에 성내 고강리高崗里 10호로 이전하여 다음과 같은 교양 훈련을 받고 있다.

과목	교관
국내외 정세	왕해공王海公 곧 신익희申翼熙
산술算術 대수代數	한일래韓一來 곧 천병일千炳日
사회과학	석정石正 곧 윤세주尹世胄
조선어 '한글'	김두봉金枓奉
조선역사	안일청安一淸[32](안지청安之淸 곧 안대환安戴煥)
유격전술 및 정신 강화講話	이청천李青天 곧 지대형池大亨
중국어	복태양濮泰陽
당적黨的 훈련	양민산楊民山(양진곤楊振崑 곧 김대륙金大陸에 해당함)

그 후 7월 4일 민족혁명당이 결성되었기 때문에 다음 달 8월 중순 난징성 내 모가원毛家苑 7호로 이전했다. 한국독립당 일파인 장중광張重光과 손일孫逸 등은 이보다 앞서 광둥에 가서 당원은 약 30명이 되었는데 의열단 측에서,

호영胡英 한광韓光 지일청池一淸 한광무韓光武 고수봉高秀峯 마덕산馬

---

32 본명은 안재환安載煥이고, 이명은 안일청安一淸(安一靑), 안지청安志淸 · 安之淸·安之淸), 안동만(安東滿·安東晩) 등이다. - 옮긴이

德山 박재혁樸在爀 이운남李雲南 (이상 모두 뤄양군교 졸업생)

　최성장崔成長 백일정白日正 조용구趙龍久 (이상 의열단 2기 간부훈련반 졸업생)

이상 11명이 이동해 와서 약 40명이 되었다. 계속 훈련을 받고 있었는데 작년 12월 초순 이곳에 기거하는 학생으로 민화民華 '학생특별구'를 조직하게 되어 이 교습을 중지했다.

그리고 학생특별구 간부를 다음과 같이 선정하여 현재에 이른다.

서기(즉 책임자)	고운기高雲起(뤄양군교 졸업생)
선전부 책임자	이영식李英植(동)
조직부 책임자	정만리程萬里(동)
화식伙食위원(식사와 기타의 운영을 맡은 사람)	한광·정만리·이무李武·장사충張思忠·호영

그후 저번에 의열단에서 옮겨온 학생들은 이청천파 학생과 의견 불일치 때문에 대부분은 순차 퇴출하여 난징성 내 화루강 묘오율원으로 돌아갔다. 나아가 금년 1월 초순에 김혁金革은 김구 일파를 이탈한 김동우金東宇 밑으로 가고, 작년 11월경 이의명李義明은 김구파로 전향하였다. 올해 1월 장걸張傑은 당시 난징 삼조항三條巷 33호 신환申桓 방에 체재 중인 중립파 주신혁朱新革과 함께 도주하였고, 2월 초 남일봉南一峯 즉 김봉남金奉南(자수하여 조선으로 돌아감)이 도망하여 현재 27~28명에 불과하다. 이들은 2월 초순 모두 군사부에 편입되었으나 김봉남의 도주에 의해 일본 관헌에게 잠복 장소가 발견되었다고 여겨 2월 초순 '난징성내南京城內 왕항王巷 16호'로 이전한다. 또 3월 중순에 이종환李鐘煥 즉 추원규秋元圭가 도주하여 상하이로 갔기 때문에 위와 동일한 이유로 현재 다른 곳으로 이전할 빈집을 물색 중이다.

그리고 목하(3월 20일 현재) 이곳에 기거 중인 자는 다음과 같으며, 간부 이청
천·윤기섭尹琦燮·김두봉·양민산 등은 다른 곳에 기거하면서 때때로 출입하
고 있다고 한다.

이경왕李慶王(이청천의 장남)	이영식李英植	왕덕산王德山
이무李武	윤여복尹汝福	김태산金泰山
홍종산洪宗山	최병권崔炳權	고운기高雲起
장사충張思忠	심명철沈明哲	복태양濮泰陽
이춘산李春山	황상여黃相如	염응택閻應澤
장중진張重鎭	김유신金有信	송해산宋海山
이담산李淡山	정만리程萬里	조운산趙雲山
심광식沈光植(이청천의 사위)	한광韓光	이동초李東初
마자초馬子超	김일룡金一龍 외 23명	

위의 윤여복과 복태양의 2명은 이곳의 동방중학東方中學에 재학 중이고, 이
춘산은 정만리의 여동생과 결혼하기 위해 정만리와 함께 1월 중순 저장浙江
저린전拓林鎭(박남파朴南波 가족의 거주지) 친가에 귀성 중이며 아직 돌아오지 않
았다.

그리고 이곳의 집세는 월 30원, 전기세 약 7원으로, 이것들은 민혁 중앙당부
에서 부담하고, 학생의 생활비는 1인당 월 7원씩으로 해서 현재 회식위원에게
위임하여 경리토록 하고 있다. 그러나 뇌물 문제로 분쟁이 있었기 때문에 학
생에게 맡기고 있다.

또 이곳에서는 취사부로 중국인 2명을 고용 중이며 급여 5원과 6원, 계 11원
도 민족혁명당 중앙부에서 직접 지급하고 있다고 한다.

4. 당무부 및 특무부의 상황

당무·특무 양 부원은 거의 전부 의열단 측 자들이며 간부 및 중앙당부 사무소에 기숙 중인 일부의 자들을 제외한 다른 부원 모두가 난징 성내 화루강 묘오율원에 있다. 현재 이곳에 기거 중인 자는 약 30명이며 이름이 판명되는 자들은 다음과 같다. 기타 당원들은 조선·만주·중국 각지에 잠입 공작 중이라 한다.

(1) 당무부원

양민생楊民生: 의열단 1기 졸업 후 2, 3기 교관이던 양진곤楊振崑 곧 김대륙金大陸이며 당무 겸 조직부원으로 학생의 지도 감독을 맡음.

○ 조용구趙龍九(김성식金成式)　　○ 김천복金天福

○ 백일정白日正(김영렬金泳烈)　　◎ 박재혁(진봉림陳鳳林 곧 김용도金龍燾)

○ 한득지韓得志(이창만李昌萬)　　◎ 장평산張平山(한광韓光)

◎ 유기민劉基敏

△ 신해문申海文　　　　　　　△ 이만영李萬英

□ 한육성韓六成　　　　　　　□ 재천덕載天德

□ 마세달馬世達

주

◎인은 의열단 제2기 훈련생으로 뤄양군교 졸업생

○인은 의열단 제2기 졸업생

△인은 뤄양군교 졸업생

□인은 의열단 3기 졸업생

(2) 특무부원

○ 석문룡石文龍　　　　　　　○ 황민黃民

○ 문명철文明哲　　　　　○ 최성장崔成章

○ 하동진河東振　　　　　○ 문종삼文鍾三

○ 오균吳均　　　　　　　○ 시천조施天肇

난징에 있는 특무부원은 매일 거의 점심을 가지고(식비 지참인 경우가 많음) 하루 종일 난징 시내를 배회하며 용의 인물 특히 일본인을 발견하면 미행한다. 일본인에 대해서는 누구든지 가차 없이 미행하여 그 목적지 및 출입 가옥 안의 상황 등을 탐사, 보고하는 임무를 맡고 있다. 또 도주자가 있거나, 기타 수배의 필요가 있을 때에는 당무부원과도 협력하여 중산문中山門·통제문通濟門·중화문中華門·서문西門의 4곳에 감시를 두고, 또 다른 지방으로 도주할 우려가 있을 때는 역 및 샤관下關 등에 급속히 감시원을 배치하여 발견에 노력한다고 한다.

5. 당의 재정 상황

민족혁명당은 종래 매달 중국 측에서 2,500원의 지원을 받고 있는 모양이지만, 최근 간부가 누설한 바에 의하면 제3기생의 교습 및 졸업 후의 조치 등에 다액의 비용을 써서 중국국민당 선전부 아무개로부터 매달 지급되는 2,500백원 중 약 2천 원을 가불해서 현재 월부로 갚고 있다. 그렇지만 각 지방 유지의 동정금 및 회비 등을 합하면 매달 평균 약 1천 원이라고 한다.

이것의 지출 상황은 상세하게 알지 못하지만, 대체로 학생 1인당 1개월 생활비로 7원 정도(타 지방에서 공작 중인 자는 8개월에 3, 40원을 받는다)를 지출하고, 기타 집세, 전기세(간부의 생활비 제외)의 합계 추정액은 1,200~1,300원이며, 간부의 생활비는 3, 40원(독신자) 내지 5, 60원(기혼자) 씩이라 해도 평소에 주색에 빠지는 상황을 보면 이 이상으로 보는 것이 지당할 것이다. 평균 50원으로 가정하면 간부가 20명이니 1천 원이 된다. 위의 합계 2,200~2,300원을 뺀 잔액 중

매달 일정액을 뒤에 언급하는 '혁명동지 구제기금'에 적립한다. 그리고 기관지 인쇄비와 기타 비용을 공제하고 잔액이 있을 경우, 각 학생 당원들에게 용돈으로 분급하게 되어 있는데, 항상 재정난을 이유로 아직도 용돈 분배를 받은 적은 없다.

의복류도 도저히 사용할 수 없을 경우에 한꺼번에 구입하여 급여한 적도 있지만, 소지한 의복이 있는 자는 공동으로 사용하도록 한다. 그 생활도 실로 비참해서 담배와 같은 것은 시골에서 잎담배로 구입해 와서 이를 썰어 흡연하는 상황이기 때문에 청년 학생들은 자기들의 비참한 생활에 반해 간부의 사치스런 생활에 불평이 가득하다고 한다. 그러나 열심히 활동하는 자에게는 비밀리에 용돈을 주고 우대하고 있다. 기타 간부들은 가끔 만취한 상태로 순시하는 경우도 있기 때문에 혁명 의식이 천박한 자들은 감금과 같은 생활을 혐오하여 도주하려고 해도 용이하게 그 기회를 얻을 수 없다. 작년 12월 본부에서 군사부 학생에게 1월 15일까지의 생활비로 2백 수십 원을 지급할 때, 학생들은 협의한 다음 5원씩 분배하여 사적으로 소비했다. 그 후 중앙당부에서 반납할 것을 명했으나 그것을 듣지 않아서 1월 4~5일경 학생 모두 경고 처분을 받았다고 한다.

6. '혁명동지구제위원회'

올해 1월 5일 중앙집행위원회에서 '혁명동지구제위원회'를 조직하고 유지로부터 의연금을 모집하기로 결의했다. 동시에 해당 초안을 작성하여 중앙상무위원회에 일임했는데, 1월 9일 중앙상무위원회에서는 위 초안을 수정하여 가결했다. 그 후 위원을 선정하고 의연금 모집에 착수하는 것으로 준비 중이었는데, 2월 하순에 이르러 의연금 모집 소식을 각 방면 유지에게 우편으로 배포함과 동시에 각 구區에서도 당원과 기타 동정자들이 의연금 모집에 착수했다.

7. 당 내에서의 파벌 감정

민족혁명당은 공산주의 단체인 의열단을 중심으로 조직된 관계로 합류파 간부, 즉 이청천 일파는 의열단 간부들이 표면적으로 "조선의 독립은 공산운동으로는 도저히 성공 불가능하여 민족주의로 전향했다"고 칭하고 있지만, 그 내부적 책동 및 각종 잠행 운동, 특히 학생들의 행동은 여전히 공산주의 운동과 다름없으므로 충분히 경계할 필요가 있다고 하여 가급적 두 파 학생의 접근을 금지하고 있다고 한다. 따라서 학생 사이에서도 두 파의 대립적 감정이 있다. 이청천 일파는 경제적 세력이 전혀 없고, 민족혁명당의 실권은 김원봉 일파가 좌우하는 상황이므로 달리 적당한 재정적 원조가 있으면 분리할 의향이 있지만, 현재 어떻게 하기도 어렵고 당장 생활에 부자유가 없어 불만이 있지만 이를 감수하는 상황이다. 합류한 간부들도 "민족혁명당은 앞으로 1년의 지속도 곤란할 것"이라 관측하고 있다고 한다.

8. 의열단(민족혁명당) 제4기 간부훈련생의 모집 상황

작년 여름 제3기 졸업 후 비밀리에 제4기생 모집에 착수했는데, 아직 조선 내에서의 응모자가 없는 모양이지만 만주 및 중국 각지에서 모집에 응한 자가 현재 7~8명 있다고 한다. 이름 기타 판명한 바는 다음과 같으며 모두 현재 화루강 묘오율원에 체재 중이다.

의열단 제4기생 응모자

성명	추정 연령	본적지 응모지	적요
김철민 金哲民	33	평안남도 만주	톈진의 남방 소재 임시정부에서 중국공산당 화북지부원으로 활약 중 올해 1월에 응모했다. 일찍이 만주사변 때에는 동북의용군東北義勇軍 기병대 대장을 맡은 자라고 함.

이용지 李勇之	23	평안북도 만주	톈진 조선여관에 투숙하여 밀수입에 종사 중 여관 주인의 권유에 의해 작년 12월에 왔다.
황기봉 黃基鳳	24	평남 평양부 천진	평톈에서 오래 거주하다가 톈진에 와서 이용지와 함께 밀 수입에 종사 중 조선여관 주인의 권유에 의해 온 자이다.
이달성 李達成	22	함경북도 하얼빈	간도 용정촌龍井村에 거주 중 하얼빈으로 가서 모 건축 청 부조請負組에서 노동 중 응모하여 작년 12월에 왔다.
김 모 金 某	28	강원도 하얼빈	하얼빈에서 이달성과 건축 청부조에서 노동 중 응모하여 이달성과 함께 왔다.

9. 재在상하이 영사관의 특고경찰特高警察 사무 상황

재상하이 영사관의 특고경찰特高警察 사무 상황[쇼와昭和 12년(1937) 12월 말 조사]

(제43권-해설 59~60쪽 참조)

목차

재在상하이 영사관의 특고경찰 사무 상황
(쇼와 12년(1937) 재상하이 총영사관 경찰 제2과 보고에 의함)

상하이는 동양 제일의 개항지이므로 선박이 자주 왕래하여 수륙 모두 극히 번성할 뿐만 아니라 지리적·문화적 관계상 중국 정치·경제의 심장부를 이루어 세계 각국의 세력이 뒤섞이는 곳이다. 각종 민족이 잡거하여 21개국의 영사가 주재하는 한편, 각국 영사단의 감독 아래에 있는 시참사회市參事會를 최고 집행 기관으로 하는 공동조계와 프랑스 영사가 주재하는 프랑스 조계 및 이 두 조계를 둘러싼 중국 상하이시정부 관할에 속하는 순연한 중국가中國街 등 계통을 달리하는 3종의 행정권 아래에 있으므로 형세상 치안과 풍속 모두를 철저히 단속하기 어렵다. 그 틈을 타서 각종 중대 범죄가 빈번하고, 혹은 동양의 국제공산당 및 적색국제직업동맹赤色國際職業同盟의 지도 연락 기관, 중국공산당 중앙 및 그 외곽 기관 등 각종 공산주의 단체와 불령선인不逞鮮人, 기타 민족운동의 각종 기관 등에서는 그 복잡성과 중요성에 의거하여 이곳에 잠재하는 등 특고경찰 대상인 각종 잠행적 사회운동의 본거지를 이루는 형세이다. 그 중 다이쇼 8년(1919) 이래 프랑스 조계에 자리를 잡은 소위 불령선인들은 임시정부를 비롯해 각종 불령 단체를 조직하여 민족혁명운동 등에 암약하고 있다. 쇼와 6년(1931) 만주사변 이후는 중국 측의 배일·항일 기운에 아첨, 영합하여 교묘하게 운동 자금을 얻고 그 비호 아래 더더욱 항일적 음모를 획책하여 끝내 도쿄에서 사쿠라다몬櫻田門 사건 및 상하이 홍커우虹口공원 사건을 일으켰다. 기타 북중국과 만주국 및 조선 지방에 요원을 파견하여 각종 공작에 종사시키는 등 미증유의 흉포 행위를 기도, 감행하고 있다. 또 조선인 중에 중국 관민과 연락하여 친일적 조선인들을 암살하거나 혹은 일본 요인에 대해 누차 흉포 행위를 하려는 분위기를 보이고 있다. 나아가 공산주의를 품은 조선인·타이완인·일본인은 매년 악화하는 중일 갈등의 기회에 편승하여 반제국주의 공작 등에 광분하고 있다. 이들 중에는 중국공산당의 구성 분자로 준동하는 자가 있다.

이처럼 중요하고 복잡한 단속의 대상을 가지며 더군다나 시찰, 정보 수집, 검거, 취조 등 극히 곤란한 지역적·권력적 환경에서 겨우 몇 명에 불과한 종래의 배치 인원으로는 도저히 경찰로서의 실적을 거두기 어려운 정세에 비추어 쇼와 7년(1932) 말 총영사관에 경찰부를 두고 영사인 경찰부장 아래에 보통경찰을 제1과로, 특별고등경찰을 제2과로 하는 제도가 실시되어 쇼와 8년(1933) 이래 상당한 성적을 올려 왔다. 쇼와 12년(1937)에도 전년과 거의 비슷한 진용으로 활동 중인데, 같은 해 8월 중일전쟁의 전투 개시 이후 시국에 대응한 긴급조치는 물론 군과 협력하여 오로지 전시하의 경찰 첩보 사무를 담당하고 있다.

1. 재류 내지인內地人의 상황

상하이 재류 일본 내지인의 쇼와 12년(1937) 초 인구는 2만 3천 670명이며 중일전쟁의 발발과 동시에 그 대부분은 일본으로 피난하여 겨우 5천 명 내외의 잔류자가 있는 정도에 불과하지만, 상하이 남시南市 점령 후 상하이로 귀환하는 자가 점차 증가하여 1937년도 말 현재 남성 5천 530, 여성 2천 880, 계 8천 410명으로 부활하여 오히려 전쟁 발발 전보다 증가할 추세이다. 이들 일본인의 대부분은 일정한 직업을 가져 각국 세력이 뒤섞여 대립하는 국제적 분위기에서 생활하고 있는 관계상 모르는 사이에 국가적 의식이 배양되어 사상적 경향은 대체로 온건한데, 전쟁 후에는 한층 더 국가적 의식을 높이고 진충보효盡忠報效 관념을 고양시켜 양호한 군민 일치로 사변의 난국에서 활약했다.

그러나 사변 후의 부흥을 목표로 좌우 양익兩翼 분자가 상하이로 오는 경우가 많고, 이들은 대개 일정한 직업을 얻어 의심스런 행동이 없는 모양이지만, 이 중에는 이하의 기술처럼 특별히 주의를 요하는 세구치 미쓰기瀨口貢와 같은 불령한 행동으로 나온 사실도 있으므로 일반 상하이 거주자는 물론 내왕하는 용의 일본인의 동정에 대해서는 예의 내정內偵, 감시에 힘쓰고 있다.

특요特要	세구치 미쓰기의 행동
본적	오이타현大分縣 니시쿠니사키군西國東郡 미우라무라三浦村 아자 가타키字堅來
당시	상하이 프랑스 조계 살파새로薩坡賽路 192호
	고 중국인 작가 루쉰魯迅 과부 쉬광핑許廣平 방
	문사文士 가지 와타루鹿地亘 곧 세구치 미쓰기
	메이지 36년(1903) 5월 1일생

이자는 일본의 '프로'문화연맹의 서기로 공산주의운동을 하여 1934년경 경시청警視廳에 검거되어 수감 2년 후 방면된 특별 요시찰인인데, 1936년 2월 청도青島를 경유하여 내연의 처인,

본적	이바라키현茨城縣 이나시키군稻敷郡 나가사오무라長竿村 오아자 大字 10리
	시마즈 유키島津ゆき, 이케다 유키코池田幸子
	곧 다누마 가네田沼かね
	메이지 45년(1912) 3월 9일생

와 함께 상하이로 와서 우치야마內山서점 주인 우치야마 간조內山完造 및 『상하이일보』기자 히다카 기요마사日高清鷹瑳의 후원을 받아 당시 생존 중이던 중국 작가 루쉰魯迅에게 사사를 받고 루쉰 작품의 일본어 번역에 지도와 가르침을 받아 그 번역문을 야마모토 사네히코山本實彦가 경영하는 잡지 『가이조改造』에도 기고하는 외에 일본인이 경영하는 잡지 『상하이上海』에서 매월 30원의 수당을 받고 있었다. 쇼와 12년(1937) 봄 무렵부터 『가이조』에서 『루쉰 전집』의 번역 출판을 계획하자, 그 감상·수필·전기 등 모든 부분의 편역자로 계약하였다. 그 이래 루쉰 생전의 사적을 잘 아는 부인 쉬광핑의 거주지 근처에 거주

하면서 오로지 그 번역문의 완성에 노력했다. 한결같이 문필 생활에 힘써 생활의 안정을 얻었는데, 그해 7월경부터 지병인 폐결핵을 원인으로 하는 늑막염을 앓았다. 그해 말에 다시 내연의 처인 이케다 유키코池田幸子도 같은 병에 걸려 프랑스 조계 광제의원廣濟醫院에 입원하게 되었다. 그런데 중일 관계가 급변하여 8월 초순경부터 귀국, 피난하는 일본인 부녀자가 증가하게 되자 세구치는 시국의 급박과 의사의 권고에 따라 아내와 함께 8월 15일에 출범하는 배로 귀국할 결의를 하고 그 준비를 시작했다. 그러나 8월 13일 급기야 중일 간의 교전이 시작되어 귀국 의사를 단념했다. 은혜를 입은 전기前記 우치야마内山와 히다카日高 2명에게도 아무 통지와 연락도 하지 않고 이후 묘연히 그 소식을 끊었다. 따라서 그 소재에 대해 예의 수사를 진행하고 있었는데, 광둥廣東에서 발행하는 좌익 인민전선파의 기관지『구망일보救亡日報』1월 31일 자 제117호 제1면에 세구치가 서명한 「현실의 정의」라는 제목의 비국민적 논문을 게재하였다. 이것으로 보면 아마 11월 중순 남시南市 점령으로 인해 상하이가 완전히 일본군의 세력하에 놓이고 좌우익 분자를 비롯해 다수의 항일 분자가 상하이를 탈주하자 세구치 역시 이들 분자와 함께 비밀리에 홍콩 방면으로 도주하여 무슨 사정인지 인민전선파에 가입하여 그 보호를 받고 있다고 인정되므로, 계속 엄하게 내부 수사 중이다.

재류 내지인 사상 범죄의 검거
(1) 소련 기관의 자금 수령 피의被疑 사건
     쇼와 3년(1928) 2월 일본공산당 간부 나카무라 요시아키中村義明를 검거하여 경시에 압송함.
(2) 3·15사건
     쇼와 4년(1929) 8월 일본공산당 수령 사노 마나부佐野學를 검거하여 경시청에 압송함.
(3) 동문서원同文書院 사건

쇼와 6년(1931) 1월 안자이 고지安齋康二, 이와사키 벤지岩崎弁二, 시라이 미유키白井行幸 외 1명을 검거하여 총영사관에서 치안유지법 제1조 제1, 2항에 의해 기소. 그 중 2명은 예심 면허.

(4) 일본해원쇄신동맹日本海員刷新同盟 및 범태평양노동조합汎太平洋勞働組合 비서처 관계 사건

쇼와 6년(1931) 기마타 도요츠구木俁豊次, 기토 긴이치鬼頭銀一의 2명을 검거하여 경시청에 압송함.

(5) 제2차 동문서원 사건

쇼와 8년(1933) 3월 사카마키 다카시坂巻隆, 다카하라 시게루高原茂, 후쿠다 기요시福田清, 다이모토 마사나리代元正成 외 16명을 검거하여 그 중 4명을 치안유지법 제1조 1, 2항, 제3조 및 제5조에 의해 기소하고 16명을 기소유예로 처분함.

(6) 일본공산당 관계 용의 사건

쇼와 8년(1933) 8월 호리에 무라이치堀江邑一를 검거하여 가가와현香川縣에 압송함.

2. 재류 조선인의 상황

상하이 재류 조선인의 호수 및 인구는 복잡한 각국 세력이 얽히는 등 주위 환경으로 아직 정확한 조사를 완료하지 못했지만, 다음의 표와 같이 매년 증가하는 경향을 보이고 있다. 그런데 쇼와 12년(1937) 8월 상하이에서 발발한 중일사변의 영향을 받아 현저하게 감소하였다. 현재의 조사에 의하면, 호수 393호, 인구 남 492, 여 592, 계 1천 83명으로, 전년 말 현재와 비교하면 호수 203호, 인구 남 406명, 여 308명, 계 714명이 감소했다.

(一) 재류 조선인의 호구 누년 비교

연도	호수	인구		
		남	여	계
쇼와 7년(1932) 말	438	742	610	1,352
쇼와 8년(1933) 말	425	983	409	1,392
쇼와 9년(1934) 말	448	939	644	1,583
쇼와 10년(1935) 말	491	846	877	1,722
쇼와 11년(1936) 말	496	897	900	1,797
쇼와 12년(1937) 말	393	491	592	1,083

비고: 쇼와 12년(1937) 인구 감소는 상하이사변 발발에 의함.

(二) 재류 조선인의 직업[쇼와 12년(1937) 12월 말 조사]

직업	본업자
전차 사표查票	18
치과의사	1
보모	1
요리점	1
카페	7
만년필 제조	1
동 직공	10
댄스교사	2
댄서	18
맛사지	1
동 조수	10
조선인삼상	2
상점원	22
브로커	2

사진업	2
사진기사	3
기계수선	2
무역상	2
식료 잡화상	7
잡화상	2
자동차 운전수	7
음식점	1
공장 직공	1
매약 제조	1
고기 판매	1
주조업	1
육군 용달	2
자동차 수선업	1
카페 카운터	1
노동	1
육군 통역	1
육군 위안소	1
댄서	18
여급	76
외국인 첩	20
밀매춘	1
계	**267**

(三) 재류 조선인의 단속

조선인의 단속에 대해서는 재상하이 영사관 경찰부 신설 이래 특별히 전무원專務員 부영사 1, 경부 1(결원 1), 경부보 1, 순사부장 1, 순사 3, 선박계 순사 2명 등 총 9명을 배치하고, 그 기능을 충실히 하여 시찰과 단속의 철저와 정보 수집에 만전을 기하는 한편, 전면적으로 선도 구제의 방책에 노력한 결과 불령선인들의 책동은 점차 숙청되고 있다.

쇼와 12년(1937) 중일전쟁의 발발에 의해 전시 사무가 매우 긴급하였지만 오히려 조선인 거류민 회장 저격 범인을 비롯해 김구의 참모 격인 김동우金東宇즉 노종균盧鍾均을 검거하고, 민족주의파 10명, 무정부주의파 1명, 계 11명의 검거 성적을 올렸는데, 저들 김구 및 김원봉 일파들은 일본군의 난징 점령 후 장제스 정권의 비호하에 한커우漢口·충칭重慶·창사長沙 방면으로 도주하여 불령 책동을 하고 있기 때문에 이들에 대해서는 가능한 모든 수단과 방법을 써서 예의 사찰, 단속의 철저를 기하고 있다.

쇼와 2년(1927)도 이래의 검거자는 다음과 같다.

조선인의 부部
(1) 공산주의운동 사건
   쇼와 2년(1927) 6월 이현상李鉉相·김도현金道鉉·오이성吳李醒·김창숙金昌淑·김용석金容錫의 5명을 검거하여 조선에 압송함.
(2) 치안유지법 위반 사건
   쇼와 3년(1928) 9월 최원崔圓·최승연崔承淵의 2명을 검거하여 조선에 압송함.
(3) 치안유지법 위반 사건
   쇼와 3년(1928) 10월 양하석梁河錫을 검거하여 조선에 압송함.
(4) 무정부주의 사건
   쇼와 3년(1928) 10월 이정규李丁奎를 검거하여 조선에 압송함.
(5) 중국공산당 법남구法南區[프랑스 조계 남구 - 옮긴이] 한인지부 반대 운동 사건
   쇼와 4년(1929) 4월 여운형呂運亨을 검거하여 조선에 압송함.

(6) 중국공산당 법남구 한인지부 관계 사건

쇼와 5년(1930) 4월 이병운李秉雲·김경원金慶元·이경덕李慶惠·조태의趙泰義·최창식崔昌植의 5명을 검거하여 조선에 압송함.

쇼와 5년(1930) 9월 구연균具然均을 검거하여 조선에 압송함.

(7) 재상하이 민족 단체 관계 및 강도 사건

쇼와 6년(1931) 8월 박규명朴奎明을 검거하여 조선에 압송함.

(8) 중국공산당 법남구 한인지부 관계 사건

쇼와 6년(1931) 12월 문종목文宗穆을 검거하여 조선에 압송함.

(9) 상하이 한인청년당 관계 사건

쇼와 7년(1932) 4월 김덕근金德根·장현근張鉉瑾의 2명을 검거하여 조선에 압송함.

(10) 흥사단興士團 및 재상하이 민족 단체 관계 사건

쇼와 6년(1931) 4월 안창호安昌浩를 검거하여 조선에 압송함.

(11) 상하이 한인청년당 사건

쇼와 7년(1932) 7월 우홍주禹洪疇를 검거하여 조선에 압송함.

쇼와 7년(1932) 8월 서상균徐相均을 검거하여 조선에 압송함.

(12) 중국공산당 법남구 한인지부 기타 사건

쇼와 7년(1932) 9월 조봉암曺奉岩·서병송徐柄松·조동선趙東宣의 3명을 검거하여 조선에 압송함.

쇼와 7년(1932) 10월 강문석姜文錫·김승락金承洛·이종숭李鍾嵩·염용섭廉龍燮·이무성李武成의 5명을 검거하여 조선에 압송함.

쇼와 7년(1932) 12월 홍남표洪南杓를 검거하여 조선에 압송함.

(13) 한국독립당 간부 임시정부 국무원 기타 관계 사건

쇼와 8년(1933) 3월 이유필李裕弼을 검거하여 조선에 압송함. 치안유지법에 의해 징역 2년에 처해짐.

(14) 무정부주의자의 아리요시有吉 공사 암살 음모 사건

쇼와 8년(1933) 4월 원심창元心昌·백정기白貞基·이강훈李康勳 3명을 검거하여 조선에 압송함. 치안유지법에 의해 원심창과 백정기는 무기징역에, 이강훈은 징역 15년에 처해짐.

(15) 중국공산당 법남法南 한인지부 기타 관계 사건

쇼와 8년(1933) 5월 곽중규郭重奎를 검거하여 조선에 압송함.

치안유지법에 의해 징역 4년 6월에 처해짐.

(16) 중국공산당 법남구 한인지부 반대 운동 사건

쇼와 8년(1933) 7월 박헌영朴憲永을 검거하여 조선에 압송함.

치안유지법에 의해 징역 7년에 처해짐.

(17) 유인발柳寅發 암살 사건

쇼와 8년(1933) 9월 김익성金益星을 검거하여 조선에 압송함.

치안유지법에 의해 징역 5년에 처해짐.

(18) 한국독립당원 의경대 간부의 상하이 일본 총영사관 폭탄 투척 사건

쇼와 8년(1933) 10월 이성구李成九를 검거하여 조선에 압송함.

치안유지법에 의해 징역 7년에 처해짐.

(19) 상하이 한인청년당 홍커우공원 폭탄 사건

쇼와 8년(1933) 10월 김석金晳을 검거하여 조선에 압송함.

치안유지법에 의해 징역 5년 8월에 처해짐.

(20) 공산당 선전 '삐라' 살포 사건

쇼와 8년(1933) 10월 김창렬金昌烈·권창수權昌洙의 2명을 검거함.

(21) 조선공산당 재건설 운동 사건

쇼와 9년(1934) 4월 오만기吳萬基를 검거하여 조선에 압송함.

치안유지법에 의해 징역 5년에 처해짐.

(22) 의열단원 군관학교 제1기생의 건

쇼와 9년(1934) 8월 신세철申世徹을 검거함.

(23) 공산당 선전문 살포 사건

쇼와 9년(1934) 8월 이용기李龍基를 검거함.

(24) 의열단원 군관학교 제1기생의 건

쇼와 9년(1934) 9월 김천만金千萬을 검거함.

(25) 다이쇼 10년(1921) 조선 평안남도청平安南道廳 습격 사건

쇼와 9년(1934) 10월 박종식朴椶植을 검거하여 조선에 압송함.

치안유지법에 의해 무기징역에 처해짐.

(26) 의열단 군관학교 제1기생의 건

쇼와 9년(1934) 10월 신병환愼秉桓을 검거하여 조선에 압송함.

(27) 의열단 군관학교 제2기생의 건

쇼와 9년(1934) 10월 김방우金邦佑·안정득安貞得의 2명을 검거하여 조선에 압송함.

치안유지법에 의해 각 징역 2년에 처해짐.

(28) 독립군 참모장 및 신한독립당 관계 사건

쇼와 9년(1934) 11월 이규채李圭彩를 검거하여 조선에 압송함.

치안유지법에 의해 징역 10년에 처해짐.

(29) 전 정의부正義府 간부 및 박남파朴南波 등의 항일운동 사건

쇼와 9년(1934) 12월 최명수崔明洙를 검거하여 조선에 압송함.

치안유지법에 의해 징역 2년 6월에 처해짐.

(30) 의열단 군관학교 제1기생의 건

쇼와 10년(1935) 2월 14일 김공신金公信을 검거하여 조선에 압송함.

징역 2년에 처해짐.

(31) 한국독립당 불령운동 사건

쇼와 10년(1935) 5월 25일 구익균具益均을 검거하여 조선에 압송함.

징역 2년에 처해짐.

(32) 무정부주의자 조선인민회 부회장 이용로李容魯 살해 사건

쇼와 10년(1935) 3월 15일 엄순봉嚴舜奉·이규호李圭虎의 2명을 검거하여

조선에 압송함.

치안유지법에 의해 엄봉순은 사형, 이규호는 징역 12년에 처해짐.

(33) 한국임시정부 독립군 군자금 모집 사건

쇼와 10년(1935) 3월 26일 이광복李光福을 검거하여 조선에 압송함.

치안유지법에 의해 징역 12년에 처해짐.

(34) 중국공산당 조선인 관계 사건

쇼와 10년(1935) 7월 10일 한용권韓龍權· 이한설李漢卨의 2명을 검거하여
조선에 압송함.

치안유지법에 의해 2명은 징역 5년에 처해짐.

(35) 난징군관학교 제11기 예비반 및 김구 특무대원의 건

쇼와 10년(1935) 12월 12일 백찬기白贊基를 검거하여 조선에 압송함.

(36) 김구 특무대원의 건

쇼와 10년(1935) 10월 2일 정성언鄭成彦· 이경우李逕雨· 김령金嶺의 3명을
검거하여 조선에 압송함.

정성언은 징역 3년, 김령은 징역 2년에 처해짐. 1935년 10월 15일 정빈
鄭斌· 이성춘李成春· 김상희金尚熙의 3명을 검거했지만 취조 결과에 의해
본적지로 송환함.

(37) 난징 중앙군관학교 뤄양분교 졸업생의 건

쇼와 11년(1936) 1월 28일 전봉남全奉南을 검거함.

(38) 의열단 군관학교 제3기 졸업생의 건

쇼와 11년(1936) 2월 5일 이호석李浩錫을 검거함.

(39) 맹혈단猛血團 사건

쇼와 11년(1936) 2월 20일 유영석柳瀅錫을 검거하여 조선에 압송함. 징역 5
년에 처해짐.

(40) 의열단 군관학교 제3기 졸업생의 건

쇼와 11년(1936) 2월 28일 안리돌安李乭을 검거함.

(41) 맹혈단 사건

쇼와 11년(1936) 3월 6일 오면식吳冕植· 김창근金昌根· 한도원韓道源· 김승은金勝恩의 4명을 검거하여 조선에 압송함.

오면식 및 김창근은 사형, 한도원은 징역 5년, 김승은은 징역 3년에 처해짐.

(42) 의열단 군관학교 제1기 졸업생의 건

쇼와 11년(1936) 5월 20일 지태선池泰善을 검거하여 조선에 압송함.

(43) 난징 중앙군관학교 뤄양분교 졸업생의 건

쇼와 11년(1936) 6월 13일 염대달廉大達을 검거함.

(44) 의열단 군관학교 제3기 졸업생에 관한 건

쇼와 11년(1936) 7월 4일 오형모吳亨模를 검거함. 징역 1년에 처해짐.

(45) 폭탄 사건

쇼와 11년(1936) 8월 22일 김순곤金順坤· 김병화金炳華의 2명을 검거하여 조선에 압송함.

김순곤은 징역 5년에 처해짐. 김병화는 사망.

(46) 김구파 훈련생의 건

쇼와 11년(1936) 9월 26일 장명성張明成· 서판암徐判岩의 2명을 검거함.

(47) 치안유지법 위반 사건

쇼와 11년(1936) 10월 12일 김동범金東範을 검거하여 조선에 압송함.

(48) 공산당 사건

쇼와 11년(1936) 10월 23일 김창수金昌洙를 검거하여 조선에 압송함.

(49) '스파이' 사건

쇼와 11년(1936) 10월 9일 오창세吳昌世를 검거하여 조선에 압송함.

(50) 신한독립당新韓獨立黨 간부, 조선민족혁명당 간부의 건

쇼와 12년(1937) 연병학延秉學을 검거하여 조선에 압송함.

(51) 무정부주의 남화南華한인청년연맹원의 건

쇼와 12년(1937) 2월 17일 김성수金聖壽를 검거하여 조선에 압송함. 징역 10년에 처해짐.

(52) 김구파 청년 모집원의 건

쇼와 12년(1937) 4월 6일 강윤희康允熙를 검거하여 조선에 압송함.

(53) 남화한인청년동맹원의 건

쇼와 12년(1937) 3월 12일 박제채朴濟彩를 검거했지만 취조 결과 석방.

(54) 조선민족혁명당원의 건

쇼와 12년(1937) 3월 18일 나월한羅月漢을 검거했지만 압송 도중 도주함.

(55) 한국독립당의 건

쇼와 12년(1937) 3월 27일 김진원金鎭源을 검거하여 조선에 압송함.

(56) 전 임시정부 대한교민단大韓僑民團 한국독립당 간부의 건

쇼와 12년(1937) 4월 3일 조상섭趙尙燮을 검거했지만 취조 결과 석방.

(57) 조선민족혁명당 상해구 책임의 건

쇼와 12년(1937) 4월 13일 김낙제金樂濟를 검거하여 조선에 압송함. 징역 2년에 처해져 집행유예.

(58) 대한민국임시정부 및 공산당원의 건

쇼와 12년(1937) 4월 16일 장건상張建相을 검거하여 조선에 압송함. 기소유예.

(59) 민족혁명당원의 건

쇼와 12년(1937) 6월 5일 장지갑張志甲을 검거하여 조선에 압송함. 징역 5년에 처해짐.

(60) 중공中共 법남구 한인지부의 건

쇼와 12년(1937) 7월 31일 박영곤朴永坤을 검거함. 취조 결과 석방.

(61) 김구파 인물의 건

쇼와 12년(1937) 10월 1일 최진무崔震武를 검거. 조선에 압송함. 기소유예.

(62) 무정부주의자 남화한인청년연맹원, 맹혈단원의 건

　쇼와 12년(1937) 12월 6일 김현수金玄洙를 검거하여 조선에 압송함.

(63) 의열단·조선혁명당·조선민족혁명당 간부의 건

　쇼와 12년(1937) 12월 27일 안재환安載煥을 검거하여 조선에 압송함.

(64) 맹혈단 수령, 의경대장, 전 김구파, 병인의용대 간부의 건

　쇼와 12년(1937) 12월 27일 노종균盧鍾均을 검거하여 조선에 압송함.

(四) 요시찰要視察 단체

상하이 재류 조선인 중에는 조선의 독립을 몽상하는 민족주의자·공산주의자무정부주의자 등 배일적 사상 소지자인 소위 불령운동자 또는 조선 내에서 각종 범죄를 감행하고 도주해 오는 등의 불량배가 적지 않다. 특히 불령 운동자는 다이쇼 8년(1919) 4월 프랑스 조계에 대한민국임시정부가 조직된 이래 상하이를 불령 혁명운동의 책원지策源地로 삼아 각종 불령 단체를 조직하여 상당히 활발한 책동을 하고 있다. 그 중에 만주사변을 계기로 하여 이봉창李奉昌의 불상 사건과 윤봉길尹奉吉의 폭탄 사건 등 극히 첨예하고 흉악한 운동을 전개했다. 그럼에도 그 후 총영사관의 준열한 검거 단속에 견디지 못해 그 중심 책원지를 항저우杭州와 난징南京 등으로 옮겼다. 또 시일의 경과에 따라 허다한 파벌 항쟁으로 이합집산 및 운동자금의 결핍과 유력 투사의 검거에 의해 그 운동도 점차 쇠퇴의 길을 걸었지만, 최근의 민족주의파는 김구파 대 민족혁명당 대 한국독립당 재건파의 3파가 정립하여 항쟁을 지속하고 있다. 무정부주의파도 역시 그 유력 투사인 맹혈단원이 대부분 검거된 이후 기세가 오르지 않고 있다. 또 공산주의파는 완전히 위축되어 떨치지 못하는 형세이다.

그리고 쇼와 12년(1937)에 접어들어 민족주의파 각 파는 연거푸 내부 항쟁을 계속하여 민족혁명당은 조선민족혁명당으로 개칭하여 당원의 결속을 도모하였지만, 김원봉파에 반감을 품은 이청천 일파는 금년 2월 마침내 조선민족혁명당을 분리시켜 조선혁명당을 조직하고 한국독립당 재건파와 제휴를 도

모하자, 김구 일파는 이 두 파를 자파의 수중에 거두어 김원봉파에 대항하려 획책하였다. 더욱이 재미 각 혁명 단체까지도 끌어들여 쇼와 12년(1937) 9월 상순경에 한국광복운동단체연합회를 조직하여 자파의 확대와 대일 전선 통일의 강화에 힘썼다.

이리하여 쇼와 12년(1937) 7월 중일전쟁이 발발하자 국민정부는 이들 불령 단체를 이용하여 북중국 및 상하이 방면에서 후방 교란 공작을 하도록 획책하였다. 각 파 또한 상당히 풍부한 자금을 얻어 항일의용군을 조직하거나 또는 군관학교 생도를 전선에 참가시키고 조선인 비행사를 선발하여 장제스 정부의 공군을 돕거나 혹은 각종 격문을 발행하여 한중 합작의 항일 선전에 노력하는 등 상당히 활발한 운동을 개시했다. 그렇지만 일본군의 급격한 추격으로 인한 난징으로의 수도 이전과 함께 불령 분자의 대부분은 한커우漢口·창사長沙·충칭重慶·광둥廣東 방면으로 도피하였기 때문에 그 후 각파 및 그 외곽 단체 등의 구체적 책동 상황 조사가 곤란하게 되었다.

(이하 생략)

IV.
『외무성경찰사』(제41~51권)
권별 해설 및 목록

서상문 · 도리우미 유타카 · 심철기

1. 『외무성경찰사』 제41권

5 支那ノ部(中支)

해설

　제41권은 중지中支의 상하이 · 쑤저우 · 항저우 등지 주재 일본 영사관에서 생산된 자료들이다. 전반부에 해당하는 5-16 부분은 북지北支편의 일부 자료인 장쑤江蘇성 쑤저우蘇州 주재 영사관에서 생산된 문건들이다. 쑤저우 외 일본 영사관 카이펑開封 분서分署가 있던 카이펑과 연운항連雲港 · 신포新浦 등지의 상황도 파악돼 있다. 소주 관련 문건들은 관내 지역에 대한 자연환경 · 인구 · 산업 · 통상 · 상공업 등 여러 가지 상황과 동향을 조사한 내용이 다수이다. 북지 관련 내용은 본 목록집의 범위 밖이어서 목록화 대상에서 제외하였다.

　쑤저우와 항저우 지역 관련 자료 외의 자료들은 상하이 주재 일본 총영사관에서 생산된 자료들로서 5-17 부분에 수록되어 있다. 1922~1930년대에 걸쳐 있는 각종 자료 총 426건 중에 한국 관련 문건은 1939년 11월 17일 자 「선인내왕수속鮮人來往手續에 관한 지령指令 11월 20일」(115/167) 1건뿐이다. 나머지는 중국 주재 영사관 자체 관련 문건들과 현지 사정을 조사한 것들이다. 자료 이용에 주의할 점 몇 가지를 밝히면 아래와 같다.

　첫째, 상하이 주재 총영사관 소속 경찰이 중지의 여타 지역들을 넓게 관할한 점이다. 상하이 총영사관은 여타 지역의 영사관과 달리 경무부를 산하에 두었다.[1] 상하이 총영사관의 경무부는 쑤저우와 항저우는 물론, 우쑹吳淞 · 우후蕪湖 · 주장九江 · 한커우漢口 · 안칭安慶 · 창안長安 · 난스南市 · 샤스硤石 · 톄싼푸鐵山舖 · 장

---

1 「警務部設置ニ關スル通報」, 船橋治 編, 『外務省警察史』(東京: 不二出版社, 2000年) 第41卷(50/151), 151쪽.

완江灣 등지에 파견소를 두고 해당 지역에 대한 임무를 수행했다.

둘째, 영사관 소속 외무성 경찰의 실태와 운영 및 활동을 파악할 수 있는 자료가 많다. 관할 지역 영사관 내 외무성 경찰서의 설립 혹은 폐쇄에서부터 부서 상황, 부원에 대한 인사 발령, 교육, 상벌 등에 이르기까지 세세하게 기록돼 있다.

셋째, 활동 대상으로는 일본 거류민[在留邦人], 중국인(중국 국민정부와 중국 공산당원 모두 포함), 한인, 유태인 등 제3국인에 대한 동향 파악 및 통제 내용을 알 수 있다. 여기에는 외무성 경찰이 인구 유입 및 동향 파악, 요주의 인물, 반일 인사들이나 언론 매체의 기사와 통신에 대한 검열, 단속, 체포, 검역, 기독교 등의 종교 활동, 그리고 만주국 황제 같은 요인의 도일渡日 시 경호 등 광범위하게 관여한 사실이 기록돼 있다. 제41권은 중지 지역 일본 외무성경찰사 연구에 매우 유용한 자료집으로 평가할 수 있다. (서상문)

5-17 在支(那)大使館中支警務部

232

234

○ 十一月 二十五日 (117/167)

○ 十一月 二十六日 (118/168)

• 警務部長巡閱實施要領 (120/168)

○ 十一月 二十八日 (122/169)

○ 十一月 三十日

• 杭州管下警察 初度巡閱 (124/169)

• 記

• 兵事事務講習會 開催 (126/170)

• 北支部司法講習會 出席者 歸任

• 信任巡查配置의 件 發令

• 蘇州南京管下警察 初度巡閱 (127/170)

• 記

　　南京蘇州各管下警察初度巡閱要領

　　新聞記事揭載 및 通信禁止에 관한 指令 (131/171)

　　警察官의 定期出張地에 臨時出張의 경우에 대한 訓令

　　連絡會議

　　協議連絡事項

　　말라리아의 流行狀況照査의 指令 (132/171)

　　雇入

　　타이피스트

　　巡査死亡

　　告別式參列 (133/171)

　　中支在留邦人統計表作成報告指令

　　思想運動단속에 관한 指令

　　流言蜚語단속 指令 (134/172)

　　巡閱官一行歸任 (135/172)

　　宗敎 및 敎育에 관한 단속 指令

　　第一課長歸任

　　轉勤發令 (136/172)

　　新聞記事揭載 및 通信禁止 指令

　　新任巡査着任 (137/172)

　　座談會開催

○ 警察官 上海出張 其他에 관한 指示

○ 忠義救國軍에 對한 警戒對策 資料作成 (198/188)

○ 警察賞與傳達式

  • 記 (199/188)

○ 警察官支給旅費의 特令改正방법 稟請 (202/189)

○ 新編第三十師의 策動 警戒방법 指令

○ 島田警務副部長 以下 中支憲兵隊長會議에 列席 (203/189)

○ 劍道房具 到着

○ 警察官의 長期에 걸친 休暇缺勤報告 방법 指令

○ 在上海유태인 諸機關團體系統表 作成配布 (204/189)

○ 歸朝命令

○ 巡査部長 以下의 給與增額방법 稟請

○ 北支署長會議列席을 위한 服部第一課長 北京出張 (205/189)

○ 劍道鍊習 實施방법 示達

○ 領事館警察署 文書受發等 樣式改正방법 稟請

○ 타이피스트 解雇 (206/190)

○ 服部第一課長 着任 (207/190)

○ 工部局과의 協定成立 調印

○ 滿洲國 皇帝陛下 御渡日에 관한 警衛방법 指令 (208/190)

○ 石田部長 歸任

○ 防疫會議 出席

○ 新聞記事 및 通信禁止방법 電報指令

○ 出張 및 轉勤發令 (209/190)

○ 內部勤務發令

○ 勤務替發令 (210/191)

○ 鐵山舖派遣所 開設

○ 江灣派遣所 憲兵으로부터 事務引繼 (211/191)

○ 橋本警部補入院

○ 南市派遣所廳舍 豫定家屋檢分 (212/191)

○ 劍道練習日 變更

○ 轉勤命令

○ 邦人要視察人 및 軍屬에 대한 단속 및 防諜對策에 관한 指令 (213/191)

○ 司法警察執務上의 參考로서 司法警察執務細則 配布 (235/197)

○ 司法事務講習 終了

○ 功勞記章 傳達式

　• 記 (236/197)

　　抗日 테러犯人 應渭水 以下 23名 搜查逮捕한 功에…

○ 高等事務 監査 (239/198)

○ 新中國 國民政府還都式 擧行

○ 新聞記事揭載 및 通信禁止方법 指令

○ 「抗日出版物特要覽」 編纂配布

○ 物資搬入 단속 連絡會議 (240/198)

○ 安慶分署 開設

○ 轉勤發令 (241/198)

○ 警察官語學試驗 實施

○ 司法例規의 配布 (242/199)

○ 戶口查察要領 制定

○ 加俸給與 發令 (254/202)

○ 工部局市參事會員 選擧

○ 警察賞與 傳達

○ 巡查官舍에 備品備附방법 稟請 (255/202)

○ 蕪湖上流地區警察巡閱

　• 蕪湖, 九江, 漢口 各管下警察巡閱 實施要領 (256/202)

○ 第一回 高等警察事務 講習會 (261/203)

○ 田部井 警部 死亡 (263/204)

○ 關西地方行幸에 관한 特別警衛방법 指令

○ 應授警察官 南京派遣

○ 田部井 警部 告別式 (264/204)

○ '콜레라' 豫防注射 實施

○ 轉勤發令

○ 現地實務敎習 終了 (265/204)

○ 勤務發令

○ 昇格發令 (269/205)

○ 事務部長 第一課長 歸任 (271/206)

○ 島田副部長一行 歸任

○ 銃器取扱방법 敎養에 관한 訓令

○ 開設準備를 위한 出張發令 (272/206)

○ 映畫 및 '레코드' 檢閱방법에 관한 指令

○ 思想動向調査 및 단속방법 指令 (273/206)

○ 新任巡査 着任

○ 銃器實彈現在敷 調査報告방법 指令

○ 島田警務副部長 歸國

○ 高等警察 參考書類 送付 (274/207)

○ 病으로 入院

○ 新任巡査 敎習開始

　● 記

○ 土木建築工事 단속規則(共通館令)을 管下 各公館長에게 通牒 (276/207)

　● 土木建築工事단속規則(昭和15년 1940년 6월 共通館令)

　● 附則 (280/208)

○ 長安 및 南市派遣所 開設

○ 勤務發令

○ 轉勤發令 (281/208)

○ 不良邦人 단속勵行방법 通牒 (283/209)

　● 不良邦人 단속要領

　● 不良邦人名簿 (287/210)

　● 註 (293/211)

○ 警察官 印寸法統一의 件 (294/212)

○ 中支各公館長 앞

　● 記 (295/212)

○ 滿洲國皇帝陛下 御渡日에 관해 警衛방법 指令 (296/212)

○ 今次 事變에서 在支 不逞臺灣人의 民族運動에 관한 件

○ 小川 第二課長 歸朝 (297/212)

○ 警察機關 昇格 및 開設의 件 憲兵隊에 通報

○ 川邨警部兼勤 發令

○ 星野타이피스트 解雇

○ 轉勤發令 (298/213)

○ 新任巡査赴任出發

○ 타이피스트 雇入

○ 橋本書記生 轉勤辭令

○ 橋本部長 賜暇歸朝 出發 (334/222)

○ 轉勤發令

○ 警察官의 規律振肅에 관한 指令

○ 不良退職警察官의 渡航阻止방법에 관한 訓達 (338/223)

○ 分署 또는 派遣所要員으로서 出張中在勤을 命할 수 있는 者에 대한 在勤捧等 支給
　　에 관한 指示 (340/223)

○ 詔書捧讀式 參列

○ 轉勤發令 (341/223)

○ 中支警務部主催 警察會議講習會 等에 在南支警察署員 列席承認방법의 稟請

○ 賜暇歸朝者 出發

○ 語學試驗實行 및 語學手當支給細則 改正 (342/224)

　　● 記

○ 蘇州驛 構內派出所 開設 (343/224)

○ 타이피스트 解雇

○ 任命 및 轉勤發令

○ 下級警察官 生活救濟방법 稟請 (345/224)

○ 事務監査 (347/225)

○ 事務監査

○ 下級警察官 生計對策

○ 事務監査 (348/225)

○ 賜暇歸朝許可

○ 上海署 事務應援

○ 支那事變記念式 參列 (349/225)

○ 타이피스트 解雇

○ 警察會館施設 會議

○ 橋本書記 生出發 (350/226)

○ 燃燒傘使用으로 생긴 火災

○ 新聞記事 揭載禁止방법 指令 (351/226)

○ 上海警察新廳舍內에 檢閱室 設置방법 稟請

244

○ 管內異動시에 家族殘留許可방법에 관한 訓達 (367/230)

○ 勤勞奉仕參加

○ 九江警察署 內情調査를 위해 出發 (368/230)

○ 轉勤發令 (369/230)

○ 現地敎育終末試驗

○ 新任調査任地 發令

○ 轉勤發令 (372/231)

○ '콜레라' 豫防注射 (373/231)

○ 轉勤發令 (374/232)

○ 田村巡査 着任

○ 部內命令

○ 轉勤發令

○ 轉勤發令 (375/232)

○ 勤務奉仕

○ 小林部長 5월 女巡査着任

○ 轉勤發令 (376/232)

○ 轉勤發令

○ 新任巡査 到着 (377/232)

○ 産婆단속規則 및 看護婦단속規則(共通館令)을 管下 各公館長에게 通牒 (378/233)

○ 新任巡査 到着

○ 轉勤發令

○ 占領地區內 各公館의 動靜査察警戒方법 指令 (380/233)

○ 小川巡査 着任 (381/233)

○ 岳州分署 開設

○ 新任巡査 裁習開始 (382/234)

　● 記 (383/234)

○ 警察官 語學手當給與 發令 (385/234)

○ 轉勤發令 (387/235)

○ 桑田警部補 出發 (389/235)

○ 池田警部補 着任

○ 國民政府 第一回 全國警政會議狀況 示達

○ 장티푸스 豫防注射 (390/236)

○ 勅語奉讀式

○ 證明事務의 取扱官印保管방법에 관한 訓令 (420/243)

○ 高等警察關係資料 送付

○ 賜暇歸朝者 歸任 (421/243)

○ 警務部長 檢閱 및 巡視

　　• 記

○ 振興購買組合 加入 (422/244)

　　• 記 (423/244)

○ 巡査給與改正 (424/244)

○ 巡査懲戒發令

○ 夏季時間改正 (426/245)

○ 轉勤發令 (427/245)

○ 蘇州杭州管下 警部警部補 在勤俸增額방법에 관한 稟請

○ 兵事事務講習 開催

○ 發令 (428/245)

○ 支那係囑託 採用 (429/245)

○ 種痘實施

○ 各署雇傭支那人에 대한 嚴重監督방법에 관한 指令

○ 詔書奉讀式 擧行

○ 紀元二千六百年 式典에 관한 特別警戒방법 指令 (430/246)

○ 警察官貸與品紛失處置에 관한 指令

○ 轉勤發令

○ 拜賀式 (432/246)

○ 參列

○ 秋季 懇親運動會

○ 轉勤發令

○ 事務監査

○ 紀元二千六百年 奉祝式 參列 (433/246)

○ 訓話

○ 警察招魂祭 執行

○ 講話 (434/247)

○ 勤務發令

○ '페스트'에 대한 防疫단속의 指令

○ 蘇州署長 赴任

○ 警察官 應援出張 發令 (435/247)

○ 中支에서의 國家總動員保持에 관한 發表禁止事項 단속방법 指令

○ 休暇旅行

○ 事務監査出張者 歸任 (436/247)

○ 講話

○ 轉勤發令

○ 講話 (437/247)

○ 小川第二課長 歸朝發令

○ 南市派遣所 昇格

○ 中國共産黨(軍)幹部 名簿의 作成

○ 軍事委員會運輸統制局 暫行組織軍側의 入手報告 (438/248)

○ 在中支 外國基督教會附帶事業에 관한 調査방법 指令

○ 駐華本多大使 發令 (439/248)

○ 訓授

○ 新任巡査 到着

○ 武道中止

○ 新任巡査現地 教習開始 (440/248)

○ 便衣混成隊의 潛入에 대한 警戒방법 指令

○ 小川第二課長 歸朝出發

○ 講演 (441/248)

○ 阿部大使 歸朝

○ 兵事事務關係例規 配布

○ 戶籍事務關係例規 配布

○ 司法事務講習을 위한 歸朝發令 (442/249)

○ 西田第一課長 着任

○ 新舊第一課長 인사

○ 橫山部長 着任

○ 講話

○ 第二課長 發令 (444/249)

○ 武道納會

2. 『외무성경찰사』 제42권

5 支那ノ部(中支)

해설

제42권도 제41권과 마찬가지로 상하이 주재 일본 총영사관에서 생산된 자료들이 5-18 ① 부분에 수록되어 있다. 총 158건이 수록되었다. 158건은 모두 ○으로 표시된 문건이며, 각 문건 속에 분류된 항목 중에는 내용상 독립된 문건으로 봐도 될 만한 것들까지 계산하면 전체 문건 수는 훨씬 더 늘어난다.

예를 들면 ○로 표시된 '1932년 在上海總領事館警察事務狀況 同警察署長報告摘錄'이라는 표제 문건은 그 아래에 ①'地方治安狀況', ②'在留邦人의 狀況', ③'警察事務狀況' 셋으로 구성되어 있다. 이 세 항목 아래에 각기 상당한 수의 항목으로 나뉘어 조사가 기록되어 있다. ③'경찰 사무 상황'의 경우, 그 아래에 또 '警察署事務分掌'을 비롯해 邦人(일본인) 戶口, 경찰 문서, 행정경찰 사항, 邦人의 화재, 邦人의 諸興行, 在留 금지, 諭旨退去, 보호 송환, 피난민의 보호, 邦人 전염병, 전염병 예방주사, 천연두, 檢視와 검증, 邦人의 주된 피해, 범죄 건수 및 검거 건수, 범죄 즉결, 留置人, 형사 피고인의 압송, 상하이의 소방대, 상하이의 의용대, 邦人 경제신문 잡지 및 통신원 등에 이르는 23개의 소항목으로 나뉘어 있다. 각 소항목 안에도 여러 종류의 조사 보고 내용이 들어 있다. 한국 관련 문건은 ○ 표제어의 문건과 그 아래 항목까지 합쳐 23건이 수록돼 있다.

문건들이 생산된 시기는 메이지 3년(1870)부터 쇼와 15년(1940)까지, 즉 메이지, 다이쇼, 쇼와 3대에 걸쳐 있다. 문건들은 상하이 주재 일본 총영사관이 입수했거나 참고한 상하이 지역의 일반 현황, 본국 외무성과 주고받은 보고서, 지시, 품신, 답신 형식으로 이루어진 것이다. 상하이는 1920~1940년대 중국 경제, 국제 무역, 교통, 운수, 상공업, 교육, 문화 등에서 최고의 중심지였다. 우리 한국사의 견지에서는 이곳에 프랑스 조계, 공공 조계 등의 조계 및 그 행정 기관들이 소재한 점, 초창기 임시정부 청사가 두어진 항일운동의 메카였다는 점이 중시된다. 상하이는 1930년 10월 시점에 인구 약 300만 명이었던 것이 불과 6년 후인 1936년에 330만 명으로 대폭 늘어나 규모에서 중국 최대의 도시가 되었다. 같은 시기 수도 난징의 인구는 65만 명에 불과했다.[2]

상하이는 물류와 인적 교류가 활발히 진행된 국제 도시였을 뿐만 아니라 중국에 진출한 구미 열강이 자국의 국익을 위해 첩보 및 정보망을 다양하게 가동하고 있던 곳이었다. 중국에 대한 제국주의 침탈을 시도한 일본도 예외가 아니라 마찬가지로 '외무성 경찰' 조직이 중화민국 및 중국인, 한인의 항일운동 및 민족 독립운동, 대한민국임시정부에 관한 조사·탐문·첩보 혹은 정보를 획득하려고 노력을 기울였다. 상하이 주재 일본 총영사관 외무성 경찰이 파악한 이 지역 관련 기초 자료로는 대략 지세, 면적, 인구 및 직업의 대강, 기후, 교통, 통신, 거류지, 공사 시설, 토지 가옥의 매매 및 임대 가격, 물가의 추세 및 식료품, 잡화의 시세 순으로 편집돼 있다.

제42권에 수록된 23건의 한인 관련 문건들은 대한민국임시정부와 한인들의 항일 독립운동 활동과 관련된 직접적인 문건들은 수록돼 있지 않다. 1930년대 초 외무성 경찰이 조계지를 포함한 상하이 현지 일본 거류민들의 사정을 조사하면서 같은 지역 내 거주 한인들의 인구 분포, 거주 상황, 직업, 생활 상태 등을 위주로 한 기초 조사 및 정보와 함께 각국 여성들에 대한 출입국 단속, 불령선인不逞鮮人, 중국 귀화 관련 문건들이 주를 이루고 있다. 대한민국임시정부와 한인들의 항일운동 및 민족 독립운동에 관한 문건들은 제43권부터 수록돼 있다. (서상문)

---

2 袁繼成, 『近代中國租界史稿』(北京: 中國財政經濟出版社, 1988年), 61쪽; [美] 羅玆·墨菲, 『上海: 現代中國的鑰匙』(北京: 上海人民出版社, 1985年), 65~66쪽.

5-18 ① 在上海領事館 第一

○ 目次 (20234/3)

在上海總領事館 第一(二册의 內)

附圖

附表

附錄

「主記. 一, 조선민족운동(5册) 및 공산, 무정부주의운동(1册)에 대해선 별책으로 輯錄한다.

二, 본편 第一은 明治 3년(1870) 庚午부터 昭和 7년(1932)까지다. 第二는 昭和 8년(1933)부터 동 15년(1940)까지이다. 또한 여기에 附圖, 附表 및 附錄을 編綴한다.」

○ 本史編纂에 관한 件 (20235/3)

　○ 記

　　• 昭和 16年(1941) 10월 9일附 在上海堀內總領事 發信 豊田外務大臣 앞[宛] 摘錄

○ 在上海總領事館 (20237/3)

　○ 辨官御中 外務省

　　9월 17日 宮本少丞宮中에게 持參山口中 출장을 내다.

　　支那上海港의 義는…

　○ 辨官御中 外務省 (20239/4)

　　支那上海港의 義는…

　○ 長崎縣御中 外務省 (20241/4)

　　支那上海에 出張開店 等…

　○ 民部省御中 外務省 (20242/5)

○ 辦官御中 外務省 (20243/5)

　支那는 條約未濟에… (20244/5)

○ 단속에 전념하는 것 외에 관련된 御入費는… (20249/6)

　貿易

　交際 (20252/7)

○ 省議 柳原大丞 外務大錄 品川忠道 任代領事 外務 奉 明治 5년(1872) 壬申 2월 10일 (20255/8)

　品川外務大錄 殿 (20256/8)

　明治 5년(1872) 10월 28일附 柳原外務大丞 發信 在上海 品川領事 앞 半公信

○ 明治 13년(1880) 6월 22일附 井上外務卿 發信 左大臣 熾仁親王 앞 甲第144號(原文寫) (20259/9)

　○ 在廈門領事館廢止의 儀에 관해 上申

　○ 上海에서의 在留邦人(『在上海總領事館警察署沿革誌』에 의함) (20261/9)

○ 大正 12년(1923) 在上海總領事館管轄區域內 事情(大正 12년 12월 11일附 在上海總領事 發信 外務大臣 앞 報告摘錄) (20262/10)

　○ 目次

　　一. 地勢

　　二. 面積, 人口 및 職業의 大要

　　三. 氣候

　　四. 交通

　　五. 通信 (20263/10)

　　六. 居留地

　　七. 公私의 施設 (20264/10)

　　八. 土地家屋의 賣買 및 賃貸價格 (20265/10)

　　九. 物價의 趨勢 및 食料品, 雜貨의 시세

　　一. 地勢 (20267/11)

　　二. 面積, 人口 및 職業의 大要 (20279/14)

　　三. 氣候 (20281/14)

　　四. 交通 (20294/18)

---

3 공동 조계와 프랑스 조계 내에 거주하고 있는 외국인의 인구 및 남녀 성비를 국적별로 밝힌 가운데 조선인도 들어가 있는 문건임.

○ 明治 16년(1883) 11월 30일附 吉田外務卿代理 發信 在淸國上海 品川總領事 앞 通達 (原文寫) (20467/61)

○ 明治 17년(1884) 7월 15일附 在上海 安藤領事 發信 吉田外務大輔 앞 公信 第77號(原文寫) (20470/62)

○ 明治 18년(1885) 6월 10일附 在上海 安藤領事 發信 吉田外務大輔 앞 公信(原文寫) (20475/63)

○ 明治 18년(1885) 7월 6일附 井上外務卿 發信 長崎縣·福岡縣·山口縣·兵庫縣·大阪府·神奈川縣 各知事 앞 內訓(原文寫) (20482/65)

○ 明治 19년(1886) 3월 12일附 井上外務卿 發信 高崎東京附知事 앞 內訓(原文寫) (20484/65)

● 明治 25년(1892) 3월 23일附 榎本外務大臣 發信 在高淸國·朝鮮·香港·'싱가포르'·'샌프란시스코'·'밴쿠버' 各領事 앞 內訓(原文寫)[4] (20486/66)
　 ○ 海外渡航賣淫婦女 단속방법에 관한 訓達

○ 明治 25년(1892) 3월 23일附 榎本外務大臣 發信 長崎·福岡·山口·兵庫·大阪·神奈川·東京 各府縣知事 앞 內訓(原文寫)[5] (20489/66)
　 ○ 我國婦女海外渡航 단속방법에 관한 內訓의 件
　 ○ 外務省訓令 第一號 (20490/67)
　 ○ 附記 (20492/67)

---

4 일본인 매춘부들이 해외로 나가 매춘하는 일이 증가해 일본의 국가 위신과 체면을 깎고 있으니 이들을 단속해 달라고 외무대신이 청국, 조선, 홍콩, 샌프란시스코 주재 일본 영사관에 지시한 문건임.

5 明治 18년(1885) 7월 6일부로 일본 외무대신 井上가 청국, 조선, 홍콩, 싱가포르, 밴쿠버 기타 각국 일본 영사들에게 아래와 같은 문건을 별지로 통보한 바 있는데, 이 문건을 베껴서 사본을 보내니 이 뜻을 받들어 해외로 도항하는 일본 여성들을 단속할 것을 상기 일본 영사관들에게 지시한 문건임.

○ 明治 17년(1884) 9월 13일附 外務省發令 (20498/69)

○ 明治 20년(1887) 4월 21일附 在上海 河上領事 發信 井上外務大臣 앞 報告(原文寫) (20499/69)
　○ 在留邦人 福本誠 家宅侵入竊盜犯 支那人 斬殺의 件
　○ 檢證調書 (20506/71)
　○ 井上陳政 家宅臨檢
　○ 淸國人屍體檢視 (20514/73)

○ 明治 20년(1887) 6월 6일附 長崎控訴院 檢事長林誠一 發信 司法大臣 山田顯義 앞 報告 (20522/75)
　○ 明治 20年(1887年) 第二期重罪 第拾二號
　　裁判言渡書

○ 明治 23년(1890) 6월 邦人經營新聞의 創刊[明治 4년(1871)年版 遠山景直著『上海』에 의함] (20528/76)

○ 明治 24년(1891) 8월 31일附 榎本外務大臣 發信 松方內閣總理大臣 앞 報告要旨 (20529/76)

○ 明治 27년(1894) 3월 2일附 陸奧外務大臣 發信 伊藤內閣總理大臣 앞 報告(原文寫) (20530/77)
　○ 福州, 漢口, 臺灣淡水 및 九江의 六港을 上海總領事館의 兼割로 만드는 件 관련 報告

○ 明治 27년(1894) 8월 23일附 在陸上海(在東京)大越總領事 發信 陸奧外務大臣 앞 報告要旨 (20531/77)
　○ 在上海帝國總領事館 귀환 顚末
　　• 第一 總領事館 귀환에 이르게 된 顚末
　　• 第二 總領事館 建物 및 書類 등 始末 관련 (20535/78)
　　• 第三 上海管轄地 등 居留民의 本邦人 保護 방법 (20539/79)
　　• 變事 있을 때는 즉각 미국 總領事館警察 기타에 通報하는 등의 手順을 정해

놓을 것(20547/81)

- 日清戰爭 當時의 上海在留邦人 (20550/82)

○ 明治 29년(1896) 4월 16일附 陸奧外務大臣 發信 在長天津·芝罘·上海·蘇州·杭州·沙市·重慶 및 廈門 各領事 앞 內訓 第1號 (20552/82)
　○ 警部配置의 件

○ 明治 32년(1899) 拳匪(義和團事件)의 亂(『在上海總領事館警察署沿革誌』에 의함) (20555/83)
　○ 團匪事件이 上海에 미치는 影響 및 在留邦人[昭和 17년(1942) 7월 米澤秀夫著 『上海史話』에 의함 (20556/83)

○ 明治 33년(1900) 12월말의 上海在留邦人의 人口(『在上海總領事館警察署沿革誌』에 의함) (20558/84)

○ 明治 34년(1901) 12월末의 上海在留邦人의 人口(『在上海總領事館警察署沿革誌』에 의함) (20559/84)

○ 明治 35년(1902) 12월末 上海在留邦人의 人口(『在上海總領事館警察署沿革誌』에 의함) (20560/84)

○ 明治 36년(1903) 發行 邦人經營新聞[『在上海總領事館警察署沿革誌』 및 昭和 17년(1942) 米澤秀夫著 『上海史話』에 의함] (20561/84)

○ 明治 37년(1904) 日露戰役(『在上海總領事館警察署沿革誌』에 의함) (20562/85)

○ 明治 37년(1904) 12월말의 警察署職員(『在上海總領事館警察署沿革誌』에 의함) (20563/85)

○ 明治 38년(1905) 11월 2일附 小村外務大臣 發信 在上海 永瀧總領事 앞 訓達要旨 (20564/85)

○ 館附巡查勤務에 관한 件

  • 巡查勤務의 種別 및 時間

○ 明治 38년(1905) 12월 13일附 在上海 永瀧總領事 發信 桂外務大臣 앞 報告要旨 (20568/86)

  ○ 會審衙門騷擾의 件

○ 明治 38년(1905) 12월 21일附 在上海 永瀧總領事 發信 桂外務大臣 앞 報告要旨 (20574/88)

  ○ 上海暴動事件

○ 明治 38년(1905) 12월 28일附 在上海 永瀧總領事 發信 桂外務大臣 앞 報告要旨 (20579/89)

  ○ 上海暴動事件續報

○ 明治 39년(1906) 1월 4일附 在上海 永瀧總領事 發信 小村外務大臣 앞 報告要旨 (20585/90)

  ○ 上海暴動事件에 관한 上陸中 水兵의 撤退

○ 明治 39년(1906) 1월 8일附 在上海 永瀧總領事 發信 內田外務大臣 앞 報告要旨 (20587/91)

  ○ 上海暴動事件에 의한 本邦居留民의…

  ○ 損害金額表 (20590/92)

○ 明治 41년(1908) 1월 23일附 在上海 永瀧總領事 發信 林外務大臣 앞 報告要旨 (20592/92)

  ○ 會審衙門事件 損害賠償의 件

○ 明治 38년(1905년) 12월 18일 上海鬧案日本人 손해清單 (20594/93)

○ 明治 38년(1905) 12월말의 警察署職員(『在上海總領事館警察署沿革誌』에 의함) (20595/93)

○ 日露戰役以後의 上海在留邦人 (20596/93)

○ 明治 39년(1907) 10월 16일附 在上海 永瀧總領事 發信 林外務大臣앞 報告 要旨
(20602/95)
　○ 獨逸軍艦水兵 邦人殺傷事件

○ 明治 39년(1906) 12월말의 警察署職員(『在上海總領事館警察署沿革誌』에 의함)
(20607/96)

○ 明治 40년(1907) 12월말의 警察署職員(『在上海總領事館警察署沿革誌』에 의함)
(20608/96)

○ 明治 41년(1908) 1월 29일附 在上海 永瀧總領事 發信 林外務大臣 앞 報告要旨
(20609/97)
　○ 匪徒日淸汽船會社 및 戴生昌汽船會社 등의 小蒸汽船의 襲擊 件

○ 明治 41년(1908) 3월 30일附 在上海 永瀧總領事 發信 林外務大臣 앞 報告要旨
(20616/98)
　○ 日淸 및 戴生昌汽船會社의 匪徒損害
　　• 損害表

○ 明治 41년(1908) 4월 28일附 在上海 永瀧總領事 發信 林外務大臣 앞 報告要旨
(20620/99)
　○ 日淸 및 戴生昌汽船會社의 損害要償金額 配分의 件
　○ 日淸汽船會社小蒸汽船損害要償金額配分査定目錄 (20621/100)
　○ 戴生昌小蒸汽船損害要償配分額目錄 (20623/100)
　○ 小蒸氣船客損害要償配分目錄 (20625/101)

○ 明治 41년(1908) 7월 30일附 在上海 永瀧總領事 發信 寺內外務大臣 앞 報告要旨
(20626/101)
　○ 日淸 및 戴生昌小蒸氣船損害要償의 件

○ 明治 41년(1908) 12월末의 警察署職員(『在上海總領事館警察署沿革誌』에 의함)
  (20627/101)

○ 明治 42년(1909) 3월 31일附 小村內外務大臣 發信 在外各領事 앞 訓達(原文寫)
  (20628/101)
  ○ 在外國賣淫婦 단속방법에 관한 件

○ 明治 42년(1909) 3월 31일附 小村內外務大臣 發信 各在地方長官 앞 訓達(原文寫)
  (20628/101)
  ○ 在外國我賣淫婦 단속방법에 관한 件
  ○ 在外國賣淫婦 단속법 制定에 관한 請願書(20629/102)

○ 明治 42년(1909) 12월末의 警察署職員(『在上海總領事館警察署沿革誌』에 의함)
  (20632/102)

○ 明治 43년(1910) 1월 7일附 在上海 有吉總領事 發信 小村外務大臣 앞 報告要旨
  (20633/103)
  ○ 海州에서의 淸國人殺傷에 관한 件

○ 明治 43년(1910) 3월 2일附 在上海 有吉總領事 發信 小村外務大臣 앞 報告要旨
  (20635/103)
  ○ 溫州의 支那警察官不法行爲

○ 明治 43년(1910) 12월末의 警察署職員(『在上海總領事館警察署沿革誌』에 의함)
  (20638/104)

○ 明治 44년(1911) 支那革命(『在上海總領事館警察署沿革誌』에 의함) (20639/104)

○ 明治 44년(1911) 11월1日 在上海 有吉總領事 發 內田外務大臣 앞 電報要旨
  (20640/104)
  ○ 革命動亂

○ 明治 44년(1911) 11월 14일附 在上海 有吉總領事 發信 內田外省大臣 앞 報告要旨 (20641/105)
  ○ 避難民救護狀況
    • 記 (20642/105)

○ 明治 44년(1911) 11월 17일附 在上海 有吉總領事 發信 內田外務大臣 앞 報告要旨 (20644/105)
  ○ 淸國事變에 관해 在留民保護의 件

○ 明治 45년(1912) 3월 7일附 上海 有吉總領事 發信 內田外務大臣 앞 報告要旨 (20646/106)
  ○ 臨時夜警所의 設置 및 撤廢 件

○ 大正 2년(1913) 9월 8일附 上海 有吉總領事 發信 牧野外務大臣 앞 報告要旨 (20648/106)
  ○ 上海에서의 事變經過 및 이것에 관련된 諸件
    • 目次
      一, 上海의 獨立과 討袁軍組織 및 排袁人士의 態度
      二, 江南製造局의 爭奪戰
      三, 吳淞砲臺의 戰鬪
      四, 上海事變後의 南北兩軍人士의 行動 및 一般商人의 態度 (20649/107)
      五, 事變에 대한 上海居留地 및 閘北의 防備
      六, 事變에 관해 本邦人의 被害狀況
      七, 北軍에 拘留된 本邦人
      八, 本邦人과 南軍援助의 謠言 (20650/107)

  ○ 一, 上海의 獨立과 討袁軍組織 및 排袁人士의 態度 (20651/107)
  ○ 二, 江南製造局의 爭奪戰 (20656/108)
  ○ 三, 吳淞砲臺의 戰鬪 (20664/110)
  ○ 四, 上海事變後의 南北兩軍人士의 行動 및 一般商人의 態度 (20672/112)
  ○ 五, 事變에 대한 上海居留地 및 閘北의 防備 (20683/115)

264

○ 六, 事變에 관해 本邦人의 被害

○ 七, 北軍에 拘留된 本邦人 (20688/116)

○ 八, 本邦人과 南軍援助의 謠言 (20695/118)

○ 大正 2년(1913) 新聞 『上海』의 發行(『在上海總領事館警察署沿革誌』에 의함) (20701/ 120)

○ 大正 2년(1913) 12월末의 警察署職員(『在上海總領事館警察署沿革誌』에 의함) (20702/120)

○ 大正 3년(1914) 2월 28일附 在上海 有吉總領事 發信 牧野外務大臣 앞 報告摘要 (20703/120)
　○ 邦人金井篤助 및 烏山六三殺傷事件

○ 大正 3년(1914) 3월 26일 在上海 有吉總領事發牧野外務大臣 앞 電報要旨 (20707/ 121)

○ 大正 3년(1914) 3월 18일 牧野外務大臣 發 在上海 有吉總領事 앞 電報要旨 (20708/ 121)

○ 大正 3년(1914) 世界大戰의 影響(『在上海總領事館警察署沿革誌』에 의함) (20709/ 122)

○ 大正 3년(1914)『上海每日新聞』의 發行(『在上海總領事館警察署沿革誌』에 의함) (20710/122)

○ 大正 4년(1915)末 上海在留邦人의 戶口(在上海總領事館調査에 의함) (20711/122)

○ 大正 4년(1915) 12월末의 警察署職員(在上海總領事館調査에 의함) (20712/122)

○ 大正 5년(1916) 5월 9일附 在上海 有吉總領事 發信 石井外務大臣 앞 報告要旨 (20713/123)

∘ 支那巡警의 暴行으로 인한 邦人殺傷事件

○ 大正 7년(1918) 4월 12일附 在上海 有吉總領事 發信 本野外務大臣 앞 請訓要旨 (20730/127)
   ∘ 支那巡警暴行事件解決방법 件

○ 大正 7년(1918) 4월 24일 本野外務大臣 發 在上海 有吉總領事 앞 電報要旨 (20738/129)

○ 大正 5년(1916) 5월 在留邦人不羈의 行動(在上海總領事館調查에 의함) (20740/129)

○ 大正 5년(1916) 5월 18일附 在上海 有吉總領事 發信 石井外務大臣 앞 報告要旨 (20743/130)
   ∘ 海軍豫後備水兵支那軍艦策電襲擊 件

○ 大正 5년(1916) 11월 上海工部局에 日本人警察官의 採用(『在上海總領事館警察署沿革誌』에 의함) (20755/133)

○ 大正 5년(1916) 12월末의 警察署職員(在上海總領事館調查에 의함) (20756/133)

○ 大正 6년(1917년) 8월 1일附 在上海 有吉總領事 發信 本野外務大臣 앞 報告要旨 (20757/134)
   ∘ 在留邦人의 敎育, 衛生 및 金融에 관한 件
      一, 敎育 (20757/134)
      二, 衛生 (20763/135)
      三, 金融 (20766/136)

○ 大正 6년(1917) 12월末의 警察署職員(『在上海總領事館警察署沿革誌』에 의함) (20771/137)

○ 大正 7년(1918) 7월 27일附 在上海 有吉總領事 發信 後藤外務大臣 앞 電報要旨

(20772/137)
  ○ 上海虹口에서의 支那巡捕暴行 件

○ 大正 7년(1918) 9월 21일附 後藤外務大臣 發信 在上海·杭州·蘇州·南京·九江·漢口·沙市·長沙重慶·成都 各在外公館 앞 訓令要旨 (20787/141)
  ○ 本邦在留民不正行爲 단속방법 件

○ 大正 7년(1918) 11월 30일『上海經濟日報』의 發行(在上海總領事館沿革誌에 의함) (20789/142)

○ 大正 7년(1918) 11월 30일 探町作次는 『上海經濟日報』를 創刊 후 이것을 『上海每日新聞』으로 제호를 바꿨다.

○ 大正 7년(1918) 12월末의 警察署職員(『在上海總領事館警察署沿革誌』에 의함) (20790/142)

○ 大正 9년(1920) 10월에 조사한 上海在留邦人 大正 9년(1920) 10월 在上海總領事館의 □勢調査에 의하면 上海의 在留邦人 總數 1萬 5,511名이 된다. (20792/142)

○ 大正 9년(1920) 12월末의 警察署職員(『在上海總領事館警察署沿革誌』에 의함) (20793/143)

○ 大正 10년(1921) 4월 25일末附 小橋內務次官 發信 外務次官 앞 照會要旨 (20795/143)
  ○ 海外에서의 諜報機關統一에 관한 件
  一, 朝鮮總督府派出機關 (20797/144)
• 통역관 1명을 주재시키고 배하에 약간의 밀정을 사용해 주로 조선의 假政府(임시정부)의 행동을 탐지할 것
• 또한 조선총독부에서는 上海 외 좌측의 방면(上海, 浦鹽, 奉天, 吉林, 廣東, 通化)에 대해 각기 특무기관의 파견이 있음. (20798/144)
  二, 內務省
  三, 陸軍 (20799/144)

四, 海軍

五, 外務省

○ 大正 10년(1921) 6월 13일 外務省 亞細亞局 第3課 (20801/145)
  ◦ 上海에서의 諜報機關統一에 관한 件
  ◦ 勅令 第386號 大正 10년(1921) 8월 12일 外國在勤의 外務省警察官에 관한 件改正 (20803/145)
    • 附則
    • 參照

○ 大正 10년(1921) 5월 31일附 上海 山崎總領事 發信 內田外務大臣 앞 報告要旨 (20805/146)
  ◦ 虹口에서의 日米水兵衝突事件
  ◦ 虹口에서의 日米水兵衝突事件에 관한 調査 (20806/146)

○ 大正 10년(1921) 6월 15일附 內田外務大臣 發信 在外各公館 앞 通達(原文寫) (20822/150)
  ◦ 매춘부 단속에 관한 件

○ 大正 10년(1921) 12월末 警察署職員(『在上海總領事館警察署沿革誌』에 의함) (20825/151)

● 大正 11년(1922) 2월 28일附 在上海 船津總領事 發信 內田外務大臣 앞 報告要旨 (20827/151)
  ◦ 上海在留朝鮮人支那에 歸化에 관한 件[6]

○ 大正 11년(1922) 12월末 警察署職員(『在上海總領事館警察署沿革誌』에 의함) (20829/152)

---

6 상하이 거주 한국인 金之國 등 29명이 중국에 귀화하기 위해 원서를 상하이 현지사에게 제출했고 장쑤성장에게 전달해 신원 등을 확인하고 있다는 신문 보도를 외무대신에게 보고한 문건임.

○ 大正 12년(1923) 4월 15일附 在上海 外務省警視兼外務事務官木下義介 發信 船津總
　領事 앞 意見 具申 要旨 (20831/152)
　　○ 外務省警察改善의 件
　　　一, 警察報告 (20832/152)
　　　二, 警察諸規則의 制定統一 (20833/153)
　　　三, 警察官의 任用 및 대우 (20836/153)
　　　四, 警察官의 配置 (20843/155)
　　　五, 警察巡閱 (20846/156)

○ 大正 13년(1924) 6월 28일 在上海 矢田總領事 發 幣原外務大臣 앞 電報要旨 (20849/
　157)
　　○ 미국總領事에 대한 不逞企劃의 件

○ 大正 14년(1925) 3월 21일附 在上海 矢田總領事 發信 幣原外務大臣 앞 稟請要旨
　(20851/157)
　　○ 上海總領事館警察署 擴充의 件
　　　• 改善案 第1案 (20853/158)
　　　• 第2案 (20854/158)
　　　• 說明 (20859/159)
　　○ 高裁案 大正 15년(1926) 2월
　　　• 在上海總領事館警察組織 改善에 관한 件 (20862/160)

○ 大正 15년(1926) 2월 22일附 幣原外務大臣 發信 在上海 田島總領事代理 앞 訓達要
　旨 (20865/161)
　　○ 警察組織에 관한 件
　　○ 總領事館在勤警視附屬警察官派遣의 件 (20866/161)

● 大正 15년(1926) 8월 18일附 在上海 矢田總領事 發信 幣原外務大臣 앞 稟請要旨
　(20881/161)
　　○ 諜報事務專任警察官增員의 件
　　　• 諜報事務專務警察官增員要求說明書 (20869/162)
　　　　一, 최근 종래 많은 사례에서 보듯이 諸問題가 빈번하게 나오고 있다…

(20869/162)

二, 다음으로 작년 530사건 이래 빈발하는 노동쟁의는… (20871/162)

三, 최근에 朝鮮人의 問題이지만 今年 2월 이래 광폭을 극하는 不逞鮮人
의… (20872/162)

四, 이상은 諜報事務 중 최근 특히 현저한 것을… (20873/163)

• 記

(一) 備考 (20874/163)

(二) 外勤의 分擔은…

(三) 朝鮮人係에는 當館警察署勤務內堀巡查의 轉屬…

○ 大正 12년(1923) 治外法權散廢問題에 관한 木下署長의 意見書(在上海領事館警察
署沿革誌에 의함) (20875/163)

一, 緖論

一, 治外法權의 內容 (20880/164)

一, 淸國官吏 또는 臣民이 淸國에 있는 日本國臣民에 대해 또는 그 財産權 民事訴
訟… (20881/165)

一, 淸國에서 犯罪의 被告로 되는 日本國臣民은 日本國의 法律에 의해…

一, 日本國臣民이 淸國臣民에 대해 詐僞逃亡해서 또는 그 負債를 변상…

一, 淸國臣民에 대해 또는 그 재산에 관해 淸國에 있는 일본관리 또는 신민…
(20882/165)

一, 淸國에 있는 日本國臣民에 대해 犯罪被告가 되는 淸國臣民은 淸國의 法律…
(20882/165)

○ 大正 12년(1923) 5월末 警察署職員(『在上海總領事館警察署沿革誌』에 의함) (20927/
176)

○ 大正 12년(1923) 7월 支那側의 日貨排斥運動에 대한 在支那日本人商業會談所 聯合
會의 決意 및 宣言(『在上海總領事館警察署沿革誌』에 의함) (20929/177)

○ 決意

○ 宣言 (20935/178)

○ 大正 14년(1925) 6월 10일 外務省 亞細亞局 第1課 調査에 의한 上海事件 (20937/

270

179)

第一, 上海 一般情勢 (20938/179)

　(一) 事變의 發端

　　(イ) 內外棉事件

　　(ロ) 南京路事件

　　(ハ) 共同租界支那商店罷市와 第二回南京路事件 (20939/179)

　(二) 6월 2일 以後 同14日까지의 一般情勢 (20940/179)

第二, 上海租界警備 때문에 租界當局 및 上海領事國이 취한 措置 (20942/180)

　(附) 會審衙門의 判決

　(一) 工部局當局의 措置

　(二) 上海領事團의 措置 (20943/180)

　(附) 南京路事件에 관한 會審衙門의 判決 (20943/180)

第三, 上海領事團과 地方官憲과의 交涉 (20945/181)

　(一) 支那側 第1次 신청

　(二) 支那側 第2次 신청 (20946/181)

　(三) 支那側 第3次 신청 (20947/181)

第四, 內外棉事件分離解決問題 (20949/182)

　(一) 本件分離解決에 관한 支那側各方面의 신청

　(二) 謝永森提出의 解決條件

　(三) 右측에 대한 本邦人紡織業者의 難色과 章宗祥一派의 意見 (20951/182)

　(四) 그 후 內外棉의 態度와 英國側의 態度 一變의 傾向 (20953/183)

○ 上海騷擾事件에 관한 損害 狀況 (20955/183)

　一, 本邦人의 被害

一, 外國으로부터 물건
  (イ) 一箇年의 數量
  (ロ) 密輸入상대국
  (ハ) 密輸入方法
二, 支那 內地로부터 密輸入한 물건 (20998/194)
  (イ) 一箇年의 數量
  (ロ) 産地 (20999/194)
  (ハ) 密移入方法
三, 上海의 價格
四, 參考 (21001/195)

○ 昭和 3년(1928) 12월末의 警察署職員(『在上海總領事館警察署沿革誌』에 의함)
  (21003/195)

○ 昭和 4년(1929) 6월 25일附 在上海 上村總領事代理 發信 田中外務大臣 앞 報告要旨
  (21007/196)
  ○ 正金銀行副支配人松本一雄傷害事件

○ 昭和 4년(1929) 12월 5일 在上海 重光總領事 發信 幣原外務大臣 앞 電報要旨
  (21014/198)
  ○ 海軍通譯阿片密輸入의 件

○ 昭和 5년(1930) 2월 14일附 在上海 重光總領事 發信 幣原外務大臣 앞 電報要旨
  (21016/198)
  ○ 邦人幼兒慘死事件 및 檢擧의 件

○ 昭和 5년(1930) 4월 11일附 幣原外務大臣 發信 在上海 重總領事 앞 訓達要旨
  (21024/200)
  ○ 上海支那街의 內地人貸座敷類似營業의 件
  ○ 上海支那街의 本邦人貸座敷類似營業의 件 (21025/201)

● 在上海朝鮮人狀況 昭和 5년(1930) 11월調 (21029/202)

○ 年不正取引者의 減小를 나타내면 주목할 만함. 甲號 大正 10년(1921)에서 昭和 5년
  (1930) 上海在留邦人의 不正痲藥類거래 검거표 (21068/211)

○ 昭和 5년(1930) 競馬競犬 기타 射倖行爲와 단속 (21070/212)

○ 昭和 5년(1930) 在上海總領事館警察署狀況 同警察署長報告摘錄 (21074/213)
  ○ 目次
    一, 地方治安 狀況
    二, 警察事務狀況
        (一) 警察署事務分掌
        (二) 在留邦人의 戶口 및 外國人人口
        (三) 警察文書
        (四) 行政警察事項
        (五) 邦人의 諸營業
        (六) 邦人藝妓 기타 接客婦女
        (七) 在留禁止 (21075/213)
        (八) 諭旨退去
        (九) 保護送還
        (十) 邦人의 傳染病 (21101/220)
        (十一) 邦人의 천연두
        (十二) 콜레라 豫防注射
        (十三) 乙種 藝妓의 健康診斷
        (十四) 邦人의 變死
        (十五) 邦人犯罪事件과 檢擧
        (十六) 警察犯處分
        (十七) 罰金, 科料 및 過料 徵收
        (十八) 收監者 (21076/213)
        (十九) 刑事被告人의 押送
        (二十) 共同租界義勇隊
        (二十一) 共同租界消防隊
        (二十二) 新聞通信 및 出版業
        (二十三) 邦人의 宗教

(21134/228)
　ㅇ 上海共同租界內의 競犬場閉鎖問題

ㅇ 昭和 6년(1931) 競馬, 競犬 기타 射倖行爲 및 단속(在上海領事館警察署沿革誌에 의함) (21138/229)

ㅇ 昭和 6년(1931) 2월 24일附 在上海 村井總領事 發信 幣原外務大臣 앞 報告要旨 (21140/229)
　ㅇ 義勇隊 및 消防隊調査
　ㅇ 義勇隊
　　一, 名稱
　　二, 創立年月日
　　三, 組織方法 (21141/230)
　　四, 人員
　　五, 兵役關係者 (21142/230)

ㅇ 昭和 6년(1931) 7월 23일 在上海 村井總領事 發信 幣原外務大臣 앞 電報要旨 (21143/230)
　ㅇ 重光代理公使 上海驛 到着시 宋子分狙擊事件

ㅇ 昭和 6년(1931) 7월 27일附 在上海 村井總領事 發信 幣原外務大臣 앞 報告要旨 (21145/231)
　ㅇ 在留邦人의 殺人未遂事件

ㅇ 昭和 6년(1931) 10월 5일부터 同 18日까지 在上海 村井總領事 發信 幣原外務大臣 앞 電報報告要旨 (21150/232)
　ㅇ 支那人의 排日直接行動

ㅇ 昭和 6년(1931) 10월 18일 在上海 村井總領事 發信 幣原外務大臣 앞 電報報告要旨 (21155/233)
　ㅇ 支那人의 排日直接行動

○ 昭和 7년(1932) 1월 上海事件으로 인한 上海在留邦人의 保護귀환 狀況 (21285/266)

　一, 居留民避難

　二, 邦人被害(但 判明된 것) (21286/266)

　三, 重傷 七名

　四, 物的損害(但 判明된 것) (21287/266)

　五, 총파업 1월 29일부터 市商會, 銀行業취급所, 各種… (21288/266)

　六, 船舶의 要求, 總領事館에서는 2월 7일까지 約…

　七, 御眞影, 2월 1일 軍艦 安宅에 奉戴… (21289/267)

　八, 館員, 總領事館 構內 및 附近 旅館으로 피난…

○ 昭和 7년(1932) 2월 23일附 在上海村井總領事 發信 芳澤外務大臣 앞 報告要旨 (21290/267)

　○ 大吉丸船長高橋久司被害事件

　○ 御願 (21291/267)

　○ 船長高橋久司遭難顚末書 (21293/268)

○ 昭和 7년(1932) 3월 20일 在上海 村井總領事 發 芳澤外務大臣 앞 電報要旨 (21296/268)

　○ 大吉丸高橋船長被告事件 解決

○ 昭和 7년(1932) 3월 7일附 在上海 村井總領事 發信 芳澤外務大臣 앞 報告要旨 (21297/269)

　○ 福田, 山本兩訓導死亡의 件

○ 昭和 7년(1932) 4월 1일附 在上海 村井總領事 發信 芳澤外務大臣 앞 報告要旨 (21299/269)

　○ 警察署執務細則改定의 件

　○ 警察署執務細則(昭和 7년 4월 1일 改定)

○ 昭和 7년(1932) 6월 1일 外務省 亞細亞 局第二課 高裁案 (21310/272)

　○ 在上海總領事館特高警察機關擴充에 관한 件

　○ 上海總領事館警察部組織 및 事務分掌規定案要旨 (21319/274)

○ 上海總領事館警察部職員表 (21322/275)

○ 昭和 7년(1932) 6월 2일 外務省 亞細亞局 第二課 (21324/275)
　○ 上海總領事館特高警察機關擴充實行計劃
　　第一, 警察部長, 特高警察課長인 領事 및 同 課員인 副領事, 外務書記生의 特別
　　　任用 (21326/276)
　　第二, 內務省系 官吏의 파견근무에 관해 同省과의 약정 要旨 (21329/277)
　　第三, 內務省系 官吏의 파견근무에 관해 人選방법 同省 交涉要旨 (21330/277)
　　第四, 朝鮮, 臺灣兩總督府 및 關東廳內 官吏의 마중에 관해 人員, 任期 및 復歸後
　　　의 待遇 약정의 件 (21334/278)
　　第五, 司法省 및 陸軍省 官吏의 囑託 等 (21335/278)
　　　一, 上海人口表 昭和 6년(1931)末 (21339/279)
　　　二, 警察組織表 (21340/279)
　　　　(1) 在上海總領事館警察機關人員表 昭和 7년(1932) 6월 1일 조사
　　　　(2) 上海共同租界工部局警察職員配置狀況表 昭和 5년(1930)度 조사 (21341/
　　　　　280)
　　　　(3) 上海 프랑스租界警察機關表 昭和 5년(1930)末 (21344/280)
　　　　　• 附錄 上海租界內 警察官一人當擔當率機 조사 昭和5년(1930년)末 (21345/
　　　　　281)
　　　三, 交通 (21346/281)
　　　四, 上海에서의 諜報勤務의 派遣員 조사 昭和 7년(1932) 6월 6일 (21348/281)

○ 昭和 7년(1932) 6월 27일 立案 同 7월 9日決裁 外務省 亞細亞局 第二課 (21349/282)
　○ 上海特高機關擴充促進방법 過渡的 辨法의 件
　○ 上海特高警察機關實現에 관한 過渡的 辨法 (21351/282)

○ 昭和 7년(1932) 8월 18일附 內田外務大臣 發信 在上海 村井總領事 앞 內通達要旨
　(21355/283)
　○ 警察部設置 및 特高警察機關擴充에 관한 臨時辨法의 件
　○ 記
　　一, 過渡期間의 人員配置 (21356/283)
　　二, 過渡期間의 警察事務의 運用 (21358/284)

三, 經費 (21359/284)
  ○ 上海總領事館警察部組織 및 事務分掌規定案要旨 (21361/285)

○ 昭和 7년(1932) 9월 8일 在上海 村井總領事 發 內田外務大臣 앞 電報要旨 (21363/285)
  ○ 在外特別高等警察擴充에 필요한 經費內譯 第63議會 通過決定 (21364/285)
  ○ 在上海特高警察職員增員表 (21369/287)

○ 勅令 第335號 昭和 7년(1932) 11월 9일 外務部內 臨時職員設置制中改正의 件 (21371/287)

○ 昭和 7년(1932) 12월 2일附 內田外務大臣 發信 在上海 石射總領事 앞 內通達要旨 (21375/288)
  ○ 在上海總領事館警察部 組織規定에 관한 件
  ○ 訓令 第3號 在上海總領事館警察部 組織規定 左와 같이 정한다. 昭和 7년(1932) 12월 2일 (21376/288)

○ 昭和 8년(1933) 3월 13일附 在上海 石射總領事 發信 內田外務大臣 앞 稟請 在上海日本總領事館警察部處務細則 (21380/289)
  ○ 第一章
    第一條 第一課에 警務係, 保安係, 刑事係를 둔다. 其他 分掌事務는 左와 같다.
      警務係
      保安係 (21381/290)
      刑事係 (21382/290)
    第二條 第二課에 左의 係警를 둔다. 其他 分掌事務는 左와 같다. (21383/290)
      調査規畵係
      涉外係
      庶務係 (21384/290)
      支那係
      러시아係
      日本人係 (21385/291)
      鮮人係

臺灣人係(21386/291)

檢閱係

第三條 各係에 係主任을 둔다.

第四條 係主任은 上官의 命을 받들어 그 係의 事務를 掌理하고 所屬職員을 監督한다. (21387/291)

第五條 課長은 所屬職員의 事務擔任을 定해…

○ 第二章 處理順序

第六條 收受文書는 直接警察部長 앞으로…

第七條 課員의 報告書는 主務係主任을 거쳐… (21388/291)

第八條 配付 받은 文書는 바로 그 處理案을…

第九條 部外로부터의 廻部文書, 報告書 또한…

第十條 主任者 不在인 경우는 그 事務를 次席者에게… (21389/292)

第十一條 各課長은 重要한 事務에 관해서는 늘…

第十二條 處理案 및 報告案의 起草는 文書端正…

第十三條 輕易한 文書로서 그 表面에 餘白이…

第十四條 處理案, 報告案으로 決裁를… (21390/292)

第十五條 數係에 聯涉할 事務는 그 關係…

第十六條 處理案에는 그 關係書類를 添附해서…

第十七條 機密 또는 緊急文書는 上官의 指揮를…

第十八條 급히 시행을 요하는 文書는 그 下端… (21391/292)

第十九條 各課, 係主의 文書取扱者任는 文書…

○ 第三章 代理順序 및 代決事項 (21392/292)

第二十條 課長 不在인 때는 警察部長의 指定…

第二十一條 警務部長 또는 課長의 不在에…

第二十二條 警察事務에 관해 따로 정하는 바…

○ 第四章 事務檢閱

第二十三條 課長은 隔月 一回 사무의… (21393/293)

第二十四條 警務部長은 每年 一回 각과 및…

第二十五條 部員出했을 때는 出勤簿에…

第二十六條 警務部長在館 사이는 執務時限…

第二十七條 部員이 退館 할 때는 보관 문서…

第二十八條 事務擔任의 變更, 退職, 轉任 등의 경우에… (21394/293)

第二十九條 部員의 住所移動이 있을 때는…

第三十條 願屆其他人民의 權利生業에 관한…

第三十一條 文書는 課長의 承認 없이…

第三十二條 外國官憲과의 應接에 관해서는… (21395/293)

第三十三條 領事館 및 그 근방에 出火 또는…

第三十四條 部員警察執務上의 資料를…

○ 第六章 雜則

第三十五條 文書收發編纂 및 保存에 관해…

第三十六條 警察部의 宿直에 관해… (21396/293)

第三十七條 특히 重要한 事務 또는…

○ 昭和 8년(1933) 4월 1일 內田外務大臣 發 在上海石射總領事 앞 電報要旨 (21397/294)

　○ 警察部處務細則制定의 件

　　• 記

　　• 在上海總領事館警察部特高警察(第二課)構成(開設當時) (21399/294)

○ 昭和 12년(1937) 1월 20일附 入江拓務次官 發信 堀內外務次官 앞 照會要旨 (21400/294)

　○ 上海特高機關配置職員의 取扱方법 件

○ 昭和 12년(1937) 5월 6일附 堀內外務次官 發信 入江拓務次官 앞 回答要旨 (21402/295)

　○ 上海特高機關配置職員의 取扱方법 件

○ 昭和 7년(1932) 12월 19일附 在堀上海 石射總領事 發信 內田外務大臣 앞 報告要旨 (21404/295)

　○ 工部局巡査公共'버스' 鮮人監督 毆打事件

○ 昭和 7년(1932) 上海事件에서 警察官의 活動(『在上海總領事館警察署沿革誌』에 의함) (21408/296)

　一, 事件前

二, 事變中 (21415/298)

三, 事變後 (21423/300)

○ 昭和 7년(1932)中 醫療機關(『在上海總領事館警察署沿革誌』에 의함) (21428/301)

一. 本邦人經營

二. 共同租界工部局經營醫療機關

○ 昭和 7년(1932)中 傳染病 '콜레라' 豫防注射施行人員 (21429/302)

○ 昭和 7년(1932)中 천연두人員 (21430/302)

○ 昭和 7년(1932) 12월末의 警察部事務分掌(『在上海總領事館警察署沿革誌』에 의함) (21431/302)

○ 昭和 7년(1932) 在上海總領事館警察事務狀況 同警察署長報告摘錄 (2144?/305)

○ 目次

一, 地方治安狀況

二, 在留邦人의 狀況

(一) 時局委員會의 活動

(二) 上海事變에 대한 居留民의 活動

(三) 在留邦人의 經濟的 活動

三, 警察事務狀況

(一) 警察署事務分掌

(二) 邦人戶口

(三) 邦人의 諸營業 (21442/305)

(四) 警察文書

(五) 行政警察事項

(六) 邦人의 火災

(七) 邦人의 諸興行

(八) 在留禁止

(九) 輸旨退去

(十) 保護送還

(十一) 避難民의 保護

(十二) 邦人傳染病

(十一) 昭和 7년(1932)中 避難民의 保護 (21475/313)

(十二) 昭和 7년(1932)中 邦人의 傳染病 (21476/314)

(十三) 昭和 7년(1932)中 傳染病豫防注射 (21478/314)

(十四) 昭和 7년(1932)中 천연두

(十五) 昭和 7년(1932)中 檢視, 檢證 (21479/314)

(十六) 昭和 7년(1932)中 邦人의 주된 被害

(十七) 昭和 7년(1932)中 犯罪件數 및 檢擧件數 (21481/315)

(十八) 昭和 7년(1932)中 犯罪卽決 (21486/316)

(十九) 昭和 7년(1932)中 留置人 (21488/317)

(二十) 昭和 7년(1932)中 刑事被告人의 押送 (21489/317)

(二十一) 昭和 7년(1932) 12월末 조사한 上海의 消防隊 (21492/318)

(二十二) 昭和 7년(1932) 12월末 조사한 上海의 義勇隊 (21494/318)

(二十二) 昭和 7년(1932) 12월末 조사한 邦人經濟新聞雜誌 및 通信員
(21498/ 319)

3. 『외무성경찰사』 제43권

5 支那ノ部(中支)

해설

　제43권은 문건의 내용과 구성면에서 제42권과 거의 비슷하다. 제42권과 마찬가지로 상하이 주재 총영사관 '외무성 경찰'이 화중華中 지방, 특히 상하이 일대 일본 거류민, 중국인, 타이완인, 한인들에 대해 단속, 조사, 탐문, 검거 등의 업무를 진행하는 과정에서 생산한 문건이 5-18②와 5-19① 부분에 수록돼 있다. 5-18②는 제42권의 5-18①의 내용이 이어지는 부분이다. 구성면에서도 제42권처럼 5-18② 부분에 50건, 5-19① 부분에 29건이 수록돼 있고, 모두 표제어 앞에 ○로 표시된 문건들로서 각 문건 아래에 첨부된 문건 중에는 내용상 독립된 문건으로 봐도 될 만한 것들이다. 이 문건까지 합하면 전체 문건 수는 훨씬 더 많이 늘어난다.

　한국 관련 문건을 예로 들면, 5-18② 부분에 수록된 50건 중 한국 관련 문건은 표제어 앞에 ○로 표시된 1건(1937년 12월 말 현재 시점에 상하이 특고경찰에서 조사, 생산한 문건인「在上海 總領事館의 特高警察事務狀況」)뿐이지만, 그 아래에 소항목으로 '在留朝鮮人의 狀況'이 있고, 그 아래에 더 작은 소항목으로 '在留朝鮮人 戶口의 累年 比較', '在留朝鮮人의 職業', '在留朝鮮人의 단속' 등 3항목이 있다. 더군다나 '在留朝鮮人의 단속'에만 '朝鮮人의 部로 총 64건이 있으며, 그 외에도 '民族主義派 및 同混合團體'라는 주제로 3건, '共産主義派團體'라는 주제로 3건, '無政府主義派團體'라는 주제로 2건이 첨가돼 있다. 또 5-19①에도 수록된 문건이 29건뿐이지만 모두 표제어 앞에 ○로 표시돼 있고, ○ 표제어 아래에도 여러 소항목으로 많은 문건이 포함돼 있다. 29건은 모두 한국 관련이다.

　문건들에 언급된 내용을 시기로 보면, 5-18② 부분에는 1931~1940년 12월까지, 5-19① 부분에는 1910~1921년 2월까지이다. 제43권에는 1910~1940년대 초까지의 문건들이 모두 망라된 셈이다.

수록된 문건의 성격은 주로 상하이 일본 총영사관에서 본국 외무성에 보낸 보고, 정책 상신, 그에 대한 외무성의 지시 및 훈령이 위주이고, 상하이 일본 총영사관 특고경찰에서 생산한 한인들의 반제 항일 민족운동, 항일 독립운동 관련 탐문 문서들도 있다. 또한 '조선 민족운동' 관련 문건으로 상하이 일본 총영사관에서 파악한 문건 외에 이 책 후반부에 조선 민족운동 관련 문건이 별도로 수록되어 있다.

상기 문건들은 상하이가 당시 국제 사회의 주요 무대였던 만큼 이 지역의 일본 거류민들, 타이완인, 한인들의 인구수와 직업, 범죄를 비롯한 각종 기초 조사 내용 및 활동 상황에서부터 반일 민족운동 상황에 이르기까지 다양하게 조사되어 있다. 예컨대 1919년 4월 임정 수립에서부터 난징을 떠날 때까지의 임정 내부 상황, 김구 일파(특무대원·훈련생·청년조직원 등)와 무정부주의파를 비롯해 "치안유지법 위반"의 죄명으로 일경日警에 검거, 체포된 한인들, 1932년 1월의 이른바 '상하이사변' 이후 한인 동향, 의열단 군관학교의 내부 사정, 한인들의 중국공산당 접촉, 타이완인들의 동향 및 활동 연구에 유용하게 활용할 수 있는 자료들이다.

제43권은 1910년대 이후 한국 독립운동과 임정 연구 및 민족주의·공산주의·무정부주의 등 중국 거주 한인들의 사상적 동향뿐만 아니라 여타 중일·한중·타이완 현대사 연구에 이르기까지 폭넓게 활용될 가치가 있는 유용한 자료집이다. (서상문)

5-18 ② 在上海總領事館 第二

○ 昭和 8년(1933) 4월 13일
  ○ 高裁案-上海事件關係警察官 慰勞의 件 (21503/3)

○ 昭和 8년(1933) 8월 19일附 在上海 石射總領事 發信 外務大臣 앞 報告摘錄 (21504/3)
  ○ 警察署長會議
  ○ 署長會議議事錄目次 (21507/4)
    一. 石射 總領事 인사말[挨拶] 要旨 (21516/6)
    二. 纐纈 警察部長 인사말[挨拶] 要旨
    三. 岩岐 領事 인사말[挨拶] 要旨
    四. 本省指示事項 (21520/7)
      (一) 武道 및 語學의 奬勵와 그 不斷한 修養
      (二) 幹部의 訓練 및 統制 (21522/8)
      (三) 警備計劃
      (四) 武器의 保管 및 取扱에 대하여 (21525/8)
      (五) 署員의 訓育과 慰安
      (六) 保健上의 注意 (21526/9)
      (七) 管轄內의 地理情況, 특히 在勤地의 地理情況에 通曉할 것 (21528/9)
      (八) 巡査身分에 관한 勅令 改正에 대하여 (21529/9)
      (九) 賞罰을 敏速하고도 公平하게 행할 것 (21530/10)
      (十) 歸朝·歸任과 轉任의 發着에 관한 件 (21531/10)
      (十一) 關係法規를 硏究할 것, 특히 幹部內勤者는 그렇게 할 것
      (十二) 共濟會에 대하여 (21532/10)

○ 昭和 8년(1933) 12월 6일附 在上海 石射總領事 發信 廣田外務大臣 앞 稟請要旨 (21534/11)
  ○ 警察官에게 慰勞手當을 支給하는 방안의 件

○ 警備勤務出勤人員表 - 昭和 8년(1933) 1월~10월 (21537/11)

○ 昭和 8년(1933) 在上海總領事館 警察事務狀況 (21565/18)

○ 昭和 6년(1931)에서 9년(1934)까지 事變 行賞(『在上海總領事館沿革誌』에 의함)

(五) 昭和 9년 中 警察文書 (21670/45)

(六) 昭和 9년 中 行政警察事項

(七) 昭和 9년 中 邦人의 火災 (21671/45)

(八) 昭和 9년 中 邦人의 諸興行 (21672/45)

(九) 昭和 9년 中 在留禁止

(十) 昭和 9년 中 諭旨退去 (21673/45)

(十一) 昭和 9년 中 保護送還 (21674/46)

(十二) 昭和 9년 中 邦人의 傳染病 (21675/46)

(十三) 昭和 9년 中 傳染病('콜레라') 豫防注射 (21676/45)

(十四) 昭和 9년 中 種痘 (21677/45)

(十五) 昭和 9년 中 檢視·檢證

(十六) 昭和 9년 中 邦人의 被害 (21678/47)

(十七) 昭和 9년 中 犯罪件數 및 檢擧件數 (21679/47)

(十八) 昭和 9년 中 犯罪卽決 (21685/48)

(十九) 昭和 9년 中 留置人 (21686/49)

(二十) 昭和 9년 中 囚人, 刑事被告人의 押送 (21688/49)

(二十一) 昭和 9년 12월말 조사[調] 邦人의 義勇隊 (21692/50)

(二十二) 昭和 9년 12월말 조사[調] 邦人經營 新聞雜誌 (21693/50)

(二十三) 昭和 9년 12월말 조사[調] 邦人의 布敎 (21696/51)

○ 昭和 6년(1931)에서 9년(1934)까지 事變 行賞(『在上海總領事館警察署沿革誌』에 의함) (21700/52)
　一. 昭和 6년에서 9년까지 事變 敍勳 및 賜金
　　○ 昭和 11년(1936) 7월 10일附

○ 昭和 11년(1936) 出版物의 狀況 및 그 단속(『在上海總領事館警察署沿革誌』에 의함) (21705/53)

○ 昭和 11년(1936)中 衛生狀況(『在上海總領事館警察署沿革誌』에 의함) (21709/54)

○ 昭和 11년(1936)中 在留邦人의 特種婦女의 狀況 및 그 단속(『在上海總領事館警察署沿革誌』에 의함) (21712/55)

一. 藝妓
二. 酌婦(21713/55)
三. 댄서 및 女給(21715/56)
四. 私娼(21717/56)

○ 昭和 11년(1936)中 痲藥類 密賣 상황 및 그 단속(『在上海總領事館警察署沿革誌』에 의함) (21718/57)

○ 昭和 11년(1936) 射倖行爲에 대한 단속(『在上海總領事館警察署沿革誌』에 의함) (21722/58)

○ 昭和 11년(1936) 在上海總領事館 警察事務狀況 (21723/58)
   ○ 目次
     一. 地方治安의 槪況 (21726/58)
     二. 在留邦人의 狀況 (21727/59)
     三. 支那官憲 및 地方團體의 在留邦人에 대한 狀況 (21730/60)
     四. 警察事務狀況 (21735/61)
       (一) 昭和 11년 12월말 조사 警察署(警察部 第一課) 事務分掌
       (二) 昭和 11년 12월말 조사 警察部 第二課 事務分掌 (21738/62)
       (三) 昭和 11년 12월말 조사 邦人戶口 (21744/63)
       (四) 昭和 11년 12월말 조사 邦人의 諸營業
       (五) 昭和 11년 12월말 조사 藝妓, 酌婦, 기타 接客婦女 (21751/65)
       (六) 昭和 11년中 警察文書
       (七) 昭和 11년中 行政警察事項 (21752/65)
       (八) 昭和 11년中 邦人의 火災 (21753/65)
       (九) 昭和 11년中 邦人의 諸興行
       (十) 昭和 11년中 在留禁止 (21754/66)
       (十一) 昭和 11년中 諭旨退去
       (十二) 昭和 11년中 保護送還 (21756/66)
       (十三) 昭和 11년中 邦人의 傳染病 (21757/66)
       (十四) 昭和 11년中 傳染病('콜레라') 豫防注射 (21758/67)
       (十五) 昭和 11년中 種痘

(十六) 昭和 11년中 檢視·檢證 (21759/67)

(十七) 昭和 11년中 邦人의 被害 (21760/67)

(十八) 昭和 11년中 犯罪件數 및 檢擧件數 (21761/67)

(十九) 昭和 11년中 犯罪卽決 (21767/69)

(二十) 昭和 11년中 留置人 (21769/69)

(二十一) 昭和 11년中 囚人, 刑事被告人의 押送 (21770/70)

(二十二) 昭和 11년 12월말 조사 邦人의 義勇隊 (21775/71)

(二十三) 昭和 11년 12월말 조사 新聞雜誌 및 通信社

(二十四) 昭和 11년 12월말 조사 邦人關係 神社, 寺院, 敎會 (21779/72)

○ 昭和 12년(1937) 出版物의 狀況 및 그 단속(『在上海總領事館警察署沿革誌』에 의함) (21783/73)

○ 昭和 12년(1937) 12월 外務省 東亞局 第二課 調査에 의거함 (21786/74)
  ○ 昭和 12년 上海에서의 領事館警察官의 活動狀況
    一. 敵機의 空襲 및 敵陸地로부터의 砲擊狀況 (21787/74)
    二. 居留民의 避難, 引揚救護 (21789/74)
    三. 敵便衣隊의 檢索 (21792/75)
    四. 스파이의 檢擧
    五. 遭難者의 救護 (21793/75)
    六. 流言蜚語의 단속 및 人心安定工作 (21794/76)
    七. 燈火管制
    八. 情報募集
    九. 衛生 및 防疫 (21796/76)
    十. 皇軍에 대한 援助
    十一. 不良邦人의 단속 (21799/77)
    十二. 交通단속
    十三. 警察隊의 編成 (21800/77)
        別表 第一號 昭·一二·八·一四 編成 (21802/78)
        別表 第二號 昭·一二·八·一七 編成 (21803/78)
        別表 第三號 昭·一二·九·二○ 編成 (21804/78)
        別表 第四號 昭·一二·一一·三○ 編成 (21805/78)

○ 昭和 12년(1937) 上海事變에서의 警察官의 活動(『在上海總領事館警察署沿革誌』에 의함) (21807/79)

○ 昭和 12년(1937) 支那事變으로 인한 上海在留邦人의 引揚狀況 (21814/81)

○ 昭和 12년(1937) 8월 29일 在上海 岡本總領事 發 廣田外務大臣 앞 電報要旨 (21817/81)
　◦ 四條 巡査 公務死亡의 件

○ 昭和 12년(1937) 12월 外務省 東亞局 第二課 調書에 의거함 (21822/83)
　◦ 昭和 12년 宣撫工作參加
　◦ (別紙) 第一號 (編成) (21823/83)
　◦ 第二號 宣撫班의 活動事項 (21824/83)

○ 昭和 12년(1937) 事變下에서의 衛生狀況(『在上海總領事館警察署沿革誌』에 의함) (21826/84)

○ 昭和 12년(1937) 傳染病 '콜레라' 豫防注射 施行人員 (21829/84)

○ 昭和 12년(1937) 在留邦人의 阿片痲醉劑의 密賣買 狀況 및 그 단속(『在上海總領事館警察署沿革誌』에 의함) (21831/85)

○ 昭和 12년(1937) 12월 말의 警察部 事務分掌(『在上海總領事館警察署沿革誌』에 의함) (21835/86)

○ 昭和 12년(1937) 在上海總領事館 警察事務狀況 (21860/92)
　◦ 目次
　　一. 上海의 治安槪況 (21863/93)
　　二. 在留邦人의 狀況
　　三. 警察事務狀況 (21865/93)
　　　(一) 昭和 12년 12월말 조사 警察署(警察部 第一課) 事務分掌
　　　(二) 昭和 12년 12월말 조사 警察部 第二課 警察事務分掌 (21867/94)

298

(五) 第二次同文書院事件 (21908/104)

(六) 日本共産黨關係 容疑事件

二. 在留朝鮮人의 狀況 (21909/104)

상하이에 거주하는 조선인 호수와 인구는 다음의 표[(一), (二)]와 같이 매년 증가하는 경향을 보이다가 昭和 12년(1937) 중일전쟁의 영향으로 감소함.

(一) 在留朝鮮人 戶口의 累年 比較

(二) 在留朝鮮人의 職業 (21911/105)

(三) 在留朝鮮人의 단속 (21915/106)

조선인 단속과 관련하여 상하이영사관 경찰부 신설 이래…

• 朝鮮人의 部

(一) 共産主義運動事件 (21917/106)

(二) 治安維持法違反事件

(三) 治安維持法違反事件

(四) 無政府主義事件

(五) 中國共産黨法南區韓人支部反對運動事件

(六) 中國共産黨法安區韓人支部關係事件 (21918/107)

(七) 在滬民族團體關係 및 强盜事件

(八) 中國共産黨法南區韓人支部關係事件

(九) 上海韓人青年黨關係事件

(一○) 興士團 및 在滬民族團體關係事件 (21919/107)

(一一) 上海韓人青年黨事件

(一二) 中國共産黨法南區韓人支部 其他의 事件

(一三) 韓國獨立黨幹部 臨時政府國務員 其他 關係事件 (21920/107)

(一四) 無政府主義者 有吉 公使 暗殺陰謀事件

(一五) 中國共産黨法南區韓人支部 其他關係事件

(一六) 中國共産黨法南區韓人支部反對運動事件

(一七) 柳寅發暗殺事件 (21921/107)

(一八) 韓國獨立黨員 義警隊幹部 上海 日本總領事館 爆彈投擲事件 (21922/108)

(一九) 上海韓人青年 虹丘公園爆彈事件

(二○) 共産黨宣傳삐라 撒布事件

(二一) 朝鮮共産黨再建設運動事件

(二二) 義烈團員軍官學校第一期生의 件 (21923/108)

(二三) 共産黨宣傳文 撒布事件

(二四) 義烈團員軍官學校第一期生의 件

(二五) 大正10年 朝鮮平安南道廳襲擊事件

(二六) 義烈團員軍官學校第一期生의 件

(二七) 義烈團員軍官學校第二期生의 件 (21924/108)

(二八) 獨立軍參謀長 及 新韓獨立黨 關係事件

(二九) 元正義府幹部 及 朴南波 등의 抗日運動事件

(三〇) 義烈團員軍官學校第一期生의 件

(三一) 韓國獨立黨不逞運動事件 (21925/108)

(三二) 無政府主義者朝鮮人民會副會長 李容魯 殺害事件

(三三) 韓國臨時政府獨立軍軍資金募集事件

(三四) 中國共産黨朝鮮人關係事件 (21926/109)

(三五) 南京軍官學校第十一期豫備班 及 金九特務隊員의 件

(三六) 金九特務隊員의 件 (21927/109)

(三七) 南京中央軍官學校洛陽分校卒業生의 件

(三八) 義烈團軍學校第三期卒業生의 件

(三九) 猛血團事件

(四〇) 義烈團軍學校第三期卒業生의 件 (21928/109)

(四一) 猛血團事件

(四二) 義烈團軍學校第一期生卒業生의 件

(四三) 南京中央軍官學校洛陽分校卒業生의 件 (21929/109)

(四四) 義烈團軍校第三期卒業生에 관한 件

(四五) 爆彈事件

(四六) 金九派訓練生의 件

(四七) 治安維持法違反事件

(四八) 共産黨事件 (21930/110)

(四九) 스파이事件

(五〇) 新韓獨立黨幹部, 朝鮮民族革命黨幹部의 件

(五一) 無政府主義南華韓人靑年聯盟員의 件

(五二) 金九派靑年募集員의 件

(五三) 南華韓人靑年同盟員의 件 (21932/110)

(五四) 朝鮮民族革命黨員의 件

(五五) 韓國獨立黨의 件

(五六) 元臨時政府大韓僑民團韓國獨立黨幹部의 件

(五七) 朝鮮民族革命黨上海區責任의 件

(五八) 大韓民國臨時政府員 및 共産黨員의 件 (21933/110)

(五九) 民族革命黨員의 件

(六〇) 中共法南區韓人支部員의 件

(六一) 金九派 人物의 件

(六二) 無政府主義者南華韓人靑年聯盟員, 猛血團員의 件 (21934/111)

(六三) 義烈團, 朝鮮革命黨, 朝鮮民族革命黨 幹部의 件

(六四) 猛血團首領, 義警隊長, 元金九派, 丙寅義勇隊幹部의 件

(四) 要視察 團體 (21935/111)

상하이에 거주하는 조선인 중에 민족주의자, 공산주의자, 무정부주의자 등이 활동…

昭和 12년(1937) 이후 민족혁명당이 조선민족혁명당으로 개칭하여 결속을 강화하고 김원봉파에…

1. 民族主義派 및 同混合團體 (21939/112)

(イ) 僭稱大韓民國臨時政府

대한민국임시정부 1919년 4월 조직부터 난징을 떠날 때까지의 활동을 정리 한 것임

(ロ) 韓國韓民黨 및 同黨靑年團 (21943/113)

(ハ) 韓國光復運動團體聯合會 (21945/113)

(ニ) 朝鮮民族革命黨 (21948/114)

(ホ) 朝鮮革命黨 (21955/116)

(ヘ) 韓國獨立黨再建設波 (21958/117)

(ト) 朝鮮民族戰線聯盟 (21962/118)

2. 共産主義派團體 (21966/119)

(イ) 中國共産黨江蘇省委法南區韓人支部

(ロ) 上海韓人反帝同盟 및 韓人讀書會 (21968/119)

(ハ) 中國革命瓦濟會上海韓人分會 (21971/120)

3. 無政府主義派團體 (21973/120)

    (イ) 南華韓人青年聯盟

    (ロ) 黑色테러團 (21980/122)

○ 昭和 13년(1938) 5월 秩父宮殿下의 御警衛(『在上海總領事館警察署沿革誌』에 의함) (22007/129)

○ 昭和 13년(1938) 5월 閑院宮 春仁王殿下 御警衛(『在上海總領事館警察署沿革誌』에 의함) (22009/129)

○ 昭和 13년(1938) 上海事變에서의 警察官의 活動(『在上海總領事館警察署沿革誌』에 의함) (22010/130)

  ○ 昭和 13년 1월 1일부터 昭和 13년 12월 31일까지

- 附表第十八 在上海總領事館警察署犯罪檢擧累年別表
- 附表第十八 續表 (22263/198)
- 附表第十九 在上海總領事館警察署犯罪卽決累年別表 (22273/201)
- 附表第二十 在上海總領事館在留禁示, 諭旨退去, 保護送還 累年別表 (22275/201)
- 附表第二十二 在上海總領事館警察署留置人累年別表 (22276/202)
- 附表第二十三 在上海總領事館警察署受持區內在留邦人職業別人口累年別表 (22277/202)
- 附表第二十三 續表 (22282/203)
- 附表第二十四 在上海總領事館警察署受持區內消防組數 及 組員 累年別表 (22286/204)
- 附表第二十五 在上海總領事館警察署受持區內消防消防機械備付累年別表
- 附表第二十六 在上海總領事館警察署受持區內在留邦人傳染病患者 및 사망자 累年別表 (22288/205)
- 明治三十三年(1900)度 刑事公判登記數 (22289/205)
- 明治三十四年(1901)度 刑事公判登記數
- 明治三十五年(1902)度 刑事公判登記數

○ (附錄)
  ○ 在上海總領事館 警察部長 歷任表 (22291/205)
  ○ 在上海總領事館 警察署長 歷任表
  ○ 上海總領事館 警察部 警察官 異動表 (22294/206)
  ○ 上海總領事館 警察部 警察官 異動表 (22302/208)

5-19 ① 在上海總領事館 朝鮮民族運動 第一 (五冊ノ內) (未定稿)

● 明治 43년(1910) 9월 21일附 在上海 有吉總領事 發信 小村 外務大臣 앞 報告要旨
  (22372/229)
　　○ 在留朝鮮人 動靜
　　　一. 一般狀態 (22373/229)
　　　二. 倂合에 대한 在留朝鮮人의 意向 (22375/230)
　　　三. 他地方 朝鮮人 出入狀況
　　○ (別表) 上海在留朝鮮人 職業別人口表 (22377/230)

● 大正 3년(1914) 12월 11일附 山縣朝鮮總督府政務總監 發信 松井外務大臣 앞 照會
  要旨 (22379/231)
　　○ 米國渡航 李承晩 等의 行動의 件

● 大正 4년(1915) 1월 7일附 在'호놀룰루' 有田總領事代理 發信 加藤外務大臣 앞 報告
  要旨 (22380/231)
　　○ 米國渡航 李承晩 等의 行動의 件

● 大正 5년(1916) 9월 18일附 在上海 有吉總領事 發信 石井外務大臣 앞 報告要旨
  (22381/230)
　　○ 上海在留 排日鮮人 動靜

● 大正 6년(1917) 7월 7일附 古海朝鮮總督府警務總長 發信 幣原外務次官 앞 通報要
  旨 (22388/233)
　　○ 不穩言動者 居住制限에 관한 件-本籍 咸鏡北道 明川郡 上加面 石峴里 李鐘浩

● 大正 7년(1918) 12월 6일, 同 10일, 同 13일 在紐育 矢田總領事 發 內田外務大臣 앞
  電報要旨 (22391/234)
　　○ 在米朝鮮人의 民族自決運動(本件 一括輯錄)
　　○ 大正 7년 12월 15일 在華盛頓 石井大使 發 內田外務大臣 앞 電報要旨 (22399/

236)

  ○ 大正 7년 12월 24일 在紐育 矢田總領事 發 內田外務大臣 앞 電報要旨 (22400/
    236)

● 大正 7년(1918) 12월 12일附 在紐育 矢田總領事 發信 內田外務大臣 앞 報告要旨
  (22401/236)
  ○ 在米朝鮮人 獨立運動에 관한 件
    一. 本件 運動의 最近 起因 (22402/236)
    二. 目的 (22404/237)
    三. 方法
    四. 經費 (22405/237)
    五. 朝鮮 本土와의 連絡
    六. 人物 (22406/237)
      (一) 金憲植(52세)
      (二) 鄭漢慶(28, 9세)
      (三) 安昌浩(45세)
      (四) 閔燦鎬(40세 정도)
      (五) 朴容萬(37, 8세)
      (六) 李承晩
      (七) 安玄卿
      (八) 李大爲
    七. 各地 鮮人의 數 (22410/238)
  ○ 參考-大正 2년(1913) 2월 14일附 在'호놀룰루' 永瀧總領事 發信 加藤外務大臣 앞
    報告要旨
    • 韓國人國民會에 관한 件 (22412/239)
    • (別紙) 韓人國民會 憲章 (22414/239)

● 大正 8년(1919) 3월 4일附 在上海 有吉總領事 發信 內田外務大臣 앞 報告要旨
  (22436/245)
  ○ 在留朝鮮人 講和會議 代表者 派遣 방책의 件

● 大正 8년(1919) 3월 10일附 川村內務省警保局長 發信 植原外務省政務局長 앞 通報

要旨 (22437/245)

　○ 排日朝鮮人 崔謹愚 上海地方으로 渡航에 注意 방책을 당부하는 件

● 大正 9년(1920) 6월 朝鮮總督府警務局長 發信 外務次官 앞 通報要旨 및 그 補輯
(22439/246)

　○ 上海假政府의 조직(本件 一括 輯錄)

　　一. 假政府 組織 前의 朝鮮의 行動

　　二. 假政府의 組織計劃 (22446/246)

　○ 3월 1일 京城에서 孫秉熙 등 33명이 독립선언을 발표하자… (22448/248)

　　• (統一黨) 黨綱 (22449/248)

　　• (統一黨) 黨憲 (22450/248)

● 大正 8년(1919) 4월 11일附 山縣朝鮮總督府政務總監 發信 幣原外務次官 앞 照會要
旨 (22451/249)

　○ 上海在留 不逞鮮人 逮捕 방책의 件

　(別紙)

　○ 第一號 騷擾事件과 在外 不逞鮮人의 關係 (22455/250)

　○ 第二號 本籍 黃海道 載寧郡 載寧面 張德秀라는 자는… (22457/250)

● 大正 8년(1919) 4월 20일附 朝鮮總督府 發信 外務次官 앞 通報要旨 (22460/251)

　○ 排日鮮人 有力者 張德秀 逮捕의 件

● 大正 9년(1920) 6월 (일자 기재 누락) 朝鮮總督府警務局長 發信 外務次官 앞 通報要
旨 (22462/251)

　○ 上海假政府의 納稅 및 司法, 行政命令 拒絕에 관한 指令

　　• 上海臨時政府令 第一號(大正 8년(1919) 4월 조선 내에 반포): 納稅를 拒絕한
다(譯文)

　　• 上海臨時政府令 第二號(大正 8년(1919) 4월 조선 내에 반포): 敵의 裁判과 行
政上 모든 命令을 拒絕한다. (22463/252)

● 大正 8년(1919) 5월 12일附 朝鮮總督府 發信 外務省 앞 通報要旨 (22464/252)

　○ 上海에서의 朝鮮獨立運動

- (4월 29일 上海 發信)
- (이하 5월 1일 上海 發信) (22467/253)
- (이하 5월 3일 上海 發信) (22471/254)

● 大正 8년(1919) 5월 13일附 朝鮮總督府 發信 外務省 앞 通報要旨 (22473/254)
  ○ 上海에서의 朝鮮獨立運動
    - 一 ~ 二二
    (別紙譯文)
    - 大韓民國臨時政府의 成立 (22491/259)
    - 大韓民國臨時憲章 宣布文
    - 大韓民國臨時憲章 (22492/259)
    - 宣誓文 (22494/259)
    - 政綱 (22495/260)

● 大正 9년(1920) 6월 9일 在上海 山崎總領事 發信 內田外務大臣 앞 報告要旨 (22497/260)
  ○ 三. 假政府의 組織 및 그 후의 行動(『大韓民國臨時議政院紀事錄』에 의거함)
    - 大韓民國臨時議政院紀事錄(鮮文譯)
      第一回集 目錄
      第二回集 (22498/260)
      第三回集 (22499/261)
      第四回集
      第五回集 (22501/261)
      第六回集 (22503/262)
    - 大韓民國臨時議政院紀事錄 第一回集 (22505/262)
      一. 會期
      二. 議場
      三. 議員
      四. 本院 各稱의 決定 (22506/262)
      五. 議長, 副議長, 書記의 選擧
      六. 書記發信權의 許與에 관한 決議 (22507/263)
      七. 臨時政府에 대한 決議

● 大正 8년(1919) 5월 16일附 在上海 有吉總領事 發信 內田外務大臣 앞 報告要旨 (22636/295)
　○ 不逞鮮人 申錫雨 및 尹愿三 逮捕의 件

● 大正 8년(1919) 5월 21일 在支那 小幡公使 發 內田外務大臣 앞 電報要旨 (22642/297)
　○ 上海 佛國租界 내에서 行動하는 不逞鮮人 申錫雨 및 尹愿三 逮捕에 관하여…

● 大正 8년(1919) 5월 21일附 朝鮮總督府 發信 外務省 앞 通報要旨 (22644/297)
　○ 上海에서의 朝鮮獨立運動

● 大正 8년(1919) 5월 22일附 朝鮮總督府 發信 外務省 앞 通報要旨 (22648/298)
　○ 上海에서의 朝鮮獨立運動(5월 8일 上海 發信)

● 大正 8년(1919) 5월 27일附 朝鮮總督府警務局長 發信 外務次官 앞 通報要旨 (22658/ 301)
　○ 在上海 不逞鮮人과 在鮮 外國人과의 관계 및 米人의 獨立運動援助
　　一. 在上海 不逞鮮人과 在鮮 外國人 관계
　　二. 米人의 獨立運動援助 (22659/301)
　　　• 上海 孫貞道로부터 京城 미국인 노블(ノーブル) 앞 書信 사본(원문은 영어) (22661/301)
　　　(別紙)

316

- 朝鮮에서의 日本兵의 亂暴 (22665/302)
- 현재[現時] 朝鮮의 狀況 (22669/303)
- 米人 등이 目擊한 殘酷한 蠻行 (22670/304)
- 日本 및 朝鮮의 間諜 (22676/305)

● 大正 9년(1920) 6월(일자 기재 누락) 朝鮮總督府警務局長 發信 外務次官 앞 通報要旨 (22681/306)
  ○ 上海 側[假]政府의 臨時徵稅令에 관한 건
    - 通諜 第三號 臨時徵稅令에 관한 건(譯文)
    - 臨時政府令 第三號 (22682/307)
      國務會議는 議政院의 決議에 의해 左와 같이 臨時徵稅令을 定한다.…
    - 財務部令 第一號 (22684/307)
      人口稅에 관한 施行細則을 左와 같이 定한다.…

● 大正 8년(1919) 6월 19일附 朝鮮總督府 發信 外務省 앞 通報要旨 (22686/308)
  ○ 不穩文書 配付者 檢擧의 건
  ○ (別紙) 通諜 第一號(譯文) (22688/308)

● 大正 9년(1920) 1월 10일附 朝鮮總督府警務局長 發信 外務次官 앞 通報摘錄 (22692/ 309)
  ○ 聯通制 組織의 건(本件 一括 輯錄)
  ○ (別紙) 大韓民國臨時政府國務院令 第一號 臨時聯通制를 左와 같이 定하여 發佈한다. …

● 大正 10년(1921) 2월 7일附 朝鮮總督府警務局長 發信 外務次官 앞 通報要旨 (22703/ 312)
  ○ 聯通制 改正組織의 企劃 發見, 檢擧
    一. 事件關係者 氏名
    二. 本件 企劃의 內容 및 經過 (22709/313)
    三. 鮮內의 連絡 및 機關設置計劃의 槪況 (22711/314)
    四. 措置 (22714/315)
    (別紙)

○ 吳重默/咸鏡北道 督辦으로 임명함… (22716/315)

○ 財務部訓令 第二號(漢諺原文飜譯, 이하도 같다) 大韓民國 2년 4월 6일…人口稅 徵稅事務 委任에 관한 건 (22717/315)

○ 財務部訓令 第三號 大韓民國 2년 4월 6일…人口稅 徵稅事務 取扱規程을 左記와 같이 제정하여…

○ 財秘發 第七五號 大韓民國 2년 5월 8일… 人口稅 徵收에 관한 건 (22719/316)

○ 財秘發 第一二〇號 大韓民國 2년 5월 8일…이번[今般]에 派送하는 安定根, 王三德에게 左記事項을 委任하였으니 … (22721/316)

○ 財公翰發 第一五號 大韓民國 2년 5월 13일…公債募集委員 薦報의 건 (22722/317)

○ 國務院令 第一號 大韓民國 원년 7월 10일 改正教令 제2호 大韓民國 원년 12월 1일… 臨時地方聯通制 (22723/317)

○ 敎命 第二號 大韓民國 2년 1월 26일 臨時地方交通事務局章程 (22730/319)

● 大正 8년(1919) 7월 19일附 古賀拓殖局長官 發信 幣原 外務次官 앞 照會要旨 (22732/319)

○ 上海 佛國租界 不逞鮮人 逮捕 방안에 관한 건

(別紙)

○ 上海 佛國租界 不逞鮮人 가운데 逮捕를 要하는 자의 氏名 (22733/319)

○ 犯罪의 槪要 (22736/320)

● 大正 8년(1919) 8월 4일附 在上海 有吉總領事 發信 在支 小幡公使 앞 稟請要旨 (22741/321)

○ 在上海 不逞鮮人 逮捕 방안에 관한 건

● 大正 9년(1920) 5월 8일附 在上海 山岐總領事 發信 內田外務大臣 앞 報告要旨 (22746/323)

○ 大韓民國臨時憲法, 同 臨時官制 및 臨(時)議政院法의 건

• 大韓民國臨時憲法(鮮文譯)

• 大韓民國臨時官制(鮮文譯) (22766/328)

• 改正臨時議政院法(鮮文譯) (22795/335)

● 大正 8년(1919) 9월 12일附 內田外務大臣 發信 在上海 有吉總領事 앞 訓達要旨
  (22823/342)
  ○ 上海 不逞鮮人 取締에 관한 건

4. 『외무성경찰사』 제44권

5 支那ノ部(中支)

해설

상하이 주재 일본 총영사관 경무부 소속 외무성 경찰이 1919년 하반기부터 1924년경까지 각종 자료들을 모아서 정리한 문건들로서, 5-19①續과 5-19② 두 부분으로 나눠 수록되어 있다. 5-19①續은 제43권 5-19①의 속편으로서 수록 내용이 이어진다는 의미다. 제44권에는 모두 한국 관련 자료들만 수록돼 있는 점이 두드러진 특징이다. 즉, 5-19①續 부분에 수록된 54건이 모두 한국 관련 문건이며, 5-19② 부분에 수록된 150건도 모두 한국 관련 문건이다.

총 204건의 문건은 대부분 상하이 외무성 경찰에서 일본 본국의 외무성에 보고한 것이거나, 외무성으로부터 받은 지시와 훈령들이 중심을 이루고 있다. 자료 가운데는 기존 연구에서 거론되거나 알려지지 않은 내용들이 많이 포함돼 있다. 예컨대 1919년 11월 실패로 끝나 국내로 강제 송환된 의친왕 이강李堈의 경성 탈출 사건 관련 조사 자료, 실패하긴 했지만 1922년 3월 일본군 다나카 기이치田中義一 육군 대장 폭탄 투척 사건 관련 조사 자료, 파리강화회의에 참석한 김규식 박사의 활동상, 같은 시기 미국 워싱턴에서 개최된 태평양회의에 대표를 보내 대일 외교 활동을 벌이려고 한 한인 측의 시도를 기록한 문건들은 모두 연구에 활용할 가치가 높은 것으로 보인다.

대한민국임시정부의 내부 동향, 투쟁 방침, 궁핍한 경제 사정, 1920년 대한민국임시정부 초대 대통령 이승만(1875~1965)에 대한 반대 및 탄핵 움직임, 독립운동 단체의 창설·협력·분열·소멸 등에 관한 문건도 상당 수 있다. 대한민국임시정부 내부 동향 혹은 주요 지도적 인물들의 동향을 가늠케 해 주는 문건으로는 이승만, 총리 이동휘(1873~1935), 내무부 총장 이동녕(1869~1940), 외무부

총장 박용만(1881~1928) 등의 각료들뿐만 아니라 대한민국임시정부 내 약70명의 직원, 한국 내 각도의 대의사代議士 30명, 수십 명의 임원들도 기재되어 있다. 특히 검증이 필요한 것이지만, 당시 대한민국임시정부의 육군 병력이 6천명으로 편성돼 있었다는 문건은 눈길을 끈다.

또 제44권에는 대한민국임시정부의 시정방침과 대일 투쟁방침을 확인할 수 있는 문건들도 다수 수록되어 있다. 대한민국임시정부의 대일對日 투쟁 방침은 일제와 싸워서 독립 의지를 보여 주고, 세금은 납부하지 않는 것, 일본이 정한 법률과 재판을 거부하는 것 등이 제시되었다. 대일 항전 준비에 필요한 자금 마련을 어떻게 할 것인지 문제가 됐음을 보여 주는 문건들도 수록되어 있다. 즉 대한민국임시정부가 공채公債 발행으로 자금을 모아 보려고 했지만 순조롭지 않았고, 늘 자금 부족으로 어려움을 겪고 있음을 알 수 있는 문건들이 보인이다. 대한민국임시정부 내 여러 정치 조직들 간의 이합집산, 그리고 공산주의자들과 민족주의자들 간의 이념 대립, 러시아정부의 대한민국임시정부에 대한 재정 지원 관련 문건들도 있다. 이처럼 일본 외무성 경찰이 재在중국 한인들의 항일 독립운동에 관한 상세한 첩보 혹은 정보를 얻을 수 있었던 것은 일본 측에서 한인 밀정을 고용했기 때문이었는데, 이와 관련해 한인 밀정에 대한 살인 사건이 조사된 문건도 보인다. (서상문)

5-19 ① 續 在上海總領事館 朝鮮民族運動 第一 (五冊ノ內) (未定稿)

● 大正 9년(1920) 5월 7일附 在上海 山崎總領事 發信 內田外務大臣 앞 報告要旨 (22826/3)
　　○ 上海假政府의 朝鮮獨立方策의 件
　　○ 大韓民國臨時政府施政方針 (22827/3)

　　　　　內政
　　　第一項 統一集中
　　　　　一, 聯通制実施
　　　　　二, 民團制実施
　　　　　三, 各團體聯絡
　　　　　四, 人物聯絡 (22828/3)
　　　　　五, 人物集中
　　　　　六, 宣傳員派遣
　　　　　七, 反徒處置
　　　　　八, 視察派遣 (22829/3)
　　　　　九, 機關報刊行
　　　第二項 對敵
　　　　　一, 示威運動
　　　　　二, 納税拒絕 (22830/4)
　　　　　三, 訴訟拒絕
　　　　　四, 官公吏退職
　　　　　五, 日本年號旗章廢止
　　　　　六, 日貨排斥獎勵
　　　　　七, 日人法令拒絕 (22831/4)
　　　　　八, 臨時炸彈使用
　　　　　九, 國內敢死隊組織
　　　　　十, 國外敢死隊組織
　　　　　十一, 國內各教派步負商 그 외 各 團體를 使用 (22832/4)

十二, 飛行機使用

第三項 交通

一, 通信機關 및 遞傳人

二, 航海業設施 (22833/4)

三, 無線電信, 傳書鳩等의 秘設

四, 內海情況探査

五, 汽車船舶雇用

第四項 教育 (22834/5)

一, 教課書編纂

二, 義務教育実施

三, 官吏養成

四, 緊要使用에 關한 技術 (22835/5)

五, 書籍刊行

第五項 開戰準備

一, 軍事適材召集

二, 國外義勇兵募集訓練 (22836/5)

(イ) 隊伍編成

(ロ) 兵士의 職務 및 夜学

(ハ) 軍人의 學課

三, 司法部分置 (22837/5)

四, 軍事私團調査

五, 國內義勇兵

六, 士官學校設立

七, 飛行機隊編成 (22838/6)

八, 炸彈隊編成

九, 外國士官學校遊學

十, 戰時緊用技術学習

十一, 軍物輸入交涉

十二, 準備糧食 (22839/6)

十三, 軍事宣傳員派遣

十四, 軍法軍規制定

外交

第六項 世界에 對한 宣傳

　一, 宣傳事務擴張

　二, 宣傳員派遣

　三, 政黨, 敎會 및 各團體 利用

　四, 遠東居留美人使用 (22842/7)

　五, 韓中親睦会를 組織

第七項 調査

　一, 內地 및 日本에 調査員를 密派하여 獨立運動進行의 狀況 및 日本의 이에
　　對한 意思 및 要項를 調査시킴 (22843/7)

　二, 國際問題, 列國政策, 世界思潮의 審査 및 關係新聞雜誌蒐集世界各國의
　　新聞雜誌에 揭載되어지는 韓日關係에 對하는 論評와 列國의 政策並國
　　際問題世界思潮等에 關한 일을 蒐集審査함

　三, 各國世界對我意探査

　四, 日本의 大陸太平洋政策 및 軍事計劃探査

第八項 交涉 (22844/7)

　一, 中國外交團編成

　二, 露國에 交涉員派遣

　三, 蒙古에 交涉員派遣 (22845/7)

　四, 日美戰爭促進 및 軍事援助要求

　五, 外國借款交涉

　六, 日本를 경계하는 諸國에 特別交涉 (22846/8)

　七, 獨逸에 交涉員派遣

　八, 英, 佛, 伊에 交涉

　九, 新興小弱國에 交涉

　十, 中日駐在外交官에 交涉 (22847/8)

　十一, 國際聯盟에 獨立承認參加要求

財政

第九項 收入

　一, 人口稅徵收 (22848/8)

　二, 愛國金義捐收合

324

三, 公債發賣

   (イ) 財産調査 (22849/8)

   (ロ) 財産等級에 依한 公債分賣

四, 公債不許亂賣 (22850/9)

五, 公債發賣人賞與

六, 臨時所得税納

七, 外國借款 (22851/9)

八, 事業 및 金融機關設置

第十項 豫算

   一, 豫算決算政府專任 (22852/9)

   二, 每月支出調定

第十一項 積立

第十二項 貨幣製造 (22853/9)

    司法

第十三項 司法実施

   一, 普通法院簡単構成

   二, 特別法院簡単構成 (22854/10)

   三, 臨時監獄를 設置함

   四, 民刑事法律編纂

   五, 世界司法制度調査要約

第十四項 賞罰

   一, 勤勞者褒章 (22855/10)

   二, 反徒懲罰

○ 臨時地方交通事務局章程 大韓民國 元년 8월 20일 國務院令 第二號 (22856/10)

第一條 交通部郵博事務를 爲해 重要한 地點에 臨時交通事務局을 둠…

第二條 臨時地方交通局을 職員 左와 같이…

第三條 臨時地方交通事務局長는 交通總長의 許可를 받고 必要한 地點에 더욱이 支局을 設할 수 있게 됨 (22857/10)

第四條 局長, 支局長 및 參事는 交通總長의 推薦으로 大統領 이를 任命하여 書記長 및 通信員은 交通總長 이를 任命함

第五條 本章程는 公布의 日에 施行함

○ 通信要項 (22858/11)

第一條 대저 通信文은 番號와 年月日를 必히 記入하고 番號은 發信順으로 附하고 年은 干支를 用하여 月日는 陽曆에 從하라

第二條 宣傳部에서 發하는 通信文에는 그 末行에「戚末任宣料」라고 記入하여 其의 下에 印을 捺하여 真偽를 識別할 수 있도록 해야 함

第三條 宣傳部에 보내는 通信封筒에는 左記와 같이 認하기를 要함…

第四條 差出를 命을 받은 宣傳員은 自己의 通信名義 및 受信해야 할 場所를…

第五條 宣傳隊를 設立할 때에는 宣傳隊의 受信所와 受信人 名義를 遲滯없이 報告하여라(22859/11)

第六條 敵에게 發覚을 避하기 為해 通信上 常用의 術語에 對해 左記와 같이 符號를 定하면 반드시 이에 依하는 것을 要함

第七條 符合없이 術語에 있어서는 次條의 國文變更例에 依하여 通信하여라 (22861/11)

第八條 通信上 暗示한 語句는 諺文를 使用해야할 諺文의 變用은「가나다라」의 順序에 의해 各 其의 次行의 同位置에 있는 字를 引用할 것

第九條 '밧침' '과귀'의 行의 字는 其儘用해야 함

第十條 右와 같이 諺文을 變更하려면 먼저 其行의 順을 一定하게 할 必要가 있다면, 가나다라마바사아하자차카타파 順으로 定함 (22862/12)

第十一條 通信上 諺文을 變用할 時는 그 暗示할 部分의 첫 번째 字와 末字의 右側에「,」을 치고 看別에 便하게 함

● 大正 9년(1920) 9월 30일附 在紐育(뉴욕) 熊崎總領事 發信 內田外務大臣 앞 報告要旨 (22863/12)
  ○ 大韓民國公債發行의 件

● 大正 8년(1919) 11월 27일附 齋藤朝鮮總督 發信 內田外務大臣 앞 報告要旨 (22864/12)
  ○ 大韓民國公債票에 關한 件

● 大正 8년(1919) 11월 15일附 紐育(뉴욕)派遣員藤巻太一 發信 營業局長吉田節太郎

앞 (22864/12)

○ 大韓民國公債의 件

● 大正 8년(1919) 10월 24일附 朝鮮總督府警務局長 發信 外務次官 앞 通報要旨
(22866/13)

○ 僭稱上海假政府內務總長의 布告
本件에 關한 別紙訳文의 不穩文書를 朝鮮内에 密送頒布했음
布告
商業에 從事할 同胞에게
布告第一號 男女學生 (22870/13)

● 大正 8년(1919) 10월 22일附 在上海 山崎總領事 發信 內田外務次官 앞 電報要旨
(22874/15)

○ 上海佛國租界官憲의 不逞鮮人단속(本件一括輯錄)

● 大正 8년(1919) 11월 06일附 內田外務大臣 發信 在支那 小幡公使 앞 訓達要旨
(22874/15)

○ 在支不逞鮮人단속에 關한 件

● 大正 8년(1919) 10월 18일附 (甲號) 內田外務大臣 發信 在佛國 松井大使 앞 電報要
旨 (22876/15)

○ 在支不逞鮮人은 內外朝鮮人와 聲息를 通하여 上海佛國租界內에 假政府를…

● 大正 8년(1919) 10월 (乙號) (日記載漏) 內田外務大臣 發信 在佛國 松井大使 앞 電報
要旨 (22879/16)

○ 過般在本邦佛國大使支那出張의 途次京城에 있어서 齋藤總督와 面會시 同總督

● 大正 8년(1919) 10월 30일附 (丙號) 內田外務大臣 發信 在本邦 佛國大使 앞 公文要
旨 (22881/16)

○ 在支那佛國居留地內 不逞鮮人行動 取締方의 件

● 大正 8년(1919) 11월 08일附 (丁號) 在佛國松井大使 發信 內田外務大臣 앞 實報要旨

(22884/17)
　　○ 上海不逞鮮人의 取締에 關한 本使의 申入에 關함

● 大正 8년(1919) 11월 11일附 (丁號) 齋藤朝鮮總督 發信 內田外務大臣 앞 實報要旨
　　(22886/18)
　　○ 李堈殿下의 京城脫出의 件

● 大正 8년(1919) 11월 24일附 齋藤朝鮮總督 發信 內田外務大臣 앞 電報要旨 (22887/
　　18)
　　○ 李堈殿下의 京城脫出의 件
　　　一, 關係者의 住所氏名 (22888/18)
　　　二, 事件企劃前에 있어 全協會等의 行動 (22894/20)
　　　三, 李堈公의 逸走 (22898/21)
　　　　　(イ) 李堈公은 常時 外遊에 意있음 公妃의 弟金春基는 幼해서 美國에 遊하
　　　　　　여 歸國後
　　　　　(ロ) 姜錫龍 옛날 金忠玉과 함께 全協을 訪問하여 李堈公을 擁立하면 衆心
　　　　　　을 (22899/21)
　　　　　(ハ) 金春基는 9일 公의 資金調達한 일을 들어 姜錫龍과 같이 諸種의 準備를
　　　　　　爲해 (22908/23)

● 大正 9년(1920) 3월 26일附 朝鮮總督府警務局長 發信 外務次官 앞 通報要旨 (22911/
　　24)
　　○ 上海假政府十三道總幹部諭告의 件
　　　首題의 件에 關해 別紙譯文와 같이 書類를 發見押收했음
　　　[別紙]
　　　臨時政府十三道總幹部諭告事

● 大正 8년(1919) 11월 14일附 在上海 山崎總領事 發信 內田外務大臣 앞 電報要旨
　　(22914/25)
　　○ 呂運亨의 內地行의 件
　　　[註記, 本件의 詳細에 關해서 昭和 7년(1932) 7월 呂運亨檢擧事件記事 參照]

● 大正 9년(1920) 1월 7일附 在上海 山崎總領事 發信 內田外務大臣 앞 電報要旨 (22915/25)

　○ 不逞鮮人 呂運亨의 內地旅行에 關한 件

● 大正 8년(1919) 11월 28일附 朝鮮總督府警務局長 發信 外務次官 앞 通報要旨 (22921/26)

　○ 耶蘇敎徒 및 假政府員의 國際聯盟會議에 對한 運動計劃의 件

　　一, 第一號 印刷物에 대해 (22922/27)

　　二, 第二號 印刷物에 대해

　　三, 第三號 印刷物에 대해 (22923/27)

　　第一號 譯文 敬祝 (22924/27)

　　第二號 譯文 請願書 (22926/28)

　　第三號 譯文 韓國內耶蘇敎會祈禱題目

● 大正 9년(1920) 6월 1일附 在上海 山崎總領事 發信 內田外務大臣 앞 電報要旨 (22931/29)

　○ 在上海僭稱假政府의 陸軍臨時軍制의 件

　○ 大韓民國陸軍臨軍制(譯文) 大韓民國 元년(1919) 12월 18일 發布(大正 8년)

　　第一編 軍隊 (22931/29)

　　　　第一章 軍隊의 編成 및 其의 定員

　　　　第二章 兵役 (22938/31)

　　　　第三章 徵募 및 召集

　　　　第四章 軍籍

　　　　第五章 制服肩章 및 項縮帽子의 別 (22941/31)

　　　　第六章 軍紀의 嚴罰 (22943/32)

　　　　第七章 動員

　　第二編 機關

　　　　第一章 參謀本部 (22944/32)

　　　　第二章 總司令部 (22950/34)

　　　　第三章 地方司令部(地名을 冠해서 稱한다)

　　　　第四章 學校 (22954/35)

　　第三編 軍人

● 大正 9년(1920) 2월 6일附 朝鮮總督府警務局長 發信 外務次官 앞 通報要旨 (22987/43)
  ○ 上海假政府佈告文配布
    • 國務院布告第一號(譯文)

● 大正 9년(1920) 2월 25일附 朝鮮總督府警務局長 發信 外務次官 앞 通報要旨 (23001/46)
  ○ 上海假政府布告文 發布에 關한 件
    • 軍務部 布告 第一號(譯文)
    • 內務部 布告 第一號(譯文)

● 大正 9년(1920) 6월(日記載漏) 朝鮮總督府警務局長 發信 外務次官 앞 通報要旨 (23006/48)
  ○ 大正 9년 2월末에 있어서 假政府의 諸機關
    大統領 李承晩 在美國
    國務院
    內務部
    警務局
    外務部 (23009/48)
    軍務部 (23010/49)
    陸軍士官學校 (23011/49)
    財務部
    法務部 (23012/49)
    學務局 (23013/49)
    交通部
    勞働局
    救濟會 (23014/50)
    議政院
    各道代議士
    京畿道
    忠淸南北道
    慶尙南北道

江原道

咸鏡南北道

黃海道

平安南道

平安北道

中鎭(滿洲) (23015/50)

美領 (23016/50)

露領

● 大正 9년(1920) 6월(日記載漏) 朝鮮總督府警務局長 發信 外務次官 앞 通報要旨 (23022/52)

　○ 大正 9년 3월末에 있어서 假政府의 窮狀

● 大正 9년(1920) 5월 24일附 朝鮮總督府警務局長 發信 外務次官 앞 通報要旨 (23026/53)

　○ 上海假政府의 間島地方露領朝鮮人에 對한 諭告文에 關한 件

　　• 第一號(譯文) (23027/53)

　　• 第二號(譯文) (23029/53)

● 大正 9년(1920) 4월 27일附 在上海 山崎總領事 發信 齋藤朝鮮總督 앞 通報要旨 (23032/54)

　○ 爆裂彈製造者 朝鮮人 李錫 送還의 件

● 大正 9년(1920) 5월 7일附 朝鮮總督府警務局長 發信 外務次官 앞 通報要旨 (23035/55)

　○ 秘密結社大同團員 檢擧의 件

　　一, 犯人의 氏名

　　二, 犯罪事實

● 大正 9년(1920) 5월 29일附 朝鮮總督府警務局長 發信 外務次官 앞 通報要旨 (23040/56)

　○ 不穩文書密輸仲繼者 逮捕의 件

一, 關係犯人氏名

二, 犯罪事實의 槪要

● 大正 9년(1920) 5월 11일附 在上海 山崎總領事 發信 內田外務大臣 앞 報告要旨 (23046/58)
  ○ 朝鮮人 金兼憲 被害에 關한 件

● 大正 9년(1920) 5월 13일附 內田外務大臣 發信 在佛 松井大使 앞 電報要旨 (23048/58)
  ○ 上海佛租界에 行動하는 不逞鮮人은 在日露支美各地

● 大正 9년(1920) 5월 21일附 在巴里 松井大使 發信 內田外務大臣 앞 電報要旨 (23049/58)
  ○ 5월 18일 貴電의 趣旨를 認한 口上書를 佛國外務省當局에…

● 大正 9년(1920) 5월 28일附 在上海 山崎總領事 發信 內田外務大臣 앞 電報要旨 (23050/59)
  ○ 鮮人嚴重取締에 關하여 最近 佛領事에 面會의 機會 每要求的懇談…

● 大正 9년(1920) 5월 29일附 內田外務大臣 發信 在上海 山崎總領事 앞 電報要旨 (23051/59)
  ○ 貴電의 대로 佛國總領事의 態度는 在本邦佛國大使의 回答…

● 大正 9년(1920) 6월 28일附 朝鮮總督 發信 內田外務大臣 앞 電報要旨 (23054/60)
  ○ 上海特派員의 電報에 의하면…

● 大正 9년(1920) 6월(日記載漏) 朝鮮總督府警務局長 發信 外務次官 앞 通報要旨 (23056/60)
  ○ 上海假政府와 聯絡機關 및 宣傳의 件
    • 獨立新聞(大正 9년 1월 8日 第35號所載 譯文) (23065/62)
      (イ) 政府職員와 人民의 關係
      (ロ) 合하면 바로 命令者 分裂하면 바로 服從者 (23068/63)

五, 敵의 言吏인 者를 殺하여라 (23114/75)

六, 不良輩를 殺하여라

七, 裏切을 행하는 者를 殺하여라

- 獨立新聞(大正 9년 2월 12일 第45號所載 譯文) (23117/75)

● 大正 9년(1920) 6월(日記載漏) 朝鮮總督府警務局長 發信 外務次官 앞 通報要旨 (23130/79)
　○ 上海假政府와 露國過激派와의 關係
　　大韓國民會長 具春先 앞 信書譯文

● 大正 9년(1920) 6월 29일附 朝鮮總督府警務局長 發信 外務次官 앞 通報要旨 (23137/80)
　○ 上海假政府와 鐵血團에 關한 件

● 大正 9년(1920) 8월 20일附 朝鮮總督府警務局長 發信 外務次官 앞 通報要旨 (23143/82)
　○ 大韓獨立公債募集者의 件
　一, 本件發覚의 端緒
　一, 關係者氏名 (23144/82)
　一, 犯罪事実 (23146/83)
　　(1) 李始榮
　　(2) 金貞穆
　　(3) 吳基周
　　(4) 朴世彬
　　(5) 宋翼周 (23151/84)
　　(6) 朴善郁 (23152/84)
　一, 本件에 關하여 押收한 證據物件 左와 같음 (23153/84)
　　第一號 大韓民國 元年 獨立公債 額面 五百圓
　　第二號 同　　　　　　　　　額面 一百圓
　　第三號 獨立公債 發賣에 關한 認定書 通知
　　第四號 國務院令 第三號 및 同 地方宣傳部規定

第五號 宣傳隊員의 服務規定

第六號 孫偵道의 '스탬프'를 押捺한 白紙

第七號 公債應募額查定調書

第八號 同 調査書

第九號 獨立新聞 (23154/85)

第十號 大韓民國飛行隊寫眞

第十一號 大韓民國臨時政府 新年祝賀記念寫眞

第十二號 國務院令 第三號 及 同 地方宣傳部規定

第十三號 不穩文信書

第十四號 木印宜字

第十五號 大韓國民會員證

第十六號 通信

第十七號 大韓民國新報

第十八號 布告同胞文

第十九號 大韓國民會 甑山面 廣済里 郷村會規則 (23155/85)

第二十號 大韓青年團規則

第二十一號 朝鮮國民會趣旨

(別紙)

財務部公管 第七號

獨立公債發賣에 關한 認定書通知(譯文)

地方宣傳部規程部規程(譯文) (23157/85)

● 大正 11년(1922) 10월 19일附 朝鮮總督府警務局長 發信 外務次官 앞 通報要旨 (23169/88)

○ 平和會議에 있어서의 不逞鮮人의 行動

(別紙)

○ 欧州에 있어서 吾人의 事業 大韓民國 2년 12월 刊行 巴黎通信局編纂 (23170/89)

○ 叙言

○ 欧州에 있어서 吾人의 事業目錄 (23180/91)

○ 敍言

○ 歐州에 있어서 吾人의 事業 (23184/92)

○ 民國 第一年
  平和會議當時
  金代表의 巴里着
  平和會議韓國民代表館 및 通信局開設 (23185/92)
  平和會議로 控告書提出 (23187/93)
  民國政府의 成立와 委員의 正式任命 (23190/94)
  各國代表 및 政治團體에 대한 韓國問題報告 (23191/94)
  平和條約批准에 對한 民國政府 無責任宣言 傳達
  甲, 尹兩氏被提事件交涉顚末 (23192/94)
  金代表의 美國行와 留別大宴會 (23193/94)
  西伯利를 出發한 兩代表의 巴黎着 (23194/95)
  敵國의 所謂改良詔勅에 對하여 抗議傳達 (23196/95)
  人權擁護會幹部會로 委員一同留席 (23197/95)
  北露聯合軍撤退와 '무르만' 韓人勞働者問題
  巴黎委員團의 組織變更 (23200/96)
  委員團의 人員變更와 歐美委員部

○ 民國 第2年
  在佛中國人士의 我代表團歡迎會決議案 通過 (23202/97)
  決議案 (23202/97)
  人權擁護會와 韓國問題大演說會 (23203/97)
  李氏高氏의 出發 (23204/97)
  '사레오레모' 會議에 國民議會의 通過傳達 (23205/97)
  黃書記長의 英京來往

  通信局의 出版統計 (23206/98)

名目	發行回數	部數
控告書(平和會議에 提出한)	1	佛文 3000 英文 3000
韓國의 獨立와 平和	1	英文 6500

通信箋	2~3	매번 英文 2000
日人은 條約의 價値를 얼마나 侮視한가	1	英文 1000
自由韓國	本年 4월부터 시작하고 每月 1번	매번 1000

天下의 同情

歐洲各新聞의 韓國問題를 揭載할 것 (23211/99)

地方別	新聞種類	揭載件數合計
巴黎	80	323
佛國各地方	53	100
歐洲大陸各國	48	94
合計	181	517

羅馬教皇宮에서 온 書翰 (23213/99)
伊國代議士 '스카노' 氏의 書翰
正義의 親友 (23214/100)
'메켄지' 君 (23215/100)
'서왈레이' (23217/100)
謝東發君 (23218/101)
歐洲留学生의 情形 (23219/101)

歐洲留学生의 一箇月의 最小限度의 學費 (23221/101)

佛國	巴黎市	600프랑 乃至 700프랑
	地方	300프랑 乃至 400프랑
白耳義		佛國와 차이 없음
伊太利		佛國의 四分의 三位
獨逸		佛國의 半額
瑞西		佛國에 比해 三分의 一 高價
英國	倫敦	三十磅파운드
	地方	二十磅파운드

在佛劳働同胞의 情況 (23224/102)
大英國의 韓國新友會 (23225/102)

'메켄지' 氏等의 主唱에 依하여 民國 2년 10월 26일 大英國會 第六號委員室에 있어서 大英國의 韓國新友會創立會

● 大正 9년(1920) 9월 20일附 朝鮮總督府警務局 發信 外務次官 앞 通報要旨 (23236/105)
  ○ 渡美中에 李承晩等의 行動 및 歐美에 있어서 不逞鮮人의 狀況
    一, 僭稱假政府歐美委員部의 收支決算 및 豫算
      (イ) 大正 9년 3월 1일부터 9월에 이르는 3箇月間의 收支決算
      (ロ) 大正 9년 6월 以後의 豫算 (23249/105)
    一, 一箇月의 豫算總額
    二, 加州에서의 朝鮮人飛行機事故
    三, 加州에서의 護國獨立軍
    四, '로스앤젤레스'의 興士團
    五, '워싱턴'에서의 '朝鮮의 友' 同胞
    六, 美國에서의 宣傳書籍
    七, 巴里에서의 宣傳機關

● 大正 9년(1920) 12월 28일附 朝鮮總督府警務局 發信 外務次官 앞 通報要旨 (23259/111)
  ○ 上海假政府在露朝鮮人에 對한 警告

● 大正 9년(1920) 12월 7일附 在'호놀룰루' 矢田總領事 發信 內田外務大臣 앞 電報要旨 (23268/113)
  ○ 李承晩等의 上海渡航의 件

● 大正 9년(1920) 12월 11일附 在上海 山崎總領事 發信 內田外務大臣 앞 電報要旨 (23268/113)
  ○ 假政府大統領이라고 칭하는…

● 大正 9년(1920) 12월 22일附 在'호놀룰루' 矢田總領事 發信 內田外務大臣 앞 電報要旨 (23269/113)
  ○ 金奎植은 12월 14일 當地發의…

● 大正 9년(1920) 12월 24일附 朝鮮總督府警務局 發信 外務次官 앞 通報要旨 (23269/113)
　　○ 李承晚의 聲明의 件

● 大正 10년(1921) 2월 10일附 在'호놀룰루' 矢田總領 事發 內田外務大臣 앞 電報要旨 (23271/114)
　　○ 盧伯麟은 李承晚부터의…

● 大正 9년(1920) 11월 24일附 朝鮮總督府警務局 發信 外務次官 앞 通報要旨 (23272/114)
　　○ 上海不逞鮮人의 組織한 各種團體
　　　　一, 興士團
　　　　二, 新大韓同盟團 (23273/114)
　　　　三, 勞動黨
　　　　四, 民團 (23274/115)
　　　　五, 大倧教 (23275/115)
　　　　六, 新韓青年黨
　　　　七, 東洋平和團
　　　　八, 赤十字會
　　　　九, 愛國婦人會
　　　　十, 耶蘇教會 (23278/116)
　　　　十一, 留日學生親睦會
　　　　十二, 冒險團
　　　　十三, 青年團
　　　　十四, 消毒團(秘密) (23280/116)
　　　　十五, 鐵血團

● 大正 9년(1920) 12월 27일附 朝鮮總督府警務局 發信 外務次官 앞 通報要旨 (23282/117)
　　○ 獨立新聞發刊의 件

● 大正 10년(1921) 1월 6일附 在上海 山崎總領事 發信 內田外務大臣 앞 電報要旨

(23282/117)
　○ 獨立新聞은 12월 18일 및 25일

● 大正 10년(1921) 1월 7일附 在上海 山崎總領事 發信 內田外務大臣 앞 電報要旨
(23284/117)
　○ 獨立新聞 再刊의 處, 同 新聞印刷所

● 大正 10년(1921) 1월 15일附 在上海 山崎總領事 發信 內田外務大臣 앞 電報要旨
(23284/117)
　○ 本官이 佛國總領事에 獨立新聞印刷所의…

● 大正 10년(1921) 6월 14일附 在上海 山崎總領事 發信 內田外務大臣 앞 電報要旨
(23285/117)
　○ 獨立新聞 發行禁止方

● 大正 11년(1922) 8월 11일附 朝鮮總督府警務局長 發信 外務大臣 앞 電報要旨 (23285/
118)
　○ 佛國官憲의 不誠意에 關한 件
　　一, 所謂 僭稱 假政府의 封鎖에 대해 (23286/118)
　　二, 獨立新聞社封鎖에 대해 (23287/118)
　　三, 爆彈製造犯人의 逮捕에 대해
　　四, 爆彈犯人의 引渡에 대해 (23288/118)

5-19 ② 在上海總領事館 朝鮮民族運動 第二 (五冊ノ內) (未定稿)

● 大正 9년(1920) 9월 21일附 朝鮮總督府警務局長 發信 外務次官 앞 通報要旨 (23293/ 123)
   ○ 太平洋會議에 際해 上海 및 在外 不逞鮮人의 行動 및 中韓國民互助總會에 관한 件
      • 安昌浩演說要旨 (23295/123)

● 大正 10년(1921) 8월 13일附 在'호놀룰루' 矢田總領事 發信 內田外務大臣 앞 電報要 旨 (23303/125)
   ○ 當地滯在中 李承晩은 8월 10일 '마츠손' 汽船 '마우이'號로 桑港으로 出發했다

● 大正 10년(1921) 8월 18일附 桑港 矢田總領事 發信 內田外務大臣 앞 電報要旨 (23304/ 126)

● 大正 10년(1921) 8월 31일附 華府 幣原大使 發信 內田外務大臣 앞 電報要旨 (23305/126)

● 大正 10년(1921) 9월 13일附 在上海 山崎總領事 發信 內田外務大臣 앞 報告要旨 (23307/126)
   ○ 太平洋會議에 際해 不逞鮮人의 行動 및 中韓國民互助總社의 宣言의 件
   ○ 中韓國民互助總社의 太平洋會議에 대한 提案 및 宣言 (23310/127)
      一, 日本은 1905년의 保護條約 및 1910년의 合併條約을 取消해 韓國은 絶對獨 立시킬 것. (23315/128)
      二, 日本은 韓國에서의 政治上, 經濟上, 軍事上의 施設 一切를 撤去할 것. (23316/ 129)
      三, 韓國 및 極東共和國의 代表派遣을 主張할 것.
      四, 中韓兩國의 主權과 東亞平和를 妨害하는 日英同盟을 取消할 것.
      五, 1915년 5월 26일 締約된 中日二十一箇條, 滿蒙四鐵路假條約, 高徐順濟南鐵 路假約 및 石井 랜싱協約은 모두 취소할 것.

六, 支那는 膠州湾 및 日本이 山東에서 占有한 一切의 利権을 無條件으로 回收할 것.

七, 日本의 滿蒙 및 福健에서의 特殊勢力을 取消할 것.

八, 支那는 臺灣을 回收할 것. (23317/129)

九, 支那는 領事裁判權 및 外國郵便局의 撤廢를 主張할 것.

十, 各國은 支那에서의 租界를 還付할 것.

十一, 各國은 支那에서의 駐屯兵을 撤退시킬 것.

● 大正 10년(1921) 9월 19일附 朝鮮總督府警務局長 發信 外務次官 앞 通報要旨 (23318/129)
  ○ 太平洋會議에 際해 不逞鮮人 歐美 委員部의 通信

● 大正 10년(1921) 9월 21일附 內田外務大臣 發信 水野朝鮮總督府政務總督 앞 照會要旨 (23326/131)
  ○ 太平洋會議에 관해 貴府員派遣方의 件

● 大正 10년(1921) 9월 27일附 水野朝鮮總督府政務總督 發信 埴原外務次官 앞 回答要旨 (23327/131)
  ○ 太平洋會議에 관해 派遣員에 관한 件

● 大正 10년(1921) 9월 28일附 朝鮮總督府警務局長 發信 外務次官 앞 通報要旨 (23328/132)
  ○ 太平洋會議에 際해 上海假政府의 資金募集

● 大正 10년(1921) 9월 29일附 朝鮮總督府警務局長 發信 外務次官 앞 通報要旨 (23330/132)
  ○ 太平洋會議에 際해 上海假政府의 資金募集의 件

● 大正 10년(1921) 9월 30일附 朝鮮總督府警務局長 發信 外務次官 앞 通報要旨 (23334/133)
  ○ 太平洋會議에 際해 上海假政府의 公債强賣의 件

● 大正 10년(1921) 10월 11일附 朝鮮總督府警務局長 發信 外務次官 앞 通報要旨
(23336/134)
　　○ 僭稱假政府派遣의 太平洋會議代表와 其의 經費

● 大正 10년(1921) 10월 13일附 內田外務大臣 發信 在美 幣原大使 앞 通報要旨 (23340/
135)
　　○ 華盛頓會議에 際해 不逞鮮人의 行動取締의 件

● 大正 10년(1921) 10월 20일附 在華府 幣原大使 發信 內田外務大臣 앞 電報要旨
(23341/135)
　　○ 不逞鮮人의 取締方當國政府에

● 大正 10년(1921) 10월 15일附 在上海 山崎總領事 發信 內田外務大臣 앞 電報要旨
(23342/135)
　　○ 李承晩이 다음과 같은 요구를 美國大統領에게 提出했음
　　　一, 朝鮮을 太平洋의 一部라고 여길 것.
　　　二, 朝鮮을 被侵略國이라고 認할 것.
　　　三, 朝鮮의 獨立은 世界平和確保의 基礎임을 考慮할 것.
　　　四, 이상의 理由에 의해 朝鮮代表를 太平洋會議參加를 許容해서 發言權을 줄
　　　　것.

● 大正 10년(1921) 10월 19일附 在'호놀룰루' 矢田總領事 發信 內田外務大臣 앞 電報
要旨 (23343/135)
　　○ 不逞鮮人 鄭翰景의 行動

● 大正 10년(1921) 11월 4일附 在'호놀룰루' 矢田總領事發 內田外務大臣 앞 電報要旨
(23347/136)
　　○ 世界新聞記者大會에 參列한 京城 東亞日報 記者

● 大正 10년(1921) 10월 26일附 在'호놀룰루' 矢田總領事 發信 內田外務大臣 앞 電報
要旨 (23348/137)
　　○ 太平洋會議 韓國代表라고 自稱한 鄭翰景의 演說

● 大正 10년(1921) 10월 27일附 在上海 山崎總領事 發信 內田外務大臣 앞 電報要旨
(23358/139)
  ○ 華盛頓會議에 際해 不逞鮮人의 行動

● 大正 10년(1921) 11월 7일附 在上海 山崎總領事 發信 內田外務大臣 앞 電報要旨
(23360/140)
  ○ 太平洋會議에 際해 不穩 印刷物의 配布

● 大正 10년(1921) 11월 11일附 在上海 山崎總領事 發信 內田外務大臣 앞 電報要旨
(23365/141)
  ○ 僭稱上海假政府 臨時議政議員의 獨立請願書 送付의 件

● 大正 10년(1921) 11월 12일附 在上海 山崎總領事 發信 內田外務大臣 앞 電報要旨
(23372/143)
  ○ 上海 不逞鮮人의 組織한 外交後援會

● 大正 10년(1921) 11월 12일附 在上海 山崎總領事 發信 內田外務大臣 앞 電報要旨
(23381/145)
  ○ 上海 不逞鮮人의 組織한 外交後援會

● 大正 10년(1921) 11월 17일附 在'호놀룰루' 矢田總領事 發信 內田外務大臣 앞 電報
要旨 (23385/146)
  ○ 朝鮮人僑民團長等의 美國大統領, 기타에게 請願

● 大正 10년(1921) 11월 22일附 在上海 山崎總領事 發信 內田外務大臣 앞 報告要旨
(23386/146)
  ○ 自稱朝鮮代表의 太平洋會議에 提出한 請願文

● 大正 10년(1921) 11월 22일附 在上海 山崎總領事 發信 內田外務大臣 앞 電報要旨
(23391/147)
  ○ 太平洋會議에 際해 不逞鮮人의 行動

● 大正 10년(1921) 12월 1일附 在廣東 藤田總領事 發信 內田外務大臣 앞 報告要旨 (23393/148)
  ○ 在粤(粤:廣東省)朝鮮人 取締에 관한 陳烱明의 談話의 件

● 大正 10년(1921) 11월 28일附 在上海 山崎總領事 發信 內田外務大臣 앞 報告要旨 (23395/148)
  ○ 不逞鮮人의 朝鮮獨立宣言書 頒布에 관한 件

● 大正 10년(1921) 12월 15일附 在'호놀룰루' 矢田總領事 發信 內田外務大臣 앞 報告要旨 (23398/149)
  ○ 朝鮮人의 獨立運動에 대한 當地 英字新聞의 論評

● 大正 10년(1921) 12월 25일附 在華盛頓府會議全權 發 內田外務大臣 앞 電報要旨 (23405/151)
  一, 當地에서 朝鮮獨立의 陳情書
  二, '도마스'는 '콜라도'주
  三, '도르흐'는 상당한 고령 연호사
  四, 전술의 책자는 (23406/151)

● 大正 10년(1921) 12월 28일附 在奉天 赤塚總領事 發信 內田外務大臣 앞 報告要旨 (23408/152)
  ○ 太平洋會議에 際해 奉天地方에서의 同光會 및 朝鮮人의 行動

● 大正 10년(1921) 12월 27일附 在奉天總領事館警察署長警視石橋正光 發信 在奉天 赤塚總領事 앞 報告要旨 (23408/152)
  ○ 容疑鮮人桂宣에 관한 件
    一, 桂宣取調의 動機 및 順序 (23409/152)
    二, 發見된 文書 (23410/152)
      (1) 委任狀九十五枚
      (2) 連判帖五册 (23411/152)
    三, 桂宣의 供述
      (1) 第一回 供述의 要旨

● 大正11년(1922) 1월 6일附 在上海 山崎總領事 發信 內田外務大臣 앞 電報要旨
  (23468/167)
  ○ 呂運亨의 廣東行의 件

● 大正 10년(1921) 1월 17일附 在上海 山崎總領事 發信 內田外務大臣 앞 電報要旨
  (23469/167)
  ○ 廣東에서의 呂運亨의 行動의 件

● 大正 10년(1921) 1월 8일附 在上海 山崎總領事 發信 內田外務大臣 앞 電報要旨 (23471/
  167)
  ○ 不逞鮮人의 現狀

● 大正 11년(1922) 1월 27일附 朝鮮總督府警務局長 發信 外務次官 앞 通報要旨
  (23474/168)
  ○ 上海에서의 李承晚歡迎會의 狀況

● 大正 11년(1922) 1월 15일附 水野朝鮮總督府政務總監 發信 埴原外務次官 앞 照會
  要旨 (23480/170)
  ○ 不逞鮮人의 資金取締方에 관한 件

● 大正 10년(1921) 1월 19일附 朝鮮總督府警務局長 發信 外務次官 앞 通報要旨 (23486/
  171)
  ○ 假政府 軍務次長 李春塾 檢擧의 件

● 大正 10년(1921) 7월 5일附 河村拓殖局長官 發信 埴原外務次官 앞 通報要旨 (23490/
  172)
  ○ 不逞鮮人 李春塾에 對한 判決의 件

● 大正 10년(1921) 7월 26일附 河村拓殖局長官 發信 埴原外務次官 앞 通報要旨 (23490/
  172)
  ○ 不逞鮮人 李春塾 裁判 確定의 件

● 大正 10년(1921) 1월 27일附 朝鮮總督府警務局長 發信 外務次官 앞 通報要旨 (23491/
172)
　○ 上海 不逞鮮人學校의 募金募集과 外人援助에 관한 件

● 大正 10년(1921) 2월 8일附 朝鮮總督府警務局長 發信 外務次官 앞 通報要旨 (23501/
175)
　○ 在上海 不逞鮮人의 內訌 및 國民代表會議의 發端

● 大正 10년(1921) 2월 18일附 朝鮮總督府警務局長 發信 外務次官 앞 通報要旨 (23505/
176)
　○ 反假政府側의 國民代表會 開催方에 관한 件

● 大正 10년(1921) 3월 21일附 在上海 沼津總領事 發信 外務大臣 앞 報告要旨 (23510/
177)
　○ 國民代表會 開催準備狀況의 件
　　一, 代表會의 目的 (23511/177)
　　二, 各地代表人員指定 (23511/177)
　　三, 開會場所日時 (23511/177)
　　四, 以上 (23511/177)

● 大正 10년(1921) 5월 24일附 朝鮮總督府警務局長 發信 外務次官 앞 通報要旨 (23513/
178)
　○ 國民代表會開催準備狀況의 件

● 大正 10년(1921) 7월 16일附 外務次官 앞 通報要旨 (23517/179)
　○ 在上海 不逞鮮人領袖 安昌浩의 演說

● 大正 11년(1922) 4월 3일附 在上海 船津總領事 發信 內田外務大臣 앞 報告要旨
(23547/186)
　○ 在上海 假政府의 窮狀와 國民代表會 開催方의 件

● 大正 11년(1922) 4월 28일附 朝鮮總督府警務局長 發信 外務次官 앞 報告要旨 (23551/

187)
  ○ 上海에서의 國民代表會에 關한 件

● 大正 11년(1922) 5월 16일附 在上海 船津總領事 發信 內田外務大臣 앞 報告要旨
(23552/188)
  ○ 不逞鮮人의 國民代表會에 대한 準備會의 狀況의 件

● 大正 11년(1922) 6월 06일附 在間島 堺總領事 發信 內田外務大臣 앞 報告要旨 (23556/
189)
  ○ 上海國民代表會에 관한 宣傳의 件

● 大正 11년(1922) 6.13일附 在上海 船津總領事 發信 內田外務大臣 앞 報告要旨 (23363/
190)
  ○ 上海에서의 國民代表會 開催準備 및 기타 件

● 大正 11년(1922) 10월 2일附 在上海 船津總領事 發信 內田外務大臣 앞 報告要旨
(23568/192)
  ○ 首領不逞朝鮮人尹海 狙擊에 關한 件

● 大正 11년(1922) 10월 18일附 在上海 船津總領事 發信 內田外務大臣 앞 報告要旨
(23573/193)
  ○ 國民代表會 各地代表者 來滬(上海) 에 관한 件

● 大正 11년(1922) 12월 23일附 朝鮮總督府警務局長 發信 外務次官 앞 通報要旨
(23575/193)
  ○ 上海에서의 國民代表會에 關한 件

● 大正 12년(1923) 1월 9일附 朝鮮總督府警務局長 發信 外務次官 앞 通報要旨 (23580/
195)
  ○ 國民代表會에 關한 件

● 大正 12년(1923) 1월 30일附 在上海 船津總領事 發信 內田外務大臣 앞 報告要旨

(23587/196)
　　○ 國民代表會準備의 件

● 大正12년(1923) 2월 1일附 在上海 船津總領事 發信 內田外務大臣 앞 報告要旨
(23599/199)
　　○ 不逞鮮人追悼會에 關한 件

● 大正12년(1923) 2월 27일附 朝鮮總督府警務局長 發信 外務次官 앞 通報要旨 (23603/
200)
　　○ 國民代表會의 經過에 關한 件
　　　• 國民代表會會議錄
　　　　2월 2일(第1日) 正式會議
　　　　2월 3일(第2日) (23607/201)
　　　　2월 4일(第3日) (23608/202)
　　　　2월 5일(第4日) (23610/202)
　　　　2월 6일(第5日) (23612/203)
　　　　2월 7일(第6日) (23613/203)
　　　　2월 8일(第7日) (23614/203)
　　　　2월 12일(第9日) (23620/205)
　　　　2월 13일(第10日) (23621/205)
　　　　2월 14일(第11日)
　　　　2월 15일(第12日) (23622/205)
　　　　2월 19일(第13日)
　　　　2월 20일 및 22일 (23623/205)
　　　　2월 23일 以後 (23624/206)

● 大正 12년(1923) 4월 23일附 朝鮮總督府警務局長 發信 外務次官 앞 通報要旨
(23638/209)
　　○ 國民代表會의 經過에 關한 件

● 大正12년(1923) 5월 1일附 朝鮮總督府警務局長 發信 外務次官 앞 通報要旨 (23641/
210)

○ 國民代表會의 狀況 및 附隨問題의 件

一, 國民代表會의 經過에 관한 件

一, 議政院에서의 議題의 件

 (1) 憲法 第五十七條 改正 (23642/210)

 (2) 議政院에서 大統領 李承晚을 彈劾할 것

 (3) 現在 開催되고 있는 國民代表會

一, 大獨立黨 組織에 關한 건 (23643/210)

 財務分科委員會 報告 (23644/211)

 報告書 軍事分科委員 (23647/211)

● 大正 12년(1923) 5월 2일附 朝鮮總督府警務局長 發信 外務次官 앞 通報要旨 (23650/212)

 ○ 國民代表會의 經過에 關한 件

● 大正 12년(1923) 5월 8일附 朝鮮總督府警務局長 發信 外務次官 앞 通報要旨 (23654/213)

 ○ 國民代表會의 經過에 關한 件

● 大正12년(1923) 5월 12일附 朝鮮總督府警務局長 發信 外務次官 앞 通報要旨 (23658/214)

 ○ 國民代表會의 經過에 關한 件

● 大正 12년(1923) 5월 24일附 朝鮮總督府警務局長 發信 外務次官 앞 通報要旨 (23660/215)

 ○ 在上海 國民代表會의 經過에 關한 件

● 大正 12년(1923) 5월 29일附 朝鮮總督府警務局長 發信 外務次官 앞 通報要旨 (23663/215)

 ○ 國民代表會의 經過에 關한 件

● 大正12년(1923) 6월 4일附 朝鮮總督府警務局長 發信 外務次官 앞 通報要旨 (23665/216)

○ 國民代表會의 經過에 關한 件

● 大正12년(1923) 6월 8일附 朝鮮總督府警務局長 發信 外務次官 앞 通報要旨(23668/217)
　　○ 上海에서의 國民代表會의 經過에 關한 件

● 大正12년(1923) 6월 12일附 朝鮮總督府警務局長 發信 外務次官 앞 通報要旨(23668/217)
　　○ 上海 國民代表會 分裂과 露領에 中央機關 設置運動의 件

● 大正12년(1923) 6월 12일附 在上海 船津總領事 發信 內田外務大臣 앞 報告要旨(23673/218)
　　○ 不逞鮮人의 國民代表會紛争의 件

● 大正12년(1923) 7월 19일附 朝鮮總督府警務局長 發信 外務次官 앞 通報要旨(23678/219)
　　國民代表會各派 그 後 動静에 關한 件

● 大正12년(1923) 7월 12일附 在上海 船津總領事 發信 內田外務大臣 앞 報告要旨(23680/220)
　　○ 假政府臨時憲法改正起草委員會 組織의 件

● 大正13년(1924) 3월 15일附 在上海 矢田總領事 發信 松井外務大臣 앞 報告要旨(23686/221)
　　○ 不逞鮮人團體統一運動

● 大正13년(1924) 3월 15일附 在上海矢田總領事 發信 松井外務大臣 앞 報告要旨(23689/222)
　　○ 不逞鮮人團體 統一運動에 關한 件

● 大正10년(1921) 3월 3일附 朝鮮總督府警務局長 發信 外務次官 앞 通報要旨(23697/224)

○ 在上海不逞鮮人의 行動
  一, 僭稱假政府國務院會議에 關한 件
  二, 李東輝의 所在에 關한 件 (23698/224)
  三, 假政府幹部의 不平團에 對한 處置
  四, 上海不逞鮮人 渡來에 關한 件 (23699/224)
  五, 2월 18일 午後 7時 30分부터 (23700/225)

● 大正 10년(1921) 6월 24일附 朝鮮總督府警務局長 發信 外務次官 앞 通報要旨 (23702/225)
  ○ 上海假政府 不穩文書 頒布의 件

● 大正 10년(1921) 4월 27일附 朝鮮總督府警務局長 發信 外務次官 앞 通報要旨 (23708/227)
  ○ 在上海不逞鮮人의 宣傳計劃에 關한 件

● 大正 10년(1921) 5월 10일附 朝鮮總督府警務局長 發信 外務次官 앞 通報要旨 (23716/229)
  ○ 僭稱上海假政府幹部의 黨派別
  一, 李承晩(臨時大統領)
  一, 李東寧(內務總長兼國務總理代理)
  一, 申奎植(法務總長) (23717/229)
  一, 李東輝(前國務總理)
  一, 朴容萬(不就任外務總長) (23718/229)
  一, 安昌浩(勞動總辦)
  一, 南亨祐(交通總長)
  一, 盧伯麟(軍務總長) (23719/229)
  一, 金奎植(學務總長)
  一, 金嘉鎭(大同團總裁)

● 大正 10년(1921) 5월 11일附 朝鮮總督府警務局長 發信 外務次官 앞 通報要旨 (23721/230)
  ○ 在上海不逞鮮人의 內訌에 關한 件

● 大正 10년(1921) 5월 14일附 朝鮮總督府警務局長 發信 外務次官 앞 通報要旨 (23723/230)
　○ 在上海不逞鮮人의 行動
　　一, 不逞鮮人의 議政院會議에 關한 件
　　二, 廣東에 간 朴殷植의 消息 (23724/231)
　　三, 黨派的 偏狹心과 獨立運動의 絶望 (23725/231)

● 大正 10년(1921) 5월 16일附 在美幣原特命全權大使 發信 內田外務大臣 앞 報告要旨 (23728/232)
　○ 美國在留朝鮮의 獨立運動에 關한 件

● 大正 10년(1921) 7월 1일附 朝鮮總督府警務局長 發信 外務次官 앞 通報要旨 (23729/232)
　○ 在外不逞鮮人의 韓國獨立請願과 彼等의 內訌

● 大正 10년(1921) 7월 11일附 朝鮮總督府警務局長 發信 外務次官 앞 通報要旨 (23733/233)
　○ 在美不逞鮮人幹部間의 軋轢

● 大正 10년(1921) 7월 18일附 朝鮮總督府警務局長 發信 外務次官 앞 通報要旨 (23743/235)
　○ 在美不逞鮮人 內訌의 真相

● 大正 10년(1921) 5월 20일附 朝鮮總督府警務局長 發信 外務次官 앞 通報要旨 (23750/237)
　○ 上海에서의 不逞鮮人間의 紛争

● 大正 10년(1921) 6월 6일附 朝鮮總督府警務局長 發信 外務次官 앞 通報要旨 (23752/238)
　○ 上海假政府 및 그 關係者의 費用出所에 關한 件

● 大正 10년(1921) 6월 7일附 朝鮮總督府警務局長 發信 外務次官 앞 通報要旨 (23752/

238)

　　○ 上海에서의 發行하는 排日雜誌 天皷의 件

● 大正 10년(1921) 7월 2일附 在'호놀룰루' 矢田總領事 發信 內田外務大臣 앞 報告要
　旨 (23755/238)

　　○ 李承晚의 來布 및 그 言動

● 大正 10년(1921) 7월 19일附 在'호놀룰루' 矢田總領事 發信 內田外務大臣 앞 報告要
　旨 (23763/240)

　　○ 李承晚 來布後의 行動

● 大正 10년(1921) 7월 5일附 在香港 大森領事代理 發信 內田外務大臣 앞 電報要旨
　(23767/241)

　　○ 韓國獨立運動血史의 件

● 大正 10년(1921) 8월 1일附 朝鮮總督府警務局長 發信 外務次官 앞 通報要旨 (23768/
　242)

　一, 僭稱上海臨時政府 現在幹部

　二, 上海不逞鮮人 窮乏의 狀況 (23769/242)

　三, 不逞鮮人의 動靜 (23770/242)

　四, 不逞民團의 資金釀集計畫 (23773/243)

● 大正 10년(1921) 8월 6일附 在'호놀룰루' 矢田總領事 發信 內田外務大臣 앞 報告要
　旨 (23774/243)

　　○ 布哇에서의 李承晚과 朴容萬派와의 爭鬪의 件

● 大正 10년(1921) 10월 12일附 朝鮮總督府警務局長 發信 外務次官 앞 通報要旨 (23780/
　245)

　　○ 布哇에서의 朝鮮人과 爭鬪와 李承晚의 不人気

● 大正 10년(1921) 10월 14일附 朝鮮總督府警務局長 發信 外務次官 앞 通報要旨 (23799/
　249)

○ 上海在住不逞鮮人의 近況

　一, 一般의 槪況

　二, 不逞鮮人의 四派 (23809/252)

　　　(一) 畿湖派 (23810/252)

　　　(二) 平安派 (23811/252)

　　　(三) 北京派 (23815/253)

　　　(四) 過激派 (23820/255)

　　　　　(一) 李東輝派 (23827/256)

　　　　　　　(二) 文昌範派 (23828/257)

　　　　　　　(三) 太平洋會議와 不逞鮮人의 行動 (23830/257)

　　　　　　　(一) 日本에 의해 獨立해야 한다고 생각하는 者 (23842/260)

　　　　　　　(二) 美國에 의해 獨立해야 한다고 생각하는 者 (23843/260)

　　　　　　　(三) 日本과 美國과의 戰爭의 機會를 이용한다고 생각하는 者

　　　　　　　(四) 過激派와 提携해야 한다고 생각하는 者 (23844/261)

　　　　　　　(五) 委任統治를 主張하는 者

　　　　　　　(六) 獨立은 到底히 不可能이라고 생각하는 者

　　　　　　　(七) 職業的排日鮮人 (23845/261)

　　　　　　　(八) 獨立問題其의 念頭에 없는 者 (23846/261)

　　　(五) 기타 參考事項

● 大正 10년(1921) 11월 2일附 朝鮮總督府警務局長 發信 外務次官 앞 報告要旨 (23856/264)

　○ 僭稱上海假政府 法務總長의 廣東行

● 大正 10년(1921) 11월 21일附 朝鮮總督府警務局長 發信 外務次官 앞 通報要旨 (23858/264)

　○ 不穩文書 「宣傳」 發行

● 大正 11년(1922) 1월 6일附 朝鮮總督府警務局長 發信 外務次官 앞 報告要旨 (23864/266)

　○ 僭稱上海假政府의 運命과 共産黨

● 大正 11년(1922) 2월 17일附 在上海 船津總領事 發信 內田外務大臣 앞 報告要旨
　○ 臨時議政院會議에 關한 件 (23869/267)

● 大正 11년(1922) 2월 17일附 警視總監 發信 外務省亜細亜局長 앞 通報要旨 (23871/267)
　○ 美國在留 李承晩等의 行動의 件

● 大正 11년(1922) 2월 20일附 在上海 船津總領事 發信 內田外務大臣 앞 報告要旨 (23876/269)
　○ 興士團에 關한 件

● 大正 10년(1921) 8월 22일附 朝鮮總督府警務局長 發信 外務次官 앞 通報要旨 (23879/269)
　○ 興士團 約法에 關한 件

● 大正 11년(1922) 2월 20일附 在上海 船津總領事 發信 內田外務大臣 앞 報告要旨 (23895/273)
　○ 政治에 關한 犯人移送의 件

● 大正 11년(1922) 2월 20일附 在上海 船津總領事 發信 內田外務大臣 앞 報告要旨 (23895/273)
　○ 政治에 關한 犯人 移送의 件

● 大正 11년(1922) 2월 25일附 朝鮮總督府警務局長 發信 外務次官 앞 通報要旨 (23902/275)
　○ 李東輝等 興에 對한 上海假政府의 攻擊文

● 大正 11년(1922) 2월 27일附 在上海 船津總領事 發信 內田外務大臣 앞 報告要旨 (23906/276)
　○ 訓令違反前科者 歸順에 關한 件

● 大正 11년(1922) 3월 1일附 在上海 船津總領事 發信 內田外務大臣 앞 報告要旨

(23909/277)

　○ 不逞朝鮮人의 所謂獨立記念日 祝賀會에 關한 件

● 大正 11년(1922) 3월 6일附 在上海 船津總領事 發信 內田外務大臣 앞 報告要旨
(23915/278)

　○ 臨時議政院 開會狀況에 關한 件

● 大正 11년(1922) 3월 11일附 在上海 船津總領事 發信 內田外務大臣 앞 報告要旨

　○ '죳흐르'元帥 不逞鮮人에 關한 件 (23917/279)

● 大正 11년(1922) 3월 11일附 在上海 船津總領事 發信 內田外務大臣 앞 報告要旨
(23919/279)

　○ 不逞鮮人의 '죳흐르'元帥에게 提出한 請願書의 件

● 大正 11년(1922) 3월 29일附 在上海 船津總領事 發信 內田外務大臣 앞 報告要旨
(23922/280)

　○ 田中大將 狙擊事件 第一報

　○ 田中大將 狙擊狀況 顚末

　　一, 狙擊犯人의 氏名, 年齡, 住所 및 職業 (23925/281)

　　二, 犯行當時 犯人 金益相은… (23925/281)

　　三, 犯行의 動機 및 目的

　　四, 被害者 (23926/281)

　　　即死者

　　　(가) 美國婦人 '윌리엄제토·스나이더'

　　　(나) 重傷者 上海 '도므손' (23927/281)

　　　(다) 重傷者 工部局中央警察署 支那人

　　　(라) 脚部貫通傷, 佛租界居住 支那人 (23928/282)

　　五, 本事件 發生에 의하여…

　　六, 本件 發生以來 工部局警察當局에서는… (23929/282)

　　七, 犯人 金益相, 吳成崙의 兩名은 3월 30일…

● 大正 11년(1922) 4월 5일附 在上海 船津總領事 發信 內田外務大臣 앞 報告要旨

(23956/289)

○ '톰슨' 擬敍勳等에 관한 御意見 및 貴電 賞與의 件

● 大正 11년(1922) 6월 28일附 在上海 船津總領事 發信 內田外務大臣 앞 電報要旨
(23956/289)

○ 英國人 '톰슨'에 對한 記念品 贈與의 件

● 大正 11년(1922) 8월 7일附 在上海 船津總領事 發信 內田外務大臣 앞 電報要旨
(23956/289)

○ 英國人 '톰슨'에 對한 記念品 贈與의 件

● 大正 11년(1922) 5월 2일附 在上海 船津總領事 發信 內田外務大臣 앞 電報要旨
(23959/289)

○ 逮捕拘留中의 田中大將 狙擊犯人의 吳成崙이 逃走

● 大正 11년(1922) 5월 3일附 在上海 船津總領事 發信 內田外務大臣 앞 電報要旨
(23959/289)

○ 逃走한 狙擊犯人의 吳成崙 逮捕를 위해 500弗 賞金과 搜査費用 300弗이 必要,
承認을 요청한다.

● 大正 11년(1922) 5월 10일附 在上海 船津總領事 發信 內田外務大臣 앞 電報要旨
(23960/290)

○ 吳成崙 逮捕에 關해

● 大正 11년(1922) 5월 20일附 在上海 船津總領事 發信 內田外務大臣 앞 電報要旨
(23961/290)

○ 吳成崙과 함께 破獄逃走한 田村忠一을 5월19일 夜에 逮捕했다.

● 大正 11년(1922) 7월 7일附 關東廳警務局長 發信 外務省西亞西局長 앞 電報要旨
(23962/290)

○ 吳成崙 所在의 件

∘ 田中大將 狙擊犯人 吳成崙 逃走에 關한 件

● 大正 11년(1922) 7월 12일附 在上海船津總領事 發信 內田外務大臣 앞 電報要旨 (23984/296)
∘ 田中大將 狙擊犯人 吳成崙 逃走에 關한 件

● 大正 11년(1922) 7월 9일附 警視總監 發信 外務省亞細亞局長 앞 電報要旨 (23988/297)
∘ 暗殺團員 入京에 關한 風評의 件

● 大正 11년(1922) 11월 20일附 在上海 船津總領事 發信 內田外務大臣 앞 電報要旨 (23994/298)
∘ 巡査懲戒에 關한 件

● 大正 11년(1922) 12월 2일附 林司法省刑事局長 發信 山川條約局長 通報要旨 (23994/298)
∘ 田中大將에 대한 爆彈投擲事件

● 昭和 5년(1930) 12월 10일附 吉林 石射總領事 發信 幣原外務大臣 앞 報告要旨 (24033/308)
∘ 不逞鮮人 吳成崙의 動靜

● 大正 11년(1922) 4월 6일附 在哈爾賓 山內總領事 發信 內田外務大臣 앞 電報要旨 (24036/309)
∘ 不逞鮮人各團體首領 號名 使用의 件

● 大正 11년(1922) 5월 19일附 吉林 石射總領事 發信 幣原外務大臣 앞 報告要旨 (24039/309)
∘ 不逞鮮人의 赤十字會의 活動에 關한 件

● 大正 11년(1922) 5월 19일附 在上海 船津總領事 發信 內田外務大臣 앞 電報要旨 (24040/310)

○ 不逞鮮人의 孫秉熙追悼會 狀況의 件

● 大正 11년(1922) 6월 7일附 在上海 船津總領事 發信 內田外務大臣 앞 電報要旨
(24042/310)
○ 不逞鮮人의 組織한 團體 調의 件

● 大正 11년(1922) 6월 7일附 在上海 船津總領事 發信 內田外務大臣 앞 電報要旨
(24048/312)
○ 李大統領辭職留任電報來着의 件

● 大正 11년(1922) 7월 6일附 在上海 船津總領事 發信 內田外務大臣 앞 電報要旨
(24050/312)
○ 僭稱上海假政府 大統領 및 國務員 不信任의 件

● 大正 11년(1922) 8월 7일附 在上海 船津總領事 發信 內田外務大臣 앞 電報要旨
(24055/313)
○ 假政府의 財政難 기타의 件

● 大正 11년(1922) 8월 23일附 朝鮮總督府警務局長 發信 外務次官 앞 通報要旨
○ 支那布哇間에서의 不逞朝鮮人 連絡의 件 (24058/314)

● 大正 11년(1922) 9월 1일附 在上海 船津總領事 發信 內田外務大臣 앞 電報要旨
(24058/315)
○ 不逞鮮人의 併合國恥記念會 開催 狀況의 件

● 大正 11년(1922) 9월 1일附 在上海 船津總領事 發信 內田外務大臣 앞 電報要旨
(24062/315)
○ 不逞朝鮮人의 併合國恥記念會 開催 狀況의 件
一, 開會의 辭
二, 愛國歌 (24063/315)
三, 演說 安昌浩 (24064/316)
四, 演說 元世勳 (24066/316)

● 大正 11년(1922) 9월 15일附 在上海 船津總領事 發信 內田外務大臣 앞 電報要旨 (24067/316)
　　○ 中韓互助社 總社役員 改選에 關한 件

● 大正 11년(1922) 10월 5일附 朝鮮總督府警務局長 發信 外務次官 앞 通報要旨 (24070/317)
　　○ 在上海 中韓互助社의 設立에 關한 件

● 大正 11년(1922) 10월 17일附 在'호놀룰루' 山崎總領事 發信 內田外務大臣 앞 報告 要旨 (24079/319)
　　○ 僭稱大統領 李承晚이 布哇在留朝鮮人에 頒布한 勸告文

● 大正 11년(1922) 11월 6일附 朝鮮總督府警務局長 發信 外務次官 앞 通報要旨 (24081/320)
　　○ 不逞鮮人의 組織한 勞兵會의 件

5. 『외무성경찰사』 제45권

5 支那ノ部(中支)

해설

제45권은 5-19③과 5-19④로 편성되어 있지만, 자료의 내용으로 보면 제44권의 연장이라고 할 수 있다. 5-19③에는 1923~1926년 기간 상하이 한인 관련 문건들만 수록돼 있고, 5-19④에는 1927~1932년의 문건을 수록하였다. 제44권과 마찬가지로 제45권에는 한국인 관련 자료들만 수록된 것이 특징이다. 5-19③에 143건, 5-19④에 60건 모두 한국인들의 항일 독립운동 문건들이다.

두 부분의 문건들은 1923년경부터 1932년경까지의 상하이 대한민국임시정부를 중심으로 한 한국 독립운동 연구에서 전체 11권의 자료집 가운데 가장 활용 가치가 높다. 대한민국임시정부가 누구를, 어떤 자리에 임명할 것인가, 어떤 방침을 정하였던가, 재정면에서는 자금 모금 방법, 그리고 어떤 활동을 한 것인가 하는 내용들이 자세하게 기록돼 있다. 11권 자료집 가운데 백미라고 할 수 있을 정도로 좋은 자료가 실렸다. 또 대한민국임시정부 안팎에서 독립운동 단체들의 조직과 소멸, 그리고 조직들의 자금 모금 방법, 각 독립운동 단체가 대회를 개최하거나 삐라를 배포해서 어떻게 선전 활동을 전개할 것인가, 어떤 무력 투쟁을 준비하고, 실제로 어떻게 요인 암살 및 폭탄 투척 사건을 일으킬 것인가를 고심한 실제 상황을 알게 해주는 문건이 많다.

대한민국임시정부와 의열단, 여운형(1886~1947)·안창호·이동녕 등 재 중국 한인 지도자급 인물들의 동향 및 활동은 물론, 한인들이 청년동맹회·노병회勞兵會·신한청년당新韓靑年黨·고려공산당·중한호조사中韓互助社·조선인기독교전도회·조선적십자사朝鮮赤十字社 등 다양한 단체들을 조직한 사실에 이르기까지 독립운동 세력의 실상이 소상하게 파악되어 있다.[7] 제45권에 의열단 관련 문건이 특별히 많이 수록돼 있는 것도 놓쳐선 안 될 점이다. 주요 문건 생산자는 상하이 일본 총영사, 일본 외무성, 내무성 경보警保국장, 조선총독부 경무국장, 타이완총독부 경무국장, 나가사키長崎현 지사, 관동청 경무국장, 후쿠오카福岡현 지사 등으로, 그들 사이에 오간 문건들로 이뤄져 있다.

　제45권은 또 대한민국임시정부가 1922년의 파리강화회의와 국제연맹, 기독교교회에서 한국의 실정을 호소하는 대회의 개최와 함께 중국인들을 향해서도 식민지 한국의 실정을 호소하는 행사를 열려고 한 사실을 알게 해 주는 문건들도 보인다. 일본 외무성 경찰이 상하이 임정에서 권총과 폭탄 등을 준비하고 있다는 사실을 파악하여 지도자급 인물들을 체포하고 싶었지만, 뜻을 이루지 못한 경우가 있었다. 대한민국임시정부의 소재지가 일본 경찰권이 미치지 않은 프랑스 조계 안이었기 때문에 프랑스 조계의 경찰이었던 '프랑스 공부국工部局'의 협조를 얻어서 진입해 보려고 했지만 협조를 얻지 못한 내용도 들어 있다.

　이 외에도 일본 총영사관에 대한 수차례의 폭탄 투척 사건, 윤봉길 의사의 폭탄 투척 사건, 그에 대한 판결과 사형 집행 관련 문건도 수록되어 있다.[8] 이 사건들과 관련해 일본 외무성 경찰이 전력을 다해 조사, 수사해서 많은 기록을 남겼으며, 재발 방지에 힘썼음을 알 수 있다. 또 일본 측이 프랑스 경찰의 협력을 받아 한인 독립운동가 14명의 소재를 확인해서 그 중 11명을 체포했고, 1개월 후 안창호의 중국 체류를 금지해 그를 체포했으며, 일본 측이 김구에 대한 강한 경계심을 가지고 있었음을 알게 해 주는 자료들도 수록되어 있다. (서상문)

---

7 「木村外務省亜細亜局長發信三矢朝鮮總督警務局長宛 通報要旨」, 大正 14년(1925) 11월 11일附, 第45卷(24713), 157쪽.

8 「在上海村井總領事發信齋藤外務大臣宛電報要旨 尹奉吉에 對한 判決」, 昭和 7년(1932) 6월 21일附, 第45卷(25309), 309쪽; 「松本陸軍省法務局員發信寺嶋外務省條約局長第二課長宛通報要旨」, 昭和 7년(1932) 12월 26일附, 第45卷(25340), 316쪽.

5-19 ③ 在上海總領事館 朝鮮民族運動 第三 (五冊ノ內) (未定稿)

● 大正 12년(1923) 3월 5일附 在上海總領事 發信 內田外務大臣 앞 報告要旨 (24098/3)
　○ 中韓互助社 經費募集遊藝大會 開催의件

● 大正 12년(1923) 4월 7일附 朝鮮總督府警務局 發信 外務大臣 앞 報告要旨 (24102/4)
　○ 義烈團 陰謀事件檢擧
　　一, 關係被告人 (24103/4)
　　　　未逮捕　　義烈團長 金元鳳 (24104/4)
　　　　逮捕　　　朝鮮無産者同盟會長 金翰
　　　　逮捕　　　金錫鎮 南寧得
　　　　未逮捕　　金德 (24105/5)
　　　　未逮捕　　張明相
　　　　逮捕　　　金始顯
　　　　逮捕　　　洪鐘祐 (24106/5)
　　　　逮捕　　　李賢俊
　　　　逮捕　　　白英武
　　　　逮捕　　　李吾吉 (24107/5)
　　　　逮捕　　　曹榮子
　　　　逮捕　　　劉錫鉉 (24108/5)
　　　　逮捕　　　趙東根
　　　　逮捕　　　金楚仙
　　　　未逮捕　　金泰奎 (24109/6)
　　　　逮捕　　　李在坤
　　　　逮捕　　　黃鈺
　　　　未逮捕　　金址燮 (24110/6)
　　　　未逮捕　　勸正弼
　　　　逮捕　　　柳秉夏
　　　　逮捕　　　趙晃 (24111/6)
　　　　逮捕　　　金思容

逮捕　　李慶熙

逮捕　　金炳禧 (24112/6)

逮捕　　黃稷淵

二, 義烈團陰謀計劃

三, 押守品 (24123/9)

　　イ. 爆彈 三十六個

　　ロ. 破壞用 爆彈雷管 六個

　　ハ. 破壞用 爆彈에 裝置해야 하는 時計 六個

　　ニ. 拳銃五挺 및 同實包 百五十五發

　　ホ. 朝鮮革命宣言 三百六十一部

　　ヘ. 朝鮮總督府官公吏

• 爆彈鑑定書 (24125/10)

　　第一, 甲號 爆彈

　　　　構造 및 內容

　　　　用途 및 其의 効力

　　第二, 乙號 爆彈

　　　　構造 및 內容

　　　　用途 및 其의 効力

　　第三, 丙號 爆彈

　　　　構造 및 內容

　　　　用途 및 其의 効力

• 朝鮮革命宣言　(譯文)

　　一, 強盜日本이 我國號를 없애고 政權을 奪剝고… (24131/11)

　　二, 內政獨立 혹은 參政權 혹은 自治를… (24135/12)

　　三, 強盜日本을 驅逐해야 할 主張속에… (24138/13)

　　四, 朝鮮民族의 生存을 維持하려고 하는… (24143/14)

　　五, 革命의 道은 破壞보다 開拓해야… (24148/15)

● 大正 12년(1923) 4월 18일附 在天津 吉田總領事 發信 內田外務大臣 앞 報告要旨 (24155/17)

○ 不逞鮮人 金元鳳, 기타 義烈團의 行動
　一, 米國 歸化鮮人兵卒 李致兼의 行動
　二, 武器供給에 關하여
　三, 爆彈授受에 關하여
　四, 黃警部一行의 行動
　五, 在外鮮人取締에 關하여

● 大正 12년(1923) 4월 20일附 朝鮮總督府警務局長 發信 外務省亜細亜局長 앞 通報 要旨 (24164/19)
　○ 義烈團陰謀事件 檢擧

● 大正 12년(1923) 4월 16일附 朝鮮總督府警務局長 發信 外務次官 앞 報告要旨 (24166/ 20)
　○ 上海假政府代表를 奉天에 派遣한 件
　　一, 露領에서 逃避해 온 朝鮮人을 滿州地方에 收容하는 것
　　二, 右地方을 朝鮮獨立運動의 策動地로 하는 것

● 大正 12년(1923) 5월 8일附 朝鮮總督府警務局長 發信 外務次官 앞 通報要旨 (24168/ 20)
　一, 議政院會議의 狀況
　二, 支那有力者와 不逞鮮人의 提携

● 大正 12년(1923) 5월 22일附 朝鮮總督府警務局長 發信 外務次官 앞 通報要旨 (24171/ 21)
　○ 在上海 假政府議政院 會議紛糾의 件

● 大正 12년(1923) 7월 18일附 在上海 船津總領事 發信 外務大臣 앞 報告要旨 (24174/ 22)
　○ 鮮人保護出願者 增加에 關한 件

● 大正 12년(1923) 8월 30일附 在上海 矢田總領事 發信 內田外務大臣 앞 報告要旨 (24176/22)

◦ 木下警視視察 復命書

　一, 朝鮮警察問題를 論하는 者는 이를 鮮內로…

　二, 朝鮮以外의 接壤地인 露領, 西伯利亞, 滿洲…

　　(一) 上海不逞鮮人은 大正 8년 3월 1일 朝鮮獨立…

　　(二) 이를 위해 獨立을 夢想해 來扈하는 靑年男女는…

　　(三) 이를 위해 安昌浩, 尹海, 南亨祐, 李靑天, 金東三…

　　(四) 現在臨時政府는 財政에 窮해서 家賃滯納하기에…

　　(五) 現在當地不逞鮮人은 改造, 創造의 2파에 갈라졌다…

　　(六) 創造派은 臨時政府不信任을 各地에서 發表宣傳…

　　(七) 現在 在住鮮人은 六百弱이고 十八歲 以上…

　　　安東에 있어서 鮮人狀況

　　　北京

　　　奉天

● 大正 12년(1923) 9월 20일附 在上海 矢田總領事 發信 伊集院外務大臣 앞 報告要旨
　(24208/30)

　◦ 義烈團員의 動靜

● 大正 12년(1923) 10월 15일附 朝鮮總督府警務局長 發信 外務次官 앞 通報要旨
　(24210/31)

　◦ 爆彈押收와 國外不逞鮮人의 動靜에 關한 件

● 大正 12년(1923) 10월 25일附 在上海 矢田總領事 發信 伊集院外務大臣 앞 報告要旨
　(24213/32)

　◦ 爆彈密藏犯 被疑朝鮮人의 處分

● 大正 12년(1923) 11월 21일附 朝鮮總督府警務局長 發信 外務次官 앞 通報要旨
　(24219/33)

　◦ 上海假政府의 窮狀에 關한 件

　　• 財務部布告 第一號

● 大正 12년(1923) 11월 29일附 在上海 矢田總領事 發信 伊集院外務大臣 앞 報告要旨

(24225/35)
　○ 借稱民團의 條例發布에 關한 件
　(別紙)
- 條例 第一號
- 議事會에서 決議할 賦課金條例 改正을 여기에서 發布한다
- 大韓民國 5년 11월 1일 上海大韓僑民團長 李裕弼
- 賦課金條例
- 附則
- 登錄條例
- 議事會에 關한 條例
- 管轄區域條例

● 大正 12년(1923) 12월 10일附 在上海 矢田總領事 發信 伊集院外務大臣 앞 報告要旨 (24237/38)
　○ 上海假政府의 國定敎科書 制定에 關한 件

● 大正 13년(1924) 1월 1일附 朝鮮總督府警務局長 發信 內務省警保局長, 警視總監, 長崎, 福岡, 山口縣名知事 앞 電報要旨 (24239/38)
　○ 義烈團員 金祉燮의 大逆行動

● 大正 13년(1924) 1월 5일附 警視廳 發信 外務省 앞 通報要旨 (24239/38)
　○ 義烈團 一派의 兇暴計劃

● 大正 13년(1924) 1월 6일附 內務省發表 (24242/39)

● 大正 13년(1924) 1월 11일附 內務省警保局長 發信 在上海 連內務事務官 앞 電報要旨 (24242/39)
　○ 金祉燮 그후 自白에 의하면…

● 大正 13년(1924) 1월 13일附 在上海 連內務事務官 發信 內務省警保局長 앞 電報要旨 (24243/39)
　○ 小林某에 관한 調査하는데…

● 大正 13년(1924) 1월 13일附 長崎縣知事 發信 內務省警保局長 앞 電報要旨 (24243/39)

　○ 金祉燮의 密航을 幇助한 小林寬一의 弟…

● 大正 13년(1924) 1월 13일附 福岡縣知事 發信 內務省警保局長 앞 電報要旨 (24244/39)

　○ 先電의 二重橋事件 犯人 自稱 中村彦太郎인 金祉燮

● 大正 13년(1924) 1월 12일附 內務省警保局長 發信 在上海 連內務事務官 앞 電報要旨 (24245/40)

　○ 金祉燮의 潛入經路에 關하여…

● 大正 13년(1924) 1월 15일附 在上海 矢田總領事 發信 松井外務大臣 앞 電報要旨 (24245/40)

　○ 金祉燮密航幇助者 小林에 關한…

● 大正 13년(1924) 1월 18일附 在上海 矢田總領事 發信 松井外務大臣 앞 電報要旨 (24247/40)

　○ 二重橋前爆彈投擲犯人 金祉燮의 密航幇助者 秀島廣二의 逮捕
　　○ 聽取書 (24248/40)
　　　一, 本籍
　　　一, 住所
　　　一, 나는 大正 12년 3월 15일 文路의 大和館에서…
　　　一, 그 大和館에서 나온 것은 昨年 11월 下旬… (24249/41)
　　　一, 大和館에 居한 當時 文路開明軒에서 朝鮮人…
　　　一, 나는 小林開이라는 男子와 大和館 當時知合이 되어…
　　　一, 나는 小林와는 그후도 往來하고 있었지만… (24250/41)
　　　一, 12월 20일 밤에 私는 開明軒에 있었는데… (24251/41)
　　　一, 그러나 小林에서는 聯絡도 아무것도 없습니다…

　　○ 第二回 聽取書 (24252/41)
　　　一, 前科, 나는 大正 11년 4월 高尾平兵工과 함께…

一, 나는 明治 43년 苦學의 目的을 가지고 上京했고… (24252/41)

一, 同年 10월 다시 上京해 興信所에서 植字의 職長로서… (24253/42)

一, 그 후는 芝의 南佐久間町에 移轉하고 肴屋를 始해…

一, 當時 二, 三人의 友人과 함께 '브로커' 專門… (24254/42)

一, 이러한 關係上 家庭도 自然不和가 되어 妻도 離緣…

一, 그 후 역시 '메리야스'物을 가지고 '시베리아'方面… (24255/42)

一, 此間茅原華山은 神田猿樂町에 第三帝國의 印刷所를…

一, '시베리아' 方面부터 돌아왔을 때는 거의 無一物이며…

一, 當時는 正進會와 又 S.S會에 關係上他보다는 勞動運動의… (24256/42)

一, 그 후 2箇月半 정도 놀고 있는데, 大正 11년… (24257/43)

一, 그것은 그 무렵 和合이 이루어지고 있었다고 高尾平兵工부터…

一, 大正 11년 4월 1일 高尾와 함께 東京을 出發…

一, 나 등 二人은 2개월 정도 汽車監獄에서 起居하고 있음 (24258/43)

一, 片山은 처음부터 入露한 以上은 어쩔 수 없었기…

一, 當時國際連盟의 聯絡部에 佐藤三千夫, 小西三郎… (24259/43)

一, 大正 11년 11월 7일 7周年革命記念日에…

一, 尚 '치타'에 있었을 當時에는 徐一聲, 尹滋瑛, … (24260/43)

一, 이러한 鮮人들에 제일 먼저 逢한 것은 洪壽… (24261/44)

一, 모스크바에 着한 것은 10월 3일이며 큰 自動車가…

一, 나의 宿舍은 東方大學의 제일 더러운 방이며…

一, 高尾가 모스크바에서 돌아온 것은 8월경이었다고…

一, '치타'를 出發한 것은 1월 10일경이었고… (24264/44)

一, 浦潮에 있었을 當時는 李東輝의 案內로 新韓村에… (24265/45)

一, 芝罘에서부터 十六共同丸로 青島에 나와 便船…

一, 大正 12년 3월 15일 支那宿의 生活을 하고… (24266/45)

一, 이러한 鮮人과 協議한 겹치는 事項도…

一, 昨年 12월 16일 尹滋瑛에서부터 手紙이… (24267/45)

一, 그에 대해 짐작할 수 없는 것이 아닌 나는… (24268/45)

一, 翌 18일의 午後 2時 혹은 3時경 小林開를 찾아가… (24269/46)

一, 19일의 午前 10時頃 나는 尹滋瑛을 訪問해…

一, 그 歸途 小林에게 電話를 걸었는데 배는 入港…

一, 開明軒에는 小林과 小林의 兄과 後 一時間 정도… (24271/46)

一, 其時 密行計劃의 이야기는 小林의 兄에게는 고백…

一, 그때는 勿論飮食했습니다. 私는 그때 小林…

一, 그래서 내가 생각한 건데 中村인 金은 20일…

一, 기타 小林과 협의을 한 것은 '헤로인'…

一, 尹滋瑛과 만난 날은 그 후 금년 1월 2일이고… (24272/46)

一, 어제 진술한 가운데 徐一聲과 上海文路開明軒… (24273/47)

一, 기타 어제 진술과 맞지 않은 점은…

一, 또한 이야기해야 할 것은 첫째의 尹滋瑛…

○ 第三回 聽取書 (24275/47)

一, 어제 진술한 가운데 12월 17일 午後3時…

一, 12월 16日에 尹로부터 手紙가 오고 꽃17일…

一, 그리고 尹에서부터 中村彦太郎의 일에 대해…

一, 그래서 나는 徐一聲과 같이 東京의 地理를 알고 있는… (24276/47)

一, 18日 小林開과 만나고 특히 이야기를 한 것은… (24278/48)

一, 나는 12월 20일 午後 6時경 中村彦太郎인…

一, 기타 잘못된 점은 없습니다. (24279/48)

○ 第四回 聽取書 (24280/48)

秀島廣二는 大正 13년 1월 17일 在上海總領事警察署에서 本職에 대해 任意 다음과 같이 진술

一, 12월 20日 中村인 金라고 하는 朝鮮人이 愈々密行한다…

一, 나는 野口라는 名을 사용한 적이 없다…

一, 尹은 그 밤에는 배까지는 안 갔는데… (24282/49)

一, 기타 이제 잘못된 점은 없습니다.

● 大正 13년(1924) 1월 23일附 松井外務大臣 發信 在上海 矢田總領事 앞 電報要旨 (24283/49)

　○ 秀島廣二에 대해 東京地方裁判所에서 金의 共犯으로서 이미 起訴되고…

● 大正 13년(1924) 1월 23일附 松井外務大臣 發信 在上海 矢田總領事 앞 電報要旨 (24283/49)

○ 尹滋瑛은 當地에서 金址燮과 倂合審理하고…

● 大正 13년(1924) 1월 23일附 在上海 矢田總領事 發信 松井外務大臣 앞 電報要旨 (24284/49)
　　○ 金址燮密航幇助犯人 秀島廣二는 警視廳에서

● 大正 13년(1924) 1월 23일附 在上海 矢田總領事 發信 松井外務大臣 앞 電報要旨 (24285/50)
　　○ 義烈團의 行動 及 同 團長 金元鳳 逮捕措置(本件一括輯錄)
　　　一, 義烈團長金元鳳逮捕에 關해서 1월 7일 佛國總領事와 懇談…
　　　二, 佛總領事는 金元鳳 等의 逮捕는 일찍 될 必要가 있다고…

● 大正 13년(1924) 1월 9일附 在上海 矢田總領事 發信 松井外務大臣 앞 電報要旨 (24287/50)
　　○ 金址燮의 捕縛 及 同人이 上海에서부터 渡日한 것이다.…

● 大正 13년(1924) 1월 9일附 在上海 矢田總領事 發信 松井外務大臣 앞 電報要旨 (24288/50)
　　○ 十一日 佛國總領事를 訪問해서 金元鳳逮捕方에 대해

● 大正 13년(1924) 1월 12일附 在上海 矢田總領事 發信 松井外務大臣 앞 電報要旨 (24288/50)
　　○ 金元鳳는 작년 12월 23日 以來 同志 趙德津와…

● 大正 13년(1924) 1월 13일附 在上海 矢田總領事 發信 松井外務大臣 앞 報告要旨 (24290/51)
　　○ 爆彈供給犯人王成彬의 逮捕

● 大正 13년(1924) 2월 13일附 在上海 矢田總領事 發信 松井外務大臣 앞 報告要旨 (24295/52)
　　○ 爆彈供給犯人 玉成彬 移送

● 大正 13년(1924) 1월 14일附 松井外務大臣 發 在滿各領事, 北京, 天津, 靑島, 上海, 漢口, 済南, 芝罘, 南京, 蘇州, 杭州, 張家口, 廣東各公使館長 앞 電報要旨 (24297/53)

　○ 不良鮮人의 取締에 對해서는

● 大正 13년(1924) 1월 16일附 朝鮮總督府警務局長 發信 亜細亜局長 앞 通報要旨 (24299/53)

　○ 義烈團의 檄文

● 昭和 2년(1927) 1월 20일附 松井外務大臣 發信 在上海 矢田總領事 앞 通報要旨 (24303/54)

　○ 金元鳳 以下의 身柄引渡를 받았을 때는

● 大正 13년(1924) 1월 24일附 朝鮮總督府警務局長 發信 外務省亜細亜局長 앞 通報要旨 (24304/54)

　○ 義烈團의 動静

　記

　　一, 義烈團長 金元鳳은 依然 上海佛租界內에 潛伏하고 있다.…

　　二, 朝鮮內에서 資金募集中이며 同志부터 東京…

　　三, 義烈團員 金鐵, 全庸의 2名은 1월 24日까지…

　　四, 義烈團員 梁達浩에 關한 日本內地官憲에게…

　　五, 在上海不逞鮮人領袖 尹埼燮 (假政府 元軍務部長)…

　　六, 1월 19日上海三一堂에 있어서不逞運動의 前途…

● 大正 13년(1924) 1월 24일附 在上海 矢田總領事 發信 松井外務大臣 앞 電報要旨 (24310/56)

　○ 佛國總領事 그 自身은 好意를 가지고…

● 大正 13년(1924) 2월 8일附 松井外務大臣 發信 在佛 石井大使 앞 電報要旨 (24311/56)

　○ 最近 不逞鮮人들 중에서 武器爆彈을 가지고…

● 大正 13년(1924) 3월 6일附 在佛 石井大使 發信 松井外務大臣 앞 報告要旨 (24313/

57)
  ○ 不逞鮮人逮捕方에 佛國官憲의 助力方

● 大正 13년(1924) 4월 14일附 在廣東 天羽總領事 發信 在上海 矢田總領事 앞 電報要旨 (24314/57)
  ○ 諜報에 依하면 金元鳳은 露國…

● 大正 13년(1924) 5월 1일附 在廣東 天羽總領事 發信 在上海 香港總領事 앞 電報要旨 (24315/57)
  ○ 4월 中旬 以來 金元鳳은 香港에서…

● 大正 13년(1924) 5월 6일附 在廣東 天羽總領事 發信 在上海 矢田總領事 앞 電報要旨 (24316/57)
  ○ 5월 3日夜 當地 軍人俱樂部에 있어서 金元鳳은…

● 大正 13년(1924) 6월 12일附 在廣東 天羽總領事 發信 幣原外務大臣 앞 報告要旨 (24319/58)
  ○ 不逞鮮人 動靜에 關한 件

● 大正 13년(1924) 6월 28일附 在廣東 天羽總領事 發信 幣原外務大臣 앞 報告要旨 (24322/59)
  ○ 今回 '멀린'事件 있었음…

● 大正 13년(1924) 7월 11일附 在廣東 天羽總領事 發信 幣原外務大臣 앞 報告要旨 (24324/59)
  ○ 領事團부터 廣東省長에 對해 危險分子 取締方 照會

● 大正 13년(1924) 9월 26일附 在廣東 天羽總領事 發信 在香港 高橋總領事 앞 通報要旨
  ○ 不逞鮮人武器密賣買에 關한 件 (24328/60)

● 大正 13년(1924) 9월 29일附 在廣東 天羽總領事 發信 在香港 高橋總領事 앞 通報要

旨 (24331/61)

　ㅇ 不逞鮮人 動静에 關한 件

● 大正 13년(1924) 10월 18일附 在廣東天羽總領事 發信 在上海矢田總領事 앞 電報要旨 (24332/61)

　ㅇ 情報에 依하면 金元鳳은…

● 大正 14년(1925) 5월 12일附 在上海 矢田總領事 發信 幣原外務大臣 앞 電報要旨 (24333/62)

　ㅇ 5월 8日 佛國租界…

● 大正 14년(1925) 8월 24일附 朝鮮總督府警務局長 發信 外務省亜細亜局長 앞 通報要旨 (24334/62)

　ㅇ 義烈團의 近情 資金缺乏

　　團長　金元鳳

　　團員　李基殷

　　同　　李敬秀

　　同　　金　浩

　　同　　李仁浩

　　同　　李基煥

　　同　　郭　英

　　同　　金鎭弘

　　同　　崔天浩

　　同　　鄭　麟

● 大正 14년(1925) 12월 5일附 朝鮮總督府警務局長 發信 外務省亜細亜局長 앞 通報要旨 (24337/63)

　ㅇ 義烈團의 近情

　　一, 義烈團 幹部인 金元鳳, 韓奉根, 柳友槿,

　　一, 上海 以外에서의 團員의 所在

　　一, 所藏武器

　　一, 暗號

一, 通信連絡所

● 大正 13년(1924) 1월 11일附 朝鮮總督府警務局長 發信 外務次官 앞 通報要旨 (24342/
  64)
　　○ 義烈團員 檢擧에 關한 件
　　一, 逮捕한 犯人의 本籍, 住所, 氏名 等 및 處置
　　二, 犯人 取調의 經過
　　三, 具汝淳
　　　　(イ) 經歷
　　　　(ロ) 入鮮의 目的動機

● 大正 13년(1924) 2월 13일附 朝鮮總督府警務局長 發信 外務次官 앞 通報要旨 (24349/
  66)
　　○ 義烈團에 關한 調査
　　一, 義烈團의 起源沿革
　　二, 義烈團의 主義, 目的 (24353/67)
　　三, 義烈團의 組織內容
　　四, 義烈團分裂의 內幕
　　五, 團長 金元鳳의 性行經歷 (24362/69)
　　六, 義烈團의 行動槪要 (24363/69)
　　　　一, ●大正9년 (24365/70)
　　　　二, ●大正10년
　　　　三, ●大正11년
　　　　四, ●大正12년 (24368/70)
　　　　五, ●大正13년 (24370/71)
　　七, 雜件
　　　　(イ)義烈團의 入鮮方法 (24371/71)
　　　　(ロ)爆彈拳銃運搬方法
　　　　(ハ)義烈團의 印章

● 大正 13년(1924) 2월 19일附 在上海 矢田總領事 發信 松井外務大臣 앞 報告要旨
  (24374/72)

○ 上海在住朝鮮人留學生 狀況의 件

● 大正 13년(1924) 2월 23일附 在間島 鈴木總領事 發信 松井外務大臣 앞 報告要旨 (24377/73)
   ○ 上海에서 發行하는 獨立新聞의 經營에 關한 件
      一, 現在에서 獨立新聞 經營의 槪況 如何
      二, 同 新聞經營者 및 主된 記者社員 기타 關係者의 氏名等 如何
      三, 同 新聞의 韓字 및 漢字의 發行部数等 如何 (24381/74)
      四, 同 新聞의 支局 및 分傳所의 地方別狀況 如何
      五, 同 新聞의 各地方別頒布의 狀況 如何 (24384/74)
      六, 支局長, 分傳所長中 其의 氏名을 아는 者 如何
      七, 同 新聞記事의 蒐集 및 通信의 狀況等 如何
      八, 新聞料金의 徵收 및 新聞送達의 方法 如何 (24385/75)
      九, 同 新聞의 共産主義에 對한 方針 및 主義 如何 (24387/75)
      十, 同 新聞의 朝鮮總督政治에 對한 感想 如何
      十一, 日本의 在外鮮人保護取締策에 대한 同 新聞의 觀察하는 所 如何 (24389/76)
      十二, 同 新聞의 東三省 歸化鮮人의 自治運動 並 鮮人의 赤化運動에 對한 觀察 如何
      十三, 同 新聞의 移住鮮人에 對한 米, 露, 支 各國의 政策 및 그의 態度에 관해 觀察 如何
      十四, 同 新聞의 日米, 日露, 日支 國際關係에 對한 觀測 如何
      十五, 同 新聞發行에 對한 佛國官民의 態度 如何
      十六, 上海臨時政府의 近況 및 改造, 建設 兩派의 行動 如何 (24394/77)

● 大正 13년(1924) 3월 6일附 在上海 矢田總領事 發信 松井大臣 앞 報告要旨 (24397/78)
   ○ 假政府의 議政院議員 召集의 件
      • 速記錄 大韓民國 6년 2월 29日
      • 式辭
      • 愛國歌

● 大正 13년(1924) 3월 3일附 在上海 矢田總領事 發信 松井外務大臣 앞 報告要旨 (24403/79)
　○ 上海不逞鮮人의 獨立記念 祝賀 狀況
　　一, 場所 佛租界 民國路 浸會堂 (24405/80)
　　二, 日時 3월 1일 午後 2時
　　三, 集合人員 鮮人男女 約五百名
　　四, 僭稱民團長 李裕弼의 式辭
　　五, 愛國歌 (24406/80)
　　六, 國旗 敬禮
　　七, 宣言書 朗讀
　　八, 記念歌
　　九, 記念의 辭 (24406/80)
　　十, 興士團長 安昌浩의 演說
　　十一, 呂運亨은 前記 印度人… (24407/80)
　○ 宣傳文
　　• 大韓民國 6년 3월 1일 (24409/81)
　　• 大韓民國臨時政府
　　• 世界同胞에 告한다 (24411/81)

● 大正 13년(1924) 4월 14일附 關東聽警務局 發信 外務省亞細亞局長 앞 通報要旨 (24414/82)
　○ 「倍達公論」 印刷 및 配布 計劃

● 大正 13년(1924) 4월 18일附 朝鮮總督府警務局長 發信 外務次官 앞 通報要旨 (24417/83)
　一, 創造派 不逞鮮人의 動靜
　二, 不逞鮮婦人의 飛行學校 入學
　三, 林得山의 歸扈

● 大正 13년(1924) 5월 3일附 在上海 矢田總領事 發信 松井外務大臣 앞 報告要旨 (24420/83)
　○ 浦潮에서부터 歸來의 創造派 鮮人에 關한 件

一, 林炳極

一, 金奎植의 狀況

● 大正 13년(1924) 4월 21일附 在上海 矢田總領事 發信 松井外務大臣 앞 (24424/84)
　○ 假政府의 國務總理 任命에 關한 件

● 大正 13년(1924) 4월 27일附 在上海 矢田總領事 發信 松井外務大臣 앞 報告要旨
　(24427/85)
　○ 假政府 幹部 更迭과 將來의 計策에 關한 件

● 大正 13년(1924) 5월 26일附 朝鮮總督府警務局長 發信 外務次官 앞 通報要旨 (24428/
　85)
　○ 假政府 幹部 更迭과 將來의 計策에 關한 件

● 大正 13년(1924) 5월 8일附 在上海 矢田總領事 發信 松井外務大臣 앞 報告要旨
　(24430/86)
　○ 僭稱假政府의 閣員 任命에 關한 件

● 大正 13년(1924) 5월 5일附 朝鮮總督府警務局長 發信 外務次官 앞 通報要旨 (24433/
　87)
　○ 在上海 不逞鮮人이 組織한 靑年同盟會에 關한 件
　　一, 執行委員
　　二, 常務委員
　　三, 庶務兼常務委員
　　四, 財務兼常務委員
　　　• 發起文
　　　• 綱領
　　　• 宣言

● 大正 13년(1924) 5월 22일附 在上海 橫竹商務官 發信 松井外務大臣 앞 報告要旨
　(24444/89)
　○ 在上海 鮮人商業者의 件

● 大正 13년(1924) 8월 13일附 下關朝鮮總督府政務總監 發信 松平外務次官 앞 通報
要旨 (24448/90)
  ○ 閔廷植의 滙豊銀行 預金에 關한 件

● 大正 13년(1924) 12월 17일附 在上海 矢田總領事 發信 幣原外務大臣 앞 報告要旨
(24451/91)
  ○ 閔廷植 救出 顚末에 關한 件
    一, 救出狀況
    二, 救出後의 不逞鮮人 動静
    三, 僭稱假政府 動搖

● 大正 13년(1924) 12월 25일附 柴田福岡縣知事 發信 外務省亜細亜局長 앞 通報要旨
(24462/94)
  ○ 鮮人 閔廷植 保護에 關한 件

● 大正 13년(1924) 9월 1일附 在上海 矢田總領事 發信 幣原外務大臣 앞 報告要旨
(24464/94)
  ○ 國恥記念會 開催에 關한 件
    一, 集合人員 男女 모두 약 百五十名
    二, 愛國歌合唱, 韓國國旗에 敬禮
    三, 國恥史講演 (趙琬九)
    四, 記念의 辭 (尹滋瑛)

● 大正 13년(1924) 9월 5일附 在上海 矢田總領事 發信 幣原外務大臣 앞 報告要旨
(24469/96)
  ○ 國民委員會公報 入手에 關한 件
    • 譯文
      國民委員會公報 第一號
      4257년 7월 10日 韓國國民委員會 發行
      宣佈

    • 決議事項

一, 臨時憲法改定

二, 韓國獨立黨組織案

緖言

　(イ) 黨規

　　　第一章 綱領

　　　第二章 黨의 組織

　　　第三章 黨員

　　　第四章 地方 및 中央組織

　　　第五章 財政

　　　第六章 罰則

　(ロ) 黨의 現時着手한 事業方針

　　　三, 國民委員 및 顧問의 解任

　　　四, 國民委員 補選 및 候補國民委員 選擧

● 大正 13년(1924) 9월 8일附 在上海 矢田總領事 發信 幣原外務大臣 앞 報告要旨
　(24497/103)
　　○ 僭稱上海假政府 職員의 異動 發表의 件
　　　大韓民國臨時政府公報(第一號)

● 大正 13년(1924) 9월 12일附 朝鮮總督府警務局長 發信 外務次官 앞 通報要旨
　(24506/105)
　　○ 在米李承晩의 發한 不穩文書
　　　(別紙)
　　　(甲號)在外同胞에…
　　　(乙號)韓人等은 어떻게 하려고 하는가…

● 大正 13년(1924) 10월 2일附 朝鮮總督府警務局長 發信 外務次官 앞 通報要旨
　(24528/110)
　　○ 不逞團代表會議召集에 關한 件
　　　(別紙)(24531/111)
　　　國務院令 第一號
　　　獨立黨代表會議召集에 關한 簡章을 制定하고 茲에서 公佈한다…

大韓民國 6년 9월 3日
國務總理 李東寧
獨立黨代表會議召集簡章

- 大正 13년(1924) 10월 24일附 在上海 矢田總領事 發信 幣原外務大臣 앞 報告要旨
  (24534/112)
  ○ 獨立黨代表會議 召集에 關한 件

- 大正 13년(1924) 10월 24일附 在上海 矢田總領事 發信 幣原外務大臣 앞 報告要旨
  (24538/113)
  ○ 不逞鮮人의 獨立代表者會議 召集 對策에 關한 件

- 大正 13년(1924) 12월 8일附 在上海 矢田總領事 發信 幣原外務大臣 앞 報告要旨
  (24539/113)
  ○ 僭稱臨時議政院會議의 狀況의 件

- 大正 13년(1924) 12월 27일附 在上海 矢田總領事 發信 幣原外務大臣 앞 報告要旨
  (24541/114)
  ○ 僭稱假政府 幹部 更迭에 關한 件

- 大正 14년(1925) 1월 29일附 在上海 矢田總領事 發信 幣原外務大臣 앞 電報要旨
  (24545/115)
  ○ 山形佛領印度支那特派使節一行 上海寄港 警戒方 및 不逞鮮人의 단속방법의 件
    一, 上海佛租界鮮人 取締方에 關하여 出發…
    二, 그때 佛國領事는 本官에 向하여 이러한 朝鮮人들은…
    三, 이때 大使는 옆에서 佛國卿의 意向은 …
    四, 다음 二十八日 本官은 矢田總領事과 회의…
    五, 右에 對한 當方의 希望으로서는 …
    六, 右와 같이 '크로데르'大使는…

- 大正 14년(1925) 2월 14일附 幣原外務大臣 發信 在上海 矢田總領事 앞 電報要旨
  (24551/116)

○ 上海佛國租界 不逞鮮人 取締方에 關한 朝鮮…

● 大正 14년(1925) 3월 4일附 在上海 矢田總領事 發信 幣原外務大臣 앞 電報要旨 (24553/117)
　○ 不逞鮮人의 단속에 關한 佛國領事의 態度는…

● 大正 14년(1925) 3월 4일附 在上海 矢田總領事 發信 幣原外務大臣 앞 電報要旨 (24558/118)
　○ 朝鮮總督府에서부터 東警視의 인솔한 警官을…

● 大正 14년(1925) 4월 14일附 幣原外務大臣 發信 在佛 石井大使 앞 電報要旨 (24560/119)
　○ 不逞鮮人陰謀의 策源地인 上海佛國租界…

● 大正 14년(1925) 6월 19일附 在佛 石井大使 發信 幣原外務大臣 앞 報告要旨 (24561/119)
　○ 在支不逞鮮人 取締에 關한 件

● 大正 14년(1925) 2월 12일附 朝鮮總督府警務局長 發信 外務次官 앞 報告要旨 (24562/119)
　○ 逮捕해야 할 上海不逞鮮人 連名簿
　　• 大韓民國臨時政府國務總理　朴殷植
　　• 同　　　　　內務總長　李祐弼
　　• 同　　　外交兼財務總長　李圭洪
　　• 同　　　軍務兼交通總長　盧伯麟
　　• 同　　　　　學務總長　趙尙燮
　　• 同　　　　　勞動總辦　金　源
　　• 同　　　國務院秘書長　金明濬
　　• 同　　　內務部警務局長　孫斗煥
　　• 同　　　　前內務總理　李東寧
　　• 同　　　　前內務總理　金　龜
　　• 同　　　　前財務總長　李始榮

- 同　　　　　　前外務總長　趙鏞殷
- 同　　　　　　前獨立新聞社長　金承學 …

● 大正 14년(1925) 2월 12일附 朝鮮總督府警務局長 發信 外務次官 앞 報告要旨 (24571/ 121)
　○ 在上海不逞鮮人의 米國觀光團長 往訪에 關한 件

● 大正 14년(1925) 2월 13일附 朝鮮總督府警務局長 發信 外務次官 앞 報告要旨 (24572/ 122)
　○ 在上海不逞鮮人의 近情
　　一, 假政府
　　　(イ)大正 11년 7월 以來
　　　(ロ)所謂 新內閣組織 後의 狀況
　　　(ハ)財政狀態
　　二, 議政院의 組織
　　三, 義烈團과 靑年同盟會의 軋轢闘争
　　　(イ)靑年同盟會 役員
　　　(ロ)義烈團員
　　四, 佛國官憲의 取締態度
　　五, 所見
　　　譯文

● 大正 14년(1925) 3월 3일附 在上海 矢田總領事 發信 幣原外務大臣 앞 電報要旨 (24609/131)
　○ 上海不逞鮮人의 三一記念祝賀會 開催의 件
　　一, 3월 1日 午前 10時부터 蒲石路
　　二, 靑年同盟會에서는 正午부터
　　三, 僭稱僑民團主催의 一般祝賀式

● 大正 14년(1925) 3월 30일附 朝鮮總督府警務局長 發信 外務次官 앞 通報要旨 (24613/ 132)
　○ 僭稱假政府大統領代理 朴殷植의 孫逸仙의 死亡에 對한 弔詞 및 演說

- 大正 14년(1925) 3월 30일附 朝鮮總督府警務局長 發信 外務次官 앞 通報要旨 (24616/ 133)
  ○ 僭稱大統領 李承晩 彈劾의 件

- 大正 14년(1925) 4월 13일附 朝鮮總督府警務局長 發信 外務次官 앞 通報要旨 (24618/ 133)
  ○ 僭稱大統領 李承晩 彈劾案 決定의 件

- 大正 14년(1925) 4월 9일附 在間島鈴木總領事 發信 幣原外務大臣 앞 報告要旨 (24620/134)
  ○ 僭稱上海假政府機關 歐米委員部 廢止의 件

- 大正 15년(1926) 2월 12일附 在「호놀룰루」青木總領事 發信 幣原外務大臣 앞 報告要旨 (24624/135)
  ○ 歐米委員部 維持의 件

- 大正 14년(1925) 5월 14일附 朝鮮總督府警務局長 發信 外務次官 앞 通報要旨 (24625/ 135)
  ○ 上海假政府과 大統領 李承晩과의 反目에 關한 件

- 大正 15년(1926) 3월 24일附 朝鮮總督府警務局長 發信 外務省亞細亞局長 앞 通報要旨 (24634/137)
  ○ 북미 大韓僑民團의 件
    (別紙)
    北米大韓人僑民總團公報
    大韓民國 8년 1월 25日
    總團의 使命

- 大正 14년(1925) 4월 16일附 在上海 矢田總領事 發信 幣原外務大臣 앞 報告要旨 (24639/138)
  ○ 臨時憲法 改正案 通過 公佈의 件
    大韓民國臨時政府公報 號外 大韓民國 7년 4월 7日 國務院

改定臨時憲法公佈
臨時大統領 朴殷植
大韓民國臨時憲法
第一章 大韓民國
第二章 臨時政府
第三章 臨時議政院
第五章 會計
第六章 補則

● 大正 14년(1925) 4월 28일附 在上海 矢田總領事 發信 幣原外務大臣 앞 報告要旨
 (24651/141)
  ○ 臨時議政院 暫行條例의 件
   第一章 議員
   第二章 議長 副議長
   第三章 會議
   第四章 函投票決
   第五章 會計檢查
   第六章 院 및 政府
   第七章 附則

● 大正 14년(1925) 4월 20일附 在上海 矢田總領事 發信 幣原外務大臣 앞 報告要旨
 (24661/144)
  ○ 不逞鮮人의 宣言書에 關한 件
   • 惡分子掃討宣言
    (一) 密偵
    (二) 叛賊
    (三) 狂犬

● 大正 14년(1925) 5월 21일附 在上海 矢田總領事 發信 幣原外務大臣 앞 報告要旨
 (24666/145)
  ○ 上海僭稱假政府 議政院 議員 召集의 件
   • 大韓民國臨時政府公報 號外 大韓民國 7년 5월 18日

- 臨時大統領令

● 大正 14년(1925) 6월 18일附 在上海 矢田總領事 發信 幣原外務大臣 앞 報告要旨 (24669/146)
　○ 不逞鮮人의 正衛團 組織에 關한 件
　　• 宣言

● 大正 14년(1925) 7월 14일附 在上海 矢田總領事 發信 幣原外務大臣 앞 報告要旨 (24673/147)
　○ 正衛團 團則의 件
　　• 團則

● 大正 14년(1925) 6월 23일附 在上海 矢田總領事 發信 幣原外務大臣 앞 報告要旨 (24677/148)
　○ 上海事件에 對한 不逞鮮人의 後援狀況
　　一, 5월 29일 上海大學 學生聯合會에서부터…
　　二, 滬江大學 鮮人學生 朱耀燮, 朱耀翰…
　　三, 當地不逞鮮人團中 제일 勢力을 有한다.…
　　四, 6월 1일 諜報에 依하면 鮮人義烈團은…
　　五, 北京在留不逞鮮人 趙南升, 韓興, 元世勳…
　　七, 上海臨時政府는 今回의 事件對策의…

● 大正 14년(1925) 7월 1일附 朝鮮總督府警務局長 發信 外務次官 앞 通報要旨 (24689/151)
　○ 支鮮人 提携에 關한 不穩出版物 配布에 關한 件
　(別紙)
　　• 上海週刊 5월 9일 特刊號
　　• 社說　橄中韓豪傑　拒倭雪國恥
　　　　　　　結共守同盟　保東亜平和

● 大正 14년(1925) 8월 17일附 在上海 矢田總領事 發信 幣原外務大臣 앞 報告要旨 (24694/152)

○ 不逞鮮人의 生活狀態

● 大正 14년(1925) 7월 13일附 朝鮮總督府警務局長 發信 外務次官 앞 通報要旨 (24696/153)
　○ 僭稱上海假政府側과 畿湖派 鮮人과의 軋轢에 關한 件
　　• 矯正書

● 大正 14년(1925) 9월 30일附 朝鮮總督府警務局長 發信 外務次官 앞 通報要旨 (24706/155)
　○ 上海假政府 國務領 就任의 件

● 大正 14년(1925) 8월 3일附 朝鮮總督府警務局長 發信 外務次官 앞 通報要旨 (24706/155)
　○ 僭稱上海假政府 國務領 更迭의 件

● 大正 14년(1925) 9월 8일附 朝鮮總督府警務局長 發信 外務省亜細亜局長 앞 通報要旨 (24710/156)
　○ 上海青年同盟의 新方略에 關한 件

● 大正 14년(1925) 11월 11일附 木村外務省亜細亜局長 發信 三矢朝鮮總督警務局長 앞 通報要旨 (24713/157)
　○ 上海在留朝鮮人狀況
　　• 朝鮮人은 上海에서 다음과 같은 諸種의 團體를 組織한다
　　　(一) 青年同盟會
　　　(二) 勞兵會
　　　(三) 新韓青年黨
　　　(四) 高麗共産黨
　　　(五) 中韓互助社
　　　(六) 朝鮮人基督教傳道會
　　　(七) 朝鮮赤十字
　　• 佛租界憲兵隊月報(9월 2일)
　　　支那에서의 鮮人

8월 3일

朝鮮假政府 前總理 李東寧

秀才申國権

支那陸軍 少尉 金宗鎭

金聲根

'호놀룰루' 金奎植

張德震追悼祭

鮮人在留民

鮮人在留民

8월 29일

● 大正 14년(1925) 12월 14일附 在上海 矢田總領事 發信 幣原外務大臣 앞 報告要旨
(24722/159)
　○ 呂運亨被毆打事件

● 大正 15년(1926) 1월 15일附 朝鮮總督府警務局長 發信 外務省亜細亜局長 앞 通報
要旨 (24726/160)
　○ 在上海 不逞鮮人의 組織한 丙寅義勇隊에 關한 件

● 大正 15년(1926) 1월 27일附 上海田島總領事代理 發信 幣原外務大臣 앞 報告要旨
(24731/161)
　○ 在上海 前國務總理 盧伯麟의 死去

● 大正 15년(1926) 2월 8일附 在上海田島總領事代理 發信 幣原外務大臣 앞 報告要旨
(24733/162)
　○ 在上海 丙寅義勇隊의 暗殺計劃과 之에 關聯한 朴済乾殺害事件
　　一, 義烈團長 金元鳳은 客月 28日 廣東에서부터 共産宣傳費로서 銀 四千弗을 携
　　　帯…
　　二, 今回의 事件朴済乾暗殺實行에 關해서는…朝鮮總督府의 密偵인 朴済乾…
　　三, 本件朴済乾의 暗殺을 第一로 하여…

● 大正 15년(1926) 4월 22일附 木村外務省亜細亜局長 發信 松村內務省警保局長, 三

矢朝鮮總督府警務局長 앞 通報要旨 (24738/163)
　○ 在上海 寅義勇隊의 朴済乾殺害事件에 關한 件

● 大正 15년(1926) 3월 15일附 上海 矢田總領事 發信 幣原外務大臣 앞 報告要旨 (24739/163)
　○ 佛蘭西總領事의 聲明에 關한 件
　　지난 3월 1일 朝鮮獨立三一記念日에 있어서…
　　一, 佛蘭西는 朝鮮獨立運動에 關해서는 一切 干涉 안 한다.…
　　二, 佛租界內에서의 殺人 및 爆彈騷을 一切 하지 말아야 한다.…

● 大正 15년(1926) 4월 2일附 朝鮮總督府警務局長 發信 外務次官 앞 通報要旨 (24740/164)
　○ 假政府 國務領의 北京逃避 및 不逞鮮人의 紛争에 對한 警務局長의 聲明
　　• 聲明書
　　　一, 事件의 法的根據
　　　二, 國務領李相龍氏의 令
　　　三, 精神不徹底問題에 對해서
　　　四, 議政院에 관하여
　　　五, 謠言邪說에 對해서

● 大正 15년(1926) 3월 24일附 朝鮮總督府警務局長 發信 外務次官 앞 通報要旨 (24755/167)
　○ 僭稱假政府 國務領 更迭의 件

● 大正 15년(1926) 3월 21일附 在上海 矢田總領事 發信 幣原外務大臣 앞 報告要旨 (24757/168)
　○ 僭稱政府 國務領 任免, 기타 件

● 大正 15년(1926) 4월 17일附 朝鮮總督府警務局長 發信 外務省亜細亜局長 앞 通報要旨 (24759/168)
　○ 韓國獨立記念日에서의 槪況
　　(一) 上海方面

(二) 廣東方面

(三) 天津方面

(四) 北京方面

(五) 西間道地方

(六) 吉林方面

(七) 磐石縣地方

(八) 北間道地方

(九) 浦潮方面

(十) 米布方面

(十一) 莫斯科方面

　(別紙 第一號) 国際農民本部에서 朝鮮農民에게 本社를 通하여 傳한 文

　(別紙 第二號) 三一運動 第7周 記念

　(別紙 第三號) 3월 1일이 왔다. 今日이 3월 1일이다.

　(別紙 第四號) 獨立新聞

　　第七回三一節에 임해서

　　國務領 李相龍 審判案 抄録

　　第二次國務領으로서 梁起鐸先生 被選

　　國務領 就任 迄臨時政務委員

差配없는 農奴制所謂稻田辨法

住満同胞의 生活脅威

● 大正 15년(1926) 3월 23일附 朝鮮總督府警務局長 發信 外務省亜細亜局長 앞 通報 要旨 (24797/178)

　○ 不逞鮮人安昌浩 및 李鐸의 土地經營計劃에 關한 件

　　• 在米興士團의 金圓을 가지고 北支方面에서 土地를 經營하려고 하는 것.

● 大正 15년(1926) 4월 19일附 木村外務省亜細亜局長 發信 內務省警保局長, 朝鮮總督府警務局長 앞 通報要旨 (24799/178)

　○ 在上海 帝國總領事館에 爆彈投擲事件

　　一, 事實 4월 8일 上海帝國總領事館에 대해 自動車에서부터 爆彈을 投擲하고 逃走한 자가 있다.

二, 爆彈 窓硝子破壞 人體被害 없음

三, 犯人 逮捕하지 못했다. 搜査中

    (イ) 自動車의 運転手

    (ロ) 佛國總領事

    (ハ) 總領事警察

    (ニ) 丙寅義勇隊

● 大正 15년(1926) 4월 21일附 在上海 矢田總領事 發信 幣原外務大臣 앞 報告要旨 (24802/179)

  ○ 邦人殺害事件

● 大正 15년(1926) 4월 30일附 在上海 矢田總領事 發信 幣原外務大臣 앞 報告要旨 (24807/180)

  ○ 丙寅義勇隊 및 'ウリモッム(우리모임)'團의 內容

    • 當地不逞鮮人의 團體

      一, 丙寅義勇隊

      一, 'ウリモッム(우리모임)'團

● 大正 15년(1926) 5월 12일附 在上海 矢田總領事 發信 幣原外務大臣 앞 報告要旨 (24813/182)

  ○ 僭稱政府 國務領 後任者 選任의 件

● 大正 15년(1926) 7월 21일附 朝鮮總督府警務局長 發信 外務次官 앞 通報要旨 (24815/182)

  ○ 上海假政府 國務領의 選任과 同地 不逞鮮人의 策動

    • 安昌浩 演說文

      一, 革命의 意義

      二, 革命의 種類

      三, 우리의 革命은 異民族의 統治를 破는 것

      四, 우리가 취해야 할 態度

      五, 過去에서의 우리의 欠点

      六, 獨立運動者中 思想의 誤謬

七, 우리는 生命의 復活하기 위해

● 大正 15년(1926) 7월 21일附 朝鮮總督府警務局長 發信 外務次官 앞 通報要旨
(24827/185)
  ○ 上海假政府 幹部의 人選, 不逞鮮人의 策動 및 假政府에 對한 經濟援助

● 大正 15년(1926) 9월 22일附 朝鮮總督府警務局長 發信 外務次官 앞 通報要旨(24833/
187)
  ○ 上海假政府 幹部의 選任 및 假政府에 對한 經濟援助
    一, 趣意書
    二, 本會成立經過概況
      一, 団體의 名義는 臨時政府經済後援會
      二, 本會 會員은 後援金을 낸다.
      三, 後援金은 每年 一人 一元 以上
      四, 準備委員 十五人
    三, 本會簡章
    四, 任員
    五, 事務所位置

● 大正 15년(1926) 6월 2일附 在上海 矢田總領事 發信 幣原外務大臣 앞 電報要旨
(24849/191)
  ○ 6월 1일 午後 恰和洋行所有汽船 順天號 出港에 즈음하고…

● 大正 15년(1926) 9월 20일附 在上海 矢田總領事 發信 幣原外務大臣 앞 報告要旨
(24850/191)
  ○ 僭稱假政府 國務領 및 國務員 就任의 件

● 大正 15년(1926) 9월 15일附 在上海矢田總領事 發信 幣原外務大臣 앞 電報要旨
(24853/192)
  ○ 上海領事館裏門附近에 있어서 爆彈爆發의 件

● 大正 15년(1926) 9월 22일附 在上海 矢田總領事 發信 幣原外務大臣 앞 電報要旨

(24854/192)

　　○ 犯人 徐倫雙의 申立에 依하여 同人이 日本人라고 稱하는…

● 大正 15년(1926) 9월 22일附 在上海 矢田總領事 發信 幣原外務大臣 앞 電報要旨
(24856/193)

　　○ 徐倫雙은 16일 會審衙門에 送致당하여…

● 大正 15년(1926) 12월 5일附 坂本臺灣總督府警務局長 發信 外務省亜細亜局長 通報
要旨 (24859/193)

　　○ 在上海 臺灣同志會 및 臺灣自治協會의 宣傳에 關한 件

　　　(第一號)

　　　中華國民에 警告한다.

　　　(第二號)

　　　日本의 秘密行動에 注意를 要한다.

　　　(第三號)

● 大正 15년(1926) 12월 24일附 朝鮮總督府警務局長 發信 外務次官 앞 通報要旨
(24868/196)

　　○ 獨立新聞記事(11월 3일附 第百九十六號 記事 譯文)

　　　• 自治를 夢想하는 者에

　　　　(一)被壓迫者가 壓迫者부터…

　　　　(二)근래 民族主義者의 一部分子가 倭政府에 接近하여…

　　　　(三)嗚呼, 狡猾한 倭政策여…

　　　• 靑年과 革命

● 大正 15년(1926) 12월 9일附 在上海 矢田總領事 發信 幣原外務大臣 앞 電報要旨
(24878/198)

　　○ 臨時議政院 第十八議會 開催에 關한 件

　　　臨時議政院 第十八議會 開會

　　　一, 議員 着席

　　　二, 國務領, 國務員 臨席

　　　三, 議長 昇席開式

398

四, 愛國歌 合唱

五, 國旗最敬禮

六, 式辭 議長 宋秉祚

七, 祝辭 國務領 洪震

八, 答辭 副議長 崔錫淳

九, 呼萬歲

十, 閉式

第十八議會開會光景

宋議長의 祝辭

國務領의 祝辭

崔副議長의 答辭

國務領 選擧 就任

國務領三條政綱

洪國務領 就任辭

洪領의 來歷

● 大正 15년(1926) 12월 24일附 朝鮮總督府警務局長 發信 外務省亞細亞局長 앞 通報
要旨 (24899/203)

　○ 上海僭稱假政府 幹部 異動

5-19 ④ 在上海總領事館 朝鮮民族運動 第四 (五册의 內) (未定稿)

● 昭和 2년(1927) 12월 23일附 在間島 鈴木總領事 發信 田中外務大臣 앞 報告要旨 (24903/207)
　○ 在支不逞鮮人의 運動統一計劃
　　第一, 韓國獨立黨關內 促成會聯合會
　　　一, 本會는 我等의 實情 및 世界의 大勢를 鑑하고 獨立黨組織에 關한 것을 研究, 提供한다.
　　　規約 (24905/207)
　　　聯合會執行委員氏名 (24909/208)

朴健秉(北京)	裴天澤(北京)
張建相(北京)	崔秋海(廣州)
咸 聲(廣州)	鄭學彬(廣州)
張聖山(南京)	金一柱(南京)
許悅秋(武昌)	崔 圓(武昌)
陳德三(上海)	洪 震(上海)
玄鼎健(上海)	趙素昂(上海)
金科奉(上海)	

　　　豫算案 (24910/209)
　　　宣言(譯文) (24912/209)

　　第二, 中國本部韓人青年同盟 (24917/210)
　　　一, 綱領
　　　一, 宣言
　　　中國本部韓人青年同盟規則 (24920/211)
　　　決議案 (24928/213)
　　　　一, 政治問題
　　　　　1. 唯一獨立黨促成에 關한 件
　　　　　2. 亞細亞民族大會에 關한 件
　　　　　3. 滿蒙侵略政策에 關한 件

二, 國際問題 (24931/214)

    1. 國際革命會後援會에 關한 件

    2. 中國革命의 援助에 關한 件

    3. 滿蒙侵略政策 反對에 關한 件

三, 社會問題 (24932/214)

    1. 派閥主義 撲滅 및 封建思想 退治에 關한 件

    2. 地方熱 打破에 關한 件

    3. 統計調査에 關한 件

四, 教養問題 (24934/215)

    1. 兒童教育에 關한 件

    2. 青年教養에 關한 件

    3. 學生教養에 關한 件

    4. 少年教育에 關한 件

五, 勞農問題 (24936/215)

    1. 勞農問題에 關한 件

六, 婦女問題

    1. 婦女運動에 關한 件

臨時決議 (24937/215)

上海不逞鮮人의 狀況 (24939/216)

一, 在상하이不逞鮮人 團體의 現況

二, 假政府側對青年會 및 促成會의 關係狀況 (24966/223)

三, 不逞鮮人團의 武器調査 (24969/223)

一, 假政府	拳銃	二挺
二, 鮮人共産黨側	拳銃	二挺
	爆彈	三個
三, 義烈團	拳銃	三挺
四, 丙寅義勇隊	拳銃	二挺

● 昭和 3년(1928) 9월 15일附 在上海 矢田總領事 發信 田中外務大臣 앞 報告要旨
(24971/224)

  ○ 僭稱政府 幹部와 在上海佛國官憲과의 關係에 關한 件

● 昭和 4년(1929) 12월 23일附 在上海 重光總領事 發信 幣原外務大臣 앞 報告要旨
  (24975/225)
  ○ 韓國唯一獨立黨 上海促成會의 解體宣言

● 昭和 4년(1929) 12월 28일附 朝鮮總督府警務局長 發信 外務省亜細亜局長 앞 通報
  要旨 (24979/226)
  ○ 義烈團 上海支部의 解體宣言
    • 解體聲明書

● 昭和 4년(1929) 12월 15일附 在上海 重光總領事 發信 幣原外務大臣 앞 報告要旨
  (24983/227)
  ○ 大韓臨時議政院開會
    一, 出席議員
    二, 議事

● 昭和 5년(1930) 1월 20일附 在上海 重光總領事 發信 幣原外務大臣 앞 報告要旨
  (24985/227)
  ○ 韓族獨立運動者同盟의 機關法 'アッブロ(앞으로)' 創刊號 記事
    • 獨立黨促成會의 解體와 獨立運動者同盟의 創立經過
    • 留滬韓國獨立運動者同盟 創立宣言 및 鬪争綱領
    • 宣言
    • 鬪争綱領

● 昭和 5년(1930) 2월 8일附 在杭州 米內山領事 發信 上海 重光臨時代理公使 앞 通報
  要旨 (24998/231)
  ○ 國民黨浙江省黨部의 朝鮮獨立運動의 援助

● 昭和 5년(1930) 2월 20일附 在漢口 桑島總領事 發信 幣原外務大臣 앞 報告要旨
  (25001/231)
  ○ 漢口特別市黨部의 朝鮮獨立運動 援助通電

● 昭和 5년(1930) 2월 24일附 在南京 上村領事 發信 幣原外務大臣 앞 報告要旨 (25004/

232)
　　○ 韓國獨立運動 後援에 關한 南昌市黨部의 宣言

● 昭和 5년(1930) 3월 8일附 朝鮮總督府警務局長 發信 外務省亜細亜局長 앞 (25006/233)
　　○ 在上海鮮人各團體聯合會의 解散

● 昭和 5년(1930) 5월 21일附 在上海 重光總領事 發信 幣原外務大臣 앞 報告要旨 (25009/233)
　　○ 僭稱臨時政府의 警告文
　　　• 獨立運動者에 告한다.

● 昭和 5년(1930) 7월 25일附 在上海 重光總領事 發信 幣原外務大臣 앞 報告要旨 (25014/235)
　　○ 大韓僑民에서의 發行된「新上海」創刊號 記事

● 昭和 5년(1930) 8월 12일附 朝鮮總督府警務局長 發信 外務省亜細亜局長 앞 通報要旨 (25017/235)
　　○ 安昌浩 一派의 韓國國民黨組織과 그후 行動에 關한 件
　　　一, 上海에서의 電車汽車('버스')會社의 朝鮮人從業員을 加入시켜 黨의 根帶를 固하는 것
　　　二, 中國國民黨과 聯合提携를 圖하는 것.
　　　三, 內地(朝鮮을 意味)資産階級과 連絡을 圖하는 것.
　　　四, 在米同胞와의 連絡을 密接하게 하는 것.
　　　　(一) 安昌浩는 本年 3월末 上海를 出發해서…
　　　　(二) 爾來 朴龍泰는 着々計劃의 進行을 도모하고…
　　　　(三) 다음에 安昌浩 一派의 韓國國民黨과의 提携에…
　　　　(四) 4월 10일 安昌浩는 天津에서 北平에 이른다…
　　　　(五) 安昌浩는 6월 上旬 前記…
　　　　(六) 一面 朝鮮內에서의 光州學生事件…
　　　　　宣言

● 昭和 5년(1930) 8월 20일附 在上海 重光總領事 發信 幣原外務大臣 앞 報告要旨
(25050/244)
　○ 在上海朝鮮人 民族, 共産 兩派의 軋轢
　　在中國韓人靑年同盟 第一區 上海支部 公開狀
　　一, 그들은 韓報(趙素昻)를 發行하여 反共運動을 扇動하고…
　　一, 同隊의 幹部 姜昌済(現 將介石政府 治下에서 警官學校 現職敎官) 等…
　　一, 姜, 雨季 以外에 丙寅義勇隊 幹部이며 興士團 團員인 朴昌世…
　　一, 一方, 놀라지 마라 日本帝国主義의 密偵…

● 昭和 5년(1930) 8월 28일附 在上海 重光總領事 發信 幣原外務大臣 앞 報告要旨
(25072/249)
　○ 上海韓人女子靑年同盟의 創立

● 昭和 5년(1930) 11월 17일附 在上海 重光總領事 發信 幣原外務大臣 앞 報告要旨
(25077/250)
　○ 韓國大獨立人女子靑年同盟의 創立

● 昭和 5년(1930) 12월 8일附 在上海 村井總領事 發信 幣原外務大臣 앞 報告要旨
(25080/251)
　○ 在滬民族派鮮人代表의 南京政府에 對한 請願

● 昭和 6년(1931) 3월 6일附 朝鮮總督府警務局長 發信 外務省亜細亜局長 앞 通報要
旨 (25084/252)
　○ 在上海僭稱韓國臨時政府 發行 支那文 「소책자」에 關한 件

● 昭和 6년(1931) 1월 20일附 在吉林 石射總領事代理 發信 幣原外務大臣 앞 報告要旨
(25093/254)
　○ 支那官憲의 鮮人共匪 逮捕押送

● 昭和 6년(1931) 2월 24일附 在吉林 石射總領事代理 發信 幣原外務大臣 앞 報告要旨
(25096/255)
　○ 不逞鮮人 孫貞道의 死去

● 昭和 6년(1931) 2월 27일附 上海 村井總領事 發信 幣原外務大臣 앞 報告要旨 (25099/256)
　○ 在上海鮮人의 經濟的 革命 機關組織

● 昭和 6년(1931) 3월 14일附 上海 村井總領事 發信 幣原外務大臣 앞 報告要旨 (25115/260)
　○ 上海臨時政府의 近狀에 關한 件

● 昭和 6년(1931) 5월 7일附 上海 村井總領事 發信 幣原外務大臣 앞 報告要旨 (25120/261)
　○ 朝鮮革命黨의 近況에 關한 件

● 昭和 6년(1931) 5월 18일附 在上海 村井總領事 發信 幣原外務大臣 앞 (25138/266)
　○ 國民會議에 대한 當地 韓國臨時政府의 策動에 關한 件

● 昭和 6년(1931) 6월 15일附 在上海 村井總領事 發信 幣原外務大臣 앞 報告要旨 (25171/274)
　○ 在上海 民族主義派 朝鮮人의 策動에 關한 件

● 昭和 6년(1931) 7월 18일附 在上海 村井總領事 發信 幣原外務大臣 앞 報告要旨 (25198/281)
　○ 朝鮮內에서의 支那人에 對한 暴動事件에 對한 上海 不逞鮮人의 動靜

● 昭和 6년(1931) 10월 5일附 在上海 村井總領事 發信 幣原外務大臣 앞 報告要旨 (25205/282)
　○ 時局에 임해 在上海 不逞鮮人의 行動의 件

● 昭和 6년(1931) 10월 29일附 關東廳警務局長 發信 外務省亞細亞局長 앞 通報要旨 (25224/287)
　○ 上海韓僑全體大會의 宣傳文

● 昭和 6년(1931) 11월 15일附 在上海 村井總領事 發信 幣原外務大臣 앞 報告要旨

(25228/288)
　　○ 時局에 關한 在滬不逞鮮人 等의 行動의 件

● 昭和 7년(1932) 1월 9일附 警視廳通報 및 同年 1월 在上海 村井總領事 發信 犬養外務大臣 앞 電報摘録 (25236/290)
　　○ 櫻田門外大逆事件

● 昭和 7년(1932) 3월 17일附 在上海 村井總領事 發信 芳澤外務大臣 앞 報告要旨 (25241/291)
　　○ 不逞鮮人의 櫻田門外大逆事件

● 昭和 5년(1930) 10월 13일附 在吉林 石射總領事代理 發信 幣原外務大臣 앞 報告要旨 (25250/294)
　　○ 李雄의 上海行

● 昭和 7년(1932) 4월 29일附 在上海 重光公使 發信 芳澤外務大臣 앞 電報要旨 (25253/294)
　　○ 不逞鮮人 爆彈投擲事件

● 昭和 7년(1932) 4월 30일附 在上海 村井總領事 發信 芳澤外務大臣 앞 電報要旨 (25256/295)
　　○ 本官負傷은 左右下肢爆創이며…

● 昭和 7년(1932) 4월 30일附 憲兵司令官 發信 外務大次官 앞 電報要旨 (25257/295)
　　一, 上海派遣軍憲兵隊長報(29일 午後 8時 20分後)
　　二, 重藤憲兵大尉報(29일 午後 6時 50分發) (25258/296)

● 昭和 7년(1932) 5월 1일附 在上海 重光公使 發信 芳澤外務大臣 앞 電報要旨 (25261/296)
　　○ 公使負傷容態(三十日 頓宮博士 報告) 左의 通

● 昭和 7년(1932) 5월 3일附 5월 5일附 在上海 重光公使 發信 芳澤外務大臣 앞 電報要

旨 (25263/297)

(一) 後藤博士 2일 午後 六時 到着 直히 公使를…

(二) 公使 4일 午後 以來의 症狀憂慮해야 함… (25264/297)

● 昭和7년(1932) 5월 25일附 5월 26일附 在上海 重光公使 發信 芳澤外務大臣 앞 電報
要旨 (25263/297)

(一) 白川大將은 数日前부터 容態急變…

(二) 白川大將 二十六日 正午 薨去했음… (25263/297)

● 昭和7년(1932) 5월 3일附 在上海 村井總領事 發信 芳澤外務大臣 앞 電報要旨 (25267/
298)

○ 上海 虹口公園에서의 爆彈投擲事件

一, 在留官民合同의 天長節祝賀式 會場에서의 爆彈投擲事件

二, 式場의 警備狀況과 爆彈投擲의 狀況

三, 犯人使用의 爆彈의 構造 및 其의 携行狀況

四, 犯人의 身許와 其의 犯行의 動機 및 經緯

五, 本 犯行의 連類者과 其의 搜査

被告人訊問調書

第二回被告人訊問調書

● 昭和7년(1932) 6월 20일附 在上海 村井總領事 發信 齋藤外務大臣 앞 電報要旨
(25309/309)

○ 爆彈事件犯人 尹奉吉에 對한 判決

● 昭和7년(1932) 10월 19일附 在上海 石射總領事 發信 內田外務大臣 앞 報告要旨
(25320/311)

○ 爆擊犯人 尹奉吉의 略歷 및 遺言

● 昭和7년(1932) 12월 26일附 松本陸軍省法務局員 發信 寺嶋外務省條約局長第二課
長 앞 通報要旨 (25340/316)

○ 尹奉吉 死刑執行

● 昭和 7년(1932) 5월 25일附 在上海村井總領事 發信 朝鮮總督府警務局長 앞 電報要旨 (25341/317)
○ 安昌浩 目下 當館에서 留置取調中…

● 昭和 7년(1932) 6월 3일附 外務省亜細亜局第二課 (25342/317)
○ 上海朝鮮人 獨立運動者取締對策(要旨)

● 昭和 7년(1932) 6월 4일附 在上海 村井總領事 發信 齋藤外務大臣 앞 報告要旨 (25356/320)
○ 虹口公園 爆彈事件 犯人連類嫌疑 鮮人의 取調顛末

● 昭和 7년(1932) 6월 4일附 上海 村井總領事 發信 齋藤外務大臣 앞 報告要旨 (25361/322)
○ 安昌浩 等의 在留禁止

● 昭和 7년(1932) 6월 6일附 上海 村井總領事 發信 齋藤外務大臣 앞 報告要旨 (25370-1/324)
○ 金九의 密派한 暗殺團員 逮捕

● 昭和 7년(1932) 6월 24일附 在上海 村井總領事 發信 齋藤外務大臣 앞 報告要旨 (25373/325)
○ 金九 一味의 動静과 逮捕計劃

● 昭和 7년(1932) 9월 30일附 在上海 石射總領事 發信 內田外務大臣 앞 報告要旨 (25383/327)
○ 安東에서 逮捕당한 金九의 密使 鮮女 金競鎬

● 昭和 7년(1932) 10월 28일附 在上海 石射總領事 發信 內田外務大臣 앞 報告要旨 (25394/330)
○ 鮮女 金競鎬의 在留禁止

● 昭和 7년(1932) 7월 15일附 在上海 村井總領事 發信 內田外務大臣 앞 報告要旨

(25399/331)

　○ 在上海獨立運動者의 內訌

● 昭和 7년(1932) 10월 28일附 陸軍省 軍務局 軍事課 國分少佐 電話 (25414/335)
(外務省 相場理事官 受諾)

　○ 上海憲兵에 對해 客月 28일 철수命令 發했는데…

● 昭和 7년(1932) 11월 10일附 在上海 村井總領事 發信 內田外務大臣 앞 報告要旨
(25417/336)

　○ 爆彈事件後에서의 金九 一派와 기타 動静

　　第一, 虹口公園 爆彈事件 後에서의 金九 一味의 逃避 (25419/336)

　　第二, 獨立運動者間의 分野와 그의 派閥鬪爭 (25425/338)

　　第三, 東北義勇軍後援會長 褚輔成의 金九庇護 (25434/340)

　　第四, 不逞鮮人間에서의 通信連絡 (25440/342)

　　第五, 兇暴行爲에서 使用한 爆彈 및 資金의 出所 (25445/343)

　　第六, 最近에서의 反金九熱의 擡頭와 金九의 廣東旅行說 (25453/345)

　　第七, 韓國革命團體의 聯合과 中韓抗日運動의 合作 (25460/347)

● 昭和 7년(1932) 11월 21일附 在上海 石射總領事 發信 內田外務大臣 앞 報告要旨
(25465/348)

　○ 大逆事件에 關한 金九의 聲明

● 昭和 7년(1932) 12월 1일附 在上海 石射總領事 發信 內田外務大臣 앞 電報要旨
(25472/350)

　○ 不逞鮮人 金徹 및 金哲 逮捕計劃

● 昭和 7년(1932) 12월 1일附 在上海 石射總領事 發信 內田外務大臣 앞 電報要旨
(25478/351)

　○ 金徹 및 金哲 逮捕措置에 關한 警察部長인…

● 昭和 7년(1932) 12월 20일附 內田外務大臣 發信 在上海 石射總領事 앞 電報要旨
(25480/352)

○ 石射總領事 여타 二名 戒飭의 件

● 昭和 7년(1932) 1월 6일附 在上海 石射總領事 發信 內田外務大臣 앞 報告要旨 (25482/352)
　○ 金徹 및 金哲 逮捕措置에 關한 總領 및 其二名의 戒飭

● 昭和 7년(1932) 12월 19일附 在上海 石射總領事 發信 內田外務大臣 앞 報告要旨 (25484/353)
　○ 佛租界內의 不逞鮮人 手入

● 昭和 7년(1932) 12월 8일附 在上海 石射總領事 發信 內田外務大臣 앞 報告要旨 (25491/355)
　○ 在上海 民族派 鮮人의 近況에 關한 件
　○ 在上海朝鮮人團體一覽表(昭和 7년 말 조사)(25498/356)

6. 『외무성경찰사』 제46권

5 支那ノ部(中支)

해설

제46권의 5-19⑤는 1932년 4월 말 김구의 지도를 받아 결행한 윤봉길 의사의 홍커우공원虹口公園 폭탄 투척 의거가 계기가 되어 중국 관내 한국 독립운동 인사들이 맞게 된 항일 독립운동의 전환기 이후부터 중일 전면 전쟁이 발발한 1937년까지의 상황을 가늠할 수 있는 문건들이다. 총 95건의 문건들 중 한국 관련 문건이 94건이나 된다.

문건들에는 임정 내부 상황, 윤봉길 의사의 홍커우공원 의거로 항일 독립운 동이 활성화되는 가운데 한인 독립지사들 사이에 분열된 독립운동 단체들을 일치시키려고 모색한 노력, 일본 외무성경찰에 자수해서 중도에 반제 항일 독립운동을 그만둔 인사, 또 일제 밀정이 된 한인, 그러한 한인 배신자들을 경계 하거나 혹은 암살하려던 독립운동가들의 움직임에 관한 조사 내용도 들어 있다. 또 일본에 대한 소규모 대일 테러사건, 그리고 그 준비 단계에 있던 사건들에 관한 조사 기록도 포함되어 있다.

윤봉길 의사의 홍커우공원 의거 덕분에 대한민국임시정부는 중국의 조야 로부터 재정적인 지원을 받을 수 있게 됐지만, 다른 한편에서는 그로 인해 한 인 독립운동 단체들 내부에서 여러 세력 간에 경제적인 격차가 생겨나 서로 갈 등을 빚게 됐는데, 그에 관한 내용도 찾아볼 수 있다. 예컨대 윤봉길 의사의 의 거가 계기가 돼 중국 국민정부가 광복 직후 대한민국임시정부가 환국할 때까 지 지속적으로 지원해 준 대한민국임시정부의 운영비, 대한민국임시정부 요 인들의 가속들에게 지급한 생활보조비 등의 각종 지원금 및 보조금이 오히려 김구가 지원금을 중간에서 착복한 것으로 의심한 김원봉의 오해로 인해 당쟁을 불러일으켰다.[9] 이와 관련된 문건들은 김구와 김원봉의 알력 관계를 읽을 수 있게 한다. 즉, 한인들의 독립운동이 김구를 중심으로 전개됐지만, 대한민국임시정부 내 중국국민당의 황푸黃埔군관학교 출신이라는 인연으로 중국국민당 군부와 깊은 유대 관계를 맺어온 김원봉 등이 김구와 경쟁 관계 계파를 형성해 마찰 혹은 알력을 빚은 관계를 추적할 수 있는 자료로 평가된다.

이 외에도 다음과 같은 특기할 만한 내용을 전하는 문건들도 들어 있다. 파리에서 구국 외교 활동을 마친 뒤 상하이로 돌아온 김규식 박사와 김구 간의 동향, 김구계가 훙커우공원 의거 후 김구 보호를 위해 일제 앞잡이를 암살한 사건, 김철의 피체, 민족혁명당의 내부 사정, 『조선민족운동연감朝鮮民族運動年鑑』 등이 중요시되는 사항이다. 이 『조선민족운동년감』은 윤봉길 의거 직후 외무성 경찰이 상하이 프랑스 조계의 대한민국임시정부 청사를 급습하여 사무실 및 청사 전체를 샅샅이 수색해서 압수해 간 문건들로 만들어진 것이다. 이 연감에는 1919년부터 1932년까지 대한민국임시정부 수립 이후 중국 내 한인 독립운동의 상세한 연표, 그리고 일제가 대한민국임시정부에서 압수 및 강탈해 간 다양한 자료들과 물품들의 목록도 수록되었다. (서상문)

---

9 중국의 임정 지원금과 이로 인한 분규에 관한 자세한 내막은 졸고 徐相文, 「抗戰時期中國國民政府對在華韓國獨立運動之資助」, 『近代中國』, 第91期(臺北: 1992年 10月), 74~79쪽 참조.

5-19 ⑤ 在上海總領事館 朝鮮民族運動 第五(五冊ノ內) (未定稿)

附錄

大正 8년(1919년)부터 昭和 7년(1932)까지

朝鮮民族運動年鑑

'註記, 在上海總領事館으로부터 同警察署沿革誌의 提出 없이 外務省保存記錄만으로 輯錄한 것이다'

● 昭和 8년(1933) 1월 18일附 上海 石射總領事 發信 內田外務大臣 앞 報告要旨 (25510/3)

　○ 在上海 民族派 鮮人 最近의 動向

　　一, 興士團 遼東大會

　　二, 客年 當地 虹口公園爆彈事件後 在上海朝鮮人의 公會는 거의 안 보였던바, 年末年始를 맞이하여 忘年會 혹은 新年宴會 等 다음과 같이 開催되었다. (25515/4)

　　　(1) 12월 31일 夜

　　　(2) 新年宴會

　　　　(イ) 1월 2일

　　　　(ロ) 1월 4일

　　　　(ハ) 1월 4일

　　　三, 最近 入手한 『新韓民報』 (25517/5)

● 昭和 8년(1933) 2월 2일附 上海 石射總領事 發信 內田外務大臣 앞 報告要旨

　○ 上海韓國獨立黨大會 및 金九의 行動 (25520/5)

　　一, 在滬(上海)韓國獨立黨大會 開催

　　二, 金九의 行動에 관한 그 後의 情報 (25525/7)

● 昭和 8년(1933) 3월 8일附 上海 石射總領事 發信 內田外務大臣 앞 電報要旨 (25529/8)

○ 不逞鮮人 幹部 李裕弼의 逮捕

● 昭和 8년(1933) 5월 18일附 泰憲兵司令官 發信 谷外務省亜細亜局長 앞 通報要旨 (25529/8)
　　○ 朝鮮獨立運動首魁 李裕弼의 釋放
　　　・ 理由 (25531/8)
　　　　(一) 改悛의 情顕著
　　　　(二) 本人은 金九 等과 같은 兇暴行爲없고 刑은 2年 이하…
　　　　(三) 平北道 新義州에 約 一萬五千圓의 資産을 有해 生業에 從事可能…
　　　　　　 (25531/8)
　　　　(四) 事案性質上… (25532/8)
　　　　(五) 本人에 대해 通信은 檢閲할 거…
　　　　(六) 本人의 妻 金敬ロ도 歸鮮할 것임… (25533/9)
　　　　(七) 將來의 不逞朝鮮人 단속상 得策이라고…

● 昭和 8년(1933) 3월 24일附 上海 石射總領事 發信 內田外務大臣 앞 電報要旨 (25534/9)
　　○ 金九 앞의 來信
　　　一「李承晩이 韓國臨時政府大統領이라고 自稱하는 것은 是인가 非인가」의 議題로 2월 7일 布哇 臨時政府 總會에서
　　　　1, 李承晩의 行動에 따라야 되는가 (25535/9)
　　　　2, 李承晩이 우리에게 歸順해오면 우리는 그에 따라야 되는가
　　　　3, 布哇臨時政府의 指揮에 따라 同一行動해야 되는가

● 昭和 8년(1933) 5월 24일附 在上海 石射總領事 發信 內田外務大臣 앞 報告要旨 (25537/10)
　　○ 大韓僑民團의 近況
　　　(一) 李春山은 日本官憲에 逮捕당한 模樣
　　　(二) 李春山 逮捕 三, 四日後, 中國人으로부터 一萬元 請求 脅迫狀 (25538/10)

● 昭和 8년(1933) 6월 12일附 在上海 石射總領事 發信 內田外務大臣 앞 報告要旨 (25542/11)

○ 韓國對日戰線統一同盟
  • 韓國對日戰線統一同盟 規約 (25545/12)
  • 韓國對日戰線統一同盟 中央執行委員會 (25549/13)
  • 組織條例
  • 4월 13일 發行『新韓民報』記事中 (25552/13)
  • 金奎植博士는 美國 '그르노르유'大學에서 宣傳

● 昭和 8년(1933) 8월 5일附 在上海 石射總領事 發信 內田外務大臣 앞 報告要旨 (25555/14)
  ○ 大韓臨時政府 再組織의 件
    • 大韓臨時政府公報 第五十五號
    • 大韓民國 15년 6월 30일자 臨時政府
  ○ 國務委員의 選任 및 解任
    • 主席과 各部長選任 및 解任
    • 公布國務委員 李東寧과 金九는 連 2月 以上 曠職되므로 臨時約憲 第34條에 依해 自然解雇당했음 (25558/15)

● 昭和 8년(1933) 8월 10일附 在上海 石射總領事 發信 內田外務大臣 앞 報告要旨
  ○ 安恭根의 佛工部局에 提出한 陳情書의 件 (25560/15)
  ○ 安恭根이 佛租界警察에 提出한 文書 (25562/16)
  ○ 朝鮮人社會의 現狀에 관해

● 昭和 8년(1933) 8월 11일附 在上海 石射總領事 發信 內田外務大臣 앞 報告要旨 (25570/18)
  ○ 在滬(上海)有力鮮人 玉觀彬 暗殺事件

● 昭和 8년(1933) 8월 29일附 在上海 石射總領事 發信 內田外務大臣 앞 報告要旨 (25572/18)
  ○ 憲兵補 李珍龍 暗殺의 件
    一, 被害者의 身分
    一, 來歷
    一, 被害의 狀況 (25573/19)

● 昭和 8년(1933) 11월 23일附 在上海 石射總領事 發信 廣田外務大臣 앞 報告要旨 (25599/25)

　○ 兇暴鮮人 金哲의 逮捕

● 昭和 9년(1934) 1월 14일附 在上海 石射總領事發信 廣田外務大臣 앞 報告要旨 (25601/26)

　○ 不逞鮮人 金哲의 檢擧

　　一, 金哲 檢擧의 狀況

　　二, 檢擧後의 釋放運動

　　三, 金哲 取調의 概況 (25609/28)

　　　　(一) 本籍

　　　　(二) 前科

　　　　(三) 經歷

　　　　(四) 自供한 犯罪事實의 概要

　　第一,

　　　　(一) 萬寶山事件 및 鮮支人衝突事件은…

　　　　(二) 滿洲在住鮮人에 鮮支人의 衝突…

　　　　(三) 近近開催될 中國側市民大會代表로서 安昌浩를 派遣…

　　　　(四) 支那側各新聞通信社에 萬寶山事件은 日本의…

　　第二, 昭和 6년(1931) 9월 滿洲事變勃發以來 中國 民衆의 排日抗日感情…

　　第三, 昭和 6년(1931) 11월 在上海 中國學生聯合會에서 抗日救國의…

　　第四, 先是 昭和 6년(1931) 9월 4일 午後 4時頃 自宅에서 徐載賢부터…

　　五, 各種事件에 관한 供述 概要

　　　　(一) 東京櫻田門外爆弾事件

　　　　(二) 柳相根事件

　　　　(三) 李德柱, 前鎮萬의 入鮮事件

　　　　(四) 新公園事件

● 昭和 9년(1934) 1월 26일附 在上海 石射總領事發信 廣田外務大臣 앞 報告要旨 (25652/ 38)

　○ 大韓僑民團의 近況

　　前期國務員

新國務員
- ○ 大韓民國臨時政府公報 第五十六號 (25665/42)

  臨時政府秘書局

  大韓民國 16년 1월 20일

  臨時議政院記事 大韓民國 15년 12월 30일

  一, 臨時約憲 第三十三條에 의하여

  二, 臨時約憲 第十四條에 의하여

  三, 臨時約憲 第十三條에 의하여

- ○ 國務會議記事 大韓民國 16년 1월 20일

  一, 臨時約憲 第四十一條에 의하여

  一, 臨時約憲 第三十一條에 의하여

  就職誓辞

- ● 昭和 9년(1934) 5월 16일附 在上海 石射總領事 發信 廣田外務大臣 앞 報告要旨 (25675/44)
  - ○ 韓國對日戰線統一同盟 第二次代表大會
    - 一, 日時, 場所 및 出席代表
      - (1) 日時
      - (2) 場所 (25676/44)
      - (3) 出席代表
    - 二, 重要報告 (25677/45)
      - (1) 創盟以來의 槪況 (25678/45)
      - (2) 今回의 大會召集 經過
      - (3) 決算
    - 三, 重要決議
      - (1) 大同團結體 組成方針案 討議決定 (25679/45)
      - (2) 今後의 事業
      - (3) 豫算收入總額
      - (4) 中韓民衆大同盟 次期代表大會
      - (5) 今回의 大會宣言執行委員會에 委任한다
    - 四, 規約 및 條例修正 (25680/45)

五, 執行委員 選擧 (25681/46)

    (1) 人數九人을 選擧

一, 創盟以來의 經過槪要 (25682/46)

    (1) 沿革

    (2) 各團體代表의 懇談會

    (3) 各團體聯合等備委員會 (25683/46)

    (4) 韓國對日戰線統一同盟成立代表大會 (25684/46)

    (5) 執行委員會 (25685/47)

    (6) 常務委員과 部會務의 分擔

● 昭和 9년(1934) 3월 8일附 朝鮮總督府警務局長 發信 外務次官 앞 通報要旨 (25687/47)

  ○ 招魂祭式場에서 爆彈投擲事件

  一, 事件의 槪要

  二, 犯人의 身許, 其의 他

    (一) 犯人의 本籍

    (二) 經歷기타

    (三) 康秉學의 人相特徵

● 昭和 9년(1934) 3월 19일附 在南京 須磨總領事 發信 廣田外務大臣 앞 報告要旨 (25693/49)

  ○ 反日滿工作革命鬪士 養成機關

● 昭和 9년(1934) 4월 13일附 在南京 須磨總領事 發信 廣田外務大臣 앞 報告要旨 (25697/50)

  ○ 金九 所在에 관한 件

● 昭和 9년(1934) 5월 7일附 在上海 石射總領事 發信 廣田外務大臣 앞 報告要旨 (25699/50)

  ○ 大韓臨時政府의 近況

   • 大韓民國臨時政府公報(譯文) 第五十七號

   • 臨時政府秘書局 大韓民國 16년 4월 15일

- 臨時議政院 常任委員會 記事
- 國務會議 記事
  - 一, 臨時約憲 第三十八條에 의한 國務會議 規定
  - 一, 職員 選任의 件
- 國務會議 規程
- 前期 國務會議 規程은 之를 廢止한다
- 外務部行署 規程(25708/52)
- 財務部行署 規程(25709/53)
- 國內外團體 및 民衆全體에 告한다 (25710/53)
- 財務部 布告(25717/55)

- 昭和 9년(1934) 5월 11일附 在南京 須磨總領事 發信 廣田外務大臣 앞 報告要旨 (25721/56)
  - 金九 기타 不逞鮮人의 動靜
    - 一, 金九는 金元鳳 同伴 目下 漢口方面 旅行中…
    - 二, 4月 25日 金九 기타의 密使로서…
    - 三, 當市南方所在元支那某大官의 住宅에…

- 昭和 9년(1934) 5월 14일附 在上海 石射總領事 發信 廣田外務大臣 앞 報告要旨 (25723/56)
  - 鮮人軍官學校 第一期生 檢擧의 件

- 昭和 9년(1934) 5월 19일附 在南京 須磨總領事 發信 廣田外務大臣 앞 報告要旨 (25726/57)
  - 中韓聯合秘密會議 開催의 件

- 昭和 9년(1934) 5월 28일附 在上海 石射總領事 發信 廣田外務大臣 앞 報告要旨 (25728/57)
  - 大韓臨時政府, 韓國獨立黨의 所在의 件
    本件에 관해 調査한 結果…
    - 一, 大韓臨時政府 辦公處는…
    - 二, 韓國獨立黨 事務所는…

三, 韓國獨立黨 機關雜誌 震光의 發行所는…

記
一, 臨時政府는…
二, 韓國獨立黨은…
三, 震光社…

● 昭和 9년(1934) 6월 4일附 在上海 石射總領事 發信 廣田外務大臣 앞 報告要旨
(25735/59)
　○ 金九 기타 不逞鮮人의 動靜
　　一, 4月 25日 以來 金元鳳을 同件…
　　二, 李春岩은 계속 當地에 在하고 活動을…
　　三, 金奎植(中韓民衆大同盟 外交部長)…

● 昭和 9년(1934) 6월 4일附 在北平 中山一等書記官 發信 廣田外務大臣 앞 報告要旨
(25738/60)
　○ 金九 一派의 軍官學校 設立狀況 槪要

● 昭和 9년(1934) 6월 19일附 在上海 石射總領事 發信 廣田外務大臣 앞 報告要旨
(25741/61)
　○ 不逞鮮人 搜査 其他 事務打合會의 件

● 昭和 9년(1934) 6월 19일附 在上海 石射總領事 發信 廣田外務大臣 앞 報告要旨
(25744/61)
　○ 上海 及 同 關係不逞鮮人團體의 件
　　• 不逞朝鮮人團體 一覽表
　　• 大韓民國臨時政府 (25745/62)
　　• 大韓民國臨時議政院
　　• 韓國獨立黨 (25748/62)
　　• 韓國獨立黨 杭州特區會 (25749/63)
　　• 韓國獨立黨 廣東支部 (25750/63)
　　• 韓國獨立黨 北平支部 (25751/63)

- 韓國獨立黨 東京支部
- 大韓僑民團 (25752/63)
- 義警隊 (25753/64)
- 興士團 遠東部 (25754/64)
- 愛國團 (25755/64)
- 丙寅義勇隊 (25756/64)
- 韓國革命黨 (25757/65)
- 義烈團 (25758/65)
- 上海韓人各團體聯合會 (25759/65)
- 中韓民族抗日大同盟
- 韓國對日戰線統一同盟 (25760/65)
- 中韓民衆大同盟 (25761/66)
- 上海韓人青年黨 (25762/66)
- 上海韓人少年斥候隊
- 上海韓人少年同盟 (25764/66)
- 大韓愛國婦人會 (25765/67)
- 上海韓人女子青年同盟
- 上海韓人學友會 (25766/67)
- 韓國軍人會 (25767/67)
- 中國共産黨 (25768/67)
- 上海韓人反帝同盟
- 中國革命互濟會 (25770/68)
- 南華韓人青年同盟
- 東方俱樂部 (25771/68)

● 昭和 9년(1934) 7월 6일附 在南京 須磨總領事 發信 廣田外務大臣 앞 報告要旨 (25773/69)

　○ 急進隊 組織에 伴하는 中韓聯合第二次代表會의 件

　記

　　一, 出席者

　　二, 議事

　　　(가) 急進隊 成立後는 中國憲兵의 服装…

(나) 中央黨部 調査科부터 中韓合作의 韓國同志…

(다) 急進隊 成立의 上은 從來의 特殊軍事學校…

(라) 金科奉부터 中韓聯盟成立의…

● 昭和 9년(1934) 8월 3일附 在上海 石射總領事 發信 廣田外務大臣 앞 報告要旨
(25779/70)

　○ 金徹死亡 및 杭州大韓臨時政府韓國獨立黨事務廢止의 件

　　一, 金徹일 金水澤의 死亡과 葬儀의 情況

　　二, 獨立黨區會의 情況 (25781/71)

　　三, 臨時政府辦公處 및 獨立黨事務所廢止 (25786/72)

● 昭和 9년(1934) 8월 6일附 在上海 石射總領事 發信 廣田外務大臣 앞 報告要旨
(25788/72)

　○ 不逞鮮人의 軍官學校에 관한 件
記

　　一, 天津 및 北平의 本件에 관한 情報 및 取調內容 (25789/73)

　　二, 南京의 本件에 관한 情報

　　三, 金元鳳 主宰하는 在北平 '레닌'主義政治學校 卒業生等의 朝鮮共産黨再建同
　　　盟의 檢擧

　　四, 朝鮮內에서의 訓練班 第六隊 第一期生 二名의 檢擧 (25793/74)

　　五, 奉天에서의 第二期 卒業生 邊昌祐의 檢擧 및 大連에서의 同 崔枝榮의 檢擧

　　六, 朝鮮內에서의 第二期 卒業生 三名의 檢擧

　　　1. 第二期生은 五十五名이며 客年 9月 16日 開校…

　　　2. 吳, 尹兩名은 5月 4日頃「테러手段에 의한 朝鮮民族의 解放을 目的로 한
　　　　軍事的組織體를 結成해야」…

　　　3. 金은 5月 23日 奉天에 潛入하고 戰進隊를 組織하는 것을 命令받아…

　　　4. 革命幹部學校에서는 軍事乃至破壞工作科目…

　　　5. 吳 및 尹은 入鮮 때, 石井敎官에 의한 第二期生을 朝鮮內에 派遣한다…

　　　6. 第二期生中入鮮指令을 받은者은 彼等外에 十四名…

　　七, 營口에서의 第二期 卒業生 蔡東龍의 檢擧

　　八, 洛陽에서의 金九派의 軍事學校의 狀況

● 昭和 9년(1934) 7월 30일附 河村上海派遣憲兵長 發信 在上海 石射總領事 앞 通報要
旨 (25802/76)
　　○ 不逞鮮人 金九 一派의 組織하는 鮮人軍官學校의 狀況
　　　一, 所屬 名稱 人員
　　　　(一) 所屬 名稱
　　　　(二) 第十七隊의 人員
　　　　(三) 第十七隊의 幹部
　　　二, 敎育方法
　　　　(一) 術科
　　　　(二) 學科
　　　　(三) 第十七隊의 敎官은
　　　三, 敎育期間
　　　四, 給與
　　　五, 기타

● 昭和 9년(1934) 8월 31일附 在杭州 松村事務代理 發信 廣田外務大臣 앞 報告要旨
(25806/77)
　　○ 在杭州 僭稱韓國臨時政府 假事務所 기타의 近況

● 昭和 9년(1934) 9월 15일附 在上海 石射總領事 發信 廣田外務大臣 앞 報告要旨
(25808/77)
　　○ 韓國對日戰線統一同盟의 通知書의 件

● 昭和 9년(1934) 9월 15일附 在上海 石射總領事 發信 廣田外務大臣 앞 報告要旨
(25811/78)
　　○ 大韓臨時政府 및 韓國獨立黨 기타의 狀況
　　記
　　　一, 美州國民會 桑港 '오크'街 1053 (25813/79)
　　　　　　　　　　　　　　白一圭
　　　二, 美州獨立黨 '로스앤젤레스' 6674 '워싱턴, 빌딩'
　　　　　　　　　　　　　　宋憲尉
　　　三, 紐育僑民團紐育 '모트'街 5 (25813/79)

李晉一

四, 紐育韓國對日戰線統一同盟支部 紐育 '모트'街 20
張德秀

五, '호놀룰루'國民會 '호놀룰루, 미러'街 1305
李 시·케

六, '호놀룰루'同志會 '호놀룰루, 카이무키'街 南1305
李元濟

七, '시카고, 워싱턴'街 東一六七 (25814/79)
金 慶

八, '시카고'大韓國民會地方會會長 '시카고, 그린우드'路 6930
韓 존슨

九, '시카고'大韓國民會會館主牧師 '시카고, 오크돌'路 826
任 召

十, '몬태나'州韓人會長 '몬태나'州 '라우세이'
韓 C H

十一, '디트로이트'韓人 '자부스'商 '밋치'州 '디트로이트'市
　　　'누두, 우이루손'路 12539 中商會

十二, '호놀룰루'郵函 1638 (25815/79)
李容稷

十三, '하와이' '카우이'島
玄 楯

十四, 加洲 '리드리' '킨프로스'商會
金庭鎭

○ 大韓民國臨時政府公報 第五十八號 (25816/79)
- 臨時政府 秘書局
- 國防會議 記事
- 政務에 關한 件
- 職員 任免의 件
- 布告
- 財務部 布告
- 人事

- 昭和 9년(1934) 5월 24일附 在上海 石射總領事 發信 廣田外務大臣 앞 報告要旨 (25820/80)
  - ○ 大韓臨時政府 및 韓國獨立黨의 近況
    - 震光 9月號 記事 (25821/81)
      - 一, 海外運動의 特殊任務 (25822/81)
        - 一, 組織問題에 對해 (25824/81)
        - 二, 技術問題에 對해 (25825/82)
        - 三, 國際的反日勢力과 連絡問題 (25827/82)
      - 二, 民族問題研究 (前號에서부터 후속) (25829/83)
        - 六, 民族의 國家의 關係
          - 1. 國家의 性質 (25830/83)
          - 2. 國家의 民族的 性質 (25833/84)
          - 3. 國家의 國家的 性質 (25837/85)
      - 三, 터키共和國 國民黨略史(省略) (25838/85)
      - 四, 中國九一八事變後 (25839/85)
    - ○ 朝鮮革命黨 在東北工作 經過狀況(來稿)
      - 一, 朝鮮革命黨의 簡單한 沿革
      - 二, 本黨의 恐慌期 (25841/86)

- 昭和 9년(1934) 11월 12일附 在上海 石射總領事 發信 廣田外務大臣 앞 報告要旨 (25846/87)
  - ○ 僭稱「大韓臨時政府」의 國務會議 및 獨立黨의 近況

- 昭和 9년(1934) 10월 24일附 在上海 石射總領事 發信 廣田外務大臣 앞 (25849/88)
  - ○ 治安維持法, 爆發物取締罰則 및 殺人罪被疑者의 檢擧

- 昭和 9년(1934) 11월 29일附 在杭州 松村事務代理 發信 廣田外務大臣 앞 報告要旨 (25852/88)
  - ○ 杭州에서의 朝鮮獨立黨의 件

- 昭和 9년(1934) 12월 6일附 在杭州 松村事務代理 發信 廣田外務大臣 앞 報告要旨 (25855/89)

○ 在杭州 大韓臨時政府 辨公處의 近況

(一) 지난 11月 26日 夜 彼等一味 朝鮮人 約二十名 同 辨公處內에서 臨時集會를 催했음

(二) 右 辨公處에서는 10月 27, 8日頃 氏名不詳의 男女 鮮人 二名이 들어감

(三) 臨時辨公處의 主要人物 宋秉祚은 11月 25日 市內 西大街 方面으로 移轉했음

(四) 前記 臨時政府 辨公處에 起臥하고 居한 鮮人 男女 數名 11月18日 市內 (25856/89)

● 昭和 9년(1934) 12월 26일附 在南京 田中總領事 發信 廣田外務大臣 앞 報告要旨 (25858/90)

○ 不逞鮮人의 動静

一, 江寧鎭軍官學校의 移轉

二, 金元鳳 等의 動静 (25859/90)

(一) 여기에 上海에 派遣한 金, 安, 兩名… (25861/91)

(二) 最近各地에서 同志의 檢擧당한 者 頻出하여 工作上…

(三) 上海獨立黨光華團領袖安恭根 및 中義團領袖李東寧에 對해 上海에서의…

(四) 여기에 이탈리아로 旅行한 總理 金九에 對해 經費 一萬元 使用承認… (25862/91)

三, 東北派遣闘志의 組織聯絡方法 기타

● 昭和 10년(1935) 2월 13일附 在南京 須磨總領事 發信 廣田外務大臣 앞 報告要旨 (25865/92)

○ 南京韓族會 組織의 件

○ 南京韓族會章程

● 昭和 10년(1935) 2월 14일附 在南京 須磨總領事 發信 廣田外務大臣 앞 報告要旨 (25870/93)

○ 韓國對日戰線同盟代表大會 召集 및 新韓獨立黨에 관한 件

記

一, 法規에 關한 件 (25871/93)

二, 事實에 關한 件

(一) 完全한 團結體組織에 關한 方案

(二) 組織한 新團體의 主義綱領, 政策 및 其의 規約

三, 人事에 關한 件

(一) 常務委員

(二) 執行委員 (25872/93)

(三) 執行委員

(四) 執行委員

(五) 對日戰線統一同盟에 出席하는 代表는 洪震

(別紙 第一號)

常發 第 號

決議案 通告의 件

本月 16日 第二次 執行委員會의 決議事項을 別紙와 같이 通告에서 御査照하고 對日戰線統一同盟의 提議된다

(一) 期日은 4268년 3月 1日 以前에… (25873/94)

(二) 場所執行委員會에 一任하여 決定할 것으로 함…

(三) 代表人 數各 團體에서부터 3명 以內…

(四) 代表의 權限 「가장 完全한 大同團結體를 組成한다」에 關한 方案을 討議決定한…

(五) 本提議에 同意하는 團體가 提出해야 할 意見… (25874/94)

(六) 經費代表의 往復旅費 및 宿舍費各團體의 負擔로 하여…

(七) 提議를 送付하는 團體本同盟執行委員會에서… (25875/94)

(別紙第二號)

一, 完全한 團結體 組織에 關한 方案 (25876/94)

(一) 代表大會에 出席한 各全權代表는 各自

(二) 代表大會는 組織할 新團體의 主義, 綱領, 政策

(三) 代表大會는 新團體의 臨時幹部若干名을 選定

(四) 同意한 各團體의 構成分子

(五) 成立大會는 各合同團體

(六) 成立大會는 新規約에 依하여 正式幹部 (25877/95)

(七) 各合同團體는 各自從來의 進行事業一切文書 (25878/95)

(八) 各合同團體의 批准代表大會閉會後最短期間內에 行하여 其의 通知

二, 組織할 新團體의 主義綱領政策 및 其의 規約의 大綱에 關한 草案

(イ) 主義

(ロ) 綱領

(一) 中央集權制의 民主共和國을 建設한다 (25879/95)

(二) 團體代表의 一院制를 設立한다

(三) 土地와 大生産機關은 國有로 하고 國家經營의 大作業을 實施한다

(四) 國民의 一切經濟的活動을 統制하여 財産의 私有를 制限해서 其의 生活의 平衡을 確保한다

(五) 民族的 固有文化를 發揚해 國民의 基本敎育과 專材養成은 國家의 負擔으로 한다

(六) 國民의 勞働, 學習, 言論, 結社, 集會, 罷工, 婚姻 等의 自由權利를 保障하여 兵役, 納稅, 就職, 受學 等의 絶對義務를 勵行한다

(七) 自由, 平等, 互助의 原則에 基하여 全世界 被壓迫民族解放運動에 努力한다

(ハ) 政策 (25880/95)

(一) 國內外 民衆에 革命思想을 鼓吹해 그런者 等을 組織하고 訓練하고 民族의 革命意識을 深刻히 培養한다

(二) 對內外의 宣傳을 擴大한다

(三) 武力行動과 大衆鬪爭을 倂行한다.

(四) 全民族的 革命力量

(五) 無産大衆 日常利益鬪爭을 誘導支持한다

(六) 帝國主義日本의 革命과 動亂을 促成한다

(七) 世界 各民族의 革命勢力과 聯合戰을 構成한다

(八) 帝國主義日本을 打倒하기 위해 各國의 如何한 勢力과 聯絡한다 (25880/95)

(ニ) 規約의 大綱 (25881/96)

(一) 名稱 未定

(二) 位置 韓國京城

(三) 構成分子 滿十七歲以上의 韓族男女로 한다

(四) 組織部署 全體大會 (代表를 시킴)

中央執行委員會 九人 乃至 十五人

中央常務委員會 三人 乃至 五人

支那大會(代表를 시킴)

支那執行委員會 三人 乃至 五人

支那常務委員會 一人 乃至 三人

分會 五人 以上 곧 基本單位

分會主任 一人

同 候補 一人

監査或査判委員會

中央 三人 乃至 五人

每支部 一人 乃至 三人

庶務 혹은 秘書部內에 機要

組織部, 宣傳部, 軍事。經濟, 政治, 文化, 民衆外交 等의 委員會一軍事

委員會內에 特務組를 設한다.

(五) 民主中央集權인 幹部協議制로 한다(25882/96)

● 昭和 11년(1936) 1월 27일附 在南京 須磨總領事 發信 廣田外務大臣 앞 報告要旨 (25883/96)

　○ 義烈團革命 鬪士養成에 關한 件

　(別紙)

　義烈團 革命鬪士 養成狀況 (25884/96)

　一, 教習場所 江寧縣 黃龍山麓 天寧寺內

　二, 教習日時 昭和 10년 4월 1일부터 同年 9월 30일까지 6月間. 同年 10月 4日 同所에서의 卒業式을 擧行

　三, 教習人員 四十四名

　四, 教習狀況 每日 教習時間은 五時間이지만, 기타 練訓服務 等으로…

　五, 教習科目

　　(1) 軍事方面

　　(2) 政治經濟 기타

　　(3) 訓練資料

　六, 責任者, 教官 및 擔任科目 等 (25887/97)

● 昭和 11년(1936) 2월 16일 義烈團 및 民族革命黨의 組織(『南京警察署沿革』에 의함)
(25892/98)

本籍 朝鮮 咸鏡北道 吉州郡 長白面 洲□洞

住所 南京市 花露崗 妙悟律院內

安李屻

記

安李屻 供述大要

八, 學科目 및 擔任敎官名 (25902/101)

  (一) 軍事學科

    (1) 步兵操典

    (2) 軍隊內務 및 陸軍禮式

    (3) 射擊敎範

    (4) 地形學

    (5) 築城學

    (6) 機關銃學

    (7) 戰術學 (25903/101)

    (8) 陣中要務令

    (9) 軍口學

    (10) 機關銃解剖學

    (11) 圖上戰

    (12) 夜間 敎育

    (13) 野外練習想定

    (14) 軍事簡易側圖

  (二) 自然科學類

    (1) 代數

    (2) 幾何

    (3) 物理

    (4) 化學

    (5) 朝鮮歷史

    (6) 朝鮮地理

    (7) 滿洲地理

  (三) 政治學 기타 (25907/102)

九, 卒業後의 狀況

十, 轉向의 動機 기타

十一, 義烈團의 狀況 (25908/102)

十二, 民族革命黨最近의 狀況

十三, 金九, 金元鳳, 李靑天, 三派의 相互 關係 (25909/103)

十四, 金九派의 赤色秘密團體 (25913/104)

十五, 中國側의 援助狀況

十六, 金元鳳派의 當地에서의 住所 (25914/104)

十七, 鮮人의 支那官憲服務狀況 (25915/104)

(1) 中國陸軍各地方에 勤務하는 將校 約 30名

(2) 南京中央陸軍軍官學校

十八, 轉向又脫出希望者의 狀況 (25915/104)

十九, 本人 將來의 希望 (25916/104)

● 昭和 11년(1936) 2월 25일附 安李乭 提出과 관계있는 民族革命의 狀況 (25916/104)

第一 民族革命黨中央黨部의 組織

一, 書記局 委員長 金元鳳(假名 金若山 又 陳國斌 四十五歲 정도)

書記局 內部의 組織

(1) 書記部 役員 五名(姓名不詳)

(2) 訓練部 役員 三名

(3) 黨報部 役員 三名

(4) 經濟部 役員 三名

(5) □書部 役員 二名

二, 軍事局 委員長 李青天

軍事局 內部의 組織

(1) 軍事部役員 七名

(2) 暗殺部 責任者 李集中(五十歲) (25919/105)

三, 組織局 委員長 金斗鳳(金科奉 五十二, 三歲 정도)(25920/105)

組織局 內部의 組織

(1) 組織部役員 數不明 責任者 白雪虎(三十歲 정도)

(2) 宣傳部役員 數不明 責任者 □基鐸(五十七, 八歲 정도)

(3) 連絡部役員 數不明 責任者 □ 某(五十二, 三歲 정도)

(4) 出版部役員 數不明 責任者 金斗鳳(本人 印刷術을 잘함)

四, 檢查局 委員長 趙某 (三十五, 六歲位 金陵大學出身 前義烈團檢查部의 責任者)

檢查局 內部의 組織 (25920/105)

(1) 檢查部 役員 數不明 責任者 趙 某 兼任 (25921/106)

(2) 中央情報部 役員 數不明

(3) 地方情報部 役員 數不明

(4) 中央, 地方情報收發部 役員 數不明

(5) 情報工作養成部 役員 數不明 責任者 潘海亮(李春岩 三十一, 二歲 정도)

第二 地方支部의 組織

一, 河南支部黨部(揚子江以南)

(1) 廣東支部

(2) 上海支部

(3) 杭州支部

二, 河東支部黨部

(1) 北平支部 (2) 天津支部 (3) 青島支部 (4) 奉天支部 (5) 吉林支部

三, 朝鮮支部(京城市內)

第三 기타 組織體과 系統關係

一, 第一特區部黨部 (金元鳳派)

二, 第二特區部黨部 (李青天派) (25925/107)

● 昭和 11년(1936) 3월 11일附 在上海 上田內務書記官 發信 唐澤警保局長 앞 報告要旨 (25929/108)

○ 金九派의 宣傳과 金元鳳 및 李青天派의 關係

● 昭和 11년(1936) 3월 30일附 在上海 上田內務書記官 發信 萱場警保局長 앞 報告要旨 (25933/109)

○ 在南京民族革命黨의 行動

一, 民族革命黨 各地 支部의 所在地 및 區域

華中支部 　○南京　鎭江方面

華東支部 　○上海　杭州 浙江省方面

華南支部 　○廣東　重慶四川省方面

華西支部 　○南昌　京城朝鮮一般

華北支部 　○北平　天津, 濟南, 洛陽方面

特別第一支部 　○京城　朝鮮一般

特別第二支部 　○不明　滿洲一般

二, 民華에서 使用中의 秘密私書函

南京城狸奇望街郵局信箱 106號

132號

116號

三, 軍事部의 狀況 (25934/109)

四, 黨務部 및 特務部의 狀況 (25940/110)

　(一) 黨務部員

　(二) 特務部員

五, 黨의 財政狀況 (25943/111)

六,「革命同志救濟委員會」(25946/112)

七, 黨內에서의 派閥感情 (25947/112)

八, 義烈團(民革) 第四期 幹部訓練生의 募集狀況 (25948/112)

義烈團 第四期生 應募者

● 昭和 11년(1936) 5월 18일附 在上海 北村內務書記官 發信 萱場警保局長 앞 報告摘
錄 (25951/113)

　○ 韓國猛血團員의 檢擧

　　(1) 金華인 金勝恩華街城內東唐家路四二號에서 本人과 同居中 (25953/114)

　　(2) 同團 團員 金東宇 以下 六名으로 하여 逮捕를 免한 者 四名

　　(3) 此等의 住所 서로 秘하기 때문에 不明이지만, 翌日 華街南市方面에서 連絡
會議를 한다 (25954/114)

● 昭和 11년(1936) 6월 30일附 在上海 北村內務書記官 發信 萱場警保局長 앞 報告要
旨 (25957/115)

　○ 韓國民族革命黨의 內情

● 昭和 11년(1936) 6월 30일附 在上海 北村內務書記官 發信 萱場警保局長 앞 報告要
旨 (25960/115)

　○ 新韓獨立黨 黨義, 黨綱, 黨略, 기타

新韓獨立黨

　一, 黨義

　二, 黨綱

　三, 黨略

新韓獨立黨 黨章

● 昭和 11년(1936) 7월 13일附 在上海北村內務事務官 發信 萱場警保局長 앞 報告要旨 (25981/121)

  ○ 不逞鮮人「羅昌憲」死亡에 關한 件

    本籍　平安北道　熙川郡　眞面杏川洞

    住所　中國四川省　萬縣城內

● 昭和 11년(1936) 8월 15일附 在上海 北村內務事務官 發信 萱場警保局長 앞 報告摘錄 (25983/121)

  ○ 重된 不逞鮮人의 調査

    一, 民族革命黨

    二, 韓國獨立黨再建派

    三, 韓國國民黨 (金九派) (25992/123)

    四, 南華韓人青年聯盟 (無政府主義) (25996/124)

    五, 共産主義者 (25999/125)

● 昭和 11년(1936) 8월 22일附 在上海 若杉總領事 發信 有田外務大臣 앞 電報要旨 (26001/126)

  ○ 不逞鮮人의 爆弾製作의 件

● 昭和 11년(1936) 9월 2일附 在上海 北村內務書記官 發信 萱場警保局長 앞 報告要旨 (26003/126)

  ○ 民族革命黨特務工作要項

    第一 緒論

○ 南京朝鮮人婦女會의 件
　　• 宣言

● 昭和 11년(1936) 12월 1일附 在上海大使館附武官 發信 參謀次長 앞 電報要旨 (26039/135)
　　○ 不逞鮮人의 西安 移動의 件

● 昭和 11년(1936) 4월 30일 上海 佛租界 大韓僑民團事務所에서 押收한 大韓民國臨時政府 및 同僑民團 保管文献에 의함

朝鮮民族運動年鑑

在上海日本總領事館
警察部 第二課

大正 8년(1919)부터 昭和 7년(1932)까지

● 大韓民國 元年(大正 8년, 1919) (26050/141)

4月 10日	第一回 臨時議政院會議 開會 (26052/142)	
4月 11日	臨時政府 官制改正 內容 (26054/143)	
4月 13日	第一回 臨時議政院 議員 氏名	
同	臨時政府委員 氏名 (26055/143)	
4月 15日	第二回 臨時議政院會議 內容 (26056/144)	
4月 23日	國民大會內容	
7月 30日	金相台, 林承業 檢擧 (26073/152)	
8月 5日	次長制 實行	
8月 31日	安秉瓚, 趙在健 檢擧 (26074/153)	
9月 9日	劉基峻 逮捕	
9月 10日	平北, 義州郡交通局所組織表 (26077/154)	
9月 23日	韓日關係史料集 編纂委員氏名 (26080/156)	
9月 24日	金軼鉉 檢擧 (26081/156)	
10月 11日	大韓正義團臨時政府 內容	
10月 26日	日本警官表彰 (26083/157)	
11月 4日	平壤騷動內容 (26084/158)	
11月 14日	臨時政府 國務員 更迭 (26085/158)	
11月 30日	咸北督辦府員 檢擧 (26087/159)	
12月 2日	不逞者 七名 檢擧	
12月 31日	昌城郡 通信員 三名 檢擧 (26088/160)	

一九, 靑年外交團

二〇, 大同會

二一, 佛敎靑年團

二二, 海西國民會 (26099/165)

二三, 血誠團

二四, 儒林團

二五, 晉州靑年團

二六, 女學生 및 婦人團 (26100/166)

二七, 獨立團

二八, 國民團

二九, 新韓民團

三〇, 靑年團

三一, 靑年團 (26101/166)

三二, 愛國婦人會

三三, 大韓獨立靑年黨 (26102/167)

三四, 獨立團

三五, 新韓靑年團

三六, 韓民團

三七, 琿春大韓國民會 (26103/167)

三八, 琿春大韓愛國婦人會

三九, 全國靑年聯合會

四〇, 新韓同盟會 (26104/168)

四一, 老人團

四二, 少年愛國團

四三, 婦人會 (26105/168)

四四, 上海大韓人居留民團

四五, 正義軍

四六, 獨立團義州支局 (26108/170)

○ 其他之四 (26108/170)

○ 其他之五 (26111/171)

民國元年에서 臨時政府가 任命한 聯通制道 職員의 氏名 및 任免月日, 所在地는
左와 같다

任免別	道名	職名	氏名	任免 年月日
任	全北	督辨	李石峴	12月 5日
同	全南	同	奇東衍	同
同	平南	同	李德煥	同
同	平北	同	趙秉準	同
同	咸南	同	尹和洙	12月 17日
同	咸南	參事內務司	李翅魯	同

○ 其他之六 (26112/172)

民國元年에서 上海臨時政府內務部부터 朝鮮內外各地로 派遣한 特派員氏名, 目的 및 地名

特派員 氏名	特派地名	特派使命	特派年月日
李鐘郁	咸南	宣傳 및 示威	7月 16日
李範敎	慶北	同	同
朴煌/朴煌	京城	同	7月 23日
金泰源	忠北	同	同
劉基峻	平南	同	7月 25日
申鳳均	京城	同	7月 26日
金基萬	平南	同	同
申尚玩	江原	同	同
金根河	黃海	同	7月 28日
車寛浩	京城	同	7月 19日
鄭載冕	北間島	宣傳 및 示威	8月 15日
李潤健	黃海	示威運動의 準備 및 實行	8月 25日
金祥文	京釜線沿線	同	同
獨孤堪	京義線沿線	同	同
明濟世	京元線沿線	同	8月 25日
金仁根	平壤	第二次 獨立運動隊組織	9月 5日
金時爛	平北	同	9月 6日
朴京玉	同	同	同
李鐘郁	京畿	同	9月 8日
蘇來元	全羅南, 北	臨時聯通制設置	9月 23日
朴桓	同	第二次 示威運動 準備 및 實行	9月 25日
林承業	全鮮	天道敎의 獨立運動에 關한 諸般事項協議를 위해	10月 4日

張夏星	忠淸南北道 全羅南北道	同	10月 7日
郭景柱	咸鏡南北道	同	同
崔永基	시베리아	獨立運動主義 宣傳	12月 15日
南昌植	同	同	同
梁 瀗	平北, 安東縣	平北 및 安東縣 情況視察	8月 19日

○ 其他之七 內務部 職員名簿

安昌浩

玄 楯

徐丙浩

金 九

秉裕弼

金復燗

朴錫浩

趙琪洪

李東寧

鄭濟亨

崔東昕

朴仁國

鄭海晃

尹宗植

李鐘郁

● 大韓民國 2년(大正 9년, 1920) (26115/173)

1월 20일	平北督辦府幹部 更迭 (26116/174)
同	平北獨立團 內容
1월 27일	安東交通事務局長等 四名 檢擧 (26117/174)
2월 24일	平南督辦府員 檢擧 (26121/176)
3월 8일	臨時政府不信案警告文 內容 (26122/177)
3월 13일	韓族會員一名 檢擧 (26124/178)
3월 18일	議政院議員柳 環煥 檢擧
3월 20일	獨立軍 때문에 殺害당한 者의 氏名

- 大韓民國 2年度 內에 發生한 其他事項
  - 其他之一 (26147/189)

    民國 2년 전후에 使用된 暗號

    A. 子音變用法

    B. 母音變用法
  - 其他之二 (26148/190)

    道, 郡職員名簿
  - 其他之三 (26161/196)

    墾(間)北, 南北總辨部
  - 其他之四 (26162/197)

    團體內容

    一, 韓人社會黨

    二, 愛國青年血誠團 (26163/197)

    三, 國民會

    四, 軍政署 (26164/198)

    五, 義團軍

    六, 都督府

    七, 新民會

    八, 光復團 (26165/198)

    九, 義民團

    十, 野團

    十一, 北路司令部

    十二, 墾北南部總辨府 (26167/199)

    十三, 墾北北部總辨府

    十四, 大韓人國民會 (26168/200)

    十五, 興士團

    十六, 大韓女子愛國團
  - 其他之五 (26168/200)

    地方宣傳隊 職員名簿
  - 其他之六 (26170/201)

    內務部 特派員名簿
  - 其他之七 (26170/201)

內務部 職員名簿

○ 其他之八 (26172/202)

督辨府 職員名簿

● 大韓民國 3년(大正 10년, 1921) (26174/203)

7月 18日	李永魏一隊과 衝突
7月 25日	安瑢道一隊 洪原郡下 駐在所 襲擊 (26192/212)
8月 18日	太平洋會議 外交後援會 第二回總會 內容 (26194/213)
8月 26日	同 第三回總會 內容 (26195/213)
9月 11日	興業團隊長 射殺 (26196/214)
9月 16日	軍備團 甲山郡下 襲擊
9月 17日	太極團, 日本警官 3名을 殺害 (26197/214)
9月 21日	日本密偵 朴河元 殺害
9月一	在滿各團體 連署로 한「聲討文」을 發했다 (26198/215)
10月 3日	雜誌「宣傳」內容 (26199/215)
同	軍備團內容 (26200/216)
10月 4日	大韓國民 內容 (26201/216)
10月一	大韓義勇軍事會 內容 (26202/217)
同	在長白地方 各團體 內容
11月 1日	國民團 및 獨立隊 混成編成
11月 6日	義勇軍 內容 (26203/217)
11月 17日	國民團으로부터 日本探偵을 捕했다
11月一	留獨高麗學友會「喪情書」
12月 17日	檢擧당하거나 혹은 死亡한 咸南交通事務局員 氏名 (26204/218)
12月 27日	咸南 三水郡 書記 射殺

● 大韓民國 3年度內에 發生한 其他事項 (26205/218)
  ○ 其他之一
    外務部 職員名簿
  ○ 其他之二 (26206/219)
    民國 三年內에 組織된 團體
    長沙中韓互助社
  ○ 其他之三 (26207/219)
    日本軍警에 射殺당한 者의 氏名
  ○ 其他之四 (26208/220)
    聯通制 道職員名簿
  ○ 其他之五 (26209/220)

日本官憲과 衝突한 韓國義勇隊員 氏名
　◦ 其他之六 (26209/220)
　　臨時咸鏡南道交通事務局 職員名簿

● 大韓民國 4년(大正 11년, 1922) (26212/222)
　　1月 17日　　뉴욕대한인공동회
　　1月 26日　　劉弘益(日本密偵) 殺害
　　1月—　　　臨時議政院員 數名의 辭職理由書
　　3月—　　　太極團募捐隊長 李私松은 同 團員에게 暗殺당했음 (26213/222)
　　4月 15日　　世界韓人同盟會「趣旨 및 規則書」
　　7月—　　　時事策進會 內容 (26214/224)
　　8月 22日　　南滿統一會 內容 (26215/224)
　　10月 28日　 韓國勞兵會發起總會 內容 (26220/226)
　　10月—　　　國民代表會警備委員會宣言
　　11月 2日　　韓國勞兵會 職員名簿 (26221/226)

● 大韓民國 5년(大正 12년, 1923) (26223/227)
　　4月 2日　　 韓國勞兵會 第一回 總會 內容 (26224/228)
　　4月 25日　　臨時大統領 彈劾案 (26226/229)
　　5月 7日　　 議政院正副議長 懲戒案 (26227/229)
　　6月 3日　　 國民代表會議派聲明書

● 大韓民國 6년(大正 13년, 1924) (26234/233)
　　1月 31日　　上海僑民團 學務委員會 內容
　　4月 1日　　 韓國勞兵會 第二回 總會 (26236/234)
　　9月 8日　　 僑民團議事員 總選擧 內容 (26240/236)
　　12月 22日　『上海評論』內容 (26241/236)

● 大韓民國 7년(大正 14년, 1925) (26242/237)
　　3月11日　　臨時大統領 審判書 內容
　　3月13日　　臨時大統領 審判決議案 (26243/237)
　　5月31日　　在北京 李天民 以下 二名 連署「矯正書」(26247/239)

6月11日　　　「先頭者社」內容 (26249/240)

8月29日　　　「我靑年會」(26250/241)

8月—　　　　臨時政府駐滿參議部 第二回行政會 內容 (26251/241)

○ 其他之一 (26253/242)

大韓民國7년 內에 組織된 것 또한 幹部 更迭당한 것이라고 思料된 團體의 內容
은 左와 같다.

　　　一, 獨立團

　　　　　(1) 位置

　　　　　(2) 設立

　　　　　(3) 目的

　　　　　(4) 幹部

　　　二, 上海韓國女子俱樂部

　　　　　(1) 綱領

● 大韓民國 8년度(大正 15년, 1926) (26255/243)

2月 18日　　　新任 國務員 辭退

5月—　　　　朝鮮義烈團 獨立促成運動宣言 (26256/244)

12月 29日　　臨時議政院 議員補選結果 (26260/246)

● 大韓民國 9年度(昭和 2년, 1927) (26261/246)

4月 1日　　　農民互助社 內容 (26263/247)

11月 14日　　韓國獨立黨各促成會代表聯合會 內容(26266/249)

別項 農民互助約束(26269/250)

● 大韓民國 10年度(昭和 3년, 1928) (26271/251)

7月 1日　　　中國本部韓人靑年同盟 上海支部 幹部 改選 (26274/253)

7月 20日　　　上海韓國女子俱樂部 第一次大會 內容 (26275/253)

7月—　　　　中國本部韓人靑年同盟 解體宣言

9月 24日　　　在中國韓人靑年同盟 上海支部 成立宣言 (26282/257)

10月 4日　　　朝鮮義烈團 第三次 全國代表大會宣言

- 大韓民國 11年度(昭和 4년, 1929) (26288/260)
   其他之一　　中國本部韓人青年同盟 內容 (26303/267)
   其他之二　　漢字檄文 頒布 內容

- 大韓民國 12年度(昭和 5년, 1930) (26304/268)
   8月 30日　　上海에서의 示威運動 詳報
   8月―　　　在中國韓人青年同盟 第一區 上海支部 解體聲明

- 大韓民國 13年度(昭和 6년, 1931) (26312/272)
   1月 6日　　興士團 第十七回 遼東大會 內容
   3月 29日　　「公平社」 內容

- 大韓民國 14年度(昭和 7년, 1932) (26321/276)
   4月 1日　　上海大韓僑民團 學務委員會 內容
   4月 10日　　韓國獨立黨 第五次大會宣言
   4月 13日　　韓國勞兵會 第十回總會(解散)內容
   4月 14日　　上海韓人青年黨 幹部更迭
   4月 25日　　鐵聲團의 正體
   6月 29日　　中國共産黨 上海支部 及 上海韓人反帝同盟 「7月文工作計劃」

- 押收品 目錄 (26340/286)
   僑民團의 分

番號	品目	數量	摘要
一	大韓民國二年度重要書類	一	
二	四年度收支計算書	九	
三	僑民團條例	一	
四	大韓民國五年度民籍簿	二	
五	日誌	一	
六	領收證用紙	二	上海僑民團
七	上海大韓僑民團十四年度歲出入予算表	一	同
八	居留民登錄簿	一	
九	僑民登錄簿	一	
一〇	雜記帳	一	

一一	韓國獨立運動	一三四	
一二	民團稅納入告知書	一把	
一三	上海大韓僑民團便箋	一把	上海大韓僑民團政務委員
一四	上海大韓僑民團緘	一	
一五	上海商業名錄地圖	一	
一六	上海僑民團便箋殘	一	
一七	上海大韓僑民團登錄簿用紙	一	
一八	上海僑民團用괘지	一	
一九	旅行證書用紙	一	
二〇	電話帳	一束	
二一	鮮人名簿	二	
二二	新聞가위		

● 押收品 目録 (26341/286)

臨時政府의 分

番號	品目	數量	摘要
一	會計關係簿册	85	
二	스크랩북	18	
三	獨立運動事件	87	謄寫版摺鮮文
四	財産家調査台帳	1	財務部
五	通信處	1	獨立精神社
六	收入印紙		
七	交通學 教程	1	漢文書籍
八	應用戰術	2	漢文書籍
九	哨兵勤務(一册)	2	漢文書籍
一〇	戰術學教程	2	漢文書籍
一一	馬術教程	1	漢文書籍
一二	衛生簿	2	漢文書籍
一三	筆記帳	1	漢文書籍
一四	步兵操典	1	
一五	劈刺術教範	7	
一六	美國總統威爾遜和議演説	1	漢文書籍
一七	兵器學教程	1	漢文書籍
一八	經濟思想史	1	漢文書籍
一九	革命外交第二期	1	日文書籍

二〇	步兵操典詳解	1	日文書籍
二一	築城學教程	1	漢文書籍
二二	兵器學教程	2	漢文書籍
二三	商人 寶鑑目次	1	
二四	大韓民國臨時憲法 大韓民國臨時官制	1	鮮文書籍
二五	大韓民國臨時議政院紀事録	6	鮮文書籍
二六	大韓民國臨時政府國務院令第一號	4	鮮文書籍
二七	臨時地方聯通制關係法令集	1	(鮮文)國務院庶務局
二八	臨時政府經濟後援會一覧	1	鮮文書籍
二九	大韓民國臨時政府國務院令第一號	1	鮮文書籍
三〇	三千里	1	鮮文書籍
三一	申通創刊號	1	鮮文書籍
三二	捐錄義	1	鮮文書籍
三三	夜間教育	1	漢文書籍
三四	方位 判斷	1	漢文書籍
三五	應用戰術	1	漢文書籍
三六	代數學	1	漢文書籍
三七	地形學教程	1	漢文書籍
三八	中國形勢一覧 圖	1	漢文書籍
三九	新聞切拔帳	5	
四〇	朝鮮各道區分 地圖	1	
四一	世界地圖	1	
四二	十九路軍血戰抗日文眞相	1	漢文書籍
四三	韓國 獨立運動之血史	1	漢文書籍
四四	韓國 眞相	1	漢文書籍
四五	上陸禁止	1	英語書籍
四六	救國方案	1	漢文書籍
四七	興士團第十七回遠東大會順序	1	鮮文
四八	大韓民國臨時約憲		鮮文
四九	韓國臨時政府便箋		
五〇	朝鮮 獨立運動	7	英文
五一	朝鮮 讀本	1	外務部(英文)
五二	歐州의 我事業	9	鮮文書籍
五三	內地警告書에 對한 共同會發起文	14	鮮文書籍

五四	太平洋 雜誌	1	鮮文書籍
五五	天道教의 實事	1	鮮文書籍
五六	興士團報	1	鮮文書籍
五七	歐美委員部財政報單	1	鮮文書籍
五八	太平洋 雜誌	2	鮮文書籍
五九	白凡逸誌(金九)	1	鮮文書籍
六〇	課金告書		
六一	寫眞原板	7	
六二	拳銃케이스	68	
六三	藥庫	28	
六四	拳銃주머니 및 帶	40	
六五	참나무의 막대	1	
六六	謄寫版	3	
六七	石板가리방	1	
六八	長旗	1	爲國捐軀成仁取義猶興安公傳靑史姜宇奎義士告
六九	長旗 手錠	11	副車誤中隊暴亡遷期浪留令名
七〇	太極旗	2	
七一	太極旗原版	1	
七二~八二	自七二至八二은 印形		
八三	朝鮮各道日本滿蒙地圖	120	
八四	英文各種宣傳文書	1	
八五	漢文朝鮮文各種 宣傳文書	1	
八六	辭令	8	李東寧
八七	褒忠 狀用紙	18	國務總理
八八	旅行證書用紙	13	大韓政府
八九	光復團趣旨書並發起人名	1	
九〇	議員證	1	
九一	獨立戰爭의 畵	3	
九二	大韓民國臨時憲法	1	
九三	就任辭	1	李相龍
九四	參考書	1	
九五	人口調査表	1	內務部警務局
九六	參考書類		內務部警務局

九七	臨時公債管理局用箋	1	
九八	李舜臣	1	漢文書籍
九九	官制	1	

● 在上海總領事館에서의 特高警察 事務狀況 (26376/304)
　○ 昭和 12년(1937) 在上海總領事館 警察部 第二課 報告 (26378/304)
　　一, 在留內地人의 狀況 (26381/305)
　　　在留內地人의 思想犯罪의 檢擧
　　　(一) 蘇聯機關부터 資金受領被疑事件 (26386/306)
　　　(二) 三, 一五事件
　　　(三) 同文書院事件
　　　(四) 日本海員刷新同盟 및 汎太平洋勞動組合秘書處關係事件
　　　(五) 第二次同文書院事件 (26387/306)
　　　(六) 日本共産黨關係容疑事件
　　二, 在留朝鮮人의 狀況 (26388/307)
　　　(一) 在留朝鮮人의 戶口의 累年比較
　　　(二) 在留朝鮮人의 職業 (26390/307)
　　　(三) 在留朝鮮人의 取締 (26394/308)
　　　　• 朝鮮人의 部
　　　　　(一) 共産主義運動事件 (26396/309)
　　　　　(二) 治安維持法 違反事件
　　　　　(三) 治安維持法 違反事件
　　　　　(四) 無政府主義事件
　　　　　(五) 中國共産黨法南區韓人支部 反對運動事件
　　　　　(六) 中國共産黨法安區韓人支部 關係事件 (26397/309)
　　　　　(七) 在滬民族團體關係 및 强盜事件
　　　　　(八) 中國共産黨法南區韓人支部 關係事件
　　　　　(九) 上海韓人靑年黨關係事件
　　　　　(一〇) 興士團 및 在滬民族團體 關係事件 (26398/309)
　　　　　(一一) 上海韓人靑年黨事件
　　　　　(一二) 中國共産黨法南區韓人支部 기타의 事件
　　　　　(一三) 韓國獨立黨幹部臨時政府國務員 기타의 關係事件 (26399/309)
　　　　　(一四) 無政府主義者有吉公使 暗殺陰謀事件
　　　　　(一五) 中國共産黨法南韓人支部 기타의 關係事件
　　　　　(一六) 中國共産黨法南區韓人支部 反對運動事件
　　　　　(一七) 柳寅發 暗殺事件 (26400/310)

7. 『외무성경찰사』 제47권

5 支那ノ部(中支)

해설

제47권은 상하이 주재 일본 총영사관과 쑤저우 주재 일본 영사관의 외무성 경찰에서 일본 본국의 외무성에 보고한 보고서, 외무성에서 내린 지시 및 훈령들이 5-20과 5-21에 수록되었다. 5-20에는 98건, 그 중 87건이 한국 관련 문건이다. 5-21에는 114건이 수록되어 있지만, 한국 관련 문건은 1건뿐이다. 단, 제47권 수록 전체 201건은 전부 표제어 앞에 ○으로 표시된 것들인데, ○ 표시 문건 아래 소항목들을 더하면 전체 문건 수는 더 늘어난다. 특히 5-21 부분에는 표제어 앞에 ○ 표시의 문건 외 별도로 부표가 40건 수록되어 있고, 그 중 한국 관련 부표는 6건이다.

문건 내용을 시기별로 보면, 5-20는 1920년 5월~1933년 6월, 5-21는 1896년 2월~1938년 12월이다. 문건은 모두 시간대순으로 수록되어 있지 않고 서로 뒤섞여 있다. 전체적으로 메이지, 다이쇼, 쇼와 3대에 걸쳐 있다. 문건 생산처는 주로 상하이와 쑤저우이지만, 광저우廣州와 간도 주재 영사관에서 본국 외무성에 보고한 문건들, 소수이지만 조선총독부 경무국과 나가사키長崎현 지사가 외무성에 보고한 것도 있다.

문건들의 내용은 상하이·쑤저우·무석無錫 등지 외무성 경찰의 근무 상황에서부터 자국 거류민들의 중국 이민과 거주 및 일본 철수, 호구, 직업, 상업 활동, 흥행, 교육, 언론매체, 범죄, 전염병 상황, 중국인과 한인들의 각종 상황과 동향에 관한 것들이다. 심지어 코민테른이 중국공산당에게 내린 지령, 중화소비에트에 관한 첩보 수준의 탐문 자료, 일본공산당의 내부 사정들이 파악된 문건도 있다. 동아시아에서의 프로핀테른Profintern: Red International of Labor

Unions(1920년 창설)과 코민테른의 상호관계에 관한 자료도 눈에 띈다.

제47권에는 한국 독립운동과 관련해 지금까지 학계에 알려지지 않은, 사료 가치가 높아 보이는 문건들도 없지 않다. 예를 들면, 대한민국임시정부를 비롯해 이 지역 내 한인 공산주의자 혹은 무정부주의자들의 활동에 관한 보고서들이다. 대한민국임시정부 내 의정원과 의열단·중한호조사中韓互助社·독립당촉성회·인성학교仁成學校·교민단·한인청년동맹 등의 조직들, 1920년대 초 상하이 고려공산당 중앙총부의 선언, 강령 및 당규에서부터 이 당 청년단의 조직에 관한 보고문들, 고려공산당 대표 박진순(1897~1938), 김립(1880~1922), 김하구(1880~?) 등의 이동휘파와 여운형, 안병찬(1854~1921), 장건상(1882~1974) 등의 김만겸(1889~1938)파 등의 내부 사정과 활동에 관한 보고서가 있다. 한인 무정부주의자와 공산주의자들이 러시아의 치타와 이르쿠츠크를 통해 러시아 볼셰비키들과 접촉 및 제휴한 활동에 관한 소상한 보고서도 있다.

1920년대 초 남중국 지역의 주요 거점 도시였던 광저우로 건너온 여운형의 "적화운동"과 그의 사상, 체포된 후 진행된 재판, 안창호와 이동휘, 그리고 피살된 것으로 알려져 있던 김립, 김두봉(1889~1960), 조동우(1892~1954), 조완구(1881~1954) 등 많은 한인 항일 투사들의 행적에 대한 상세한 탐문, 조사도 있다. 제47권은 대한민국임시정부 내부 상황 혹은 한인 민족주의 계열 인사들, 공산주의·무정부주의 계열 인사들 간의 관계를 연구하고 이해하는 데 도움이 되는 자료들이 많이 수록되어 있다.

이 밖에도 1931년 9월 만주사변과 1937년 7월 중일전쟁 발발 후 상하이·무석·쑤저우·상주常州 등 중지 지역의 중국인과 일본 거류민들의 상황이 조사된 문건들은 중국사와 중·일 관계사 연구에 도움이 된다. (서상문)

5-20 在上海領事館 共産・無政府主義運動 (未定稿)

● 大正 10년(1921) 7월 26일附 朝鮮總督府 警務局長 發信 外務次官 앞[宛] 通報要旨
  (26487/3)
   ○ 上海에서의 共産黨狀況

● 大正 9년(1920) 5월 12일附 朝鮮總督府 警務局長 發信 外務次官 앞 通報要旨 (26496/5)
   ○ 上海의 過激朝鮮人과 社會主義者와 提携

● 大正 9년(1920) 12월 17일附 朝鮮總督府 警務局長 發信 外務次官 앞 通報要旨
  (26497/5)
   ○ 不逞鮮人의 赤化와 中心地移動에 관한 건
   ○ 條約文 (26501/6)
   勞農政府(볼셰비키정부)와 대한민국임시정부는 옛날 러한 양국 수교에 근거
   해 공수동맹을 맺고 상호 좌의 조약항목을 지킬 것
   一, 勞農政府(볼셰비키정부)는 全世界人類가 要求하는 共産平等主義를…
   二, 大韓民國臨時政府는 韓族의 自立을 企劃하고 또한 東洋平和를 永遠히…
   三, 勞農政府(볼셰비키정부)는 中露(시베리아)地方에 大韓民國臨時政府의…
   四, 大韓民國政府는 中露地方에 駐屯하는 獨立軍으로 하여금…
   五, 앞 各項의 目的을 달성하기 위해 中露地方에 中露聯合宣傳部를…(26502/7)
   六, 大韓民國臨時政府는 本條約 第2項의 目的을 達成해 正式政府를…

● 大正 10년(1921) 1월 10일附 在廣東 藤田總領事 發信 內田外務大臣 앞 報告要旨
  (26503/7)
   ○ 呂運亨의 來廣, 廣東에서의 赤化運動

● 大正 10년(1921) 7월 20일附 朝鮮總督府 警務局長 發信 外務次官 앞 通報要旨
  (26505/7)
   ○ 高麗共産黨靑年團組織
     (第一號)高麗共産靑年團臨時團綱

(第二號)高麗共産靑年團上海會臨時會規 (26506/8)

(第三號)○○同人을 左記任務를 위해 特派 (26507/8)

● 大正 10년(1921) 7월 26일附 朝鮮總督府 警務局長 發信 外務次官 앞 通報要旨 (26509/8)
　　○ 李東輝 모스크바行의 目的

● 大正 10년(1921) 8월 10일附 朝鮮總督府 警務局長 發信 外務次官 앞 通報要旨 (26511/9)
　　○ 上海高麗共産黨臨時簡章 기타
　　　　• 上海高麗共産黨臨時簡章
　　　　• 高麗共産黨紀律 (26514/10)
　　　　• 高麗共産黨政略 (26517/10)

● 大正 10년(1921) 10월 5일附 朝鮮總督府 警務局長 發信 外務次官 앞 通報要旨 (26521/11)
　　○ 過激派(볼셰비키파)의 赤化宣傳用刊行物
　　○ 諺文 및 諺漢文의 赤化宣傳用刊行物 및 不穩文書一覽表 (26522/12)

● 大正 10년(1921) 10월 6일附 朝鮮總督府 警務局長 發信 外務次官 앞 通報要旨 (26526/13)
　　○ 過激派(볼셰비키파)의 宣傳經路
　　　　• 一, 모스크바系(모스크바에서 直接 上海로 들어온 자) (26527/13)
　　　　• 二, '치타'系 (26528/13)

● 大正 10년(1921) 10월 22일附 朝鮮總督府 警務局長 發信 外務次官 앞 通報要旨 (26530/14)
　　○ 在上海共産黨의 狀況

○ 大正 10년(1921) 10월 27일 在폴란드川上公使發 內田外務大臣 앞 電報 (26534/15)
　　○ 코민테른의 東洋赤化行動

● 大正 10년(1921) 11월 3일附 朝鮮總督府 警務局長 發信 外務次官 앞 通報要旨
(26537/15)
  ○ 上海에서의 共産黨狀況

● 大正 10년(1921) 11월 7일附 朝鮮總督府 警務局長 發信 外務次官 앞 通報要旨
(26541/16)
  ○ 上海에서의 共産黨狀況
    一, 「이르쿠츠크」에 派遣해야 할 代表者 건
      (1) 提案事項
      (2) 代表者(26542/17)
    二, 社會黨代表者 歸來의 건 (26543/17)

● 大正 10년(1921) 11월 11일附 朝鮮總督府 警務局長 發信 外務次官 앞 通報要旨
(26544/17)
  ○ 上海에서의 共産黨狀況
    一, 共産黨의 黨派別
    二, 共産黨員의 '이르쿠츠크'行 (26545/17)

● 大正 10년(1921) 11월 19일附 朝鮮總督府 警務局長 發信 外務次官 앞 通報要旨
(26547/18)
  ○ 共産黨員 '이르쿠츠크'行의 건

● 大正 10년(1921) 11월 24일附 朝鮮總督府 警務局長 發信 外務次官 앞 通報要旨
(26548/18)
  ○ 上海高麗共産黨中央總部의 宣言, 綱領 및 黨規
    (別紙) 高麗共産黨宣言, 黨綱, 黨規
    一, 宣言書
    二, 綱領 (26558/21)
      一, 民族解放問題 (26563/22)
      二, 國民敎養問題 (26564/22)
      三, 宗敎問題 (26565/22)
    三, 高麗共産黨規 (26566/23)

第一章 黨員과 組織
第二章 各會의 權限 (26570/24)
第三章 常設機關 (26571/24)
第四章 會談 (26574/25)
第五章 財政 (26575/25)
第六章 罰則 (26576/25)
第七章 附則 (26577/25)

● 大正 11년(1922)1월 4일附 朝鮮總督府 警務局長 發信 外務次官 앞 通報要旨 (26579/26)
  ○ 「イ」(이르쿠츠크)市의 共産黨大會와 不逞鮮人의 狀況

● 大正 11년(1922) 3월 18일附 在上海 船津總領事 發信 內田外務大臣 앞 報告要旨 (26581/26)
  ○ 鮮人共産黨幹部 呂運亨의 상하이 복귀

● 大正 11년(1922) 3월 23일附 在上海 船津總領事 發信 內田外務大臣 앞 報告要旨 (26582/27)
  ○ 共産黨員의 內訌

● 大正 11년(1922) 1월 20일附 在上海 船津總領事 發信 內田外務大臣 앞 (26584/27)
  ○ 支那朝鮮無政府共産主義者의 會合
    · 記

● 大正 11년(1922) 1월 24일附 朝鮮總督府 警務局長 發信 外務次官 앞 通報要旨 (26587/28)
  ○ 上海에서의 赤化 朝鮮人 趙應順 供述概要
    · 記 (26588/28)
  趙應順 供述概要
      一, 斷指盟約을 위한 顚末
      二, 그 후의 行動 (26590/29)
        一, 共産黨 및 獨立運動關係 (26592/29)

三, 치타로 돌아간 뒤의 行動 (26600/31)

　決死隊組織의 目的 및 經過 (26607/33)

　　一, 다시 上海로 온 후의 行動 (26609/33)

　　一, 上海에서의 고려공산당 (26613/34)

● 大正 11년(1922) 1월 25일附 朝鮮總督府 警務局長 發信 外務次官 앞 通報要旨
　(26618/36)

　○ 上海 高麗共産黨中央總部의 組織 및 間島地方의 赤化運動

● 大正 11년(1922) 1월 31일附 朝鮮總督府 警務局長 發信 外務次官 앞 通報要旨
　(26624/37)

　○ 上海에서의 高麗共産黨 兩派

　　一, 李東輝派 金立, 朴鎭淳, 金河球…

　　二, 金萬謙派 呂運亨, 安秉瓚, 張健相…

　　그 외 趙琬九 趙東佑, 金斗奉… (26625/37)

● 大正 11년(1922) 2월 4일附 在上海 船津總領事 發信 內田外務次官 앞 通報要旨
　(26627/38)

　○ 共産黨幹部金立의 殺害

● 大正 11년(1922) 3월 3일附 朝鮮總督府 警務局長 發信 外務次官 앞 通報要旨
　(26629/38)

　○ 上海에서의 過激主義(볼셰비즘)大同協會의 건

　　• (別紙)大同協會宣言

● 大正 11년(1922) 4월 13일附 在하얼빈 山內總領事 發信 內田外務大臣 앞 報告要旨
　(26637/40)

　○ 上海臨時政府의 러시아 勞農政府(볼셰비키정부)에 대한 借款運動

● 大正 11년(1922) 5월 10일附 在間島 堺總領事 發信 內田外務大臣 앞 報告要旨
　(26639/41)

　○ 韓族國民會豫備會議 및 共産黨宣傳費

○ 大正 11년(1922) 9월 27일附 在上海 船津總領事 發信 內田外務大臣 앞 (26643/42)
　　○ 不逞新聞入手 및 중개소

● 大正 11년(1922) 11월 10일附 在滿洲里 田中領事 發信 內田外務大臣 앞 報告要旨 (26645/42)
　　○ '블라디보스토크'에서의 鮮人共産黨聯合大會
　　○ 出席代表者는 합계 120명으로서 대별하면 좌와 같다.
　　　一, 上海共産黨代表 이동휘 외 20명
　　　二, 間島代表 약 20명
　　　三, '치타'代表 南萬春, 崔高麗, 金夏錫, 韓明錫 李昇 외 15명 (26646/43)
　　　四, 朝鮮代表 5명
　　　五, 沿海州代表 약 25명
　　　六, 黑龍州代表 약 17명
　　　七, 外에 吉林 및 모스크바 代表 약간 명(하얼빈대표 없음)
　　　　右 代表는 또 이것을 三派로 나눔
　　　　一, 李東輝派
　　　　二, 南滿春派
　　　　三, 間島派 (26647/43)

● 大正 11년(1922) 11월 30일附 在奉天 赤塚總領事 發信 內田外務大臣 앞 報告要旨 (26649/43)
　　○ '치타'에서의 朝鮮人共産黨聯合大會의 狀況
　　　• (別紙) 치타 朝鮮人共産黨聯合大會 經過情況
　　　• 參集代表者 (26651/44)
　　　• 臨時執行部委員 (26654/45)
　　　• 代表者審査情況 (26655/45)
　　　• 會議分裂原因 (26656/45)
　　　• 李東輝 등의 善後策 (26658/46)
　　　• 議決事項 (26659/46)
　　　　中央幹部(沿海州)
　　　　新中央幹部 (26662/47)
　　　　中央幹部 (26663/47)

- 코민테른 李東輝一派의 聯合大會를 인정하지 않음 (26664/47)

  議決事項 (26665/47)

  新中央幹部 (26668/48)

- 大正 11년(1922) 11월 29일附 朝鮮總督府 警務局 發信 外務省 亞細亞局長 앞 通報 要旨 (26670/49)
  - 露領不逞鮮人團 武裝解除 前後의 狀況

- 大正 12년(1923) 2월 28일附 在하얼빈 山內總領事 發信 內田外務大臣 앞 報告要旨 (26673/49)
  - 高麗共産黨員擔任事務

- 大正 12년(1923) 4월 30일附 朝鮮總督府 警務局 發信 外務省 亞細亞局長 앞 通報要旨 (26677/50)
  - 上海에서의 鮮人共産黨

- 大正 12년(1923) 6월 5일附 在上海 船津總領事 發信 內田外務大臣 앞 報告要旨 (26679/51)
  - 上海高麗共産黨員逮捕에 관한 건
    - 記
    - 記 (26681/51)

- 大正 12년(1923) 8월 1일附 在間島 鈴木總領事 發信 內田外務大臣 앞 報告要旨 (26682/52)
  - 高麗共産黨間島地部設立準備委員의 行動

- 大正 12년(1923) 9월 11일附 在間島 鈴木總領事 發信 幣原外務大臣 앞 報告要旨 (26685/52)
  - 共産主義系統建設者同盟會員의 檢擧
    - 一, 宣傳計畫 狀況

      檢擧 情況 (26686/53)
    - 二, 其他 狀況 (26689/53)

(別紙)
(第一號) 青年記念日大講演 (26690/54)
(第二號) 國際青年節 10週年記念宣佈文 (26692/54)

● 大正 12년(1923) 11월 3일附 在上海 矢田總領事 發信 伊集院外務大臣 앞 報告要旨
(26695/55)
　　○ 共産主義者 松本愛敬의 行動
　　　一, 密議事項 (26696/55)
　　　　イ. 일본내 소란에 관한 무기 탄약 수송방법
　　　　ロ. 조선 내지 동란에 관한 무기 탄약 수송방법
　　　　ハ. 한국공산당 조직계획 (26696/97)

● 大正 12년(1923) 12월 12일附 在上海 矢田總領事 發信 伊集院外務大臣 앞 報告要旨
(26699/56)
　　○ 呂運亨의 北京行에 관한 건

● 大正 13년(1924) 2월 26일附 在間島 鈴木總領事 發信 松井外務次官 앞 通告要旨
(26701/56)
　　○ 李東輝一派의 運動方針變更에 관한 건
　　　第一, 緒論 (26702/57)
　　　第二, 組織 (26705/57)
　　　第三, 代表會 (26706/58)
　　　第四, 民族問題에 대한 黨의 方針

● 大正 13년(1924) 9월 12일附 在上海 矢田總領事 發信 伊集院外務大臣 앞 報告要旨
(26711/59)
　　○ 在上海不逞鮮人 呂運亨의 北京行과 기타 用務에 관한 건
　　○ 左記(26712/59)

● 大正 14년(1925) 2월 27일附 朝鮮總督府 警務局長 發信 外務次官 앞 通報要旨
(26716/60)
　　○ 在上海鮮支人共産黨員會合에 관한 건

- 大正 15년(1926) 2월 6일附 在上海 田島總領事代理 發信 在廣東 淸水總領事代理 앞 通報要旨 (26719/61)
  - 廣東에서의 呂運亨의 行動
    - 呂運亨의 歸來談
    - 孫斗煥이 當地 某鮮人에게 보낸 通信 (26720/61)

- 大正 15년(1926) 5월 28일附 朝鮮總督府 警務局長 發信 外務次官 앞 通報要旨 (26721/61)
  - 不穩新聞『農報』의 記事에 관한 건
    - 記
      (別紙) (26722/62)
      今日의 標語 (26723/62)
      宣佈文 (26726/63)

- 大正 15년(1926) 9월 4일附 朝鮮總督府 警務局長 發信 外務次官 앞 通報要旨 (26729/63)
  - 上海와 연락을 가지는 朝鮮共産黨事件
  (別紙)
  - 大正 15년(1926) 8월 朝鮮共産黨事件檢擧顚末 目次 (26730/64)
    一, 關係者의 氏名(省略)
    二, 發覺의 動機
    三, 犯罪의 經緯
      (一) 黨의 內制
      (二) 黨員
      (三) 機關
      (四) 機關의 現在組織(26731/63)
      (五) 코민테른 및 在外同志와의 關係
    二, 發覺의 動機(26732/64)
    三, 犯罪의 經緯(26735/65)
      (一) 黨의 內制(26737/65)
      (二) 黨員(26738/66)
      (三) 機關(26739/66)

● 昭和 4년(1929) 5월 1일附 朝鮮總督府 警務局長 發信 外務省 亞細亞局長 앞 通報要旨 (26809/83)
　○ 東方無政府主義聯盟李丁奎에 대한 判決
　(別紙)
　昭和 3년 刑公 第1602號 (26810/84)
　　判決
　　主文
　　理由

● 昭和 4년(1929) 5월 16일附 堀田外務省歐米局長 發信 淺利朝鮮總督府警務局長 앞 通報要旨 (26816/85)
　○ '코민테른'의 朝鮮에 대한 決議에 관한 건

● 昭和 4년(1929) 9월 26일附 在上海 重光總領事 發信 幣原外務大臣 앞 報告要旨 (26819/86)
　○ 朝鮮問題에 관한 코민테른中央委員의 決議
　　• 朝鮮의 革命的勞農大衆 同志諸君 (26821/86)
　　• 決意 (26823/87)
　　• 同志, 勞動者農民諸君 (26854/95)

● 昭和 4년(1929) 5월 26일附 在上海 重光總領事 發信 田中外務大臣 앞 報告要旨 (26855/95)
　○ 朝鮮人의 民族運動과 共産黨運動과의 關係
　　一, 運動機關
　　　(一) 韓國唯一獨立黨上海促成會의 成立
　　　(二) 中國本部韓人靑年同盟의 成立 (26856/95)
　　　(三) 右同盟의 內訌과 分裂 (26858/96)
　　　　解體宣言文
　　　標語 (26862/97)
　　　中國本部韓人靑年同盟 (26863/97)

○ 昭和4년(1929) 6월 20일附 在上海 上村總領事代理 發信 田中外務大臣 앞 報告要旨

(26865/97)
　　○ 日本共産黨中央執行委員 佐野學의 逮捕

○ 昭和 4년(1929) 8월 22일附 在上海 重光總領事 發 幣原外務大臣 앞 電報要旨 (26872/99)
　　○ 交涉員市長 및 公安局長과의 사이를 嚴重交涉한 結果…

○ 昭和 4년(1929) 8월 24일附 在上海 重光總領事 發信 幣原外務大臣 앞 報告要旨 (26873/99)
　　○ 佐野學의 引導 및 內地押送

○ 昭和 4년(1929) 8월 22일 在上海日本總領事館佐野學手記 (26878/101)
　　○ 中國共産黨의 現況
　　　一, 現狀
　　　二, 黨內問題 (26881/101)
　　　三, 指導者 (26883/102)
　　　四, 指導原理 (26885/102)
　　　五, 指導傾向 (26889/103)
　　　六, 機關紙 (26891/104)
　　　七, 支那는 資本主義國으로서 發展하고 있는가 (26892/104)
　　　　東洋에서의 코민테른과 프로핀테른과의 相互關係 (26895/105)
　　　　코민테른의 입장에서 본 中日共産黨 (26898/106)

● 昭和 4년(1929) 7월 11일 在上海 上村總領事代理 發 幣原外務大臣 앞 電報要旨 (26904/107)
　　○ 共産黨幹部 呂運亨의 逮捕

● 昭和 4년(1929) 7월 24일附 朝鮮總督府 警務局長 發信 外務省 亞細亞局長 앞 通報要旨 (26907/108)
　　○ 共産黨首領 呂運亨逮捕에 관한 건

● 昭和 4년(1929) 9월 13일附 朝鮮總督府 警務局長 發信 外務省 亞細亞局長 앞 通報要

旨 (26909/108)

○ 共産黨首領呂運亨 檢事에게 送致 건

(別紙)

昭和 4년(1929) 8월 21일附 京畿道知事發信 (26910/109)

在上海共産黨首領 呂運亨取調狀況에 관한 건

三, 기타 呂運亨에 대한 各種情報에 기초해 取調했지만 否認한 事項

   1. 大正 12년(1923) 2월 러시아에 대해 朝鮮獨立運動에 대한 積極
     的 援助要請

   2. 미국 領事館密偵事件

   3. 反帝國主義同盟出席

   4. 共産黨關係事項

   5. 기타

四, 大正 8년(1919) 內地渡航의 經緯 및 內地에서의 行動

五, 昭和 4년(1929) 3월 南洋渡航 및 歸來後의 行動 (26917/110)

   1. 南洋에서의 行動

   2. 亞細亞民族聯合運動

六, 上海 기타 在外團體의 狀況

   1. 假政府

   2. 議政院

   3. 義烈團

   4. 中韓互助社

   5. 獨立黨促成會

   6. 仁成學校

   7. 僑民團

   8. 韓人青年同盟 (26918/111)

   9. 歐米委員部

七, 呂運亨의 各社會運動에 대한 意見

   1. 日本共産黨에 대한 意見

   2. 朝鮮共産黨에 대한 意見

   3. 朝鮮民族運動에 대한 意見

   4. 新幹運動에 대한 意見

八, 呂運亨이 抱持한 主義思想 및 總督政治에 대한 感想

   1. 主義思想

   2. 總督政治에 대한 感情

九, 處置

一, 在鮮中의 行動 (26919/111)

(27025/137)

　　○ 治安維持法違反被疑事件의 移送

　　　・ 李康培 當 22세

● 昭和 4년(1929) 12월 10일附 在上海 重光總領事 發信 幣原外務大臣 앞 報告要旨
(27028/138)

　　○ 留滬(상하이)韓國獨立運動同盟宣言

　　　・ 宣言 (朝鮮文)

● 昭和 4년(1929) 12월 18일附 在上海 重光總領事 發信 幣原外務大臣 앞 報告要旨
(27035/140)

　　○ 上海韓人靑年單一同盟發起人會의 開催

　　　一, 金元植이 진술한 發起會의 趣旨

　　　二, 討議決議事項 (27036/140)

● 昭和 5년(1930) 1월 17일附 在吉林 石射總領事 發信 幣原外務大臣 앞 報告要旨
(27038/141)

　　○ 不穩出版物『奪還』第七號 記事

　　○ 記

　　　一, 奪還을 다시 發刊하면서

　　　二, 北滿韓人靑年聯盟宣言(轉載)

　　○ 奪還 1930년 元旦發行 第7號 (27039/141)

● 昭和 5년(1930) 1월 20일附 在上海 重光總領事 發信 幣原外務大臣 앞 報告要旨
(27044/142)

　　○ 共産系 各團體聯合運動에 관한 鮮臺(조선·타이완)團體의 策動

　　　一, 十五日決議

　　　一, 一月十八日鮮人決議 (27046/143)

　　　一, 右의 狀況에 의해 當館警察署는 共同租界工部局과 協力… (27047/143)

● 昭和 5년(1930) 2월 25일附 在上海 重光總領事 發信 幣原外務大臣 앞 報告要旨
(27049/143)

○ 上海韓人靑年同盟의 創立

(別紙)

　第一, 韓人靑年同盟成立의 經過槪要

　第二, 上海韓人靑年同盟創立大會의 情況 (27050/144)

　第三, 上海韓人靑年同盟創立大會諸案 (27057/145)

● 昭和 5년(1930) 3월 11일附 在上海 重光總領事 發信 幣原外務大臣 앞 報告要旨
(27060/146)

　○ 在外朝鮮人의 共産主義刊行物

　(別紙)

　　• 朝鮮人發行 出刊에 관련된 共産主義刊行物(秘密出版共)調査 其一
　　　新聞雜誌

● 昭和 5년(1930) 4월 16일附 在上海 重光總領事 發信 幣原外務大臣 앞 報告要旨
(27063/147)

　○ 共産黨系 鮮人糾察隊의 組織

　　記 (27064/147)

　○ 中國共産黨 韓人支部 加入者名

　○ 鮮人糾察隊 기타 그에 관한 決議事項

○ 昭和 5년(1930) 4월 16일附 在上海 重光總領事 發信 幣原外務大臣 앞 報告要旨
(27068/148)

　○ 臺灣靑年團의 狀況

● 昭和 5년(1930) 5월 28일附 在上海 重光總領事 發信 幣原外務大臣 앞 報告要旨
(27070/149)

　○ 朝鮮人共産主義者 李秉雲 押送

● 昭和 5년(1930) 5월 29일附 在上海 重光總領事 發信 幣原外務大臣 앞 報告要旨
(27074/150)

　○ 共産黨幹部 崔昌植 등 기타를 逮捕押送

● 昭和 5년(1930) 6월 27일附 朝鮮總督府 警務局長 發信 外務省 亞細亞局長 앞 通報要
旨 (27079/151)
   ○ 在上海共産主義者 崔昌植 등 取調에 관한 건
   (別紙) (27080/151)
   在上海不穩行動者 崔昌植等 取調狀況 (27081/151)
      記 (27085/152)
         一, 民族運動
         二, 印刷所經營 (27098/156)
         三, 共産主義運動 (27106/158)
         四, 기타 參與事項 (27107/158)

● 昭和 5년(1930) 11월 17일附 朝鮮總督府 警務局長 發信 外務省 亞細亞局長 앞 通報
要旨 (27112/159)
   ○ 共産主義者 崔昌植等 判決
      記 (27112/159)

● 昭和 5년(1930) 6월 20일附 在上海 重光總領事 發信 幣原外務大臣 앞 報告要旨
(27113/159)
   ○ 上海韓人靑年同盟 및 在中國韓人靑年同盟第一區上海支部의 合同

● 昭和 5년(1930) 9월 9일附 在上海 重光總領事 發信 幣原外務大臣 앞 報告要旨
(27116/160)
   ○ 在中國韓人靑年同盟 第1區上海支部 鮮體聲明

● 昭和 5년(1930) 6월 21일附 朝鮮總督府警務局長 發信 外務省亞細亞局長 앞 通報要
旨 (27119/161)
   ○ 全國反帝國主義大同盟 通告
      記
         中央通告 第十八號
            反帝國主義運動의 策略方針
               一, 革命形勢의 發展과 反帝國主義
               二, 反帝運動의 現狀 (27124/162)

朝鮮共産黨 및 商兼兵 共産青年會大獄記 (27174/175)
　　一, 朝鮮共産黨과 高麗共産青年會의 組織
　　二, 黨獄의 發端 (27179/176)
　　三, 中央幹部의 改選 (27181/176)
　　四, 六十運動 (27183/177)
　　五, 檢舉의 旋風은 共産黨系로, 12人 先被訴 (27211/184)
　　六, 朴純秉의 逮捕와 그의 慘死 (27215/185)

○ 昭和 5년(1930) 11월 17일附 在上海 村井總領事 發信 幣原外務大臣 앞 報告要旨
　(27218/186)
　○ 臺灣蕃人의 騷擾事件에 대한 在滬(상하이)左傾臺灣人 및 中國共産黨의 策動狀
　　況에 관한 건
　　(別紙 甲號) 臺灣通信社의 通訊 (27221/186)
　　　在滬(상하이)臺灣青年의 臺灣蕃人暴動에 대한 援助
　　(註記, 原文은 橫書) (27222/187)
　　　臺灣蕃人의 暴動을 擁護하라
　　(別紙 乙號) 臺灣蕃人의 反帝國主義鬪爭 (27228/188)
　　　臺灣霧社民衆의 反帝國主義鬪爭 (27230/189)
　　(別紙 丙號) 中國共産黨告民衆書 (27233/189)
　　　帝國主義의 暴行에 反對해 臺灣蕃人革命을 援助하라

● 昭和 7년(1932) 9월 28일 在上海 石射總領事 發 內田外務大臣 앞 電報要旨 (27237/
　190)
　○ 中國共産黨 韓人支部責任秘書 曹奉岩의 逮捕

● 昭和 7년(1932) 10월 6일 在上海 石射總領事 發 內田外務大臣 앞 電報要旨 (27240/
　191)
　○ 共産黨運動幹部 曹奉岩의 逮捕

● 昭和 7년(1932) 12월 14일附 今井田朝鮮總督府政務總監 發信 在上海 石射總領事
　앞 回答要旨 (27242/192)
　○ 朝鮮人의 歸化에 관한 건

　　　警視廳 各道 앞(譯文)

　　　訓令 第240號

● 昭和 7년(1932) 12월 24일附 關東廳 警務局長 發信 外務次官 앞 通報要旨 (27244/192)

　　○ 在上海共産主義朝鮮人 曹奉岩外 六名 逮捕取調(在上海事務官報告)

○ 昭和 7년(1932) 3월 17일附 在上海 村井總領事 發信 芳澤外務大臣 앞 報告要旨 (27265/197)

　　○ 上海事件에 관한 中華'소비에트'臨時政府의 宣言 및 紅軍의 宣傳文

　　　(別紙) (27266/198)

　　　一號 (27267/198)

　　　　中華'소비에트'臨時政府의 上海事變에 관한 宣傳

　　　二號 (27277/200)

　　　　中國工農紅軍日軍의 上海攻擊을 위해 十九路軍兵士에게 告한다

○ 昭和7년(1932) 3월 24일附 關東廳 警務局長 發信 外務次官 앞 通報要旨 (27285/202)

　　○ 上海事變에 대한 '코민테른'의 指令

　　○ '코민테른'의 上海事變에 대한 指令 (27287/203)

● 昭和 8년(1933) 1월 10일附 在上海 石射總領事 發信 內田外務大臣 앞 報告要旨 (27293/204)

　　○ 在滬(재상하이)鮮人共産黨幹部 洪南杓 取調 및 令狀執行

● 昭和 8년(1933) 2월 3일附 在上海 石射總領事 發信 內田外務大臣 앞 報告要旨 (27295/205)

　　○ 在上海共産主義鮮人의 狀況

● 昭和 8년(1933) 3월 16일附 在上海 石射總領事 發信 內田外務大臣 앞 報告要旨 (27302/207)

　　○ 上海韓人反帝同盟

○ 討議決定事項 (27304/207)

● 昭和 8년(1933) 3월 18일 在上海 石射總領事 發 內田外務大臣 앞 報告要旨 (27305/207)
　○ 無政府主義者의 逮捕

● 昭和 8년(1933) 3월 27일附 在上海 石射總領事 發信 內田外務大臣 앞 報告要旨 (27307/208)
　○ 有吉公使暗殺陰謀無政府主義者 檢擧의 건
　　記
　　第一, 發覺의 端緖
　　第二, 檢擧著手 (27310/209)
　　第三, 犯行 (27315/210)
　　第四, 犯行의 背景 (27331/214)
　　第五, 金九派와 關係 (27340/216)
　　第六, 連累者 및 그 身元 (27343/217)

● 昭和 8년(1933) 7월 8일附 在上海 石射總領事 發信 內田外務大臣 앞 報告要旨 (27351/219)
　○ 無政府主義不逞鮮人 有吉公使暗殺陰謀事件 豫審終結

● 昭和 8년(1933) 11월 17일附 長崎縣 鈴木知事 發信 廣田外務大臣 앞 通報要旨 (27352/219)
　○ 有吉公使暗殺陰謀事件 公判狀況

● 昭和 8년(1933) 11월 25일附 長崎縣 鈴木知事 發信 廣田外務大臣 앞 通報要旨 (27362/222)
　○ 有吉公使暗殺陰謀事件 判決言渡의 건
　○ 記

● 昭和 10년(1935) 4월 12일附 在上海 石射總領事 發信 在廈門 塚田領事 앞 照會要旨 (27365/222)

○ 有吉公使暗殺陰謀事件 犯人所在 調査방법의 건

● 昭和 8년(1933) 4월 1일附 在上海 石射總領事 發信 內田外務大臣 앞 報告要旨 (27368/223)
　○ 上海韓人反帝同盟의 再興運動
　○ 記 (27370/224)
　　一, 再組織打合의 狀況
　　二, 代表者會議의 狀況 (27372/224)
　　　　1, 組織工作
　　　　2, 教育事業 (27373/224)
　　　　3, 宣傳工作

● 昭和 8년(1933) 5월 24일附 在上海 石射總領事 發信 內田外務大臣 앞 報告要旨 (27375/225)
　○ 在上海朝鮮人의 共産主義運動
　　記 (27376/225)

● 昭和 8년(1933) 5월 31일附 在上海 石射總領事 發信 內田外務大臣 앞 報告要旨 (27379/226)
　○ 共産主義鮮人 郭重奎의 檢擧

● 昭和 8년(1933) 6월 20일附 在上海 石射總領事 發信 內田外務大臣 앞 報告要旨 (27381/226)
　○ 共産主義鮮人 郭重奎의 檢擧
　　一, 經歷
　　二, 郭重奎와의 關係 기타 (27382/227)

5-22 在蘇州領事館

○ 明治 29년(1896) 2월 5일附 西園寺臨時外務大臣 發信 伊騰內閣總理大臣 앞 請議 (27386/231)
　○ 沙市, 重慶, 蘇州, 杭州 및 厦門領事館 新設의 건

○ 明治 29년(1896) 2월 5일附 淸國荊州府沙市, 重慶府, 蘇州府, 杭州府 및 厦門領事館 新設의 건 請議의 通 (27387/231)
　○ 外務省告示第四號 明治 29년(1896) 4월 1일
　○ 在淸國蘇州帝國領事館 去月三十日부터 開廳함

○ 明治 29년(1896) 4월 16일附 陸奧外務大臣 發信 在天津·芝罘·上海·蘇州·杭州·沙市·重慶 및 厦門各領事 앞 內訓 第1號 (27389/232)
　○ 警部配置의 건

○ 明治 29년(1896) 12월末 蘇州에서의 在留邦人(『蘇州警察署沿革誌』에 의함) (27391/232)

○ 明治 30년(1897) 3월 5일 蘇州日本租界의 設定(『蘇州警察署沿革誌』에 의함) (27391/232)

○ 明治 31년(1898) 1월 25일 小倉警部에 대한 支那人의 暴行(『蘇州警察署沿革誌』에 의함) (27393/232)

○ 明治31년(1898) 7월 26일 在留禁止處分(『蘇州警察署沿革誌』에 의함) (27394/233)

○ 明治32년(1899) 1월 18일 巡査 4名의 配置 (27396/233)
    ○ 記

○ 明治32년(1899) 3월 1일 支那巡捕是杖巡査에 대한 暴行(『蘇州警察署沿革誌』에 의함) (27396/233)

○ 明治32년(1899) 5월 25일 巡査 및 巡捕의 勤務內規(『蘇州警察署沿革誌』에 의함) (27398/234)

○ 明治32년(1899) 12월 18일 警察費의 增額稟請(『蘇州警察署沿革誌』에 의함) (27399/234)

○ 明治33년(1900) 4월 警察費(『蘇州警察署沿革誌』에 의함) (27401/235)

○ 明治33년(1900) 8월 13일 村田銃의 備附(『蘇州警察署沿革誌』에 의함) (27401/235)

○ 明治33년(1900) 12월末 所在地在留邦人의 人口(『蘇州警察署沿革誌』에 의함) (27401/235)

○ 明治33년(1900)中의 巡捕에 대한 給與被服(『蘇州警察署沿革誌』에 의함) (27402/235)

○ 明治34년(1901) 2월 27일 警察職員(『蘇州警察署沿革誌』에 의함) (27403/235)

○ 明治34년(1901) 2월 27일 警察職員(『蘇州警察署沿革誌』에 의함) (27403/235)

○ 明治34년(1901) 3월 14일 巡査의 警邏勤務(『蘇州警察署沿革誌』에 의함) (27403/235)

○ 明治34년(1901) 4월 巡捕 2名의 庸人(『蘇州警察署沿革誌』에 의함) (27404/235)

○ 明治 35년(1902) 11월 9일 巡捕의 增員(『蘇州警察署沿革誌』에 의함) (27406/236)

○ 明治 38년(1905) 1월 3일 旅順陷落의 捷報(『蘇州警察署沿革誌』에 의함) (27406/236)

○ 明治 38년(1905) 6월 12일 日本海海戰의 捷報(『蘇州警察署沿革誌』에 의함) (27407/236)

○ 明治 39년(1906) 6월 26일 清國兵의 暴行(『蘇州警察署沿革誌』에 의함) (27407/236)

○ 明治 39년(1906) 7월 17일 滬寧線 一部 開通(『蘇州警察署沿革誌』에 의함) (27408/236)

○ 明治 40년(1907) 8월 以來 虎列刺(콜레라) 流行(『蘇州警察署沿革誌』에 의함) (27408/236)

○ 明治 40년(1907) 12월末 蘇州日本租界內 在留邦人人口(『蘇州警察署沿革誌』에 의함) (27408/236)

○ 明治 41년(1908) 1월 1일 配置警察官(『蘇州警察署沿革誌』에 의함) (27409/237)

○ 明治 41년(1908) 1월 1일 配置警察官(『蘇州警察署沿革誌』에 의함) (27409/237)

○ 明治 41년(1908) 1월 1일 配置警察官(『蘇州警察署沿革誌』에 의함) (27409/237)

○ 明治 43년(1910) 2월 12일附 在蘇州 大賀領事館事務代理 發信 小村外務大臣 앞 報告要旨 (27411/237)
　　○ 清國兵蘇城閶門 바깥에서의 暴行掠奪

○ 明治 43년(1910) 2월 11일附 在蘇州領事館附 是枝吉警部 發信 大賀領事館事務代理 앞 復命書 (27415/238)
　　◦ 被害狀況視察의 건

○ 明治 43년(1910) 2월 19일附 在蘇州 大賀領事館事務代理 發信 小村外務大臣 앞 報告要旨 (27420/239)
　　○ 淸國兵蘇城閶門 바깥에서의 暴行掠奪
　　　　• 淸國兵士의 暴行事件

○ 明治 43년(1910) 2월 15일附 在上海 有吉總領事 發信 小村外務大臣 앞 報告要旨 (27422/240)
　　○ 出張復命書 提出 건
　　　(別紙)
　　　蘇州 및 杭州

○ 明治 43년(1910) 7월 23일 高野巡査의 死去(『蘇州警察署沿革誌』에 의함) (27428/241)

○ 明治 44년(1911) 3월 29일 蘇州水上警察官의 暴行(『蘇州警察署沿革誌』에 의함) (27430/242)

○ 明治 44년(1911) 11월 8일附 在蘇州 池水事務代理 發信 內田外務大臣 앞 請訓要旨 (27432/242)
　　○ 蘇州 危險狀態에 빠질 경우 措置에 주의할 방법 건

○ 明治 45년(1912) 4월 1일附 在蘇州 失田部領事代理 發信 內田外務大臣 앞 報告要旨 (27434/243)
　　○ 蘇州閶門 밖 兵士掠奪事件

○ 明治 45년(1912) 4월 1일附 在蘇州 失田部領事代理 發信 內田外務大臣 앞 報告要旨 (27441/245)
　　○ 蘇州閶門 밖 支那兵掠奪事件

○ 明治 45년(1912) 4월 2일附 在蘇州 失田部領事代理 發信 內田外務大臣 앞 報告要旨 (27442/245)
　　○ 蘇州閶門 밖 兵士掠奪事件 詳報

○ 大正 元年(1912) 7월 30일 警察渡切費[10](『蘇州警察署沿革誌』에 의함) (27452/247)

○ 大正 元年(1912) 8월 1일 現在 警察署職員 (『蘇州警察署沿革誌』에 의함) (27452/247)

○ 大正 2년(1913) 7월 31일 조사 官內 在留邦人의 人口 (『蘇州警察署沿革誌』에 의함) (27452/247)

○ 大正 3년(1914) 1월 內地人에 대한 在留禁止(『蘇州警察署沿革誌』에 의함) (27453/248)

○ 大正 6년(1917) 30일 조사 官內 在留邦人의 戶口(『蘇州警察署沿革誌』에 의함) (27453/248)

○ 大正 6년(1917) 8월 21일附 在蘇州 池水事務代理 發信 本野外務大臣 앞 報告要旨 (27454/248)
　○ 在留邦人, 教育, 衛生 및 金融狀況
　　一, 教育
　　一, 衛生 (27455/248)
　　一, 金融 (27456/248)
　　• 蘇州의 大正 6년(1917) 現在 學齡兒童數
　　• 蘇州의 在留本邦人表 (27457/249)

○ 大正 7년(1918) 3월 25일附 在蘇州 池水事務代理 發信 本野外務大臣 앞 報告要旨 (27459/249)
　○ 大正 元年(1912) 이후의 邦人被害事件
　　一, 細谷興行師負傷事件
　　二, 戴生昌汽船局 蘇州出張所內의 支那兵士暴行事件 (27460/249)
　　三, 理髮器具磨三原介一負事件 (27462/250)

---

10 일본정부가 전국의 특정 우체국에 지급하는 운영 경비.

○ 大正 8년(1919) 5월 21일 邦人旅行者 常州에서 暴民에 迫害(『蘇州警察署沿革誌』에 의함) (27464/250)

○ 大正 9년(1920) 4월 6일附 蘇州 大和久事務代理 發信 內田外務大臣 앞 報告要旨 (27466/2 51)
  ○ 邦人 角間孝二 支那兵過失致死事件

○ 大正 9년(1920) 6월 11일附 在蘇州 大和久事務代理 發信 內田外務大臣 앞 報告要旨 (27474/253)
  ○ 邦人 角間孝二 支那兵過失致死事件 解決 건
    記

○ 大正 10년(1921) 2월 25일附 在蘇州 樟松事務取扱 發信 內田外務大臣 앞 報告要旨 (27476/253)
  ○ 無錫에서의 本邦人 藤鳥宇太 外 7名이 支那人 群衆 때문에 迫害 받은 건
    一, 事件의 狀況
    二, 被害狀況 (27481/255)
    三, 本件에 관한 當館의 수습 措置 (27484/255)
    四, 趙 無錫縣知事가 小栗警部補에게 言明한 要項 (27487/256)
    五, 支那側의 被害 (27490/257)

● 大正 10년(1921) 6월末 조사 蘇州領事館 管內在留邦人의 人口 및 租界在住支那人 (『蘇州警察署沿革誌』에 의함) (27493/258)
  ○ 內地人
  ○ **朝鮮人**
  ○ 同月 조사 日本租界內居住支那人

○ 大正 10년(1921) 12월 7일 支那新聞 日本租界에서 發行(『蘇州警察署沿革誌』에 의함) (27494/258)

○ 大正 11년(1922) 3월 28일 巡捕의 昇給(『蘇州警察署沿革誌』에 의함) (27494/258)

○ 大正 11년(1922) 8월 1일 通譯備人(『蘇州警察署沿革誌』에 의함) (27495/258)

○ 大正 12년(1923) 6월 1일 日本人居留民會 設立(『蘇州警察署沿革誌』에 의함) (27495/258)

○ 大正 13년(1924) 12월 31일 日本郵便局의 撤廢(『蘇州警察署沿革誌』에 의함) (27495/258)

○ 大正 13년(1924) 1월 1일의 警察職員(『蘇州警察署沿革誌』에 의함) (27495/258)

○ 大正 13년(1924) 6월 1일 日本人小學校의 創立(『蘇州警察署沿革誌』에 의함) (27496/258)
   ○ 記

○ 大正 14년(1925) 1월 1일 조사 警察職員(『蘇州警察署沿革誌』에 의함) (27498/259)

○ 大正 14년(1925) 1월 11일 支那軍隊의 日本租界內 侵入(『蘇州警察署沿革誌』에 의함) (27498/259)

○ 大正 14년(1925) 3월 24일附 在蘇州 大和久領事代理 發信 幣原外務大臣 앞 報告要旨 (27501/260)
   ○ 支那政府에 대해 生絲掠奪로 인한 損害賠償請求의 건

○ 大正 14년(1925) 6월 1일 請願巡浦(『蘇州警察署沿革誌』에 의함) (27503/260)

○ 大正 14년(1925) 8월 7일附 在蘇州 岩崎領事代理 發信 幣原外務大臣 앞 報告要旨 (27506/261)
   ○ 新築官舍移轉 건

○ 昭和 2년(1927) 4월 20일附 在蘇州 岩崎領事 發信 幣原外務大臣 앞 報告要旨 (27507/261)
   ○ 蘇州에서의 總工會 暴行

○ 昭和 2년(1927) 4월 15일附 在蘇州 岩田署長 發信 岩崎領事 앞 報告要旨 (27530/267)
　　○ 領事不在中 支那民衆의 凶暴行爲

○ 昭和 2년(1927) 4월 25일附 在蘇州 岩崎領事 發信 田中外務大臣 앞 報告要旨 (27538/
　　269)
　　○ 在留民上海避難人員의 건
　　○ 在留邦人避難人員 조사(在蘇州日本領事館) (27539/269)

○ 昭和 2년(1927) 7월 3일附 在蘇州 岩崎領事 發信 田中外務大臣 앞 報告要旨 (27540/
　　269)
　　○ 上海避難中의 在留邦人復歸의 건

○ 昭和 2년(1927) 7월 7일附 在蘇州 岩崎領事 發信 田中外務大臣 앞 報告要旨 (27543/
　　270)
　　○ 蘇州瑞豊製絲工場操業開始의 건

○ 昭和 2년(1927)10월 14일 巡浦의 宿舍料에 관한 外務大臣의 回訓(『蘇州警察署沿革
　　誌』에 의함) (27546/271)

○ 昭和 2년(1927) 8월 17일 在蘇州 岩崎領事 發信 田中外務大臣 앞 電報要旨 (27548/
　　271)
　　○ 軍事行動으로 인한 民心의 動搖

○ 昭和 2년(1927) 9월 1일附 在蘇州 岩崎領事 發信 田中外務大臣 앞 電報要旨 (27549/
　　272)
　　○ 租界內에서의 竊盜犯支那人 복원으로 인한 支那兵暴行의 건

○ 昭和 3년(1928) 2월 20일 警察官上海徒步連絡(『蘇州警察署沿革誌』에 의함) (27554/
　　273)

○ 昭和 3년(1928) 5월 9일 在蘇州 岩崎領事 發, 田中外務大臣 앞 電報要旨 (27555/273)
　　○ 在留邦人의 避難

○ 昭和 4년(1929) 1월 19일 日本租界潛入支那人犯罪者의 搜査(『蘇州警察署沿革誌』에 의함) (27558/274)

○ 昭和 3년(1928) 7월 12일 '모터보트'의 購入(『蘇州警察署沿革誌』에 의함) (27559/274)

○ 昭和 3년(1928) 8월 9일 監獄建築工事(『蘇州警察署沿革誌』에 의함) (27559/274)

○ 昭和 3년(1928) 9월 30일 巡査定의 增價 巡捕의 解傭(『蘇州警察署沿革誌』에 의함) (27559/274)

○ 昭和 4년(1929) 6월 8일附 在蘇州 岩崎領事 發信 田中外務大臣 앞 報告要旨 (27561/275)
　　○ 모리미의 絞殺事件
　　　　一, 被害者
　　　　二, 兇行의 日時場所 (27562/275)
　　　　三, 兇行前後의 狀況
　　　　四, 事件後 當館의 취할 수 있는 조치 (27566/276)
　　　　五, 岡田夫婦의 人物 (27567/276)
　　　　六, 犯人에 대한 觀察
　　　　七, 支那人方面에 대한 反響 (27568/276)

○ 昭和 4년(1929) 7월 5일附 在蘇州 岩崎領事 發信 幣原外務大臣 앞 報告要旨 (27570/277)
　　○ 모리미의 絞殺犯人 逮捕顚末과 그 後 支那側과의 折衝

○ 昭和 6년(1931) 1월 15일附 在蘇州 川南領事代理 發信 幣原外務大臣 앞 報告要旨 (27577/279)
　　○ 모리미의 絞殺犯人判決 건
　　　　(別紙)
　　　　江蘇 吳縣地方法院 刑事判決(譯文) 18년 地字 第194號
　　　　判決

主文 (27579/279)

事實 (27579/279)

○ 昭和 5년(1930) 1월 31일 警察官의 宿舍借上(『蘇州警察署沿革誌』에 의함) (27583/280)

○ 昭和 5년(1930)度 警察渡切費[11](『蘇州警察署沿革誌』에 의함) (27584/280)

○ 昭和 5년(1930) 6월 蘇州에서의 我學生遭難事件 (27585/281)

一. 事件의 發端

二. 事件의 原因 (27586/281)

三. 領事의 保護措置 (27588/281)

四. 對中國交涉 (27589/282)

五. 事件의 解決 (27593/283)

○ 昭和 5년(1930) 在蘇州領事館 警察事務狀況

同　　　　警察署長報告摘錄 (27596/283)

目次

一, 管內槪況

二, 日本租界

(一) 位置 및 現狀

(二) 施設 및 經營

三. 警察事務狀況

一, 管內槪況

二, 日本租界 (27597/284)

(一) 位置 및 現狀

(二) 施設 및 經營 (27598/284)

民留民會 (27599/284)

---

11 일본정부가 전국의 특정 우체국에 지급하는 운영 경비.

本邦人의 營業狀態 (27600/284)

在留邦人 戶數人口職業別(租界 외를 포함) (27601/285)

租界在住支那人 戶數人口 (27604/285)

工場의 狀況

官內在住邦人 (27606/286)

租界內와 租界外의 區別

昨年度와의 人口增減比率

警察上단속 營業 (27607/286)

三, 警察事務狀況 (27608/286)

(一) 昭和 5년(1920)中 警察文書

(二) 昭和 5년(1920)中 行政警察事項

(三) 昭和 5년(1920)中 邦人의 傳染病 (27609/287)

(四) 昭和 5년(1920)中의 衛生事項

(五) 昭和 5년(1920)中 司法警察事項

○ 昭和 6년(1931) 4월 4일 日本租界回收運動(『蘇州警察署沿革誌』에 의함) (27611/287)

○ 昭和 6년(1931) 12월말 조사 滿洲事變의 影響에 의한 蘇州在留邦人의 철수 (27613/288)

一, 當時의 在留邦人數 116人…

二, 철수 人員 19人

三, 殘留者人 97人…

○ 昭和 6년(1931) 在蘇州領事館 警察事務狀況

同　　　　　警察署長報告摘錄 (27614/288)

目次

一, 治安狀況

(一) 滿洲事變과 反日政勢

(二) 在留邦人保護에 대한 措置와 支那側의 단속狀況

二, 警察事務狀況

(一) 警察文書

• 當館 및 公安局의 措置 (27640/294)

○ 昭和 7년(1932) 11월 22일附 在蘇州 川南領事代理 發 上海總領事 앞 電報要旨 (27644/295)
　　○ 支那官憲이 旅行中의 我武官一行 抑留한 건

○ 昭和 7년(1932) 11월 22일附 在蘇州 川南領事代理 發 上海總領事 앞 電報要旨 (27645/296)
　　○ 支那側官에 交涉한 結果 服部少佐 및 高木의 身柄은…

○ 昭和 7년(1932) 11월 22일附 在蘇州 川南領事代理 發 上海總領事 앞 電報要旨 (27645/296)
　　○ 服部少佐 및 高木 公安國으로부터 當館에 送致되어서…

○ 昭和 7년(1932) 在蘇州領事館 警察事務狀況
　　　　　　　　　同　　　　　　警察署長報告摘錄 (27646/296)
　目次
　一, 地方治安狀況
　二, 警察事務狀況
　　(一) 警察署事務分掌
　　(二) 邦人戶口
　　(三) 邦人의 諸營業
　　(四) 警察文書
　　(五) 行政警察取扱事項
　　(六) 在留禁止 및 保護送還
　　(七) 邦人의 傳染病 (27647/296)
　　(八) 犯罪數 및 檢擧件數

　一, 地方治安狀況 (27648/296)
　二, 警察事務狀況 (27655/298)
　　(一) 昭和 7년(1932) 12월말 조사 警察署事務分掌
　　(二) 昭和 7년(1932) 12월말 조사 邦人戶口

(三) 昭和 7년(1932) 12월말 조사 邦人諸營業 (27656/298)

(四) 昭和 7년(1932)中 警察文書 (27658/299)

(五) 昭和 7년(1932)中 行政警察取扱事項

(六) 昭和 7년(1932)中 在留禁止 및 保護送還 (27659/299)

(七) 昭和 7년(1932)中 邦人의 傳染病

(八) 昭和 7년(1932)中 犯罪數 및 檢擧件數

○ 昭和 8년(1933) 4월 3일 在蘇州 川南領事代理 發 南京領事 앞 電報摘要 (27660/299)
　　　　○ 支那憲兵의 邦人旅行者 携帶品檢查 건

○ 昭和 8년(1933) 6월 3일 外務大臣의 慰問(『蘇州警察署沿革誌』에 의함) (27662/300)

○ 昭和 8년(1933) 在蘇州領事館 警察事務狀況
　　　　　　　　同　　　　　警察署長報告摘錄 (27663/300)
目次
一, 在留邦人의 狀況
二, 支那官憲 및 地方團體의 在留邦人에 대한 狀況
三, 警察事務狀況
　　(一) 警察署事務分掌
　　(二) 邦人戶口
　　(三) 邦人의 諸營業
　　(四) 警察文書
　　(五) 行政警察事項
　　(六) 邦人의 火災 (27664/300)
　　(七) 在留禁止 및 保護送還
　　(八) 邦人의 傳染病
　　(九) 傳染病豫防注射
　　(十) 種痘
　　(十一) 犯罪數 및 檢擧件數
　　註記, 以上의 外에 警察上 特記할 만한 事項 없음

一, 在留邦人의 狀況(27665/301)

498

(四) 警察文書

(五) 行政警察事項

(六) 在留禁止 (27697/309)

(七) 保護送還

(八) 邦人의 傳染病

(九) 傳染病豫防注射

(十) 種痘

(十一) 邦人被害

(十二) 犯罪數 및 檢擧件數

(十三) 犯罪卽決

(十四) 留置

註記, 以上의 外에 警察上 特記할 만한 事項 없음

一, 地方治安狀況 (27698/309)

二, 在留邦人의 狀況 (27700/309)

三, 警察事務狀況 (27703/310)

(一) 昭和 10년(1935) 12월말 조사 警察署事務分掌

(二) 昭和 10년(1935) 12월말 조사 邦人戶口

(三) 昭和 10년(1935) 12월말 조사 邦人의 諸營業 (27704/310)

(四) 昭和 10년(1935)中 警察文書 (27705/311)

(五) 昭和 10년(1935)中 行政警察事項 (27706/311)

(六) 昭和 10년(1935)中 在留禁止

(七) 昭和 10년(1935)中 保護送還 (27707/311)

(八) 昭和 10년(1935)中 邦人의 傳染病

(九) 昭和 10년(1935)中 傳染病豫防注射

(十) 昭和 10년(1935)中 種痘 (27708/311)

(十一) 昭和 10년(1935)中 邦人被害

(十二) 昭和 10년(1935)中 犯罪數 및 檢擧件數 (27710/312)

(十三) 昭和 10년(1935)中 犯罪卽決

(十四) 昭和 10년(1935)中 留置 (27711/312)

○ 昭和 11년(1936) 在蘇州領事館 警察事務狀況

(十一) 昭和 11년(1936)中 邦人의 被害

(十二) 昭和 11년(1936)中 犯罪件數 및 檢擧件數 (27727/316)

(十三) 昭和 11년(1936)中 犯罪卽決 및 留置人, 該當事項 없음

○ 外務省告示 第53號 昭和 12년(1937) 6월 19일, 昭和 12년(1937) 6월 19일 在中華民國蘇州帝國領事館을 在中華民國上海帝國總領事館蘇州分局으로 改定함 (27728/316)

○ 昭和 12년(1937) 支那事變으로 인한 在蘇州領事館 및 在留邦人의 철수狀況 (27729/317)

○ 昭和 12년(1937) 8월 蘇州領事館의 철수 및 그 후의 狀況 (27731/317)

○ 昭和 12년(1937) 11월 16일로 軍이 蘇州入城以來 蘇州市內는 완전히 無秩序한 상태에 있고, 우리 警察官은 此의 상태에 처해 대략 左의 業務로 活動함 (27735/318)
一, 支那民衆의 救濟
二, 皇軍依存心의 涵養
三, 皇軍에 가담하여 討伐에 參與
四, 賊情偵察
五, 支那側諸團體의 育成

○ 昭和 13년(1938) 1월 10일附 警察官蘇州分管警察署勤務發令 1월 10일附 外務省發令 (27737/319)

○ 昭和 13년(1938) 8월 14일 鐵帽의 受領(『蘇州警察署沿革誌』에 의함) (27739/319)

○ 昭和 13년(1938) 9월 7일 新任巡査의 着任(『蘇州警察署沿革誌』에 의함)

○ 昭和 13년(1938) 10월 8일 警察署長館舍(『蘇州警察署沿革誌』에 의함)

○ 昭和 13년(1938) 10월 24일 [모젤] 拳銃備附(『蘇州警察署沿革誌』에 의함) (27740/319)

○ 昭和 13년(1938) 12월 5일 [모젤] 第1號 拳銃備附(『蘇州警察署沿革誌』에 의함)

○ 昭和 13년(1938) 12월 8일 自動自轉車로 備附(『蘇州警察署沿革誌』에 의함)

○ 昭和 13년(1938) 在上海總領事館 蘇州分館 警察事務狀況

同　　　　　　　警察署長報告摘錄 (27742/320)

目次

一, 治安槪況

二, 在留邦人의 狀況

　　(一) 蘇州

　　(二) 無錫

　　(三) 常州

　　(四) 기타

三, 支那官民의 在留邦人에 대한 態度

四, 警察事務狀況

　　(一) 蘇州分館의 再開 (27743/320)

　　(二) 警察署事務分掌

　　(三) 邦人戶口

　　(四) 邦人의 諸職業

　　(五) 警察文書

　　(六) 行政警察事項

　　(七) 邦人의 火災

　　(八) 邦人의 諸興行

　　(九) 在留禁止 및 保護送還

　　(十) 邦人의 傳染病

　　(十一) 傳染病 豫防注射

　　(十二) 種痘

　　(十三) 檢視, 檢證

　　(十四) 犯罪件數 및 檢擧件數

　　(十五) 犯罪卽決

　　(十六) 留置人

　　(十七) 邦人의 義勇隊 및 消防組

8. 『외무성경찰사』 제48권

5 支那ノ部(中支)

해설

제48권은 항저우·난징·우후 등지 주재 일본 영사관 소속 외무성경찰에서 본국 외무성에 보고한 보고서, 각 영사관이 외무성으로부터 받은 지시 훈령을 5-22, 5-23, 5-24로 나누어 수록한 것이다. 5-22에는 84건의 문건, 그 중 한국 관련 문건은 10건이다. 부표 14건 중 한국 관련 문건은 3건이다. 5-23에는 총 130건의 문건 중 한국 관련 문건이 14건 있다. 부표 82건과 평면도 13건 가운데도 한국 관련 내용이 있다. 5-24에는 총 48건의 문건 중 한국 관련 문건은 4건이 있다. ○ 표시 항목 아래의 소항목들을 더하면 전체 문건 수는 더 늘어난다. 부표 9건이 첨부되고 여기에도 한국 관련 내용이 있다. 제48권의 총 수록 문건은 212건, 이 가운데 한국 독립운동이나 한인 관련 문건은 42건이다.

시기적으로는 메이지, 다이쇼, 쇼와 3대에 걸쳐 있다. 문건들이 날짜순으로 배열되지 않은 점은 주의를 요한다. 5-22에 편집되어 있는 문건들 가운데 시기가 가장 빠른 것은 1896년 2월, 가장 늦은 것은 1920년 12월이다. 5-23은 1901년 2월~1938년 12월, 5-24는 1920년 4월~1938년 12월의 문건들이다.

중지中支 지역의 주요 도시 항저우·난징·우후·전장鎭江 등지 일본 영사관 내 외무성 경찰의 근무 상황과 일본 조계의 상황, 자국인의 중국 이민, 거류 및 상업 활동, 그리고 중국인·타이완인과 한인들의 각종 상황 및 사건과 동향 등이 다루어졌다. 간혹 상하이 일본 총영사관과 경성의 조선총독부 경무국에서 본국 외무성에 보낸 보고서들도 눈에 띈다.

제48권 수록 자료 가운데 한국 독립운동 및 중국 거주 한인들과 관련된 문건 42건은 내용상 한국 독립운동 관련 자료는 많지 않고, 대부분이 한인들의 거주 동향 조사가 많다. 예컨대 난징의 한인교민회·한인학우회의 내부 사정, 한인 공산주의운동, 한인 의열단의 조직과 단원의 모집, 교육 및 배양, 민족혁명당 관련 내용이 많다. 1934년 12월 말 난징 지역의 의열단, 한국독립당 난징지부 등 한인들의 항일운동 상황을 파악한 「朝鮮人의 共産主義運動」(28506/172), 1936년 2월 25일 자 「安李兌提出에 관련된 民族革命黨의 狀況」(28575/189)이 대표적이다.

1936년 11월 27일 자의 「在南京總領事館發信 外務大臣 앞 報告要旨」 중 「義烈團革命鬪士 養成에 관한 件」(28541/181)과 1936년 2월 16일 부 「義烈團 및 民族革命黨의 組織」(28550/183) 등은 한인 의열단과 민족혁명당 관련 문건들로서 지금까지 학계에서 거론되지 않았거나 인용되지 않은 내용이다. 언론에도 알려지지 않은 내용들이 많이 담겨 있어 사료 가치가 높다고 할 수 있다. 여기에는 별지로 의열단의 혁명 투사 양성 상황으로 교습 장소, 일시, 인원 및 교습 상황, 교습 과목(군사 방면, 정치경제 기타, 훈련 실과實科), 책임자, 교관과 담당 과목, 졸업 상황, 졸업생의 전선 파견, 혁명군관학교 간부훈련반 설치 상황, 민족혁명당의 최근 상황(김구·김원봉·이청천 3파의 상호 관계), 김구파의 적색赤色 비밀 단체, 중국 측의 원조 상황, 김원봉파의 주소에 이르기까지 소상하게 조사되어 있다.

(서상문)

5-22 在杭州領事館

○ 明治 29년(1896) 2월 5일附 西園寺臨時外務大臣 發信 伊藤內閣總理大臣 앞[宛] 淸議
　　○ 沙市, 重慶, 蘇州, 杭州 및 廈門 領事館 新設의 件 (27837/3)

○ 明治 29년(1896) 2월 5일附 淸國荊州府 沙市, 重慶府, 蘇州府, 杭州府 및 廈門에 領事館 新設의 件은 淸議대로임 (27838/3)

○ 明治 29년(1896) 3월 2일附 原外務次官 發信 在上海落合領事官補 앞 公信(原文寫) (27839/3)

○ 明治 29년(1896) 3월 31일附 在杭州落合領事館事務代理 發信 原外務次官 앞 公信 (原文寫) (27839/3)

○ 外務省 告示 第5號 明治 29년(1896) 2월 2일 在淸國杭州帝國領事館 去月 31일 開廳함(原文寫) (27839/3)

○ 明治 29년(1896) 4월 2일附 在杭州落合領事官事務代理 發信 原外務次官 앞 公信要旨 (27840/4)
　　○ 當館開設始末의 件

510

○ 明治29년(1896) 4월 16일附 陸奧外務大臣 發信 在天津·芝罘·上海·蘇州·杭州·沙市 (27845/5)
  ○ 重慶 및 廈門 각 領事 앞 內訓 第1號

○ 明治29년(1896) 4월 22일附 外務省 發令 (27846/5)

○ 明治30년(1897) 12월末 조사 杭州在留邦人의 戶口(『杭州警察署沿革誌』에 의함) (27847/5)

○ 明治39년(1906) 9월 13일 支那暴民邦人所有汽船에 대한 暴動(『杭州警察署沿革誌』에 의함) (27848/6)

○ 明治40년(1907) 12월末 조사 杭州在留邦人의 戶口(『杭州警察署沿革誌』에 의함) (27849/6)

○ 明治42년(1909) 4월 9일 杭州 專管 居留地에 警察署創設(『杭州警察署沿革誌』에 의함) (27851/6)

○ 明治43년(1910) 2월 15일附 在上海 有吉總領事 發信 小村外務大臣 앞 報告要旨 (27852/7)
  ○ 出張復命書提出의 件

○ 明治44년(1911) 10월 30일 在杭州池部事務代理 發 內田外務大臣 앞 電報要旨 (27858/8)
  ○ 革命動亂

○ 明治44년(1911) 11월 6일 在上海有吉總領事 發 內田外務大臣 앞 電報要旨 (27859/8)
  ○ 在杭州池部事務代理發

○ 大正元年(1912) 12월 13일附 在杭州 深澤事務代理 發信 在上海有吉總領事 앞 報告要旨 (27860/9)

○ 日清汽船株式會社 上海杭州間航行汽船 吉林號 遭難事件

○ 大正 2년(1913) 3월 在杭州領事館警察署 使用巡捕의 件(『杭州警察署沿革誌』에 의함) (27862/9)

○ 大正 2년(1913) 5월 13일附 在杭州 深澤事務代理 發信 牧野外務大臣 앞 報告要旨 (27863/9)
　○ 吉林號遭難者 醫療費給付방법의 件

○ 大正 2년(1913) 9월 支那巡警의 우리 郵便物搜査 件(『杭州警察署沿革誌』에 의함) (27865/ 10)

○ 大正 2년(1913) 11월 18일附 在杭州 深澤事務代理 發信 牧野外務大臣 앞 報告要旨
　○ 日清汽船會社小蒸氣船淸江丸 및 戴生昌汽船總局 同芥航丸 掠奪被害事件에 관한 件 (27866/10)
　○ 日清汽船會社淸江丸 掠奪被害狀況 (27867/10)
　○ 戴生昌汽船局芥航丸 掠奪被害狀況

○ 大正 2년(1913) 11월 21일附 在杭州 深澤事務代理 發信 牧野外務大臣 앞 (27870/11)
　○ 戴生昌의 小蒸氣船芥航丸 掠奪被害狀況에 관한 件
　　(別紙)
　　在上海北蘇州路 第411號 戴生昌汽船總局
　○ 在杭州日本領事館 領事館事務代理深澤暹 殿
　　浙江都督에게 交涉방법 申請 (27870/11)

○ 大正 2년(1913) 11월 27일附 在杭州 深澤事務代理 發信 牧野外務大臣 앞 (27874/12)
　○ 日清汽船會社 小蒸氣船淸江丸 및 戴生昌汽船總局 同芥航丸 掠奪被害事件

○ 大正 2년(1913) 11월 15일 淸江丸 海難損害調査 (27877/13)

○ 大正 2년(1913) 11월 15일 오전 2시 汽船芥航丸 客船同登 및 貨物船 2척 浙江省 桐鄉縣 斗門附近에서 匪徒 때문에 입은 損害賠償請求見積表 (27878/13)

○ 項目
○ 總計 (27879/13)

○ 大正 3년(1914) 8월 15일附 在杭州 深澤領事代理 發信 加藤外務大臣 앞 報告要旨 (27880/14)
　○ 日淸汽船 및 戴生昌 汽船掠奪事件에 관한 件

○ 大正 3년(1914) 12월말 杭州在留邦人의 戶口(『杭州警察署沿革誌』에 의함) (27882/14)

○ 大正 7년(1918) 2월 25일附 在杭州 瀨上領事代理 發信 本野外務大臣 앞 報告要旨 (27884/15)
　○ 在留邦人의 敎育, 金融 및 衛生施設에 관한 件
　　一. 敎育
　　二, 金融 (27885/15)
　　三, 衛生

○ 大正 7년(1918) 12월말 杭州在留邦人의 戶口(『杭州警察署沿革誌』에 의함) (27886/15)

○ 大正 8년(1919) 夏季 杭州에서 「콜레라」의 유행(『杭州警察署沿革誌』에 의함) (27888/16)

○ 大正 9년(1920) 12월말 杭州警察署 配置 通譯 및 巡捕(『杭州警察署沿革誌』에 의함) 12월 31일 현재 巡捕 및 通譯은 左와 같음 (27889/16)

● 大正 10년(1921) 2월 3일附 在杭州 淸野事務代理 發信 內田外務大臣 앞 報告要旨 (27890/16)
　○ 排日宣傳 朝鮮人 金鍵聲에 관한 件

○ 大正 12년(1923) 4월 6일 山上警部補의 病死(『杭州警察署沿革誌』에 의함) (27892/17)

○ 大正 12년(1923) 4월 28일 杭州警察署의 勤務 分擔(『杭州警察署沿革誌』에 의함) (27892/17)

○ 昭和 2년(1927) 4월 3일 在杭州 淸野領事代理 發 幣原外務大臣 앞 電報要旨 (27895/17)
　　○ 在留民上海로의 避難 件

○ 昭和 2년(1927) 4월 12일 在杭州 淸野領事代理 發 幣原外務大臣 앞 電報要旨 (27895/17)

○ 昭和 2년(1927) 4월 12일 在上海 矢田總領事 發 幣原外務大臣 앞 電報要旨 (27896/18)
　　○ 杭州發電報(要旨)

○ 昭和 2년(1927) 4월 14일 幣原外務大臣 發 在上海 矢田總領事 앞 電報要旨 (27898/18)

○ 昭和 2년(1927) 5월 10일附 在杭州 淸野領事代理 發 信田中外務大臣 앞 報告要旨 (27899/18)
　　○ 時局에 관한 居留民保護에 관한 件

○ 昭和 2년(1927) 12월 16일 在杭州 淸野領事代理 發信 信田中外務大臣 앞 電報要旨 (27901/19)

○ 昭和 3년(1928) 5월 巡捕의 廢止 件(『杭州警察署沿革誌』에 의함) (27903/19)

○ 昭和 5년(1930) 在杭州領事館 警察事務狀況
　　　　　同　　　　　警察署長報告摘錄 (27904/20)
　○ 目次
　　一, 帝國專管居留地
　　二, 氣溫 및 衛生
　　三, 在留邦人

四, 在留外國人
五, 警察事務狀況

一, 帝國專管居留地 (27905/20)
二, 氣溫 및 衛生 (27906/20)
三, 昭和 5년(1930) 12月末 조사 在留邦人 (27909/21)
四, 昭和 5년(1930) 12月末 조사 杭州在留外國人 (27910/21)
五, 警察事務狀況 (27912/22)

○ 昭和 6년(1931) 滿洲事變의 影向과 在留邦人의 避難(『杭州警察署沿革誌』에 의함) (27914/22)
　　○ **10월 29일 조사 在留邦人 人口數 左와 같음 (27915/22)**

○ 昭和 6년(1931) 滿洲事變으로 인한 領事館內 在留民의 철수 (27916/23)

○ 昭和 7년(1932) 1월 上海事件으로 인한 杭州在留邦人의 保護 철수 (27918/23)

○ 昭和 7년(1932) 上海事件으로 인한 領事館員의 철수 (27919/23)

○ 昭和 7년(1932) 3月末 조사 在留邦人 철수 인원은 좌와 같음 (27920/24)

○ 昭和 7년(1932) 7월 19일 內田外務大臣 發 在上海 村井總領事 앞 電報要旨 (27921/24)
　　○ 杭州 兼任領事代理의 內地出張 件

○ 昭和 8년(1933) 3月末 조사 杭州在留邦人(『杭州警察署沿革誌』에 의함) (27922/24)
　　○ **日本租界**

○ 昭和 8년(1933) 在杭州領事館警察事務狀況
　　　　　　同　　　　　警察署長代理報告摘錄 (27924/25)
　一, **地方의 一般狀況**
　二, 警察事務狀況

(一) 昭和 8년(1933) 12월末 조사 警察官의 配置

(二) 昭和 8년(1933) 12월末 조사 邦人戶口 (27925/25)

(三) 昭和 8년(1933) 12월말 邦人의 諸營業

(四) 昭和 8년(1933)中 警察文書 (27926/25)

(五) 昭和 8년(1933)中 犯罪件數 및 檢擧件數

(六) 昭和 8년(1933)中 留置人 (27928/26)

○ 昭和 9년(1934) 1월 4일附 在杭州 松村領事館事務代理 發信 廣田外務大臣 앞 報告 要旨 (27929/26)

　　○ 本邦人西村五郎 軍事探偵嫌疑事件

○ 昭和 9년(1934) 2월 杭州日本租界의 狀況(『杭州警察署沿革誌』에 의함) (27933/27)

○ 昭和 9년(1934) 6월 22일附 在杭州 松村事務代理 發信 廣田外務大臣 앞 稟請要旨 (27935/27)

　　○ **鮮人關係專任의 警察官增員방법 件**

○ 昭和 9년(1934) 9월 4일 在留禁止處分(『杭州警察署沿革誌』에 의함) (27938/28)

● **昭和 9년(1934) 9월 12일附 在杭州 松村事務代理 發信 廣田外務大臣 앞 稟請要旨 (27940/29)**

　　○ 不逞鮮人調查諜報費 件

　　　　一, 當地는 領事館과 同警察署間은 2邦里, 本館과 朝鮮人의 출입을⋯

　　　　二, 當地 居留鮮人중 地方사투리에 통하는 자가 2人 있어도 노령⋯ (27941/29)

　　　　三, 在留邦人鮮人은 20명을 밑돌 것으로 예상되지만 그 반은 郊外⋯

　　　　四, 기타 臺灣人의 支那專門學校 留學生을 諜報者로 이용하는 것⋯

　　　　五, 따라서 당연히 署員 및 警察署 通譯이 直接 調査에 응하는 것⋯

○ 昭和 9년(1934) 9월 20일 警察機密費의 配付(『杭州警察署沿革誌』에 의함) (27944/30)

○ 昭和 9년(1934) 10월 26일 留置場의 竣工(『杭州警察署沿革誌』에 의함) (27945/30)

○ 昭和 10년(1935) 8월 13일 杭州에서의 邦人 變死者(『杭州警察署沿革誌』에 의함) (27946/ 30)

○ 昭和 9년(1934) 10월 警察官에 대한 行賞(『杭州警察署沿革誌』에 의함) (27947/30)

○ 昭和 9년(1934) 12월 11일 杭州에서의 反日運動(『杭州警察署沿革誌』에 의함) (27945/ 31)

○ 昭和 9년(1934) 在杭州領事館警察事務狀況

　　　　　　　同　　　　　警察署長代理報告摘錄 (27949/31)
　一, 在留邦人의 狀況
　二, 警察事務 狀況 (27950/31)
　　(一) 昭和 9년(1934) 12월末 조사 警察事務分掌
　　(二) 昭和 9년(1934) 12월末 조사 邦人戶口
　　(三) 昭和 9년(1934) 12월末 조사 內地人職業別人口 (27951/31)
　　(四) 昭和 9년(1934)中 警察文書(27951/31)
　　(五) 昭和 9년(1934)中 邦人의 傳染病(27951/31)
　　(六) 昭和 9년(1934)中 種痘(27952/32)

○ 昭和 10년(1935) 在杭州領事館警察事務狀況

　　　　　　　同　　　　　警察署長代理報告摘錄 (27953/32)
　○ 目次
　　一, 地方治安槪況
　　二, 在留邦人의 狀況
　　三, 支那側 官憲 및 地方團體의 在留邦人에 대한 狀況
　　四, 警察事務狀況
　　　(一) 警察署事務分掌
　　　(二) 邦人戶口
　　　(三) 諸營業
　　　(四) 警察文書
　　　(五) 邦人의 傳染病
　　　(六) 保護送還

○ 昭和 11년(1936) 7월 5일附 在杭州 松村領事代理 發信 有田外務大臣 앞 報告要旨 (27972/37)
   ○ 後藤朝太郎, 橋本關雪의 黃山行 件

○ 昭和 11년(1936) 11월 7일 囑託醫의 留置(『杭州警察署沿革誌』에 의함) (27975/37)

○ 昭和 11년(1936) 杭州領事館警察事務狀況
                    同   署長代理報告摘錄 (27976/38)
   ○ 目次
      一, 地方治安槪況
      二, 在留邦人의 狀況
      三, 警察事務狀況
         (一) 警察署事務分掌
         (二) 邦人戶口
         (三) 內地人의 諸營業
         (四) 警察文書
         (五) 保護送還
         (六) 種痘 (27977/38)
         (七) 犯罪件數 및 檢擧件數
         (八) 犯罪卽決
         (九) 留置人

      一, 地方治安槪況 (27978/38)
      二, 在留邦人 狀況 (27979/38)
      三, 警察事務狀況 昭和 11년(1936)中
         (一) 昭和 11년(1936) 12월末 조사 警察署事務分掌
         (二) 昭和 11년(1936) 12월末 조사 邦人戶口
         (三) 昭和 11년(1936) 12월末 조사 內地人의 諸營業 (27981/39)
         (四) 昭和 11년(1936)中 警察文書
         (五) 昭和 11년(1936)中 保護送還 (27982/39)
         (六) 昭和 11년(1936)中 種痘
         (七) 昭和 11년(1936)中 犯罪件數 및 檢擧件數 (27983/39)

(八) 昭和 11년(1936)中 犯罪卽決

(九) 昭和 11년(1936)中 留置人

○ 昭和 12년(1937) 7월 1일 조사 杭州在留邦人(『杭州警察署沿革誌』에 의함) (27985/40)

○ 昭和 12년(1937) 支那事變으로 인한 在杭州領事館 및 在留邦人의 철수狀況 (27987/40)

○ 昭和 12년(1937) 8월 8일 杭州警察署員의 上海勤務發令(『杭州警察署沿革誌』에 의함) (27988/41)

○ 昭和 12년(1937) 12월 19일 警察官署 特務機關 囑託(『杭州警察署沿革誌』에 의함) (27988/41)

○ 昭和 13년(1938) 1월 3일 事變 直前 및 直後 杭州在留邦人의 狀況(『杭州警察署沿革誌』에 의함) (27991/41)

○ 昭和 13년(1938) 1월 3일 特務機關 囑託警察官의 警察署勤務發令(『杭州警察署沿革誌』에 의함) (27991/41)

○ 昭和 13년(1938) 2월 22일 警察署長의 着任(『杭州警察署沿革誌』에 의함) (27992/42)

○ 昭和 13년(1938) 2월 22일 敵匪隱匿銃器의 押收(『杭州警察署沿革誌』에 의함) (27992/42)

○ 昭和 13년(1938) 3월 1일 領事館 開館 (27992/42)

○ 昭和 13년(1938) 5월 31일 警察活動費의 內示(『杭州警察署沿革誌』에 의함) (27994/42)

○ 昭和 13년(1938) 9월 8일 警察官의 義務貯金(『杭州警察署沿革誌』에 의함) (27995/42)

○ 昭和 13년(1938) 9월 10일 執務時間의 內規(『杭州警察署沿革誌』에 의함) (27995/42)

○ 昭和 13년(1938) 9월 7일 信任巡査의 着任 및 敎育(『杭州警察署沿革誌』에 의함) (27996/43)

○ 昭和 13년(1938) 10월 1일 警察事務分掌(『杭州警察署沿革誌』에 의함) (27998/43)

○ 昭和 13년(1938) 10월 17일 岩本巡査의 死亡(『杭州警察署沿革誌』에 의함) (27999/43)

○ 昭和 13년(1938) 10월 31일 警察官宿舍의 改修完了(『杭州警察署沿革誌』에 의함) (27999/43)

○ 昭和 13년(1938) 在杭州領事館警察事務狀況
　　　　　　　　同　　　　　　　署長代理報告摘錄 (28001/44)
　○ 目次
　　一, 地方治安槪況
　　二, 在留邦人의 狀況
　　三, 警察事務狀況
　　　(一) 警察署事務分掌
　　　(二) 邦人戶口
　　　(三) 邦人의 職業
　　　(四) 警察文書
　　　(五) 行政警察事項
　　　(六) 邦人의 火災 (28002/44)
　　　(七) 邦人의 諸興行
　　　(八) 在留禁止 및 保護送還
　　　(九) 邦人의 傳染病

(十) 傳染病豫防注射

(十一) 種痘

(十二) 檢視, 檢證

(十三) 犯罪件數 및 檢擧件數

(十四) 犯罪卽決

(十五) 留置人

5-23 在南京總領事館

外務省警察史　支那ノ部
在南京總領事館 (28052/59)
附圖
附表
附錄
在南京總領事館警察署長歷任表
同　　　　　警察署警察官異動表

○ 明治 34년(1901) 2월 14일附 外務大臣 發信 內閣總理大臣 앞 淸議要旨 (28053/59)
　○ 淸國南京에 上海總領事館의 分館을 設置하는 件

○ 外務省告示 第15號 明治 34년(1901) 4월 6일 (28055/59)
　○ 在淸國上海帝國總領事館 南京分館 本月3日 開廳함

○ 明治 34년(1901) 4월 2일附 外務大臣發令 (28055/59)
　　外務省巡査 松尾逸郎
　　在淸國上海帝國 總領事館 南京分館附를 명함 (28056/60)

○ 明治 40년(1907) 9월 12일附 林外務大臣 發信 在上海 尾崎總領事館事務代理 앞 通
　達要旨 (28057/60)
　　○ 南京領事館開設의 件

○ 明治 40년(1907) 9월 12일附 林外務大臣 發信 在南京 船津副領事館事務代理 앞 通
　達要旨 (28058/60)
　　○ 南京領事館開設의 件

○ 明治 40년(1907) 9월 28일附 在南京 船津副領事 發信 林事外務大臣 앞 報告要旨

(28059/ 60)
　　○ 南京領事館開設의 件

○ 明治 41년(1908) 12월말 南京在留邦人의 人口(『南京警察署沿革誌』에 의함) (28060/
　　61)

○ 明治 41년(1908) 民會墓地 및 火葬場의 設置(『南京警察署沿革誌』에 의함) (28060/
　　61)

○ 明治 42년(1909) 5월 5일 賣藥營業取締規則 및 警察犯處罰規則의 公布(『南京警察
　　署沿革誌』에 의함) (28061/61)

○ 明治 43년(1910) 10월 領事館의 移轉(『南京警察署沿革誌』에 의함) (28061/61)

○ 明治 43년(1910) 12월말 警察官의 配置 및 在留邦人(『南京警察署沿革誌』에 의함)
　　(28062/ 61)

○ 在留邦人藤岡彦四郎 支那人强盜被害事件 (28063/61)

○ 明治 44년(1911) 11월 12일附 在南京 鈴木領事 發信 內田外務大臣 앞 報告要旨
　　(28064/62)
　　○ 南京에서의 革命暴動 件

○ 明治 44년(1911) 11월 30일附 在南京 鈴木領事 發信 內田外務大臣 앞 報告要旨
　　(28075/64)
　　○ 南京에서의 革命暴動

○ 明治 45년(1912) 1월 5일附 在南京 鈴木總領事 發信 內田外務大臣 앞 報告要旨
　　(28082/66)
　　○ 日淸汽船會社 및 戴生昌小蒸氣船被害의 件
　　　　・ 記
　　　　・ 被害事件에 대한 革命軍側의 辯解(28084/67)

- 方法(28089/68)

○ 明治 45년(1912) 1월 18일附 在南京 鈴木領事 發信 內田外務大臣 앞 報告摘錄
   (28091/68)
   ○ 革命軍關係의 邦人 및 外國人
   ○ 革命軍兵士 暴行의 件 (28094/69)
   ○ 我水兵에 대한 支那兵의 暴行 (28097/70)

○ 明治 45년(1912) 4월 13일附 在南京 鈴木領事 發信 內田外務大臣 앞 報告要旨
   (28098/70)
   ○ 南京暴動事件

○ 明治 45년(1912) 4월초 居留會의 設立(『南京警察署沿革誌』에 의함) (28109/73)

○ 明治 45년(1912) 6월 華瀟俱樂部의 設立(『南京警察署沿革誌』에 의함)

○ 大正 元年(1912)8월 8일附 在南京 船津領事 發信 內田外務大臣 앞 報告要旨 (28111/
   73)
   ○ 浦口 및 徐州에서의 軍隊 騷亂
      一, 事實
      二, 原因 (28112/74)
      三, 影響 (28113/74)
      四, 徐州駐屯兵士를 給料의 不渡가 이미 2~3箇月 및 以前부터… (28114/74)

○ 大正 元年(1912) 8월 28일附 在南京 船津領事 發信 內田外務大臣 앞 報告要旨
   (28115/74)
   ○ 支那兵 日淸汽船會社船襄陽丸에 侵入亂暴의 件

○ 大正 2년(1913) 5월 30일附 在南京 船津領事 發信 牧野外務大臣 앞 報告要旨
   (28117/75)
   ○ 支那兵이 本邦小汽船에 發砲한 위에 停船臨檢

○ 大正 2년(1913) 8월 27일附 在上海 有吉總領事 發信 在南京 船津領事 앞 報告要旨
  (28119/75)
  ○ 蕪湖 附近에서의 미쯔비시備船 第3雲海丸 砲擊事件
  ○ 遭難報告書 (28120/76)

○ 大正 2년(1913) 9월 6일附 및 그 뒤 在南京 船津領事 發信 牧野外務大臣 앞 報告 및
  牧野外務大臣發訓令 其他摘錄 (28123/76)
  ○ 南京에서의 支那兵 暴行事件
    一, 事件
    二, 支那측의 應急措置 (28125/77)
    三, 善後交涉經過 (28127/77)
        (一) 南京領事의 交涉
        (二) 帝國政府의 要件條件 (28128/78)
        (三) 支那측의 解決條件承認 (28130/78)
        (四) 希望條件承認에 관한 交涉 (28133/79)
    四, 支那측의 解決條件實行 (28139/80)
        (一) 張勳의 條件實行 躊躇
        (二) 條件 第3 및 第5의 實行 (28142/81)
        (三) 條件 第1 및 第2의 實行
        (五) 條件 第4의 實行 (28146/82)
        (六) 希望條件 第1의 實行 (28149/83)

○ 大正 2년(1913) 9월 6일附 在南京 船津領事 發信 牧野外務大臣 앞 報告要旨 (28152/
  84)
  ○ 北兵에게 살해 된 在留邦人에 관한 件
  ○ 實見報告書 (28158/85)
  ○ 檢屍調書 (28164/87)
  ○ 屍體檢案記事 (28165/87)
  ○ 檢屍調書 (28168/88)
  ○ 屍體檢案記事 (28170/88)
  ○ 死亡診斷書 (28172/89)

○ 大正 2년(1913) 10월 7일附 在南京 船津領事 發信 在支山座公使 앞 報告要旨 (28174/89)
  ○ 南京에서의 支那兵의 暴行事件으로 인한 被害調査
    • 損害種別表
    • 內譯 (28180/91)

○ 大正 2년(1913) 10월 11일附 在南京 船津領事 發信 牧野外務大臣 앞 報告要旨 (28214/99)
  ○ 當館 管內 12坪에서의 佐藤商會出張所 被害의 件

○ 大正 2년(1913) 11월 3일附 在南京 船津領事 發信 牧野外務大臣 앞 報告要旨 (28217/100)
  ○ 12坪에서의 佐藤商會出張所 被害의 件

○ 大正 3년(1914) 1월 12일附 在南京 船津領事 發信 牧野外務大臣 앞 報告要旨 (28218/100)
  ○ 上海 申亨洋行員 鈴木鋼 作安徽省 壽州附近에서의 掠奪被害 件
  ○ 邦商申亨洋行 支那人强盜被害의 件 (28221/101)

○ 大正 4년(1915) 5월 25일 民會立 小學의 開校(『南京警察署沿革誌』에 의함) (28222/101)

○ 大正 5년(1916) 8월 10일附 在南京 高尾領事 發信 石井外務大臣 앞 報告要旨 (28223/101)
  ○ 邦人 2人의 목 없는 死體 事件
  ○ 檢證調書 (28230/103)
    一, 경우
    二, 狀況

○ 大正 5년(1916) 8월 14일 및 同 6년(1917) 4월 20일附 在上海 有吉總領事 發信 石井外務大臣 앞 報告要旨 (28243/106)
  ○ 在留邦人 2名 慘殺事件

○ 大正 5년(1916) 8월 26일附 在南京 高尾領事 發信 石井外務大臣 앞 報告要旨
  (28246/107)
  ○ 戴生昌所有 客船의 被害
    (別紙)
  ○ 實地檢分調査復命書 (28247/107)
    一, 被害 日時 및 그 場所 (28248/108)
    二, 暴動의 原因 (28249/108)
    三, 暴動의 事實 (28251/108)
    四, 被害의 狀況 (28255/109)
    五, 參考事項 (28260/111)

○ 大正 6년(1917) 2월 22일附 在南京 高尾領事 發 本野外務大臣 앞 報告要旨 (28263/
  111)
  ○ 戴生昌客船의 被害事件解決

○ 大正 6년(1917) 6월 8일附 在南京 高尾領事 發信 本野外務大臣 앞 報告要旨 (28266/
  112)
  ○ 浦口에서의 本邦汽船員에 대한 支那兵의 暴行 件
  ○ 檢證調書 (28267/112)
    一, 事件發生의 日時
    二, 同暴場所
    三, 原因
    四, 被害負傷의 狀況 (28269/113)

○ 大正 6년(1917) 12월 28일附 在南京 高尾領事 發信 本野外務大臣 앞 報告要旨
  (28285/117)
  ○ 浦口에서의 本邦汽船員에 대한 支那兵의 暴行事件 解決 件

○ 大正 7년(1918) 4월 4일附 在南京 高尾領事 發信 本野外務大臣 앞 報告要旨 (28286/
  117)
  ○ 教育衛生 等의 保護設備에 관한 件
    (一) 教育衛生 등의 保護設備에 관한 件

(二) 金融保護設備에 관한 件 (28290/118)

○ 大正 8년(1919) 5월 排日運動(『南京警察署沿革誌』에 의함) (28292/119)

○ 大正 10년(1921) 7월 5일 在上海 山崎總領事 發電 및 同월 7일附 在南京 岩村領事 發信 內田外務大臣 앞 報告要旨 (28294/119)
　　○ 小川丸事件

○ 大正 10년(1921) 8월 23일附 在南京 岩村領事 發信 內田外務大臣 앞 報告要旨 (28298/120)
　　○ 江蘇省東北部에 土匪蜂起狀況

● 大正 12년(1923) 3월 7일附 在南京 林出領事 發信 內田外務大臣 앞 報告要旨 (28304/122)
　　○ 南京에서의 朝鮮人學友會에 관한 件
　　　留南京韓人學友會章程
　　　　第1編 原則
　　　　第2編 附則 (28312/124)
　　　　第3編 細則 (28313/124)

○ 大正 12년(1923) 6월 29일附 在南京 林出領事 發信 內田外務大臣 앞 報告要旨 (28320/126)
　　○ 鎭江駐屯 陸軍戴生昌店員拘留 件

● 大正 13년(1924) 3월 7일附 在南京 林出領事 發信 松井外務大臣 앞 報告要旨 (28326/127)
　　○ 朝鮮人獨立記念日에 관한 件
　　　記

● 大正 13년(1924) 4월 25일附 在南京 林出領事 發信 松井外務大臣 앞 報告要旨 (28328/128)
　　○ 興士團支部 및 東明學院에 관한 件

一, 興士團支部 設立에 관하여
二, 東明學院에 관하여(28329/128)

○ 大正 13년(1924) 8월 21일附 在南京 林出領事 發信 幣原外務大臣 앞 報告要旨
(28330/128)
　○ 千早丸船員 支那人毆打傷害事件

○ 大正 13년(1924) 12월 30일 江蘇省의 兵變(『南京警察署沿革誌』에 의함) (28340/
131)

○ 大正 14년(1925) 9월 22일 在南京 森岡領事 發信 幣原外務大臣 앞 報告要旨 (28341/
131)

○ 千早丸事故恤金 支出의 件(要旨) (28341/131)

○ 大正 14년(1925) 6월 10일 外務省 亞細亞局 第1課長調査에 의거함 (28344/132)
　○ 上海事件의 影響

○ 昭和 2년(1927) 4월 5일附 在上海 矢田總領事 發信 幣原外務大臣 앞 報告 및 기타 報
告 및 通報摘錄 (28346/132)
　○ 昭和 2년(1927) 3월 南京支那軍隊의 暴行事件
　　一, 南京에서의 聯合警備計畫
　　二, 陸戰隊 및 警戒隊의 揚陸 및 警戒 (28351/133)
　　三, 在留邦人의 避難 (28356/135)
　　四, 南軍의 暴行 (28357/135)
　　五, 今次의 掠奪暴行은 南軍의 計畫에 의한 것으로 인정함 (28377/140)
　　　(參考)
　　　各國被害狀況 (28379/140)
　　　南京事件損害調査表 (28384/142)
　　　同上　領事館調査額 (28391/143)
　　　鎭江損害調査表 (28393/144)

○ 昭和 2년(1927) 8월 10일附 外務省發令 (28395/144)
　　○ 外務省警部 木村三畎

○ 昭和 2년(1927) 8월 15일附 外務省發令 (28396/145)
　　○ 外務省警部 木村三畎

○ 昭和 2년(1927) 5월 2일附 在上海矢田總領事 發信 田中外務大臣 앞 報告要旨 (28398/145)
　　○ 南京領事館員一時 上海철수 豫定에 관한 件

○ 昭和 3년(1928) 12월 10일 火災豫防 및 當直內規(『南京警察署沿革誌』에 의함) (28401/146)
　　記

○ 昭和 5년(1930) 2월 13일 阿片麻醉劑 等의 受拂報告방법(『南京警察署沿革誌』에 의함) (28404/147)
　　○ 阿片 및 麻醉劑 受拂樣式의 件
　　○ 阿片 및 麻醉劑 受拂簿樣式(記載例共)
　　　凡例

○ 昭和 5년(1930) 3월 5일 銃器彈藥取扱規程 內規(『南京警察署沿革誌』에 의함) (28406/147)
　　○ 銃器彈藥取扱規程은 左와 같이 정함

○ 昭和 5년(1930) 7월 31일附 外務大臣 發信 在支各公館 앞 通達要旨 (28408/148)
　　○ 內務省令 麻藥痲藥단속規則의 實施방법에 관한 件 (28408/148)
　　　記
　　　參考 (28410/148)
　　○ 支那에서의 阿片 및 痲藥 단속□令拔萃 (28412/149)

○ 昭和 5년(1930) 6월 10일 領事上村伸一가 承認한 勤務細則 (28416/150)
　　○ 南京領事館警察署勤務細則

○ 管內鎭江에 巡査部長 常駐하는 방안 件

　(別紙)

　記 (28447/157)

○ 昭和 9년(1934) 12월 19일附 廣田外務大臣 發信 在南京 須磨總領事 앞 通達要旨
　(28448/158)

　　○ 管內鎭江에 巡査部長 常駐하는 방안 承認의 件

　　○ 鎭江警察官出張所開設에 관한 件

○ 昭和 7년(1932) 2월 6일附 告示 第9號로서 在南京總領事館을 帝國總領事館으로 改
　定함 (28450/158)

● 昭和 7년(1932) 10월 不逞鮮人의 東方被壓迫民族極東大會에 參加(『南京警察署沿
　革誌』에 의함) (28451/158)

　　○ 朝鮮人 李春岩(當30년 정도)은 近時 北京天津의 不逞鮮人으로서 中央軍官學校
　　入學…

　　　一, 中國에 對日宣戰을 希望한다 (28451/158)

　　　二, 「간디」 등 慰問 (28453/159)

　　　三, 東北義勇軍 및 朝鮮革命軍 全體將士 鈞鑒

○ 昭和 7년(1932) 上海事件으로 인한 領事館員 및 在留民의 철수 (28455/159)

○ 昭和 7년(1932) 3월末 조사 南京(鎭江을 포함)在留邦人의 철수 人員은 左와 같음
　(28456/160)

○ 昭和 7년(1932) 1월 上海事件으로 인한 南京 및 鎭江 在留邦人의 保護 철수 (28457/
　160)

○ 外務省 告示 第9號 昭和 7년(1932) 12월 8일 (28459/160)

　　○ 昭和 7년(1932) 12월 6일 在中華民國 南京帝國領事館을 帝國總領事館으로 改定함

● 昭和 7년(1932) 4월(日記載漏) 在上海 上村總領事 發信 芳澤外務大臣 앞 報告要旨

(28460/161)

(六) 昭和 7년(1932)中 種痘

(七) 昭和 7년(1932)中 邦人의 被害 (28474/164)

○ 昭和 8년(1933) 9월 4일 外務省 訓令 第4號 (28475/164)

　○ 領置物 및 沒收物 取扱規定制定의 件

　○ 領置物 및 沒收物 取扱規定

　○ 附則(28478/165)

○ 昭和 8년(1933) 9월 21일 시모노세키派出所員의 常駐(『南京警察署沿革誌』에 의함) (28483/166)

○ 昭和 8년(1933) 在南京總領事館警察事務狀況

　　　　　　　　　同　　　　　　警察署長報告摘錄 (28484/167)

　○ 目次

　　一, 在留邦人의 狀況

　　二, 警察事務狀況

　　　　(一) 警察署事務分掌

　　　　(二) 邦人戶口

　　　　(三) 邦人의 諸營業

　　　　(四) 警察文書

　　　　(五) 行政警察事項

　　　　(六) 邦人의 傳染病

　　　　(七) 傳染病豫防注射 (28485/167)

　　　　(八) 種痘

　　　　(九) 邦人의 被害

　　　　(十) 犯罪件數 및 檢擧件數

　　　　註記, 以上 외에 特記할 事項 없음

　　一, 在留邦人의 狀況 (28486/167)

　　二, 警察事務狀況 (28491/168)

　　　　(一) 昭和 8년(1933) 12월末 조사 警察署事務分掌

　　　　(二) 昭和 8년(1933) 12월末 조사 邦人戶口 (28492/169)

536

(三) 昭和 8년(1933) 12월末 조사 邦人의 諸營業

(四) 昭和 8년(1933)中 警察文書 (28493/169)

(五) 昭和 8년(1933)中 行政警察事項

(六) 昭和 8년(1933)中 邦人의 傳染病 (28494/169)

(七) 昭和 8년(1933)中 傳染病(콜레라, 장티푸스)豫防注射

(八) 昭和 8년(1933)中 種痘 (28495/169)

(九) 昭和 8년(1933)中 邦人의 被害

(十) 昭和 8년(1933)中 犯罪件數 및 檢擧件數 (28496/170)

○ 昭和 9년(1934) 4월 25일附 在南京總領事 發信 外務大臣 앞 稟請要旨 (28497/170)
　○ 鎭江派出所와 연락을 위한 출장방법 件

○ 昭和 9년(1934) 5월 31일附 外務大臣 發信 在南京總領事 앞 回訓要旨 (28498/170)
　○ 警察官 南京 및 鎭江間 定期出張許可 件
　　記

○ 昭和 9년(1934) 12월 外務省 東亞局 第2課調査書에 의함 (28500/171)
　○ 南京에서의 藏本書記生 失踪事件

● 昭和 9년(1934) 12월말 朝鮮人의 共産主義運動(『南京警察署沿革誌』에 의함) (28506/172)
一, 義烈團長 金元鳳은 滿洲事變 后 支那의 抗日感情…

二, 南京憲兵司令部에 3人의 鮮人 勤務活躍中 되는… (28507/172)

三, 五月初旬 金九는 金元鳳을 同伴 漢口方面으로…

四, 當市南京所在 원支那大官 某의 住宅에 26餘名의 鮮人…

五, 秩父宮 殿下의 滿洲 방문을 기회로 해서 滿洲國 騷亂… (28509/173)

六, 江寧鎭 鮮人 軍官學校에서는 囊(주머니)에 滿洲騷亂의 目的…

七, 江寧鎭 軍官學校는 우리 쪽의 主意를 끌 것에…

八, 韓國獨立黨 南京支部는 從來 그 所在不明이 돼…

九, 義烈團 經營에 관계되는 在江寧鎭 軍官學校의 移轉… (28511/173)

○ 昭和 9년(1934) 在南京總領事館警察事務狀況

一, 在留邦人의 狀況
　　(一) 南京
　　(二) 鎭江
二, 警察事務狀況
　　(一) 警察署事務分掌
　　(二) 邦人戶口
　　(三) 邦人의 諸營業
　　(四) 警察文書
　　(五) 行政警察事項 (28530/178)
　　(六) 邦人의 傳染病
　　(七) 傳染病豫防注射
　　(八) 種痘
　　(九) 邦人의 被害
　　註記, 以上의 외에 特記할 事項 없음

一, 在留邦人의 狀況 (28531/178)
　　(一) 南京
　　(二) 鎭江 (28533/179)
二, 警察事務狀況 (28534/179)
　　(一) 昭和 10년(1935) 12월末 조사 警察署事務分掌
　　(二) 昭和 10년(1935) 12월末 조사 邦人戶口 (28535/179)
　　(三) 昭和 10년(1935) 12월末 조사 邦人의 諸營業
　　(四) 昭和 10년(1935)中 警察文書 (28536/180)
　　(五) 昭和 10년(1935)中 行政警察事項 (28538/180)
　　(六) 昭和 10년(1935)中 邦人의 傳染病
　　(七) 昭和 10년(1935)中 傳染病(콜레라, 장티푸스)豫防注射
　　(八) 昭和 10년(1935)中 種痘
　　(九) 昭和 10년(1935)中 邦人의 被害(28540/181)

● 昭和 11년(1936) 11월 27일附 在南京總領事 發信 外務大臣 앞 報告要旨 (28541/181)
　○ 義烈團革命鬪士 養成에 관한 件

(別紙)

義烈團革命鬪士 養成狀況 (28543/181)

一, 教習場所

二, 教習一時

三, 教習人員

四, 教習狀況 (28544/182)

五, 教習科目 (28544/182)

    (1) 軍事方面

    (2) 政治經濟 其他 (28546/182)

    (3) 訓練實科

六, 責任者, 教官 및 擔任科目 등

    (1) 責任者

    (2) 隊長

    (3) 教官 및 擔任科目

七, 卒業狀況 (28548/183)

八, 卒業生의 前線派遣 (28549/183)

● 昭和 11년(1936) 2월 16일 조사 義烈團 및 民族革命黨의 組織(『南京警察署沿革誌』
에 의함) (28550/183)

  ○ 本籍 朝鮮咸鏡北道 吉州郡 長白面 洲南洞…

  ○ 右者의 供述 大要 및 本人이 提出한「民族革命黨의 狀況」은 左記와 같음

     記

一, 安李乭供述大要

二, 經歷 (28551/183)

三, 來京의 動機

四, 義烈團 및 民族革命黨의 入黨 情況 (28553/184)

五, 革命軍官學校幹部訓練班 設置 狀況 (28556/185)

六, 開校式當時의 狀況 (28557/185)

     記

    訓示要旨 (28558/185)

七, 入學後의 狀況 (28559/185)

八, 學科目 및 擔任教官名 (28560/186)

九, 卒業後의 狀況 (28564/187)

十, 轉向의 動機 其他

十一, 義烈團의 狀況 (28566/187)

十二, 民族革命黨 最近의 狀況

十三, 金九, 金元鳳, 李青天 三派의 相互關係 (28567/187)

十四, 金九派의 赤色秘密團體 (28571/188)

十五, 中國側의 援助狀況

十六, 金元鳳派의 當地 住所 (28572/189)

十七, 鮮人의 支那官憲服務狀況 (28573/189)

十八, 轉向 또는 脫出希望者의 狀況

十九, 本人將來의 希望 (28574/189)

● 昭和 11년(1936) 2월 25일 安李乭 提出에 관련된 民族革命黨의 狀況 (28575/189)
  ◦ 第一民族革命黨中央黨部의 組織
  ◦ 檢查局內部의 組織 (28579/190)
  ◦ 第二地方支部의 組織 (28581/191)

○ 昭和 11년(1936) 9월 30일附 在南京總領事 發 外務大臣 앞 稟請要旨 (28587/192)
  ◦ 警察官增員 방안의 件

○ 昭和 11년(1936) 11월 14일附 시모노세키警察官派出所의 復活에 관한 警察署長領의 具申 (28590/193)
  ◦ 시모노세키警察官派出所復活에 관한 件

○ 昭和 11년(1936) 11월 17일附 外務大臣 發信 在支各事公館長 앞 訓令要旨 (28593/194)
  ◦ 警察官의 監督에 관한 件

○ 昭和 11년(1936) 12월 3일 警察署長으로부터 總領事에게 警察官의 制服着用법 및 規律振肅에 관한 意見具申 要旨(『南京警察署沿革誌』에 의함) (28595/194)
  ◦ 警察官의 規律振肅에 관한 件
    記 (28596/195)

規律의 振肅에 관해

○ 昭和 11년(1936) 在南京總領事館警察事務狀況
　　　　　　　　同　　　　　　警察署長報告摘錄 (28599/195)

(七) 昭和 11년(1936)中 保護送還

(八) 昭和 11년(1936)中 邦人의 傳染病

(九) 昭和 11년(1936)中 傳染病(콜레라, 장티푸스)豫防注射 (28609/198)

(十) 昭和 11년(1936)中 種痘

(十一) 昭和 11년(1936)中 犯罪件數 및 檢擧件數 (28610/198)

(十二) 昭和 11년(1936)中 犯罪卽決

(十三) 昭和 11년(1936)中 留置人 (28611/198)

○ 昭和 12년(1937) 1월 26일 內規 南京總領事館 警察署勤務細則(警察署沿革誌에 의함) (28612/199)

　○ 南京總領事館警察署勤務細則

　　第一章 總則

　　第二章 受持事務 및 勤務 (28613/199)

　　第四章 警戒 (28616/200)

　　第五章 火災豫防 및 消防 (28618/200)

　　第六章 司法事務 및 囚人留置人看守 (28619/200)

　　第七章 非常召集 (28622/201)

　　第八章 銃器, 彈藥 (28624/202)

　　第九章 事務警備에 관한 排置計畫要領 (28626/202)

　○ 鎭江出張所勤務 주의사항

　○ 시모노세키出張所 勤務 주의사항 (28628/203)

○ 昭和 12년(1937) 3월 18일附 在南京 松村總領事代理 發信 佐藤外務大臣 앞 報告要旨 (28632/204)

　○ 시모노세키 警察 出張所 閉鎖의 件

○ 昭和 12년(1937) 7월 15일 非常時 居留民保護計畫(『南京警察署沿革誌』에 의함) (28633/204)

　○ 非常時 居留民保護에 관한 計畫

　　一, 第3艦隊 및 第11戰隊의 警備計畫은 軍艦警備의 경우…

　　二, 居留民避難시 保護 및 殘溜財産의 保護

　　三, 居留民의 철수 (28634/204)

四, 現地避難 (28635/204)

　　　五, 鎭江居留民의 保護 (28636/205)

○ 昭和12년(1937) 7월 8일 南京總領事館 및 官民의 철수(警察署沿革誌에 의함) (28638/
　205)

● 昭和12년(1937) 支那事變으로 인한 在南京大使館, 總領事館 및 在留邦人 철수狀
　況 (28645/207)

○ 昭和12년(1937) 12월 14일 우리 警察官의 南京入城(『南京警察署沿革誌』에 의함)
　(28647/207)

○ 昭和13년(1938) 1월中 우리 警察官의 손에 의한 敗殘兵의 억류 및 兵器의 押收(『南
　京警察署沿革誌』에 의함) (28648/208)
　　　○ 記 (28650/208)

○ 昭和13년(1938) 1월 5일 臨時 南京在留邦人 단속內規(『南京警察署沿革誌』에 의
　함) (28656/210)
　記
　臨時南京在留邦人 단속內規

○ 昭和13년(1938) 1월 10일 南京總領事警察署의 事務開始(『南京警察署沿革誌』에
　의함) (28659/210)
　記

○ 昭和13년(1938) 2월中 우리 警察官의 손에 의한 敗殘의 체포 및 兵器의 押收(『南京
　警察署沿革誌』에 의함) (28661/211)

○ 昭和13년(1938) 2월 28일 軍特務囑託解除(『南京警察署沿革誌』에 의함) (28664/
　212)
　記

○ 昭和 13년(1938) 3월 19일附 軍의 密輸 및 交易단속(『南京警察署沿革誌』에 의함)
(28666/212)

　　○ 密輸 및 不正交易단속에 관한 件
　　　(別紙)
　　○ 物資需給統制의 理由
　　○ (對策)
　　○ (對策)
　　○ (對策) (28669/213)

○ 昭和 13년(1938) 3월 25일 中山車路派出所의 開設(『南京警察署沿革誌』에 의함)
(28670/213)

○ 昭和 13년(1938) 3월 25일附 在上海總領事 發信 在南京總領事 앞 公信要旨 中支陸
海軍占領警備區域內의 營業단속 件 (28671/213)
　　(別紙)
　　甲, 帝國臣民關係
　　乙, 支那人 및 非治外法權國人關係 (28672/214)
　　丙, 治外法權國人關係
　　(別紙)
　　一, 經濟政策上統制가 必要 없는 程度의 營業
　　二, 經濟政策上統制가 必要 있는 營業 및 重要企業 (28674/214)

○ 昭和 13년(1938) 4월 14일附 外務大臣 發信 在南京總領事 앞 通達要旨 (28675/214)
　　○ 支那人의 本邦入國단속에 관한 件
　　○ 記 (28677/215)
　　　一, 新政權所屬官公吏는 所屬 官公署長의 發給(그러나 發給官公署는…)
　　　二, 一般勞動者, 理髮經營者 및 行商人은 모두 그 入國을 금지할 것 (28678/215)
　　　三, 앞의 2項 이외의 支那人은 新政權當局者(北京中國臨時政府…
　　　四, 앞 各項의 하나에 해당하는 자라고 하더라도 再渡來者로서…
　　　五, 紹介狀에 의해 帝國官憲의 特殊用務를 띠는… (28679/215)
　　　六, 雇傭 中止 등에 의한 下船의 어쩔 수 없는 事情에…
　　　七, 第2項은 즉시 實施하고 기타 各項은 昭和 13년…

八, 在支公館에서 發給하는 本件 證明의 手數料는 면제…

九, 支那留學生의 入國취급법에 관한 昭和13년 3월…

甲號 (28680/216)

身分證明書

乙號 (28681/216)

渡日證明書

○ 昭和13년(1938) 4월16일附 南京總領事에서 陸海外三省關係者會同 在留邦人의 各 種營業許可 및 단속에 관해 協議會를 開催해 各項에 관해 左와 같이 決定함(『南京 警察署沿革誌』에 의함) (28682/216)

　○ 記

　　一, 期日

　　二, 出席者

　　三, 議決事項 (28683/216)

○ 昭和13년(1938) 4월24일 在上海 總領事 發信 在南京總領事 앞 通報要旨 (28695/ 219)

　○ 經濟政策上 統制가 必要 없을 程度의 營業에 대한 槪括的 許否 方針의 件 (別紙)

　　• 經濟政策上 統制가 必要 없을 程度의 營業에 대한 槪括的 許否 方針의 件(昭 和13년 4월17일 連絡會議 決定)

　　一, 場所的 關係 (28696/220)

　　二, 營業者 關係 (28699/220)

　　三, 營業種別 關係

　　附記 (28700/221)

　　　甲, 帝國臣民關係

　　　乙, 支那人 및 非治外法權國人關係 (28703/221)

　　　丙, 治外法權國人關係 (28704/222)

　　(註)

○ 昭和13년(1938) 5월9일 시모노세키派出所의 開設(『南京警察署沿革誌』에 의함) (28707/ 222)

546

○ 昭和 13년(1938) 5월 25일附 外務大臣 發信 在南京總領事 앞 通報要旨 (28708/223)
  ○ 警務活動諸經費配備의 件
    記 (28709/223)

○ 昭和 5년(1930) 4월 30일附 外務省訓令 第2號에 의거해 當館警察署勤務規定細則
  左와 같이 정함(『南京警察署沿革誌』에 의함) (28712/224)
  ○ 警察署執務細則 昭和 13년(1938) 5월 25일
    一, 警察署에 左의 係를 둔다.
      (イ) 警務係
      (ロ) 外勤係
      (ハ) 行政係
      (ニ) 高等係
      (ホ) 司法係
    三, 各係에 主任 및 副主任을 둔다. (28713/224)
    四, 各係 事務는 署長의 命을 받아 主任이 이것을 處理하고…
    五, 領事館 各係, 軍部支那側 各機關 및 居留民會 等과의 事務上…
    六, 新聞記者 기타 外來者의 應待는 署長 또는 主任者… (28714/224)
    七, 各係 事務의 分擔을 左와 같이 정한다.
      (イ) 警務係
      (ロ) 外勤係 (28715/224)
      (ハ) 行政係 (28716/225)
      (ニ) 高等係 (28717/225)
      (ホ) 司法係 (28719/225)

○ 昭和 13년(1938) 7월 5일附 在上海總領事 發信 在南京總領事 앞 通報要旨 (28721/226)
  ○ 中支方面 陸海軍占領警備區域內 營業단속 規提中의 一部 改正 件
    (別紙)
    本月 16일 當館에서 當地陸, 海, 外務省關係者의 協議會를 개최해…

○ 昭和 13년(1938) 7월 9일附 外務大臣 發信 在支各公館長 앞 訓達要旨 (28726/227)
  ○ 戰利品의 內地輸入 단속에 관한 件

「寫」內務省發 警第6號 昭和 13년(1938) 2월 23일 (28727/227)

　　記 (28728/228)

　　一, 단속 處遇에 관해

　　二, 단속 內容에 관해

　　三, 通報連絡에 관해 (28730/228)

○ 昭和 13년(1938) 8월 25일附 外務大臣 發信 在南京總領事 앞 通達要點 (28731/228)

　　○ 警察活動 諸經費를 配付하는 件

○ 昭和 13년(1938) 在南京總領事館警察事務狀況

　　　　　　　　同　　　　　　　警察署長報告摘錄 (28734/229)

　　目次

　　一, 地方治安槪況

　　二, 在留邦人의 狀況

　　　　(一) 內地人

　　　　(二) 朝鮮人

　　　　(三) 臺灣籍民

　　三, 警察事務狀況

　　　　(一) 警察事務分掌

　　　　(二) 邦人戶口

　　　　(三) 邦人의 諸營業 (28735/229)

　　　　(四) 藝妓酌婦 기타 接客婦女

　　　　(五) 警察文書

　　　　(六) 行政警察事項

　　　　(七) 邦人의 火災

　　　　(八) 邦人의 諸興行

　　　　(九) 在留禁止

　　　　(十) 保護送還

　　　　(十一) 邦人의 傳染病

　　　　(十二) 傳染病豫防注射

　　　　(十三) 種痘

　　　　(十四) 檢視, 檢證 (28736/230)

○ 在南京總領事館 警察署 四階平面圖 (28877/270)

○ 在南京日本大使館正門 및 警備所平面圖 (28878/270)

○ 在南京日本總領事館下關大馬路 38號 派出所平面圖 (28879/271)

○ 在南京日本總領事館 警察署 中山東路 275號 派出所平面圖 (28880/271)

○ 浦口出張所平面圖 (28881/272)

○ 在南京日本總領事館 頭條港 13號 俱樂部平面圖 (28882/272)

5-24 在蕪湖領事館

○ 大正9년(1920) 4월 27일附 在南京 岩村領事 發信 內田外務大臣 앞 稟請要旨 (28885/275)
  ◦ 蕪湖에 領事館, 分館 또는 出張所 急設방법의 件
  ◦ 安徽省蕪湖에 領事館을 急設할 必要 (28888/276)

○ 大正9년(1920)「月日記入 없음」外務省 (28895/277)
  ◦ 蕪湖에 帝國領事館 設置理由

○ 大正9년(1920) 5월 20일附 內田外務大臣 發信 在南京 岩村領事 앞 通達要旨 (28897/278)
  ◦ 蕪湖에 領事館分館 또는 出張所 急設방법에 관한 件

○ 大正10년(1921) 11월 18일 內田外務大臣 發 在支那 小幡公使 앞 電報要旨 (28898/278)

○ 大正10년(1921) 11월 14일附 外務省發令
                外務省巡查 松波澂
                同   面高俊基 (28899/278)

○ 大正 10년(1921) 12월 19일 警察署長의 責任(『蕪湖警察署沿革誌』에 의함) (28900/279)

○ 大正 11년(1922) 1월 6일 領事館廳舍借入(『蕪湖警察署沿革誌』에 의함) (28900/279)

○ 大正 11년(1922) 5월 17일 領事館令의 公布 (28901/279)

○ 大正 11년(1922)末 조사 蕪湖在留邦人의 職業別戶口(『蕪湖警察署沿革誌』에 의함) (28901/279)

○ 大正 12년(1923) 6월 29일 在蕪湖 田中領事代 理發 內田外務大臣 앞 電報要旨 (28905/280)

○ 大正 12년(1923) 12월 17일附 在蕪湖 田中事務代理 發信 伊集院外務大臣 앞 報告要旨 (28905/280)
　　○ 戴生昌汽船에 대한 暴行事件 交涉顚末
　　○ 旅館業組合 謝罪聲明 (28909/281)

○ 大正 13년(1924) 2월 16일附 在蕪湖 田中事務代理 發信 松井外務大臣 앞 報告要旨 (28910/281)
　　○ 邦商汽船船客 溺死事件

○ 大正 13년(1924) 7월 16일 留置場의 竣工(『蕪湖警察署沿革誌』에 의함) (28913/282)

○ 大正 13년(1924) 7월 5일부터 7월 22일에 이르는 在蕪湖 林領事 發弊原外務大臣 앞 報告要旨 (28914/282)
　　○ 安徽省中部地方의 土匪
　　　一, 7月 上旬 이래 安徽省中部地方 六安, 廬州, 吊霍 일대 토비 봉기…
　　　二, 六安地方 匪亂에 관해 그 後 들은 바에 의하면, 土匪는 大刀會匪… (28915/282)
　　　三, 土匪는 外國人宣教師(天主堂, 福音堂 합해서 7명 있음)를 인질처럼… (28916/

283)

四, 六安地方 匪亂 鎭定에 관해 그 후의 상황을 들으니 26일 이래 城外…(28917/283)

五, 數日來 六安顯 包圍中이 되고 討伐隊는 18일에 이르러 南, 東, 北의…

○ 大正 14년(1925) 5월 및 6월 支那側의 排日行動(『蕪湖警察署沿革誌』에 의함) (28919/283)

○ 大正 14년(1925) 6월 10일 外務省 亞細亞局 第一課 調査에 의함 (28923/284)
  ○ 上海事件의 影響

○ 昭和 2년(1927) 5월 20일附 在蕪湖 藤村領事代理 發信 田中外務大臣 앞 報告要旨 (28924/285)
  ○ 蕪湖在留邦人의 철수
    一, 철수前의 一般情勢
    二, 在留邦人의 철수順序 (28938/288)
    三, 철수 後의 情勢 (28945/290)

○ 昭和 2년(1927) 6월 12일 上海 철수 중의 警察官復歸(『蕪湖警察署沿革誌』에 의함) (28951/291)

○ 昭和 2년(1927) 8월 4일附 在蕪湖 藤村領事代理 發信 田中外務大臣 앞 報告要旨 (28952/292)
  ○ 避難邦人復歸의 件

○ 昭和 2년(1927) 9월 27일 在留民에게 避難勸告(『蕪湖警察署沿革誌』에 의함) (28958/293)

○ 昭和 3년(1928) 5월 濟南事件으로 인한 支那側의 排日行動(『蕪湖警察署沿革誌』에 의함) (28959/293)

○ 昭和 3년(1928) 8월 20일 劍道具의 配付(『蕪湖警察署沿革誌』에 의함) (28963/294)

○ 昭和 4년(1929) 6월 蕪湖船負傷害事件(昭和 12년(1937)12월 外務省 亞細亞局 第二課 調査에 의함) (28964/295)
 ○ 附 安慶支那民船船夫 溺死事件
 ○ 附 安慶支那民船船夫 溺死事件 (28967/295)

○ 昭和 4년(1929) 10월 19일 및 同22일 在上海 重光總領事 發 弊原外務大臣 앞 報告要旨 (28969/296)
 ○ 蕪湖兵變시 居留民의 保護

○ 昭和 4년(1929) 10월 18일 兵變勃發에 대한 措置(『蕪湖警察署沿革誌』에 의함) (28971/29 6)

○ 昭和 5년(1930) 在蕪湖領事館 警察事務狀況
                        同   警察署長報告摘錄 (28973/297)
    目次
      一, 官內狀況
         (一) 在留民의 狀況
         (二) 警察事務
      二, 支那側의 狀況
         (一) 治安狀況
         (二) 土匪의 狀況
         (三) 交通 및 道路
         (四) 衛生

      一, 官內狀況 (28974/297)
         (一) 在留民의 狀況
         (二) 警察事務 (28975/297)
      二, 支那側의 狀況 (28977/298)
         (一) 治安狀況
         (二) 土匪의 狀況 (28978/298)
         (三) 交通 및 道路 (28980/299)
         (四) 衛生

別表 (28982/299)
在留邦人職業別戶口

○ 昭和 6년(1931) 7월 30일附 在蕪湖 湖柴崎領事 發信 弊原外務大臣 앞 報告要旨
  (28985/300)
  ○ 蕪湖水害狀況

○ 昭和 6년(1931) 7월, 8월, 9월에 이르는 水害狀況(『蕪湖警察署沿革誌』에 의함) (28986/
  300)

○ 昭和 6년(1931) 9월 奉天事件의 影響에 처해서 警備 및 在留民의 保護(『蕪湖警察署
  沿革誌』에 의함) (28989/301)

○ 昭和 6년(1931) 滿洲事變의 影響으로 인한 蕪湖留民邦人의 철수 (28992/302)

○ 昭和 7년(1932) 1월 上海事件으로 인한 在留民의 保護 및 철수(『蕪湖警察署沿革誌』
  에 의함) (28993/302)

○ 昭和 7년(1932) 上海事件으로 인한 領事館員 및 在留民의 철수 (28997/303)

○ 昭和 7년(1932) 3월末 조사 在留邦人의 철수人員은 左와 같음 (28998/303)

○ 昭和 7년(1932) 中 蕪湖領事館 警察事務狀況
                  同   警察署長報告摘錄 (28999/303)
  目次
    一, 在留民의 狀況
    二, 警察事務狀況
        (一) 警察署事務分掌
        (二) 邦人의 戶口
        (三) 邦人의 職業別人口
        (四) 警察文書
        (五) 保護送還

註記

一, 在留邦人의 狀況 (29000/304)

二, 警察事務狀況

　　(一) 昭和 7년(1932) 12월末 조사 警察署事務分掌

　　(二) 昭和 7년(1932) 12월末 조사 邦人戶口 (29001/304)

　　(三) 昭和 7년(1932) 12월末 조사 邦人職業別人口

　　(四) 昭和 7년(1932)中 警察文書 (29002/304)

　　(五) 昭和 7년(1932)中 保護送還 (29003/304)

○ 昭和 8년(1933) 在蕪湖領事館 警察事務狀況

　　　　　同　　　　　　　警察署長報告摘錄 (29004/305)

　一, 昭和 8년(1933) 12월末 조사 警察署事務分掌

　二, 昭和 8년(1933) 12월末 조사 邦人戶口

　三, 昭和 8년(1933) 12월末 조사 邦人의 諸營業 (29005/305)

　四, 昭和 8년(1933)中 警察文書 (29006/305)

　五, 昭和 8년(1933)中 邦人의 火災 (29007/305)

　六, 昭和 8년(1933)中 諭旨退去

　七, 昭和 8년(1933)中 邦人의 傳染病 (29008/306)

　八, 昭和 8년(1933)中 種痘

　七, 昭和 8년(1933)中 檢視, 檢證 (29009/306)

○ 昭和 9년(1934) 在蕪湖領事館 警察事務狀況

　　　　　同　　　　　　　警察署長報告摘錄 (29010/306)

　目次

　一, 在留邦人의 狀況

　二, 支那官民의 在留邦人에 대한 狀況

　三, 警察事務狀況

　　(一) 警察署事務分掌

　　(二) 邦人戶口

　　(三) 邦人職業別人口

　　(四) 警察文書

562

(十) 種痘

　　　　註記

(七) 邦人의 傳染病

(八) 傳染病豫防注射

(九) 種痘

(十) 檢視, 檢證

(十一) 邦人의 被害

(十二) 犯罪件數 및 檢擧件數

　　註記

○ 昭和 12년(1937) 12月 皇軍의 蕪湖入城後 領事館開館에 이르기까지 經過(『蕪湖警察署沿革誌』에 의함) (29049/316)

○ 昭和 13년(1936) 3月 19日 領事分館의 再開 (29053/317)

○ 昭和 13년(1936) 4月 25日 派出所의 開設(『蕪湖警察署沿革誌』에 의함)

○ 昭和 13년(1938) 在南京總領事館 蕪湖分館 警察事務狀況
　　　　　　　　　同　　　　　　　　　　警察署長報告摘錄 (29054/317)
　目次
　　一, 地方治安概況
　　二, 在留邦人의 狀況
　　三, 警察事務狀況
　　　　(一) 警察署事務分掌
　　　　(二) 邦人의 人口
　　　　(三) 內地人의 職業
　　　　(四) 警察文書
　　　　(五) 行政警察事項
　　　　(六) 在留禁止 및 保護送還 (29055/317)
　　　　(七) 邦人의 傳染病
　　　　(八) 傳染病豫防注射
　　　　(九) 種痘
　　　　(十) 檢視, 檢證
　　　　(十一) 犯罪件數 및 檢擧件數
　　　　(十二) 支那側警察機關
　　　　　註記

　　一, 地方治安概況 (29056/318)
　　　　(一) 江北地方(揚子江北岸地區)
　　　　(二) 安徽省內揚子江兩岸地方 (29057/318)
　　　　(三) 江南地方
　　二, 在留邦人의 狀況 (29060/319)

(29089/327)

○ 在蕪湖領事館 警察署長歷任表 昭和 12년(1937) 12월말 조사 (29090/328)

○ 在蕪湖領事館 警察官異動表 (29092/328)

9. 『외무성경찰사』 제49권

5 支那ノ部(中支)

해설

중지中支 창장長江 중류 내륙 지역 중심 도시인 주장九江 주재 일본 영사관, 한커우漢口 주재 일본 총영사관, 정저우鄭州 주재 일본 영사관의 외무성 경찰에서 생산된 문건들이 5-25와 5-26으로 나뉘어 수록되어 있다. 5-25에는 1907년 4월~1938년의 문건 68건, 한국 관련 문건 3건이 수록되어 있다. 5-26에는 1907년 4월~1938년 12월에 생산된 158건이 수록되어 있고, 이 가운데 한국 관련은 2건이다. 총수록 문건 226건 가운데 한국 관련 문건은 5건이며, 메이지, 다이쇼, 쇼와 3대에 걸쳐 있다.

일본은 중국 창장 지역으로까지 진출하여 중국국민당이 착수한 북벌을 견제하였다. 이 비상 시국에 외무성 경찰이 본국 외무성의 지시를 받거나 보고한 문건들이 실려 있다. 중국 내 일본의 이익과 밀접한 관련으로 충돌한 사건, 예컨대 1925년 6월의 상하이사건, 1928년 1월의 오요시마루大吉丸 충돌 사건 등 외무성 아세아국 제2과가 중심이 되어 조사한 문건들이 있다. 1936년 9월 외무대신이 한커우漢口사건 등에 대해 중국 주재 일본 대사관 대사, 한커우·칭다오·광저우·지난·톈진·베이핑北平[12] 등지 각 공관장 앞으로 보낸 훈령도 눈여겨 볼 만한 자료들이다.

1920년대 신해혁명辛亥革命이 미완성으로 끝나고 위안스카이袁世凱(1860~1916) 이후 그를 배경으로 한 이른바 신군新軍 출신 주요 장령將領들이 중심이 되어 군벌을 형성하여 중화민국의 중앙정부를 장악하고, 이 상황은 대외적으

---

12 북벌이 종료된 1927년 8월부터 1949년 10월 중화인민공화국 수립 이전 시기 베이징의 명칭.

로 열강의 승인을 받았다. 그 대척점에서 장제스蔣介石의 국민당 정부는 남방 광둥성에 기반을 두고 군벌 일소를 정치적 기치를 내세웠다. 이 상황에서 일본은 일본의 경제적·군사적 지원을 바라는 베이징 군벌 정부와 결탁하면서 중국 진출의 기반을 넓히며 크고 작은 여러 사건을 일으켰다. 국민당 권력을 장악한 장제스는 1923년 국민당군을 이끌고 군벌 일소 목적으로 먼저 복건성 군벌 제거를 위한 '동정東征', 1924년 9월 18일 손중산孫中山(1866~1925)의 북벌 선언['中國國民黨 北伐宣言']을 이어받아 1926년 7월 9일 반제와 반군벌 혁명을 기치로 북벌['國民革命'] 준비에 들어갔다. 중국국민당은 상하이와 우한武漢 등지를 중심으로 한 중지 지역을 장악하지 못했지만, 창장 중류의 후베이성湖北省 지역 각지에서 군벌 정부와 제국주의의 외국 군대나 영사관 혹은 외국인을 공격하는 형태로 외세에 저항하였다. 1923년 7월 주장에서 중국인들과 일본 해군 수병들 사이에 발생한 충돌은 그 중 대표적인 사건이다.

제49권에 수록된 문건들은 크게 중지 각지에 출동한 일본 세력의 동향과 반외세적인 중국인들의 동향에 관한 것이 대부분이다. 이 지역 거류 한국인들의 반일 활동에 관한 내용이 담긴 문건은 몇 건에 지나지 않는다. 메이지 시대 때부터 중국 각지에 진출한 일본 영사관의 설치, 각지 일본 외무성 경찰의 현황 관련 문건들도 포함되었다. 중국에 일본 영사관이 설치된 과정 파악에 도움이 되는 자료들이다. 일본 '십자사구호단十字社救護團'의 한커우漢口 파견, 중국 진출 일본 선박 사건, 일본 거류민의 현지 중국인들과의 충돌, 중국인 "폭동"을 피한 일본 거류민들의 피난 및 본국 철수 등을 알려 주는 문건들이 다수 실렸다.

1931년 9월의 만주사변, 1932년 1월의 1·28상하이사변 이후 재중국 일본 거류민의 동향과 중국 각지의 동향을 파악할 수 있는 자료들도 적지 않다. 한국인 독립운동과 관련한 자료로는 화중華中 지방의 난창南昌·한커우·뤄양洛陽 등지에 거류한 한국인들에 대한 동향을 파악한 문건들이 수록돼 있다. 이 문건들은 비록 몇 건에 불과하지만, 1920~30년대 화중 지방에서 활동하고 있던 한국인들의 항일운동에 대한 새로운 사실들을 제공하거나 기존의 내용을 풍부하게 해 줄 수 있는 내용이다. (서상문)

5-25 在九江領事館

○ 明治 40년(1907) 6월 21일附 在漢口 水野領事 發信 林外務大臣 앞 稟請要旨 (29099/3)
  ○ 九江에 領事分館 開設방법의 件

○ 明治 44년(1911) 11월 11일 內田外務大臣 發 在蕪湖 奧田領事 앞 電報要旨 (29103/4)
  ○ 九江에 書記生 派遣의 件

○ 明治 44년(1911)度 外務省 省議案 (29104/4)
  ○ 領事館 新設의 議

○ 明治 43년(1910) 10월 1일 九江警察官出張所의 창설(『在九江領事館警察署沿革誌』에 의거) (29107/5)

○ 大正 원년(1912) 9월 '콜레라'의 유행(『九江領事館警察署沿革誌』에 의거) (29109/5)

○ 大正 2년(1913) 6월 30일附 在九江 八木書記生 發信 在漢口 芳澤總領事 앞 報告要旨 (29110/6)
  ○ 支那官憲의 本邦商船內搜索의 件

○ 大正 2년(1913) 7월 14일附 在上海 有吉總領事 發信 牧野外務大臣 앞 報告要旨 (29112/6)
  ○ 大冶丸砲擊事件

○ 大正 2년(1913) 7월 南昌在留邦人의 철수(『九江領事館警察署沿革誌』에 의거) (29115/7)

○ 大正 3년(1914) 4월 4일 林外務大臣 發 在漢口 高橋副領事 앞 電報要旨 (29116/7)

○ 大正 4년(1915) 2월 3일 南潯鐵道南昌迄開通(『九江領事館警察署沿革誌』에 의거)
(29117/7)

○ 大正 4년(1915) 7월 14일附 外務省發令 (29118/8)

○ 大正 4년(1915) 9월 在留邦人에 대한 在留禁止(『九江領事館警察署沿革誌』에 의거)
(29119/8)

○ 大正 4년(1915) 10월 조사(調) 外國人經營의 公益施設(『九江領事館警察署沿革誌』
에 의거) (29120/8)

○ 大正 5년(1916) 1월 11일附 在九江 大和久領事館事務代理 發信 石井外務大臣 앞 報
告要旨(29126/10)
  ○ 江西輸送軍日淸汽船會社 小蒸氣船에 대한 橫暴

○ 大正 5년(1916) 領事館令의 公布(『九江領事館警察署沿革誌』에 의거) (29129/10)

○ 大正 5년(1916)中 九江 船舶出入狀況(『九江領事館警察署沿革誌』에 의거) (29130/
11)

○ 大正 7년(1918) 3월 6일附 在九江 河西領事 發信 本野外務大臣 앞 報告要旨 (29131/
11)
  ○ 九江在留本邦人 敎育, 金融과 衛生에 관한 調査 (29131/11)
    一. 敎育機關
    二. 金融機關 (29133/11)
    三. 衛生及慈善事業 (29134/12)

○ 大正 8년(1919) 1월 29일附 在漢口 瀨川總領事 發信 內田外務大臣 앞 報告要旨
(29136/12)
  ○ 副領事瀨上恕治 殺人事件에 관한 件
    • 檢證調書 (29138/13)
    • 遺書寫 (29153/16)

○ 大正 8년(1919) 6월 4일附 豊島司法省刑事局長 發信 田中外務省通商局長 앞 通報要旨 (29155/17)
　○ 瀨上副領事犯罪事件 不起訴處分의 件

○ 大正 8년(1919) 10월 日本人小學校의 開校(『九江領事館警察署沿革誌』에 의거) (29158/18)

○ 大正 9년(1920) 10월 日本人小學校에 대한 外務省의 補助(『九江領事館警察署沿革誌』에 의거) (29158/18)

○ 大正 10년(1921) 7월 7일附 在九江 相原領事 發信 在支那 吉田臨時代理公使 앞 請訓要旨 (29161/18)
　○ 支那內亂에 伴한 邦人의 被害補償要求의 件

○ 大正 10년(1921) 11월 10일 義勇隊의 組織(『九江領事館警察署沿革誌』에 의거) (29169/20)

○ 大正 10년(1921) 12월 南潯鐵道公司借款反對運動(『九江領事館警察署沿革誌』에 의거) (29170/21)

○ 大正 11년(1922) 2월 27일 在九江 相原領事 發 內田外務大臣 앞 電報要旨 (29172/21)
　○ 本邦汽船 支那內河航行中 支那側으로부터 避害를 받을 경우의 臨檢방법

○ 大正 11년(1922) 8월 5일附 在九江 相原領事 發信 內田外務大臣 앞 報告要旨 (29175/22)
　○ 兵變사이에 在留民의 避難과 防備狀況의 件

○ 大正 11년(1922) 8월 24일附 在九江 相原領事 發信 內田外務大臣 앞 電報要旨 (29179/23)
　○ 九江兵變에 의한 本邦人側의 被害의 件
　○ 九江兵變에 의한 邦人側의 被害의 件 (29180/23)
　　(別紙)

• 要求條件 (29182/24)

○ 大正 12년(1923) 5월 7일 內田外務大臣 發 在九江 江戸領事 앞 電報要旨 (29183/24)
　○ 4월 17일 附貫信에 關한 件

○ 大正 12년(1923) 4월 30일附 在九江 江戸領事 發信 內田外務大臣 앞 請訓要旨 (29184/24)
　○ 九江事變에 의한 載生昌九江支店被害에 關한 件

○ 大正 12년(1923) 5월 10일附 在九江 江戸領事 發信 內田外務大臣 앞 請訓要旨 (29185/24)
　○ 九江事變에 의한 載生昌九江支店被害에 關한 件

○ 大正 12년(1923) 9월 14일附 在九江 江戸領事 發信 內田外務大臣 앞 請訓要旨 (29186/25)
　○ 九江事變에 의한 載生昌九江支店被害의 件

○ 大正 12년(1923) 1월 11일 九江我가 郵便局 撤廢 (29189/25)

○ 大正 12년(1923) 5월 30일 臺灣銀行支店의 閉鎖(『九江領事館警察署沿革誌』에 의거) (29190/26)

○ 大正 12년(1923) 7월 26일 在九江 江戸領事 發 內田外務大臣 앞 電報要旨 (29191/26)
　○ 我水兵과 支那人과의 紛擾의 件

○ 大正 14년(1925) 4월 27일附 在九江 江戸領事 發信 幣原外務大臣 앞 報告要旨 (29193/26)
　○ 九江臺灣銀行員 古川壽八 支那人誤傷의 件

○ 大正 14년(1925) 6월 10일 外務省 亞細亞局 第1課 調査에 의거 (29196/27)
　○ 上海事件의 影響

○ 大正 14년(1925) 6월 2일附 在九江 大和久領事代理 發信 幣原外務大臣 앞 報告要旨 (29197/27)
　○ 九江日淸汽船의 曇船에서 支那苦力의 暴行

○ 大正 14년(1925) 6월 16일附 在九江 大和久領事代理 發信 幣原外務大臣 앞 報告要旨(29203/29)
　○ 九江民衆暴動의 件日

○ 大正 14년(1925) 7월 東亞同文書院學生의 遭難(『九江警察署沿革誌』에 의거) (29219/33)

○ 大正 15년(1926) 10월 國民革命의 行動과 在留民의 保護(『九江警察署沿革誌』에 의거) (29221/33)

○ 昭和 2년(1927) 1월 在留民의 保護와 避難(『九江警察署沿革誌』에 의거) (29226/35)

○ 昭和 2년(1927) 3월 在留邦人保護計劃(『九江警察署沿革誌』에 의거) (29229/35)

○ 昭和 2년(1927) 9월 9일附 在九江 大和久領事 發信 田中外務大臣 앞 報告要旨 (29233/36)
　○ 九江在留邦人의 철수와 復歸

○ 昭和 3년(1928) 1월 大吉丸衝突事件(昭和 3년 12월 外務省 亞細亞局 第2課 調査에 의거) (29236/37)

● **昭和 3년(1928) 4월 10일 不逞鮮人의 南昌에서 運動(『九江警察署沿革誌』에 의거) (29242/39)**

○ 昭和 5년(1930) 3월 및 6월 共匪活動狀況(『九江警察署沿革誌』에 의거) (29245/39)

○ 昭和 5년(1930) 12월 江西省內討匪狀況(『九江警察署沿革誌』에 의거) (29249/40)

○ 昭和 5년(1930) 在九江領事館 警察事務狀況 (29253/41)

○ 昭和 6년(1931) 8월 20일 在九江 河野領事代理 發 幣原外務大臣 앞 電報要旨 (29270/46)

　° 九江水害槪況

○ 昭和 6년(1931) 7·8·9월 水害狀況(『九江警察署沿革誌』에 의거) (29271/46)

○ 昭和 6년(1931) 9월 滿洲事變의 影響(『九江警察署沿革誌』에 의거)(29274/47)

● 昭和 6년(1931) 8월, 9월 排日運動(『九江警察署沿革誌』에 의거) (29282/49)

○ 昭和 6년(1931) 滿洲事變의 影響으로 인한 九江在留邦人의 철수 (29288/50)

○ 昭和 6년(1931) 在九江領事館 警察事務狀況 (29289/50)

○ 昭和 7년(1932) 1월 上海事變의 影響 및 在留民의 保護(『九江警察署沿革誌』에 의거) (29294/52)

○ 昭和 7년(1932) 上海事變으로 인한 在留邦人의 철수 (29334/62)

○ 昭和 7년(1932) 上海事變으로 인한 九江在留邦人의 保護철수 (29339/63)

○ 昭和 7년(1932) 上海事變의 影響으로 인한 九江在留邦人의 避難 및 철수 (29340/63)

○ 昭和 7년(1932) 在九江領事館 警察事務狀況 (29341/63)

○ 昭和 8년(1933) 在九江領事館 警察事務狀況 (29352/66)

○ 昭和 9년(1934) 6월 下旬以來에 九江의 水害 (29368/70)

○ 昭和 9년(1934) 在九江領事館 警察事務狀況 (29369/70)

○ 昭和 10년(1935) 在九江領事館 警察事務狀況 (29380/73)

● 昭和 11년(1935) 8월 不逞鮮人 羅昌憲 死亡後에 遺族保護의 件(『九江警察署沿革誌』에 의거 (29398/78)

○ 昭和 11년(1936) 10월 13일 支那兵의 保津艦長侮辱 事件(『九江警察署沿革誌』에 의거) (29403/79)

○ 昭和 11년(1936) 12월 西安事件의 影響(『九江警察署沿革誌』에 의거) (29406/80)

○ 昭和 11년(1936) 在九江領事館 警察事務狀況 (29413/81)

○ 昭和 12년(1937) 8월 九江在留官民의 철수(『九江警察署沿革誌』에 의거) (29430/86)

○ 昭和 12년(1937) 支那事變으로 인한 在九江領事館內 在留邦人의 철수 狀況 (29434/87)

○ 昭和 13년(1938) 皇軍의 九江入城 및 領事館의 再開(『九江警察署沿革誌』에 의거) (29435/87)

5-26 在漢口總領事館, 在鄭州領事館

○ 明治 18년(1885) 5월 1일附 井上外務卿 發信 三條太政大臣 앞 上申(原文寫) (29511/
   109)
　○ 漢口領事館設置의 件

○ 明治 18년(1885) 10월 1일附 內閣書記官 發信 外務書記官 앞 公信 (29513/110)

○ 明治 18년(1885) 12월 17일附 在漢口 町田領事 發信 (29514/110)
　○ 井上外務卿 앞 報告(原文寫)

○ 明治 31년(1898) 9월 28일附 外務省發令 (29516/111)

○ 明治 31년(1898) 12월 17일 外務省告示 第24號 (29517/111)
　○ 漢口日本居留地取極書

○ 明治 39년(1906) 3월 17일附 在漢口 山崎事務代理 發信 西園寺外務大臣 앞 報告要
   旨 (29518/111)
　○ 九江에서 本邦商人 淸國官吏에 不法監禁事件 및 交涉顚末

○ 明治 39년(1906) 4월 16일附 在漢口 山崎事務代理 發信 西園寺外務大臣 앞 報告要
   旨 (29535/115)
　○ 九江에서 本邦商人이 淸國官員에 毆打拘禁의 件

○ 明治 39년(1906) 7월 25일附 在漢口 水野領事 發信 林外務大臣 앞稟請要旨 (29537/
   116)
　○ 漢口日本專管居留地警察에 關한 件

○ 明治 39년(1906) 10월 3일附 在漢口 水野領事 發信 林外務大臣 앞 稟請要旨 (29545/
   118)

○ 漢口日本專管居留地警察에 關한 件

○ 明治 39년(1906) 10월 23일附 林外務大臣 發信 在漢口 水野領事 앞 通達要旨 (29546/118)
　○ 居留地警察의 件

○ 明治 40년(1907) 6월 17일 外務省告示 第17號 (29547/118)
　○ 漢口日本擴張居留地取極書

○ 明治 42년(1909) 2월 10일附 在漢口 高橋領事 發信 小村外務大臣 앞 報告要旨 (29548/119)
　○ 租界內警察組織에 關한 件

○ 明治 42년(1909) 6월 7일 在漢口 高橋領事 發 小村外務大臣 앞 電報要旨 (29550/119)
　○ 野元巡査가 中村警部殺害事件

○ 明治 42년(1909) 6월 8일 在高橋領事 發 小村外務大臣 앞 電報要旨 (29550/119)

○ 明治 42년(1909) 6월 18일 在漢口 高橋領事 發 小外村務大臣 앞 電報要旨 (29551/119)

○ 明治 42년(1909) 6월 21일 小村外務大臣 發 在漢口 高橋領事 앞 電報要旨 (29551/119)

○ 明治 42년(1909) 6월 11일附 在漢口 高橋領事 發信 小村外務大臣 앞 報告要旨 (29552/120)
　○ 中村警部 橫死의 狀況

○ 明治 42년(1909) 7월 1일附 在漢口 高橋領事 發信 小村外務大臣 앞 報告要旨 (29564/123)
　○ 野元德彌被告豫審終結

○ 明治42년(1909) 12월 4일附 山口長崎地方裁判所長 發信 田付外務大臣官房人事課長 앞 通報要旨 (29565/123)
  ○ 本年 11월 29일附 野元德彌殺害事件의 確定判決書寫送付方御照會에 의한 別紙 送付

○ 明治42년(1909) 10월 外務省 (29578/126)
  ○ 領事館廢合의 件

○ 明治43년(1910) 11월 7일附 在漢口 來栖總領事代理 發信 小村外務大臣 앞 報告要旨 (29584/128)
  ○ 大冶縣에서 殺人事件 檢證을 위한 警部 등 出張의 件

○ 明治43년(1910) 12월 14일 在漢口 來栖總領事 發 小村外務大臣 앞 電報要旨 (29594/130)

○ 明治44년(1911) 4월 5일附 在漢口 松村總領事 發信 小村外務大臣 앞 報告要旨 (29595/130)
  ○ 漢口在留三井洋行店員 安樂武雄 橫死에 關한 件

○ 明治44년(1911) 3월 13일附 小村外務大臣 發信 在漢口 松村總領事 앞 通達要旨 (29599/131)
  ○ 英國警察官 武昌師範學堂本邦人敎習 傷害의 件

○ 明治44년(1911) 7월 31일附 在漢口 松村總領事 發信 小村外務大臣 앞 報告要旨 (29605/133)
  ○ 武昌師範學堂敎習 愛甲平一郎 負傷 事件

○ 明治44년(1911) 10월 11일 在漢口 松村總領事 發 林外務大臣 앞 電報要旨 (29608/134)
  ○ 武昌에서 暴動

○ 明治44년(1911) 10월 22일 在上海 有吉總領事 發 內田外務大臣 앞 電報要旨 (29610/

134)
  ○ 武昌에서 暴動

○ 明治 44년(1911) 10월 28일附 在漢口 松村總領事 發信 內田外務大臣 앞 稟請要旨
  (29612/135)
  ○ 在留民避難命令 追認方의 件

○ 明治 44년(1911) 11월 8일附 在漢口 松村總領事 發信 內田外務大臣 앞 報告要旨
  (29614/135)
  ○ 上海到着後에 漢口避難民의 始末의 件

○ 明治 44년(1911) 11월 2일附 在漢口 松村總領事 發信 內田外務大臣 앞 報告要旨
  (29616/136)
  ○ 漢口火災와 本邦人 損害의 件

○ 明治 44년(1911) 10월 29일附 在漢口 松村總領事 發信 內田外務大臣 앞 報告要旨
  (29620/137)
  ○ 九江의 反亂과 同地在留邦人의 철수 準備의 件

○ 明治 44년(1911) 10월 31일 在上海 有吉總領事 發信 內田外務大臣 앞 電報要旨
  (29630/139)
  ○ 日本赤十字社 救護團 漢口派遣의 件

○ 明治 44년(1911) 11월 8일附 石本陸軍大臣, 齋藤海軍大臣 發信 內田外務大臣 앞 照
  會要旨 (29632/140)
  ○ 漢口로 救護團 派遣방법의 件

○ 明治 44년(1911) 11월 9일附 內田外務大臣 發信 石本陸軍大臣, 齋藤海軍大臣 앞 回
  答要旨 (29635/140)
  ○ 赤十字社 救護團 漢口 派遣 방법의 件

○ 明治 44년(1911) 11월 10일附 岡陸軍次 發信 石井外務次官 앞 照會要旨 (29636/141)

◦ 中淸으로 派遣한 赤十字社 救護團의 件

◦ 明治 44년(1911) 12월 12일附 日本赤十字社 發信 外務省 앞 通報要旨 (29641/142)
　　◦ 日本赤十字社 救護團 漢口派遣의 件

◦ 明治 44년(1911) 11월 28일附 在淸國 伊集院公使 發信 內田外務大臣 앞 報告要旨
　(29658/146)
　　　◦ 日本赤十字社 救護班 派遣에 대한 淸國政府 謝意轉達의 件

◦ 明治 45년(1912) 2월 3일 在漢口 松村總領事 發信 內田外務大臣 앞 電報要旨
　(29660/147)

◦ 明治 45년(1912) 2월 14일附 松方日本赤十字社長 發信 內田外務大臣 앞 通報要旨
　(29660/147)

◦ 明治 45년(1912) 3월 5일附 日本赤十字社長 發信 內田外務大臣 앞 通報要旨 (29660/
　147)

◦ 大正 2년(1913) 4월 7일附 在漢口 芳澤總領事 發信 牧野外務大臣 앞 報告要旨
　(29661/147)
　　◦ 支那革命騷亂의 사이에서 赤十字部員에 記念章 贈與의 件

◦ 明治 44년(1911) 11월 4일附 在漢口 松村總領事 發信 內田外務大臣 앞 報告要旨
　(29666/148)
　　◦ 東亞製粉株式會社 保護방법의 件

◦ 明治 44년(1911) 11월 28일附 在漢口 松村總領事 發信 內田外務大臣 앞 報告要旨
　(29670/149)
　　◦ 東亞製粉會社 被害의 件

◦ 明治 44년(1911) 12월 5일附 在漢口 松村總領事 發信 內田外務大臣 앞 報告要旨
　(29673/150)

∘ 東亞製粉會社 被害取調에 관한 件

○ 明治 44년(1911) 11월 20일附 在漢口 松村總領事 發信 內田外務大臣 앞 報告要旨
(29681/152)
∘ 日清汽船會社 燒失의 件

○ 明治 44년(1911) 11월 21일附 在漢口 松村總領事 發信 內田外務大臣 앞 報告要旨
(29684/153)
∘ 日清汽船會社 '헐크'의 擊沈과 東亞製粉會社倉庫 燒失의 件

○ 明治 44년(1911) 11월 16일 在上海 有吉總領事 發信 內田外務大臣 앞 電報摘錄
(29686/153)

○ 明治 44년(1911) 12월 5일附 在漢口 松村總領事 發信 內田外務大臣 앞 報告要旨
(29687/153)
∘ 陝西三原在留邦人 保護方의 件

○ 明治 44년(1911) 12월 8·9·10·18일 在北京 伊集院公使 發信 內田外務大臣 앞 電報要
旨 (29691/154)

○ 明治 44년(1911) 12월 29일 在北京 伊集院公使 發 在漢口 松村總領事 앞 電報要旨
(29695/155)

○ 明治 45년(1912) 3월 5·6·8일 在漢口 松村總領事 發信 內田外務大臣 앞 電報要旨
(29697/156)

○ 大正 2년(1913) 8월 20일附 在漢口 芳澤總領事 發信 牧野外務大臣 앞 報告要旨
(29699/156)
∘ 河南省鄭州에서 本邦婦人殺害事件

○ 大正 2년(1913) 8월 22일附 在漢口 芳澤總領事 發信 牧野外務大臣 앞 報告要旨
(29705/158)

○ 支那兵의 西村少尉에 대한 폭행事件

○ 大正 2년(1913) 10월 10일 外務省公表 (29725/163)
　○ 兗州, 漢口와 南京事件 解決의 件

○ 大正 3년(1914) 4월 17일附 在漢口 高橋總領事代理 發信 牧野外務大臣 앞 報告要旨 (29733/165)
　○ 河南省周家口에서 邦人의 遭難

○ 大正 3년(1914) 8월 14일附 在漢口 高橋總領事代理 發信 加藤外務大臣 앞 報告要旨 (29737/166)
　○ 河南省周家口에서 邦人의 遭難

○ 大正 3년(1914) 4월 18일附 在漢口 高橋總領事代理 發信 加藤外務大臣 앞 報告要旨 (29742/167)
　○ 在留禁止命令 執行의 件

○ 大正 5년(1916) 10월 3일附 在漢口 瀨川總領事 發信 石井外務大臣 앞 報告要旨 (29748/169)
　○ 邦人 和泉佳芽一 支那人에 殺害의 件

○ 大正 5년(1916) 10월 7일附 在九江 河西領事代理 發信 石井外務大臣 앞 報告要旨 (29759/171)
　○ 和泉佳芽一 死體鑑定書의 件

○ 大正 5년(1916) 10월 13일附 在漢口 瀨川總領事 發信 寺內外務大臣 앞 報告要旨 (29766/173)
　○ 和泉佳芽一 加害犯人搜索의 件

○ 大正 7년(1918) 2월 13일附 在漢口 瀨川總領事 發信 本野外務大臣 앞 報告要旨 (29770/174)
　○ 岳州에서 北軍의 의해 本邦商이 받은 被害에 관한 件

○ 大正 7년(1918) 3월 15일附 在漢口 瀨川總領事 發信 本野外務大臣 앞 報告要旨
(29774/175)
  ○ 教育, 金融과 衛生에 관한 件

○ 大正 7년(1918) 6월 7일附 在漢口 瀨川總領事 發信 在支 林公使 앞 報告要旨 (29792/
180)
  ○ 時局擾亂으로 인한 損害賠償方의 件

○ 大正 8년(1919) 4월 29일附 在漢口 瀨川總領事 發信 內田外務大臣 앞 報告要旨
(29802/182)
  ○ 支那側에서 引渡받은 山王丸豊治에 관한 件

○ 在漢口 瀨川總領事 發信 內田外務大臣 앞 報告要旨 (29807/183)
  ○ 武昌兵變事件

○ 大正 10년(1921) 8월 15일附 在漢口 瀨川總領事 發信 內田外務大臣 앞 電報要旨
(29821/187)
  ○ 支那兵의 我汽船에 對한 不法射擊

○ 大正 10년(1921) 9월 10일附 在漢口 瀨川總領事 發信 內田外務大臣 앞 報告要旨
(29822/187)
  ○ 在鄭州巽洋行强盜被害의 件

○ 大正 10년(1921) 9월 24일附 內田外務大臣 發信 在漢口 瀨川總領事 앞 訓達要旨
(29831/189)
  ○ 在鄭州巽洋行 强盜被害의 件

○ 大正 10년(1921) 10월 8일附 在漢口 瀨川總領事 發信 內田外務大臣 앞 報告要旨
(29831/189)
  ○ 在鄭州巽洋行 强盜被害에 關한 件

○ 大正 11년(1922) 5월 23일附 在漢口 貴布根總領事代理 發信 內田外務大臣 앞 報告

要旨 (29834/190)

　○ 田中大將狙擊犯人搜査에 關한 支那新聞의 排日記事의 件

○ 大正 11년(1922) 8월 18일附 在漢口 瀬川總領事 發信 在車慶 貴布根總領事代理 앞
　通報要旨 (29846/193)

　○ 日華製油株式會社員 萬縣에서 支那兵에 狙擊의 件

○ 大正 12년(1923) 2월 8일附 在重慶 貴布根總領事代理 發信 在支 小幡公使 앞 報告要
　旨 (29853/195)

　○ 日華製油會社社員 高柳八郎 遭難負傷의 件

○ 大正 11년(1922) 9월 7일附 在漢口 瀬川總領事 發信 內田外務大臣 앞 報告要旨
　(29863/197)

　○ 河南省陝州에서 本邦人의 被害

○ 大正 11년(1922) 11월 12일附 在漢口 瀬川總領事 發信 內田外務大臣 앞 報告要旨
　(29870/199)

　○ 京漢線沿線地에서 土匪의 行動

○ 大正 11년(1922) 11월 18일附 在支 小幡公使 發信 內田外務大臣 앞 報告要旨 (29873/
　200)

　○ 支那內亂 其他에 因한 被害賠償要求의 件

○ 大正 12년(1923) 6월 2일附 在漢口 林總領事 發信 內田外務大臣 앞 報告要旨
　(29876/201)

　○ 武林洋行 支那人店員 强盜被害의 件

○ 大正 12년(1923) 11월 9일附 在漢口 林總領事 發信 在支 芳澤公使 앞 報告要旨
　(29878/201)

　○ 阿西省 內地旅行者에 對한 支那側 希望의 件

○ 大正 13년(1924) 3월 3일附 在漢口 林總領事 發信 松井外務大臣 앞 報告要旨

(29897/206)
　　ㅇ 東孚洋行에서 支那人縊死事件

ㅇ 大正 13년(1924) 3월 11일附 在漢口 林總領事 發信 松井外務大臣 앞 報告要旨
　　(29905/208)
　　ㅇ 東孚洋行에서 支那人縊死事件

● 大正 13년(1924) 4월 21일附 在漢口 林總領事 發信 松井外務大臣 앞 報告要旨
　　(29907/208)
　　ㅇ 排日鮮人 金在天의 行動의 件

● 大正 13년(1924) 5월 26일附 在漢口 林總領事 發信 松井外務大臣 앞 報告要旨
　　(29909/209)
　　ㅇ 洛陽方面에서 朝鮮人에 關한 件

ㅇ 大正 13년(1924) 6월 4일 在漢口 林總領事 發信 松井外務大臣 앞 報告要旨 (29911/
　　209)
　　ㅇ 支那群衆의 暴行事件

ㅇ 大正 13년(1924) 6월 4일附 在漢口 林總領事 發信 沈外交部特派湖北交涉員 앞 照會
　　要旨 (29913/210)

ㅇ 大正 13년(1924) 8월 11일附 在漢口 林總領事 發信 吳外交部特派湖北交涉員 앞 照
　　會要旨 (29915/210)

ㅇ 大正 13년(1924) 12월 27일 在漢口 林總領事 發信 幣原外務大臣 앞 報告要旨
　　(29920/212)
　　ㅇ 本邦人 旅行中 兵變에 因한 掠奪被害의 件

ㅇ 大正 14년(1925) 6월 10일 外務省 亞細亞局 第1課 調査에 의한 上海事件의 影響
　　(29923/212)

588

○ 大正 14년(1925) 7월 17일附 在支那 芳澤公使 發信 幣原外務大臣 앞 報告要旨 (29924/213)
  ○ 河南省 鄭州에 領事館 開設方의 件

○ 昭和 6년(1931) 1월 8일 外務省 亞細亞局 (29925/213)
  ○ 鄭州日本領事館 開設에 關한 件

○ 昭和 6년(1931) 1월 15일 在漢口 坂根總領事 發信 幣原外務大臣 앞 電報要旨 (29929/214)
  ○ 鄭州總領事館 準備의 件

○ 昭和 6년(1931) 1월 19일 在漢口 坂根總領事 發信 幣原外務大臣 앞 電報要旨 (29930/214)

○ 大正 15년(1926) 3월 29일附 在漢口 高尾總領事 發信 幣原外務大臣 앞 報告要旨 (29932/215)
  ○ 正金銀行松永恒信行衛搜索의 件

○ 大正 15년(1926) 5월 7일附 在漢口 高尾總領事 發信 幣原外務大臣 앞 報告要旨 (29946/218)
  ○ 伍飛龍이란 者의 銃殺에 關한 件

○ 大正 15년(1926) 5월 22일附 在濟南 藤田總領事 發信 幣原外務大臣 앞 報告要旨 (29952/220)
  ○ 伍飛龍이란 者의 銃殺에 關한 件

○ 大正 15년(1926) 8월 大元丸事件 (29954/220)
  ○ (昭和 元년(1926) 12월 外務省 亞細亞局 第2課 調書에 의거)

○ 大正 15년(1926) 武漢戰局에 의한 在留民保護에 關한 措置 (29960/222)
  ○ (大正 15년 外務省 亞細亞局 第2課 調書에 의거)

○ 昭和 2년(1927) 3월 12일 在漢口 高尾總領事 發 幣原外務大臣 앞 電報要旨 (29993/230)
　○ 糾察隊員 我總領事館에 侵入暴行의 件

○ 昭和 2년(1927) 4월 15일附 在漢口 高尾總領事 發信 幣原外務大臣 앞 報告摘錄 (29995/230)
　○ 漢口四三事件

○ 高裁案 昭和 2년(1927) 4월 28일 支那時局에 關한 外務省警察 充實方에 關한 件 (30039/241)

○ 高裁案 昭和 2년(1927) 9월 21일 漢口 臨時警備員의 待遇와 給與에 關한 件 (30042/242)

○ 昭和 2년(1927) 7월 6일附 在漢口 田中總領事代理 發信 在北京 堀臨時代理公使 앞 報告要旨 (30045/243)
　○ 鄭州 在留邦人 保護方에 關한 件

○ 昭和 3년(1928) 12월 24일附 在漢口 桑島總領事 發信 田中外務大臣 앞 報告要旨 (30053/245)
　○ 陸戰隊 機銃車와 衝突한 支那車夫 水杏林 死亡事件

○ 昭和 3년(1928) 12월 28일附 在漢口 桑島總領事 發信 田中外務大臣 앞 報告要旨 (30056/246)
　○ 陸戰隊 機銃車와 支那車夫 衝突事件 交涉經過에 關한 件

○ 昭和 4년(1929) 1월 9일附 在漢口 桑島總領事 發信 田中外務大臣 앞 報告要旨 (30059/246)
　○ 車夫變死事件의 後援을 目的으로 한 武漢各界의 示威運動經過에 關한 件

○ 昭和 4년(1929) 1월 29일附 在漢口 桑島總領事 發信 田中外務大臣 앞 報告要旨 (30065/248)

○ 漢口 對日總罷工에 關한 件

○ 昭和 4년(1929) 2월 1일附 在漢口 桑島總領事 發信 田中外務大臣 앞 報告要旨
　　(30103/257)
　　○ 漢口 强制罷工 後에 在留邦人 保護에 關한 措置

○ 昭和 7년(1932) 7월 6일 在漢口 桑島總領事 發信 幣原外務大臣 앞 報告要旨
　　(30121/262)
　　○ 7월 6일 本官과 交涉員과의 사이에 左의 條件으로 解決을 報告

○ 昭和 4년(1929) 4월 11일附 在漢口 桑島總領事 發信 田中外務大臣 앞 報告要旨
　　(30124/263)
　　○ 鄭州에서 馮系軍隊의 對本邦人에 對한 暴行事件

○ 昭和 4년(1929) 6월 26일 在漢口 桑島總領事 發 田中外務大臣 앞 電告要旨 (30129/
　　264)

○ 昭和 4년(1929) 5월 1일附 在漢口 桑島總領事 發信 田中外務大臣 앞 報告 및 田中外
　　務大臣 訓令에 의거 (30131/264)
　　○ 涪陵丸 砲擊事件

○ 昭和 4년(1929) 6월 4일 外務省 亞細亞局 第2課 (30141/267)
　　○ 漢口總領事館 警察官 增員에 關한 件

○ 昭和 4년(1929) 6월 29일 外務省 亞細亞局 第2課 訓書에 의거 (30144/268)
　　○ 齊南, 靑島及漢口 警察官充實에 필요한 經費의 件

○ 昭和 5년(1930) 1월 8일附 在漢口 桑島總領事 發信 幣原外務大臣 앞 報告要旨
　　(30148/269)
　　○ 日淸汽船 大吉丸 船員 武穴에서 塩密輸入 支那人 傷害事件

○ 昭和 5년(1930) 5월 27일附 支那矢野一等書記官 發信 幣原外務大臣 앞 報告要旨

(30156/271)
　　○ 鄭州 在留邦人 保護方의 件

○ 昭和 5년(1930) 7월 20일附 在漢口 坂根總領事 發信 幣原外務大臣 앞 報告要旨
　　(30159/271)
　　○ 金巡捕長射殺事件

○ 昭和 5년(1930) 7월 31일附 在漢口 坂根總領事 發信 幣原外務大臣 앞 報告要旨
　　(30169/274)
　　○ 金巡捕長射殺事件

○ 昭和 5년(1930) 12월 10일附 在漢口 坂根總領事 發信 幣原外務大臣 앞 報告要旨
　　(30172/275)
　　○ 鄭州 在留邦人에 關한 件

○ 昭和 5년(1930) 在漢口總領事館 警察事務狀況 同警察署長報告 摘錄 (30185/278)

○ 昭和 6년(1931) 10월 1일附 在漢口 田中領事 發 在支那 各公館長 앞 通報要旨
　　(30201/282)
　　○ 當館 一時假事務所 設置의 件

○ 昭和 6년(1931) 2월 19일附 在漢口 坂根總領事 發信 幣原外務大臣 앞 報告要旨
　　(30202/282)
　　○ 漢口 義勇隊及消防隊

○ 昭和 6년(1931) 8월 20일 作成 外務省 亞細亞局 第1課 調書에 의거 (30215/285)
　　○ 漢口地方 水害狀況 1

○ 昭和 6년(1931) 8월 20일 以降 同24일에 도착한 在漢口 坂根總領事 發 幣原外務大
　　臣 앞 電報摘錄 (30229/289)
　　○ 漢口地方 水害狀況 2

○ 昭和 6년(1931) 8월 25일 外務省 亞細亞局 第2課 調書에 의거 (30234/290)
　　○ 揚子江流域 水害狀況

○ 昭和 6년(1931) 9월 10일附 在漢口 坂根總領事 發信 幣原外務大臣 앞 報告要旨 (30240/292)
　　○ 水害 기간 中央衛生組駐漢辦事處의 防疫計劃 等에 關한 件

○ 昭和 6년(1931) 9월 19일附 在漢口 坂根總領事 發信 幣原外務大臣 앞 報告要旨 (30244/293)
　　○ 水害 기간 同仁會의 活動

○ 昭和 6년(1931) 10월 1일附 在鄭州 田中領事(漢口滯在中) 發信 幣原外務大臣 앞 報告要旨 (30255/295)
　　○ 鄭州領事와 在留民 철수의 件

○ 昭和 6년(1931) 10월 14일附 在漢口 坂根總領事 發信 幣原外務大臣 앞 報告要旨 (30271/299)
　　○ 支那人의 排日直接行動

○ 昭和 7년(1932) 上海事件으로 인한 在留邦人의 철수 (30289/304)

○ 昭和 7년(1932) 1월 上海事件으로 인한 漢口 在留邦人의 保護 (30294/305)

○ 昭和 7년(1932) 上海事件影響으로 인한 漢口 在留邦人의 避難 및 철수 (30295/305)

○ 昭和 7년(1932) 12월 13일附 在漢口 淸水總領事 發 內田外務大臣 앞 電報要旨 (30296/306)
　　○ 總領事館 警察通譯 拉致事件

○ 昭和 7년(1932) 在漢口總領事館 警察事務狀況 同警察署長報告 摘錄 (30297/306)

○ 昭和 8년(1933) 在漢口總領事館 警察事務狀況 同警察署長報告 摘錄 (30317/311)

○ 昭和 9년(1934) 6월 下旬 이후 漢口의 水害 (30344/318)

○ 昭和 9년(1934) 10월 12일 警察具申項目 (30346/318)
　○ 外務省 東亞局 第2課 佐藤事務官 漢口出張 기간 提出

○ 昭和 9년(1934) 在漢口總領事館 警察事務狀況 同警察署長報告 摘錄 (30349/319)

○ 昭和 10년(1935) 2월 6일 巡査吉村修市, 同中村初藏 發信 在漢口總領事館 新坂警察
　署長 앞 報告要旨 (30380/327)
　○ 武穴, 大冶狀況의 件

○ 昭和 10년(1935) 10월 20일 在鄭州 佐佐木領事代理 發 在漢口 三浦總領事 앞 電報要
　旨 (30395/330)

○ 昭和 10년(1935) 在漢口總領事館 警察事務狀況 同 警察署長報告 摘錄 (30397/331)

○ 昭和 10년(1935) 在鄭州領事館 警察事務狀況 同 警察署長報告 摘錄 (30426/338)

○ 昭和 11년(1936) 7월 8일附 在鄭州 佐佐木領事代理 發信 有田外務大臣 앞 報告要旨
　(30436/341)
　○ 外人保護에 關한 當地專員公署의 佈告의 件

○ 昭和 11년(1936) 9월 19일 在漢口 三浦總領事 發 有田外務大臣 앞 電報 (30439/341)
　○ 巡査吉岡庭＝郎 殉職의 件

○ 昭和 11년(1936) 9월 20일 在漢口三浦總領事發有田外務大臣 앞 電報要旨 (30440/
　342)

○ 昭和 11년(1936) 9월 21일 有田外務大臣 發在漢口 三浦總領事 앞 電報要旨 (30441/
　342)

○ 昭和 11년(1936) 9월 19일 同20일 同21일 在漢口 三浦總領事 發 有田外務大臣 앞 電

報要旨 (30442/342)

○ 昭和 11년(1936) 9월 22일 有田外務大臣 發 在支大使, 漢口, 靑島, 廣東, 濟南, 天津, 北平 各館長 앞 電訓要旨 (30447/343)
  ○ 漢口事件等에 관련한 館署員激勵方의 件

○ 昭和 11년(1936) 9월 24일 漢口居留民團 發 有田外務大臣 앞 電報要旨 (30449/344)

○ 昭和 11년(1936) 在漢口總領事館 警察事務狀況 同警察署長報告 摘錄 (30450/344)

○ 昭和 11년(1936) 在鄭州領事館 警察事務狀況 同警察署長代理報告 摘錄 (30477/351)

○ 昭和 13년(1938) 10월 27일 우리 警察官 漢口에 到着(『警察署沿革誌』에 의거) (30493/355)

○ 昭和 13년(1938) 10월 30일 支那街의 火災(『警察署沿革誌』에 의거) (30496/356)

○ 昭和 13년(1938) 11월 2일 故吉岡巡査部長의 墓標建立(『警察署沿革誌』에 의거) (30496/356)

○ 昭和 13년(1938) 11월 3일 警察用備品의 到着(『警察署沿革誌』에 의거) (30497/356)

○ 昭和 13년(1938) 11월 5일 警察署의 事務開始(『警察署沿革誌』에 의거) (30497/356)

○ 昭和 13년(1938) 11월 7일 日本租界派出所의 開設(『警察署沿革誌』에 의거) (30497/356)

○ 昭和 13년(1938) 11월 20일 電燈開設(『警察署沿革誌』에 의거) (30498/356)

○ 昭和 13년(1938) 12월 1일附 署長以下 勤務指定 發令 (30499/356)

○ 昭和 13년(1938) 12월 8일 武昌分署員(『警察署沿革誌』에 의거) (30502/357)

○ 昭和 13년(1938) 在漢口總領事館 警察事務狀況 同警察署長報告 摘錄 (30504/358)

10. 『외무성경찰사』제50권

5 支那ノ部(中支)

해설

　제50권에는 1900년대 초~1930년대 후반의 창사長沙 주재 일본 영사관, 이 창宜昌 주재 일본 영사관, 사시沙市 주재 일본 영사관, 충칭 주재 일본 영사관 소속 외무성 경찰에서 작성하여 본국 외무성에 보고하거나 외무성으로부터 받은 훈령 문서들이 (1) 5-27, (2) 5-28, (3) 5-29, (4) 5-30 네 부분으로 나눠 수록되어 있다.

　(1)에는 1904년~1937년 기간의 문건이 87건 수록되었으며, 한국 관련 문건은 1건뿐이다(「在長沙池永領事代理發信內田外務大臣宛報告要旨」 1922년 3월 18일). (2)에는 1918년 5월~1937년 기간의 문건 25건이 수록돼 있고, 한국 관련 문건은 역시 1건뿐이다(「支那事變으로 인한 在宜昌領事館 및 在留邦人撤收狀況」, 1937년). (3)에는 1896년 2월~1937년 기간의 문건 61건 수록, 한국 관련 문건은 2건이다("西部湖北에서 獨立團鮮人 金石의 行動의 件"에 포함된 1924년 11월 12일부의 「在沙市市川領事代理發信幣原外務大臣宛報告要旨」, 재중국 일본 거류민의 철수 내용 중의 일부로 조사된 한인 2가족 3명의 철수 내용이 포함된 「支那事變으로 인한 在沙市領事館 在留邦人철수狀況」, 1937년).

　(4)에는 (3)과 마찬가지로 1896년 2월~1937년 기간의 문건 67건을 수록하였으며, 그 중 한국 관련 문건은 4건이다(「在重慶坂東領事發內田外務大臣宛電報要旨」 1921년 7월 2일, 「在重慶坂東領事發內田外務大臣宛電報要旨」 1921년 7월 9일, 李基彬과 趙一麟 두 "朝鮮人의 不穩行動"을 조사한 「內田外務大臣發在重慶坂東領事宛電報要旨」 1921년 7월 15일, "朝鮮人蔘行商 金東植과 金光湜 兩名의 釋放交涉事件"을 담은 「在重慶中野領事發信廣田外務大臣宛報告要旨」, 1935년 5월 25일).

　위 문건들은 모두 한커우·창사 등지 관할 각지 영사관과 분관 등의 설치가 확대되던 1900년대 초부터 중일전쟁이 일어난 1937년 7월 전후까지 생산된 것들이다. 각지 영사관의 설치 관련 내용 및 각 영사관의 영사 및 영사(외무성) 경찰 등의 명단도 수록돼 있다. 이 자료들은 초기 중국 침략 실상이 어떠했는 지 중국 주재 일본 영사관의 설치와 운영에 관한 유용한 자료들이다. 1911년 신해혁명 발발 후 빚어진 중국 국내 정치적 분열과 국공 내전에 대응해 일본 영사관이 설치된 지역을 중심으로 중일 양국의 민간인들 간, 민간인들과 사병들 간에, 혹은 토비土匪나 혁명군 사이에 발생한 사건들, 그리고 그에 따라 일본 거류민들이 입은 피해(피살, 부상)와 배상, 철수 상황이 실려 있다. 1931년 만주사변, 이듬해 1월의 상하이사변, 1937년 7월 중일 전면 전쟁 발발 등으로 각지에 발생한 비슷한 사건들을 알 수 있는 문건들이 다수다. 이 문건들에 대한 사료 검증이나 분석에는 제49권에서 소개한 중국 국내 정치와 군사 상황, 일본의 대중국 정책에 대한 이해가 선행될 필요가 있다.

　제50권 역시 대한민국임시정부의 동향이나 한국인의 항일 독립운동과 관련 자료는 손꼽을 정도로 적다. 위에서 소개한 문건명에서 알 수 있듯이 주로 1920년대 후난湖南성 성도省都인 창사 지역에 파견된 상하이 임정 특파원들(이약송李若松·이혜춘李兮春·황송우黃松友)의 항일 활동, 중일전쟁 당시 이창사시 지역 피난민 중 한국인들의 인구 통계, 후베이湖北성 서부 지역의 독립단원 김석金石의 활동, 충칭 일대의 한국인 인삼 상인 김동식金東植·김광식金光湜·이기빈李基彬·조일순 등의 활동 내용들이 수록돼 있다. 이 문건들은 대부분 1920년대 이후 중국 관내에서 일어난 일본 거류민과 중국 현지인들 간의 충돌, 그리고 한국인들의 동향 및 활동의 일면을 파악할 수 있는 의미 있는 자료로 평가된다. (서상문)

5-27 在長沙領事館

○ 明治 37년(1904)「日日記載漏」外務大臣 發信 內閣總理大臣 앞 請議要旨 (30657/3)
　ᴼ 淸國 湖南省 長沙府에 漢口領事館의 分館設置의 件

○ 外務省告示 第7號 明治 37년(1904) 11월 28일 (39661/4)
　ᴼ 在淸國 漢口帝國領事館 長沙分館 本月 23일부터 開館

○ 明治 37년(1904) 10월 5일附 外務省發令 (30662/4)

○ 外務省告示 第2號 明治 38년(1905) 4월 4일 (39663/4)
　ᴼ 在淸國 漢口帝國領事館 長沙分館을 폐지하고 다시 長沙帝國領事館을 설치하
　　여 本月 1일부터 開館

○ 明治 44년(1911) 10월 23일附 在長沙 大河平領事 發信 林外務大臣 앞 報告要旨
　(30664/5)
　ᴼ 革命軍長沙占領狀況

○ 明治 44년(1911) 11월 3일 在長沙 大河平領事 發 林外務大臣 앞 電報要旨 (30670/6)
　ᴼ 革命動亂

○ 明治 44년(1911) 11월 6일附 在長沙 大河平領事 發信 內田外務大臣 앞 報告要旨
　(30672/7)
　ᴼ 湘江丸射擊을 받은 件

○ 大正 4년(1915) 3월 2일附 在長沙 深澤領事代理 發信 加藤外務大臣 앞 報告要旨
　(30675/7)
　ᴼ 日本人 稻田常治에 對한 湖南兵의 暴行

○ 大正 5년(1916) 2월 11일 在長沙 深澤領事代理 發 石井外務大臣 앞 電報要旨 (30681/9)

◦ 北兵의 邦人에 對한 暴行

○ 大正 5년(1916) 2월 24일 石井外務大臣 發 在長沙 深澤領事代理 앞 電報要旨 (30685/
10)

○ 大正 5년(1916) 3월 17일 在長沙 深澤領事代理 發 石井外務大臣 앞 電報要旨 (30685/
10)

○ 大正 5년(1916) 5월 11일 在長沙 深澤領事代理 發 石井外務大臣 앞 電報 第75號
(30687/10)

○ 大正 5년(1916) 7월 3일附 在長沙 堺領事 發信 石井外務大臣 앞 報告要旨 (30688/11)
　◦ 山本適太郎店鋪掠奪事件

○ 大正 6년(1917) 3월 23일附 在長沙 堺領事 發信 本野外務大臣 앞 報告要旨 (30701/
15)
　◦ 山本適太郎店鋪掠奪事件의 解決

○ 大正 5년(1916) 7월 4일附 在長沙 堺領事 發信 石井外務大臣 앞 報告要旨 (30706/15)
　◦ 守安伊三郎에 對한 支那兵의 暴行

○ 大正 5년(1916) 7월 4일附 在長沙 堺領事 發信 石井外務大臣 앞 報告要旨 (30708/16)
　◦ 笠原萬吉에 對한 支那兵의 暴行

○ 大正 5년(1916) 7월 4일附 在長沙 堺領事 發信 石井外務大臣 앞 報告要旨 (30710/16)
　◦ 三菱社員城戶賢助와 그의 雇民船에 對한 支那兵의 暴行

○ 大正 5년(1916) 7월 11일附 在長沙 堺領事 發信 石井外務大臣 앞 報告要旨 (30715/
17)
　◦ 淺岡龜次郎掠奪被害

○ 大正 6년(1917) 3월 23일附 在長沙 堺領事 發信 本野外務大臣 앞 報告要旨 (30726/

20)
  ○ 昨年 革命 기간 本邦人이 입은 支那兵 暴行事件의 解決

○ 大正7년(1918) 6월 20일附 在(長-필자입력)沙埠領事 發信 在支 那林公使 앞 報告要旨 (30729/21)
  ○ 北軍 第20師兵에게 입은 廣貫堂商品被害의 件

○ 大正6년(1917) 12월 11일附 在長沙埠領事 發信 本野外務大臣 앞 報告要旨 (30736/23)
  ○ 支那兵同仁醫院에 侵入暴行의 件

○ 大正6년(1917) 12월 12일附 在長沙埠領事 發信 本野外務大臣 앞 報告要旨 (30751/26)
  ○ 支那兵의 安東榮彦에 對한 加害事件

○ 大正6년(1917) 12월 15일附 在長沙埠領事 發信 本野外務大臣 앞 報告要旨 (30759/28)
  ○ 在留邦人 2名 掠奪被害의 件

○ 大正7년(1918) 2월 6일附 在長沙埠領事 發信 本野外務大臣 앞 報告要旨 (30785/35)
  ○ 南北軍이 戰鬪할 때 大原源吉掠奪被害

○ 大正7년(1918) 3월 30일附 在長沙 埠領事 發信 本野外務大臣 앞 報告要旨 (30793/37)
  ○ 南軍總退却 이후 在留民被害狀況

○ 大正7년(1918) 4월 19일附 在長沙 埠領事 發信 本野外務大臣 앞 報告要旨 (30810/41)
  ○ 齋城洋行掠奪被害에 關한 件

○ 大正7년(1918) 4월 24일附 在長沙 埠領事 發信 本野外務大臣 앞 報告要旨 (30813/42)

○ 教育, 金融과 衛生機關의 件

○ 大正 7년(1918) 5월 22일附 在長沙 堺領事 發信 後藤外務大臣 앞 報告要旨 (30819/43)
　○ 常德에서 在留邦人의 被害

○ 大正 7년(1918) 5월 22일附 在長沙 堺領事 發信 後藤外務大臣 앞 報告要旨 (30839/48)
　○ 常德在留邦人被害賠償要求

○ 大正 7년(1918) 5월 22일附 在長沙 堺領事 發信 後藤外務大臣 앞 報告要旨 (30841/49)
　○ 醴陵在留加藤央被害의 件

○ 大正 7년(1918) 8월 8일附 在長沙 八木領事 發信 後藤外務大臣 앞 報告要旨 (30844/50)
　○ 醴陵在留加藤央被害賠償

○ 大正 7년(1918) 8월 23일附 在長沙 八木領事代理 發信 後藤外務大臣 앞 報告要旨 (30845/50)
　○ 開港場 밖에 거주하는 本邦人 損害에 대한 責任을 씌울 支那側 聲明

○ 大正 7년(1918) 6월 8일附 在長沙 堺領事 發信 後藤外務大臣 앞 報告要旨 (30848/51)
　○ 外國人保護方張督軍의 地方官에 對한 訓令에 關한 件

○ 大正 7년(1918) 6월 21일附 在長沙 堺領事 發信 後藤外務大臣 앞 報告要旨 (30852/52)
　○ 齒科醫森井羊三掠奪被害의 件

○ 大正 7년(1918) 9월 14일附 在長沙 八木領事代理 發信 後藤外務大臣 앞 報告要旨 (30856/53)
　○ 森井羊三 土匪에게 받은 被害의 件

○ 大正 7년(1918) 7월 20일附 在長沙 八木領事代理 發信 後藤外務大臣 앞 報告要旨
(30859/53)
  ○ 常德에서 松永直行 北兵에게 입은 負傷事件

○ 大正 7년(1918) 8월 23일附 在長沙 八木領事代理 發信 後藤外務大臣 앞 報告要旨
(30863/54)
  ○ 岡西三 北兵의 暴行으로 負傷을 입은 것에 따른 損害要求의 件

○ 大正 7년(1918) 7월 23일附 在長沙 八木領事代理 發信 後藤外務大臣 앞 報告要旨
(30873/57)
  ○ 載生昌小蒸氣船被害의 件

○ 大正 8년(1919) 7월 26일附 在長沙 八木領事代理 發信 內田外務大臣 앞 報告要旨
(30882/59)
  ○ 載生昌小蒸氣船茸渡丸被害事件

○ 大正 11년(1922) 9월 9일附 支那小幡公使 發信 在長沙池永領事 앞 公信要旨(30883/
59)
  ○ 載生昌小蒸氣船 茸渡丸 損害賠償의 件

○ 大正 7년(1918) 7월 24일附 在長沙 八木領事代理發 信後 藤外務大臣 앞 報告要旨
(30886/60)
  ○ 常德에서 本邦人 4명 支那兵이 행한 毆打拘禁의 件

○ 大正 7년(1918) 8월 16일附 在長沙 八木領事代理 發信 後藤外務大臣 앞 報告要旨
(30893/62)
  ○ 大石勇太郎等 支那警察兵과 衝突의 件

○ 大正 7년(1918) 12월 10일附 在長沙 八木領事代理 發信 內田外務大臣 앞 報告要旨
(30899/63)
  ○ 大石勇太郎等 支那警察兵과 衝突事件解決의 件

○ 大正 7년(1918) 9월 30일附 在長沙 八木領事代理 發信 後藤外務大臣 앞 報告要旨
(30904/65)
  ○ 長沙城門兵士의 橫暴에 대한 督軍의 抗議

○ 大正 8년(1919) 2월 10일附 在長沙 八木領事代理 發信 內田外務大臣 앞 報告要旨
(30907/65)
  ○ 三合洋行日本職工等 支那兵士와 衝突의 件

○ 大正 8년(1919) 11월 26일附 在長沙 池永領事代理 發信 內田外務大臣 앞 報告要旨
(30912/67)
  ○ 湘潭山本洋行支那兵暴行被害의 件

○ 大正 9년(1920) 1월 25일附 在長沙 池永領事代理 發 內田外務大臣 앞 電報要旨
(30914/67)
  ○ 邦人 土井仁太郎 支那兵에게 입은 傷害의 件

○ 大正 9년(1920) 2월 4일 內田外務大臣 發 在長沙池永領事代理 앞 電報要旨 (30915/
67)
  ○ 邦人 土井仁太郎 支那兵에게 입은 傷害의 件

○ 大正 9년(1920) 2월 28일附 在長沙 池永領事代理 發信 內田外務大臣 앞 報告要旨
(30915/67)
  ○ 阿片犯人負傷에 關한 交涉方의 件

○ 大正 9년(1920) 2월 3일附 在長沙 池永領事代理 發信 在支那 小幡公使 앞 報告要旨
(30919/68)
  ○ 長沙 玻瑠公司 邦人職工에 對한 支那兵의 暴行被害의 件

○ 大正 9년(1920) 2월 9일附 在長沙 池永領事代理 發信 在支那 小幡公使 앞 報告要旨
(30940/74)
  ○ 禁烟局員의 三井洋行家屋侵入事件

○ 大正 9년(1920) 5월 10일附 在長沙 池永領事代理 發信 內田外務大臣 앞 報告要旨
(30946/75)
　○ 載生昌汽船土匪被害의 件

○ 大正 9년(1920) 6월 11일 湖南事件의 槪要 및 交涉의 經過 (30949/76)

● 大正 10년(1921) 3월 18일附 在長沙 池永領事代理 發信 內田外務大臣 앞 報告要旨
(30959/78)
　○ 排日鮮人取締方에 關한 件
　○ 大正 10年 3월 18일附 在長沙 池永領事代理 發信 交涉員仇鰲 앞 照會要旨
　　• 상하이대한민국임시정부의 특파원 李若松, 李今春, 黃松友 3명이 排日연설
을 위해 옴

○ 大正 9년(1920) 5월 27일附 在長沙 池永領事代理 發信 內田外務大臣 앞 請訓要旨
(30963/79)
　○ 未開港地에서 在留邦人 取扱振에 關한 件

○ 大正 10년(1921) 6월 20일附 內田外務大臣 發信 在長沙 池永領事代理 앞 回訓要旨
(30968/81)
　○ 未開港地에 在留한 本邦人 取扱振에 關한 件

○ 大正 11년(1922) 4월 28일附 在長沙 池永領事 發信 在支 吉田臨時代理公使 앞 報告
要旨 (30970/81)
　○ 支那內亂으로 인한 邦人의 被害賠償方의 件

○ 大正 11년(1922) 5월 17일附 在長沙 池永領事 發信 內田外務大臣 앞 報告要旨 (30984/
85)
　○ 石井米吉郞饑民加害事件

○ 大正 11년(1922) 6월 22일附 在長沙 池永領事 發信 內田外務大臣 앞 報告要旨 (30986/
85)
　○ 石井米吉郞支那饑民加害事件

○ 大正 13년(1924) 4월 外務省 亞細亞局 第1課 調査에 의거 (30988/86)
  ○ 長沙民衆暴動事件

○ 大正 14년(1925) 1월 20일附 在長沙 淸水領事 發信 幣原外務大臣 앞 報告要旨(30992/87)
  ○ 邦人의 土匪被害의 件

○ 大正 14년(1925) 6월 10일 外務省 亞細亞局 第1課 調査에 의거 (30996/88)
  ○ 上海事件의 影響

○ 大正 14년(1925) 6월 14일附 在長沙 淸水領事 發信 幣原外務大臣 앞 報告要旨(30997/87)
  ○ 排外學生在益陽中島洋行出張所 및 內田洋行出張所 商品掠奪燒燬의 件

○ 大正 14년(1925) 12월 6일附 在長沙 淸水領事 發信 幣原外務大臣 앞 報告要旨(31001/89)
  ○ 在益陽內田洋行出張所 및 中島洋行出張所 被害賠償要求의 件

○ 大正 14년(1925) 12월 9일·同10일附 在長沙 淸水領事 發信幣原外務大臣 앞 報告要旨 (31007/90)
  ○ 載生昌碼頭燒燬事件

○ 大正 14년(1925) 12월 21일附 在長沙 淸水領事 發信 幣原外務大臣 앞 報告要旨(31011/91)
  ○ 在湘潭本邦商石原洋行對同行雇傭女工衝突事件

○ 大正 15년(1926) 4월 9일附 在長沙 野田領事代理 發信 幣原外務大臣 앞 報告要旨(31030/96)
  ○ 大沽事件反對游街團의 暴行에 關한 件

○ 大正 15년(1926) 8월 30일附 在支 堀臨時代理公使 發信 幣原外務大臣 앞 報告要旨(31039/98)

○ 河南省에서 紅槍會의 行動

○ 大正 15년(1926) 12월 國民軍 第9軍의 軍費强要事件(昭和 元년(1926) 12월 外務省 亞細亞局 第2課 調査에 의거) (31048/101)

○ 昭和 5년(1930) 8월 10일 外務省 亞細亞局 第2課 調査에 의거 (31052/102)
　○ 長沙에서 共産軍의 行動情況

○ 昭和 5년(1930) 12월 10일附 在長沙 糟谷領事 發信 幣原外務大臣 앞 稟請要旨 (31072/107)
　○ 當館署員에 대한 長沙事件에 關한 手當支給方의 件

○ 昭和 6년(1931) 3월 2일 決裁 (31075/107)
　○ 在長沙領事館署員 및 在間島總領事館員에 慰勞手當 支給방법의 件

○ 昭和 6년(1931) 3월 12일附 幣原外務大臣 發信 在長沙糟谷領事 앞 通達要旨 (31078/108)
　○ 長沙營使館員과 警察署員에 對한 慰勞手當 支給의 件

○ 昭和 5년(1930) 12월 29일附 在長沙 糟谷領事 發信 幣原外務大臣 앞 報告要旨 (31080/109)
　○ 當館移轉의 件

○ 昭和 6년(1931) 3월 3일附 在長沙領事館 警察署長 警部 久保久壹 提出 (31081/109)
　○ 昭和 5년(1930) 在長沙領事館 警察事務에 關한 管內狀況

○ 昭和 6년(1931) 4월 外務省 亞細亞局 第2課 調書摘錄 (31240/151)
　○ 山東 및 長沙居留民敎恤

○ 昭和 6년(1931) 滿洲事變의 影響으로 인한 長沙 在留邦人의 철수 (31258/153)

○ 昭和 6년(1931) 在長沙領事館 警察事務狀況 (31259/153)

5-28 在宜昌領事館 (未定稿)

○ 大正 7년(1918) 5월 1일附 在重慶 中村領事代理 發信 中村通商局長 앞 半公信要旨
(31417/195)
  ○ 宜昌에 領事館設置方에 關한 件

○ 大正 8년(1919) 9월 29일 在宜昌 草副領事 發 內田外務大臣 앞 電報要旨 (31424/197)

○ 大正 8년(1919) 7월 7일附 外務省發令 (31424/197)

○ 在宜昌 草領事代理 發信 內田外務大臣 앞 報告要旨 (31426/197)
  ○ 第1次 宜昌事變 및 그 交涉經過
    一. 事變의 概要
    二. 損害賠償要求에 關한 交涉經過의 概要
    三. 宜昌事件에 의한 邦人被害額
      • 宜昌事件으로 인한 邦人被害額査定表

○ 大正 10년(1921) 7월 8일附 在宜昌 草領事 發信 內田外務大臣 앞 報告要旨 (31435/
199)
  ○ 第2次 宜昌事變

○ 大正 11년(1922) 12월 25일附 在漢口 瀨川總領事 發信 內田外務大臣 앞 報告要旨
(31444/202)
  ○ 第2次 宜昌兵變으로 인한 本邦人 損害額 共同審査決定額과 關係書類寫送付의 件

○ 大正 12년(1923) 5월 15일 在宜昌 荒事務代理 發 內田外務大臣 앞 電報要旨 (31452/
204)
  ○ 我水兵支那人과 衝突事件 및 小崎巡査部長의 負傷

○ 大正 12년(1923) 5월 25일 在宜昌 荒事務代理 發 內田外務大臣 앞 電報要旨 (31452/

204)

○ 大正 12년(1923) 5월 16일 在宜昌 荒事務代理 發 內田外務大臣 앞 電報要旨 (31454/
204)

○ 大正 12년(1923) 5월 21일 在宜昌 荒事務代理 發 內田外務大臣 앞 電報要旨 (31455/
204)

○ 大正 12년(1923) 5월 27일 在宜昌 荒事務代理 發 內田外務大臣 앞 電報要旨 (31456/
205)

○ 大正 14년(1925) 6월 10일 外務省 亞細亞局 第1課 調査에 의거 (31458/205)
　○ 上海事件의 影響

○ 昭和 5년(1930) 在宜昌領事館 警察事務狀況 (31459/205)

○ 昭和 6년(1931) 10월 15일 在宜昌 領事代理 發信 幣原外務大臣 앞 報告要旨 및 大正
7년(1918) 2월 16일 海軍省 發信 外務省 앞 通報에 의거 (31484/212)
　○ 宜昌 海軍集會所 放火事件

○ 昭和 6년(1931) 滿洲事變의 影響으로 인한 宜昌 在留邦人의 철수 (31487/212)

○ 昭和 6년(1931) 在宜昌領事館 警察事務狀況 (31488/213)

○ 昭和 7년(1932) 上海事件으로 인한 在留邦人의 철수 (31497/215)

○ 昭和 7년(1932) 1월 上海事件으로 인한 宜昌 在留邦人의 保護 (31502/216)

○ 昭和 7년(1932) 宜昌領事館 警察事務狀況 (31503/216)

○ 昭和 8년(1933) 在宜昌領事館 警察事務狀況 (31517/220)

○ 昭和 9년(1934) 7월 上旬 이후 宜昌에서 水害 (31531/223)

○ 昭和 9년(1934) 在宜昌領事館 警察事務狀況 (31532/224)

○ 昭和 10년(1935) 在宜昌領事館 警察事務狀況 (31547/227)

○ **昭和 12년(1937) 支那事變으로 인한 在宜昌領事館 및 在留邦人 철수狀況 (31567/232)**

○ 在宜昌領事館 警察署長 歷任表 (31565/232)

○ 在宜昌領事館 警察署警察官 異動表 (31567/232)

5-29 在沙市領事館 (未定稿)

○ 明治 29년(1896) 2월 5일附 西園寺臨時外務大臣 發信 伊藤內閣總理大臣 앞 請議要旨 (31573/237)
　○ 沙市, 重慶, 蘇州, 抗州 및 廈門領事館 新設의 件

○ 明治 29년(1896) 2월 5일附 清國荊州府沙市, 重慶府, 蘇州府, 抗州府 및 廈門에 領事館 新設의 件에 대한 請議의 通 (31574/237)

○ 明治 29년(1896) 2월 12일附 外務省發令 (31575/237)
　○ 二等領事 永瀧久吉 沙市在勤을 命함

○ 明治 29년(1896) 3월 30일附 在沙市 堀口領事館事務代理 發信 原外務次官 앞 公信要旨 (31575/237)
　○ 開館顚末

○ 明治 29년(1896) 5월 27일附 陸奧外務大臣 發信 伊藤內閣總理大臣 앞 報告 (31581/239)
　○ 在沙市領事事務兼轄의 件

○ 明治 29년(1896) 5월 29일附 外務省發令 (31582/239)
　○ 二等領事 永瀧久吉 漢口, 宜昌兼轄을 命함

○ 明治 29년(1896) 4월 16일附 陸奧外務大臣 發信 在天津, 芝罘, 上海, 蘇州, 抗州, 沙市, 重慶 및 廈門各領事 앞 內訓 (31581/239)
　○ 警部配置의 件

○ 明治 29년(1896) 5월 15일附 在沙市 永瀧二等領事 發信 原外務次官 앞 公信要旨 (31584/240)
　○ 沙市領事著任의 件

○ 明治 29년(1896) 6월 1일附 外務省發令 (31585/240)
  ◦ 外務省警部 松平福綱 在沙市領事館附를 命함

○ 明治 31년(1898) 5월 10일 在沙市 永瀧二等領事 發 西外務大臣 앞 電報要旨 (31586/240)
  ◦ 淸國暴徒帝國領事館燒擊事件

○ 明治 31년(1898) 5월 14일附 在沙市(漢口에서) 永瀧二等領事 發信 西外務大臣 앞 報告要旨 (31588/241)
  ◦ 淸國暴徒帝國領事館燒擊事件

○ 明治 31년(1898) 5월 20일附 在沙市(漢口에서) 永瀧二等領事 發信 西外務大臣 앞 報告要旨 (31606/245)
  ◦ 淸國暴徒帝國領事館燒擊에 대한 要求의 件

○ 在淸國沙市領事館 備附物과 費用調書 (31612/247)

○ 明治 31년(1898) 5월 13일附 安廣遞信省郵務局長, 大越同監查局 發信 內田外務省通商局長 앞 照會要旨 (31612/247)
  ◦ 沙市暴徒被害의 件

○ 明治 31년(1898) 5월 19일附 在沙市(漢口에서) 永瀧二等領事 發信 小林外務次官 앞 公信要旨 (31618/248)
  ◦ 沙市에 武昌兵派遣의 件

○ 明治 31년(1898) 5월 24일附 在沙市(漢口에서) 永瀧二等領事 發信 西外務大臣 앞 報告要旨 (31619/248)
  ◦ 館員의 私有財産被害의 件

○ 明治 31년(1898) 6월 6일附 安廣遞信省郵務局長 發信 內田外務省 앞 公信要旨 (31620/249)
  ◦ 沙市郵便局員 私有財産의 被害

○ 明治 31년(1898) 5월 26일附 在沙市(漢口에서) 永瀧二等領事 發信 西外務大臣 앞 稟請要旨 (31622/249)
　○ 沙市領事館에 關한 件

○ 明治 31년(1898) 5월 27일附 在沙市(漢口에서) 永瀧二等領事 發信 西外務大臣 앞 報告要旨 (31624/250)
　○ 金庫搜索의 件

○ 明治 31년(1898) 5월 30일附 在沙市(漢口에서) 永瀧二等領事 發信 小村外務次官 앞 公信要旨 (31625/250)
　○ 沙市駐屯武剛兵 武昌철수의 件

○ 明治 31년(1898) 5월 31일附 在沙市(漢口에서) 永瀧二等領事 發信 西外務大臣 앞 具申要旨 (31625/250)
　○ 清國暴徒 帝國領事館燒襲에 對한 要求의 件

○ 明治 31년(1898) 6월 5일附 在沙市(漢口에서) 永瀧二等領事 發信 小林外務次官 앞 公信要旨 (31627/250)
　○ 沙市暴動本件續報

○ 明治 31년(1898) 6월 9일附 在沙市 永瀧二等領事 發信 小村外務次官 앞 公信要旨 (31632/252)
　○ 沙市帝國領事館員 復歸의 件

○ 明治 31년(1898) 6월 11일附 在沙市 永瀧二等領事 發信 西外務大臣 앞 報告要旨 (31634/252)
　○ 金庫의 所在搜索의 件

○ 明治 31년(1898) 6월 18일附 在沙市 永瀧二等領事 發信 小村外務次官 앞 公信要旨 (31637/253)
　○ 領事館員의 船內居住의 件

○ 明治 31년(1898) 6월 28일附 在沙市 永瀧二等領事 發信 小村外務次官 앞 公信要旨
(31639/253)
  ○ 愛宕艦의 件

○ 沙市暴動事件 交涉顚末 (31641/254)

○ 明治 44년(1911) 11월 5일 在上海 有吉總領事 發 內田外務大臣 앞 電報要旨 (31663/
259)
  ○ 革命動亂의 사이에 沙市 및 宜昌地方의 狀況

○ 明治 44년(1911) 11월 11일附 在沙市 橋口事務代理 發信 內田外務大臣 앞 報告要旨
(31663/259)
  ○ 革命軍 占領 후 宜昌情況

○ 大正 元년(1912) 9월 10일 在沙市 橋口事務代理 發 內田外務大臣 앞 電報要旨
(31667/260)
  ○ 沙市駐屯軍隊의 暴動

○ 大正 3년(1914) 7월 15일附 在沙市 橋口領事館事務代理 發信 加藤外務大臣 앞 報告
要旨 (31668/261)
  ○ 支那兵在留邦人에 對한 暴行

○ 大正 5년(1916) 8월 20일附 在沙市 肥田事務代理 發信 石井外務大臣 앞 報告要旨
(31688/266)
  ○ 支那兵 邦商雇傭人 毆打事件

○ 大正 7년(1918) 6월 17일附 在沙市 肥田事務代理 發信 後藤外務大臣 앞 請訓要旨
(31690/266)
  ○ 支那動亂에 本邦人損害賠償件

○ 大正 7년(1918) 7월 27일附 後藤外務大臣 發 在沙市 肥田事務代理 앞 回訓要旨
(31692/267)

∘ 支那動亂에 本邦人 損害賠償方의 件

○ 大正 7년(1918) 8월 26일附 在沙市 肥田事務代理 發信 在支那林公使 앞 報告要旨
(31698/268)
∘ 支那動亂에 本邦人 損害賠償의 件

○ 大正 7년(1918) 12월 20일 在沙市 肥田事務代理 發 內田外務大臣 앞 電報要旨
(31701/269)
∘ 大倉洋行員에 對한 支那兵의 暴行事件

○ 大正 8년(1919) 3월 28일 在沙市 肥田事務代理 發 內田外務大臣 앞 電報要旨 (31702/
269)

○ 大正 8년(1919) 5월 26일 在沙市 肥田事務代理 發信 內田外務大臣 앞 報告要旨
(31704/270)
∘ 宜昌에서 邦人經營旅館의 取締에 關한 支那側과 交涉의 件

○ 大正 8년(1919) 6월 14일附 內田外務大臣 發信 在沙市肥田事務代理 앞 訓達要旨
(31708/271)
∘ 宜昌에서 邦人經營旅館의 取締에 關한 支那側과 交涉의 件

○ 大正 8년(1919) 7월 3일附 在沙市 肥田事務代理 發信 內田外務大臣 앞 報告要旨
(31708/271)
∘ 宜昌에서 邦人經營旅館의 取締에 關한 支那側과 聲明의 件

○ 大正 11년(1922) 9월 29일附 在沙市 肥田事務代理 發信 內田外務大臣 앞 報告要旨
(31711/271)
∘ 支那兵 本邦人 井上作市에 對한 暴行事件

○ 大正 11년(1922) 11월 18일附 在支 小幡公使 發信 內田外務大臣 앞 報告要旨
(31718/273)
∘ 支那內亂 여파에 따른 損害賠償要求의 件

○ 大正 13년(1924) 11월 1일附 在沙市 市川領事代理 發信 幣原外務大臣 앞 報告要旨
  (31719/273)
  ○ 支那陸兵 暴行事件에 對한 交涉顚末

● 大正 13년(1924) 11월 12일附 在沙市 市川領事代理 發信 幣原外務大臣 앞 報告要旨
  (31721/275)
  ○ 西部湖北에서 獨立團鮮人 金石의 行動의 件

○ 昭和 6년(1931) 8월 11일 및 同18일 在上海 重光公使 發 幣原外務大臣 앞 電報要旨
  (31731/276)
  ○ 沙市水害槪況

○ 昭和 6년(1931) 滿洲事變의 影響으로 인한 沙市 在留邦人의 철수 (31732/277)

○ 昭和 7년(1932) 上海事件의 影響으로 인한 在留邦人의 철수 (31732/277)

○ 昭和 7년(1932) 上海事件의 影響으로 인한 領事館員의 철수 (31738/278)

○ 昭和 7년(1932) 2월 10일附 在沙市(漢口滯在中) 浦和事務代理 發信 芳澤外務大臣
  앞 報告要旨 (31739/278)
  ○ 當所臨時假事務所開設의 件

○ 昭和 7년(1932) 2월 24일附 在沙市(漢口滯在中) 浦和事務代理 發信 芳澤外務大臣
  앞 報告要旨 (31740/279)
  ○ 館長異動의 件

○ 昭和 7년(1932) 3월 3일 在漢口 坂根總領事 發 在宜昌領事 앞 電報要旨 (31741/279)

○ 昭和 8년(1933) 8월 10일 外務省 亞細亞局 (31742/279)
○ 在沙市 · 重慶領事館 再開方에 關한 件

○ 昭和 8년(1933) 9월 27일 在漢口 淸水總領事 發 廣田外務大臣 앞 電報要旨 (31746/

280)

　ㅇ 沙市領事館 再開의 件

ㅇ 昭和 8년(1933) 在沙市領事館 警察事務狀況 (31747/280)

ㅇ 昭和 9년(1934) 7월 上旬以來 沙市의 水害狀況 (31749/281)

ㅇ 昭和 9년(1934) 在沙市領事館 警察事務狀況 (31750/281)

ㅇ 昭和 10년(1935) 在沙市領事館 警察事務狀況 (31754/282)

ㅇ 昭和 11년(1936) 在沙市領事館 警察事務狀況 (31768/286)

● 昭和 12년(1937) 支那事變으로 인한 在沙市領事館 在留邦人 철수狀況 (31776/288)

ㅇ 在沙市領事館 警察署長 歷任表 (31777/288)

ㅇ 在沙市領事館 警察署警察官 異動表 (31780/289)

5-30 在重慶領事館 (未定稿)

○ 明治 29년(1896) 2월 5일附 西園寺臨時外務大臣 發信 伊藤內閣總理大臣 앞 請議要
　旨 (31787/293)
　　○ 重慶, 沙市, 蘇州, 抗州 및 厦門領事館 新設의 件

○ 明治 29년(1896) 2월 5일附 淸國 荊州府沙市, 重慶府, 蘇州府, 抗州府 및 厦門에 領事
　館 新設의 件에 대한 請議의 通 (31788/293)

○ 明治 29년(1896) 2월 12일附 外務省發令 (31789/293)
　　○ 二等領事 加藤義三 重慶在勤을 命함

○ 明治 29년(1896) 5월 27일附 在重慶 加藤二等領事 發信 原外務次官 앞 公信要旨
　(31789/293)
　　○ 着任의 件

○ 外務省告示 第6號 明治 29년(1896) 5월 27일 (31789/293)
　　○ 在淸國 重慶領事館 本月 22일 開廳

○ 明治 29년(1896) 4월 16일附 陸奧外務大臣 發信 在天津, 芝罘, 上海, 蘇州, 抗州, 沙
　市, 重慶 및 厦門各領事 앞 內訓 (31790/294)
　　○ 警部 配置의 件

○ 明治 29년(1896) 4월 18일附 外務省發令 (31791/294)
　　○ 外務省警部 石原初太郎 在重慶領事館附를 命함

○ 明治 33년(1900) 8월 7일 33年 事變으로 인해 철수, 明治 34년(1901) 2월 16일 復歸
　(31792/294)

○ 明治 45년(1912) 2월 27일附 在重慶 河西事務代理 發信 內田外務大臣 앞 報告要旨

(31793/294)
  ∘ 彭縣銅鑛局 在留邦人의 件

○ 大正 2년(1913) 5월 8일附 在重慶 清水領事代理 發信 牧野外務大臣 앞 報告要旨
  (31795/295)
  ∘ 重慶駐屯支那兵暴動事件

○ 大正 4년(1915) 4월 23일附 在重慶 清水領事代理 發信 加藤外務大臣 앞 稟請要旨
  (31802/297)
  ∘ 專管居留地取締에 關한 件

○ 大正 4년(1915) 5월 21일附 加藤外務大臣 發信 在重慶 清水領事代理 앞 通達要旨
  (31807/298)
  ∘ 專管居留地에 巡查派遣방법의 件

○ 大正 4년(1915) 6월 9일附 在重慶 清水領事代理 發信 加藤外務大臣 앞 稟請要旨
  (31808/298)
  ∘ 專管居留地에 巡查派遣方의 件

○ 大正 4년(1915) 6월 29일附 芳澤人事課長 發 在重慶 清水領事代理 앞 公信要旨
  (31810/299)
  ∘ 專管居留地에 巡查派遣방법의 件

○ 大正 4년(1915) 9월 7일附 芳澤人事課長 發 在重慶 清水領事代理 앞 公信要旨
  (31812/299)
  ∘ 巡查派遣방법의 件

○ 大正 4년(1915) 11월 28일附 在重慶 清水領事代理 發信 石井外務大臣 앞 報告要旨
  (31812/299)
  ∘ 專管居留地 巡查駐在所 開設의 件

○ 大正 4년(1915) 7월 9일附 在重慶 清水領事代理 發信 加藤外務大臣 앞 報告要旨

(31814/300)
  ◦ 本邦人 木下米三郎 自流井에서 支那兵의 毆打拘引의 件

○ 大正 5년(1916) 3월 14일 在支那 日置公使 發 在重慶 清水領事代理 앞 電報要旨
(31817/300)
  ◦ 北兵留邦人에 對한 暴行

○ 大正 5년(1916) 3월 18일 在重慶 清水領事代理 發 石井外務大臣 앞 電報要旨(31819/
301)

○ 大正 5년(1916) 4월 5일 在重慶 清水領事代理 發 石井外務大臣 앞 電報要旨(31821/
301)
  ◦ 邦人使用의 支那人官兵의 殺害의 件

○ 大正 5년(1916) 4월 13일 在重慶 清水領事代理 發 石井外務大臣 앞 電報要旨
(31822/302)

○ 大正 5년(1916) 11월 20일 在重慶 中村領事代理 發信 寺內外務大臣 앞 報告要旨
(31824/302)
  ◦ 四川省土匪現情

○ 大正 6년(1917) 6월 13일附 在重慶 中村領事代理 發信 本野外務大臣 앞 報告要旨
(31839/306)
  ◦ 宜賓縣(敍州)에서 邦人矢作乙五郎支那兵과 衝突負傷의 件

○ 大正 6년(1917) 8월 14일附 在重慶 中村領事代理 發信 本野外務大臣 앞 報告要旨
(31850/309)
  ◦ 在留邦人의 教育, 金融과 衛生에 關한 件

○ 大正 7년(1918) 3월 7일附 在重慶 中村領事代理 發信 在支 芳澤公使 앞 報告要旨
(31851/309)
  ◦ 支那動亂의 사이에 本邦人의 掠奪被害賠償要求의 件

○ 大正 7년(1918) 5월 10일 在重慶 中村領事代理 發 後藤外務大臣 앞 電報要旨 (31860/311)
  ○ 打它巡査土匪被害의 件

○ 大正 7년(1918) 12월 28일附 在重慶 中村領事代理 發信 內田外務大臣 앞 報告要旨 (31860/311)
  ○ 元當館在勤打它巡査土匪遭難損害賠償에 관한 件

○ 大正 9년(1920) 3월 25일附 在重慶 淸水領事館事務代理 發信 在支那 小幡公使 앞 報告要旨 (31863/312)
  ○ 重慶宜昌間水路匪患肅淸의 件

○ 大正 9년(1920) 4월 10일附 在重慶 淸水事務代理 發 內田外務大臣 앞 電報要旨 (31868/313)
  ○ 小池警部補 土匪被害의 件

○ 大正 9년(1920) 4월 19일附 在支那 小幡公使 發信 在重慶 淸水領事館事務代理 앞 公信要旨 (31871/314)
  ○ 重慶上流에서 小池警部補 土匪被害의 件

○ 大正 9년(1920) 4월 21일附 在重慶 淸水領事館事務代理 發信 在支 小幡公使 앞 公信要旨 (31875/315)
  ○ 小池警部補의 土匪로 인한 被害事件에 따른 損害賠償

○ 大正 9년(1920) 5월 29일附 在支那 小幡公使 發信 在重慶 淸水領事館事務代理 앞 公信要旨 (31877/315)
  ○ 小池警部補 土匪 被害 損害賠償方의 件

○ 大正 9년(1920) 10월 27일附 在重慶 坂東領事 發 內田外務大臣 앞 電報要旨 (31882/317)
  ○ 重慶附近에서 滇軍의 不法事件

○ 大正 10년(1921) 10월 13일附 在雲南 藤村事務代理 發信 內田外務大臣 앞 報告要旨 (31884/317)
  ○ 重慶附近에서 滇軍 不法事件의 解決의 件

● 大正 10년(1921) 7월 2일 在重慶 坂東領事 發 內田外務大臣 앞 電報要旨 (31890/319)
  ○ 朝鮮人의 不穩行動
  ○ 李基彬, 趙一麟에 대한 내용

● 大正 10년(1921) 7월 9일 在重慶 坂東領事 發 內田外務大臣 앞 電報要旨 (31890/319)
  ○ 朝鮮人의 不穩行動
  ○ 李基彬, 趙一麟에 대한 내용

● 大正 10년(1921) 7월 15일 內田外務大臣 發 在重慶 坂東領事 앞 電報要旨 (31890/319)
  ○ 朝鮮人의 不穩行動
  ○ 李基彬, 趙一麟에 대한 내용

○ 大正 11년(1922) 3월 4일附 在重慶 坂東領事 發信 內田外務大臣 앞 報告要旨 (31892/319)
  ○ 武林洋行에 神廣太郎 土匪被害事件

○ 大正 11년(1922) 3월 18일附 在重慶 坂東領事 發信 內田外務大臣 앞 報告要旨 (31905/322)
  ○ 武林洋行에 神廣太郎 土匪被害事件의 解決

○ 大正 12년(1923) 8월 20일附 在重慶 貴布根領事代理 發信 內田外務大臣 앞 報告要旨 (31907/323)
  ○ 東亞同文書院學生 4名 土匪遭難의 件

○ 大正 12년(1923) 12월 18일附 在雲南 糟谷領事 發信 伊集院外務大臣 앞 報告要旨

(31911/324)
  ○ 東亞同文書院學生 貴州에서 土匪遭難의 件

○ 大正 12년(1923) 9월 28일附 在重慶 貴布根領事代理 發信 在支 芳澤公使 앞 報告要旨 (31915/325)
  ○ 宜陽丸의 涪州에서 遭難事件顚末

○ 海難報告書(大正 12년(1923) 10월 20일) (31933/329)

○ 宜陽丸事件 人質救出經過의 槪要 (31941/331)

○ 大正 13년(1924) 3월 25일附 在重慶 貴布根領事代理 發信 松井外務大臣 앞 報告要旨 (31945/332)
  ○ 宜陽丸 人質의 調書와 本事件 責任의 所在에 關한 件

○ 大正 13년(1924) 5월 21일附 松井外務大臣 發信 在支那 小幡公使 앞 通達要旨 (31959/336)
  ○ 宜陽丸損害額申告의 件

○ 大正 13년(1924) 12월 15일附 在重慶 貴布根領事代理 發信 幣原外務大臣 앞 報告要旨 (31969/338)
  ○ 德陽丸船長運轉士等 重慶軍警團聯合督査處에 引致된 事件의 顚末과 支那新聞의 排日煽動, 學生의 示威行列 등에 關한 件

○ 大正 14년(1925) 6월 10일 外務省 亞細亞局 第1課 調書에 의거 (31982/342)
  ○ 上海事件의 影響

○ 大正 15년(1926) 9월 英艦萬縣砲擊事件(昭和 元年(1926) 12월 外務省 亞細亞局 第2課 調書에 의거) (31983/342)

○ 大正 15년(1926) 10월 雲陽丸事件(昭和 元年(1926) 12월 外務省 亞細亞局 第2課 調書에 의거) (31993/344)

○ 昭和 3년(1928) 4월 23일附 在重慶 後藤領事代理 發信 田中外務大臣 앞 報告要旨 (31997/345)
  ○ 重慶城大火災의 件

○ 昭和 3년(1928) 6월 18일附 在重慶 後藤領事代理 發信 田中外務大臣 앞 報告要旨 (32000/346)
  ○ 萬縣三菱出張所에서 邦人遭難事件

○ 昭和 3년(1928) 8월 29일附 在重慶 後藤領事代理 發信 田中外務大臣 앞 報告要旨 (32009/348)
  ○ 萬縣三菱出張所에서 匪賊에 拉致된 邦人의 件

○ 昭和 6년(1931) 滿洲事變으로 인한 領事館員과 在留民의 철수 (32011/349)

○ 昭和 6년(1931) 10월 11일 在重慶 淸野領事 發 幣原外務大臣 앞 電報要旨 (32015/350)
  ○ 暴漢의 不法射擊의 件

○ 昭和 6년(1931) 10월 26일 在重慶 淸野領事 發信 幣原外務大臣 앞 報告要旨 (32016/350)
  ○ 當館臨時假事務所開設의 件

○ 昭和 7년(1932) 7월 23일附 在漢口 坂根總領事 發信 內田外務大臣 앞 報告要旨 (32017/350)
  ○ 重慶 및 萬縣地方 狀況
  (別紙)
  ○ 重慶 및 萬縣地方 調査 目次 (32018/351)
    一. 領事館 殘留財産, 日本租界 및 邦人 殘留財産 調査
    二. 軍艦比良에 대한 支那民衆의 投石事件과 그 反響 (省略)
    三. 軍艦比良 泊中에 救國會의 活動振 (省略)
    四. 反日會의 名稱 變更과 排日貨 槪況 (省略)
    五. 四川에서의 一般經濟界의 槪況 (省略)

◦ 重慶領事館 再開의 件

○ 昭和8년(1933) 11월 22일 在漢口 清水總領事 發 廣田外務大臣 앞 電報要旨 (32053/359)
　◦ 重慶發電報

○ 昭和9년(1934) 在重慶領事館 警察事務狀況 (32054/360)

● 昭和10년(1935) 5월 25일附 在重慶 中野領事 發信 廣田外務大臣 앞 報告要旨 (32074/365)
　◦ 朝鮮人蔘行商 金東植과 金光湜 兩名의 釋放交涉事件 (32074/365)

○ 昭和10년(1935) 在重慶領事館 警察事務狀況 (32078/366)

○ 昭和11년(1936) 在重慶領事館 警察事務狀況 (32089/368)

○ 昭和12년(1937) 支那事變으로 인한 在重慶領事館과 在留邦人 철수狀況 (32103/372)

○ 在重慶領事館 警察署長 歷任表 (32105/372)

○ 在重慶領事館 警察署警察官 異動表 (32107/373)

11. 『외무성경찰사』 제51권

5 支那ノ部(中支)

해설

전반부의 (1) 5-31과 후반부의 (2) 5-32 부분으로 나누어져 있다. (1)에는 앞
제50권의 중지中支 지방 주재 각지 일본 영사관 소속 외무성 경찰의 문건 중 후
반부의 주장九江 주재 일본 영사관, 한커우 주재 일본 총영사관, 정저우 주재
일본 영사관 등의 외무성 경찰이 각기 생산한 문건들의 나머지 부분이 수록돼
있다. (2)에는 남지南支 지역에 속한 샤먼廈門·푸저우福州·산터우汕頭·광둥廣
東·하이커우海口·윈난雲南 등지의 일본 영사관 외무성 경찰에서 생산한 조사
서와 보고서 등의 문건이 수록돼 있다. 그래서 (2)의 문건 내용은 이 목록 자료
집 범위 안에 들지 않기 때문에 본 해제에는 생략한다.

제51권의 (1)에 수록된 문건은 1907년 6월~1934년 기간에 생산된 21건의 문
건들이 수록돼 있다. 이 가운데 한국 관련은 1건도 없다. 제51권은 한국 독립
운동 연구에는 미흡하지만 중국 내 정치적 배경이나 시대 조건들을 이해하는
데에 도움이 된다. 1911년 신해혁명 후, 충칭重慶의 일본 영사관에서 청두成都
등지로 외무성 경찰들을 파견해 현지 사정 및 상황을 조사해서 생산한 문건들
이 많다.

신해혁명에 대한 중국학계의 통설은 후베이湖北성 우창武昌 봉기를 기원으
로 한다. 이에 대해 같은 해 9월 8일 쓰촨四川에서 먼저 일어났다는 설이 있다.
이날 중국 국민당군과 민간 비밀결사 조직인 '가로회哥老會' 동지군同志軍이 쓰
촨 지역에서 일어나 청조의 쓰촨四川성 관아가 있던 청두成都로 진격하면서 시
작되었다는 것이다.[13]

제51권 (1)에 수록된 문건들의 주요 내용도 이와 관련이 있어 주목된다. 청

두에 영사관을 설치하려는 이유와 과정과 관련하여, "성도정변成都政變"과 "성도혁명成都革命"의 전말, 두 사건으로 인한 이 지역 거주 일본 거류민의 피난 상황 및 일본으로의 철수 고려, 일본 측과 중국 국민당군 사이에 벌어진 군사적 충돌 등이 상세하게 기록돼 있다. 영사 및 영사(외무성) 경찰의 명단도 있다.

(1)에 수록된 각종 문건에서 여러 번 거론된 "성도정변"과 "성도혁명"은 같은 의미의 사건을 가리킨다. 즉 두 용어는 여타 성들이 그랬듯이 신해혁명 발발 후인 11월 22일 이 지역의 국민당원들이 일어나 자신들이 장악하고 있는 충칭重慶은 베이징의 청조淸朝 중앙정부에 대항해 왕조 지배에서 벗어나 독립한다고 선언하고, 5일 뒤 27일에는 청두도 독립한다고 선언한 사건을 총칭해서 부르는 용어이다.

이러한 과정에 충칭과 청두 지역에서는 청조 관군과 중국 국민당군 사이에 충돌이 벌어져 이곳 지방정부 재정이 악화 되었을 뿐만 아니라 일본 측과도 충돌이 벌어지기도 했다. 제51권에는 이에 관한 기록을 담은 문건들이 여러 건 수록돼 있고, 반제反帝 기치를 내세운 반외세 반일 성향의 중국인들이 충칭의 일본 영사관으로 몰려가서 "소란"을 피운 사건을 조사한 자료들도 접할 수 있다. 제51권 (1)은 중국 현대사와 중일관계사에서 중요하게 활용될 자료가 다수 수록돼 있다. (서상문)

---

13 郭廷以, 『近代中國史綱』(香港: 中文大學出版社, 1986年), 393~394쪽.

5-31 在成都總領事館

○ 明治 40년(1907) 6월 10일附 在重慶 池永事務代理 發信 林外務大臣 앞 稟請要旨
(32117/3)
  ○ 成都省城에 當館出張所 設置방법의 件

○ 明治 44년(1911) 10월 5일附 在重慶 河西事務代理 發信 林外務大臣 앞 報告要旨
(32126/5)
  ○ 三浦通譯生을 成都에 派遣의 件

○ 明治 44년(1911) 11월 4일附 在重慶 河西事務代理 發信 林外務大臣 앞 報告要旨
(32128/6)
  ○ 各國避難者下江과 軍艦派遣방법에 關한 件

○ 明治 44년(1911) 11월 27일附 在重慶 河西事務代理 發信 內田外務大臣 앞 報告要旨
(32132/7)
  ○ 外國在留民遭難의 件

○ 明治 44년(1911) 12월 16일附 在重慶 河西事務代理 發信 內田外務大臣 앞 報告要旨
(32136/8)
  ○ 成都政變의 將來와 居留民 철수방법의 件

○ 明治 44년(1911) 12월 27일附 在重慶 河西領事館事務代理 發信 內田外務大臣 앞 報
告要旨 (32142/9)
  ○ 成都在留邦人 철수의 件

○ 明治 44년(1911) 12월 27일附 在重慶 河西事務代理 發信 內田外務大臣 앞 報告要旨
(32157/13)
  ○ 成都革命騷擾始末

○ 明治 44년(1911) 12월 30일附 在重慶 河西事務代理 發信 內田外務大臣 앞 報告要旨 (32163/14)
  ○ 三浦通譯生外 本邦敎習 1名의 被害의 件

○ 明治 44년(1911) 12월 31일附 在重慶 河西事務代理 發信 內田外務大臣 앞 報告要旨 (32166/15)
  ○ 成都와 重慶 居留 本邦人 避難下江의 件

○ 明治 45년(1912) 1월 20일 在上海 有吉總領事 發 內田外務大臣 앞 電報要旨 (32167/15)

○ 大正 5년(1916) 3월 31일 在成都 大和久書記生發 石井外務大臣 앞 電付要旨 (32168/16)
  ○ 成都에 出張의 件

○ 大正 7년(1918) 3월 7일附 在重慶 中村領事代理 發信 在支 芳澤公使 앞 報告要旨 (32170/16)
  ○ 成都動亂의 사이에 邦人被害事件 損害賠償要求의 件

○ 大正 7년(1918) 5월 28일 後藤外務大臣 發 在成都 草書記生 앞 電報要旨 (32178/18)
  ○ 貴官에 成都在勤을 명함. 以後總領事館事務代理로 心得執務 할 것

○ 大正 7년(1918) 7월 9일 在成都 草事務代理 發 後藤外務大臣 앞 電報要旨 (32178/18)
  ○ 貴電에 의거 6월 14일에 總領事館을 開設

○ 大正 15(1926)年 4월 26일附 在成都 榑松總領事代理 發信 幣原外務大臣 앞 報告要旨 (32179/18)
  ○ 支那兵의 我方에 對한 不法行爲

○ 大正 15년(1926) 5월 21일附 在成都 榑松總領事代理 發信 幣原外務大臣 앞 報告要旨와 幣原外務大臣 訓電要旨 (32191/21)
  ○ 成都總領事館에 對한 暴行事件

○ 昭和 3년(1928) 1월 13일附 在成都 樺松總領事代理 發信 田中外務大臣 앞 報告要旨 (32214/27)
  ○ 當館員과 在留民復歸의 件

○ 昭和 6년(1931) 10월 26일附 在成都 阿部總領事館事務代理 發信 幣原外務大臣 앞 報告要旨 (32220/29)
  ○ 當館 臨時假事務所 開設의 件

○ 昭和 9년(1934) 4월 2일附 在重慶 中野領事代理 發信 廣田外務大臣 앞 報告要旨 (32221/29)
  ○ 成都에서 我總領事館에 關한 件

○ (附錄) 在成都總領事館 警察署長 歷任表 (32223/29)

○ (附錄) 在成都總領 事警察署警察官 異動表 (32225/30)

프랑스 외무부 낭트문서관 소장
대한민국임시정부 활동 관련 자료 조사[1]

전정해

1. 연구의 목적

오는 2019년은 대한민국임시정부 수립 100주년이 된다. 대한민국임시정부는 1919년 4월 중국 상하이 프랑스 조계에 수립되었고, 상하이 프랑스 조계는 1932년 4월 훙커우공원 의거시까지 대한민국임시정부의 주요 거점이었다. 윤봉길 의사의 훙커우공원 의거와 일본군의 중국 침략 확대에 따라 대한민국임시정부는 항저우杭州, 창사長沙, 광저우廣州, 충칭重慶 등지로 이동하였다. 대한민국임시정부의 활동 자료는 임정 요인들이 갖고 귀국하였으나 한국전쟁을 치르면서 다수 소실되었다. 부족한 대한민국임시정부의 활동 자료는 임정 요인 및 독립운동가들이 거점을 삼았던 중국 내 프랑스 조계 당국이 작성했던 한인들에 대한 정보 기록으로 보충될 수 있을 것이다. 특히 일본은 1919년부터 프랑스 당국에 한국독립운동가들의 정보와 인도차이나 독립운동가들의 정보 교환을 제의하여, 프랑스 당국은 한인들의 활동에 주목하고 있었다.

중국에 소재했던 프랑스 공관들의 기록은 프랑스 외무부 낭트문서관Centre des Archives diplomatiques de Nantes에 소장되어 있다. 낭트는 프랑스 서남부에 위치하여 파리로부터 약 390km 지점에 있다. 또한 작성 자료의 언어가 프랑스어에다 손으로 쓰여진 자료들도 있다는 점에서, 거리적 접근성과 언어적 불편으로 한국사 연구자들의 자료 접근이 용이치 않은 상황이다. 상하이上海, 충칭重慶과 베이징北京의 일부 문서가 수집되어 국사편찬위원회(일부는 국가보훈처와 공동)에서 간행되었다. 그러나 난징南京의 문서는 거의 조사가 이루어지지 않았다.

그런데 프랑스 외무부의 파리-라 쿠르뇌브 문서관 Centre des Archives diplomatiques de La Courneuve 소장 문서군 '아시아-오세아니아', 문서철 '한국 1944~1955' 한국전쟁 전후 시기 서류들 중에는 충칭 대한민국임시정부의 활동 및 해방 후 관련 기록을 모아 놓은 것이 있다. 한인들의 독립운동 및 활동에 대한 보고는 중국

---

1 이 자료 조사는 2018년도 김구재단 김구포럼(서울)의 연구 사업으로 이루어졌다.

주재 공관의 보고로 끝나는 것이 아니라 한국 주재 공관과도 유기적으로 보고 문서들을 공유하였다. 그리고 문서군 '정치통상 공문', 문서철 '한국'에 1897년부터 1940년까지 자료들이 모여 있다. 다시 말하면, 파리-라 쿠르뇌브에는 1886년 조선과 프랑스의 수교 시부터 1970년대까지 주한 프랑스 공관의 문서 및 한국 관련 자료가 소장되어 있다. 오히려 낭트문서관의 '서울 대사관'에는 1950년대 중반 이후의 자료가 주를 이루고 있다.

이에 본 연구는 프랑스 외무부 낭트문서관의 베이징, 상하이, 난징, 충칭에 설치되었던 프랑스 공관 목록 및 자료 조사를 통해 대한민국임시정부 활동 자료를 조사하고자 한다. 또한 파리-라 쿠르뇌브 문서관 소장 대한민국임시정부 관련 자료로 함께 조사하여 보고자 한다.

2. 주제와 내용

본 프랑스 외무부 낭트문서관 소장 대한민국임시정부 활동 관련 자료 조사는 중국 소재 프랑스 공·영사관 중 베이징, 상하이, 난징, 충칭 목록을 대상으로 하고자 한다. 그리고 대한민국임시정부 관련 자료가 있는 프랑스 외무부 파리-라 쿠르뇌브 문서관 소장 일부 문서군에 대한 자료 조사도 함께 하고자 한다. 이러한 자료 조사는 대한민국임시정부의 활동 중에서도 김구 선생의 활동에 초점을 맞추기 위해서이다.

김구 선생은 대한민국임시정부에 참여하여 1926년 말에는 국무령에 취임하였으며, 이후 국무위원, 주석 등을 맡으며 대한민국임시정부를 이끌었다. 또한 김구 선생은 1930년 한국독립당을 상하이에서 창당하였고, 1931년에는 특무 공작을 전개하기 위해 '한인애국단'을 조직하였다. 상하이에서 주로 활동하던 대한민국임시정부는 1932년 4월 29일 홍커우공원 의거 이후 상하이를 떠날 수밖에 없었으며, 항저우杭州, 자싱嘉興 등지로 옮겨 갔다. 잦은 이동을 거친 대한민국임시정부는 1940년 충칭에 정착 후 1945년 해방을 맞았고, 임정 요인들은 환국하였다. 김구 선생은 충칭 대한민국임시정부의 주석으로서 프랑스 임시정부로부터 독립국가 승인을 위한 외교에 힘썼다.

중국 내 프랑스 총영사관들은 본국 외무부로 직접 보고하기도 하였지만, 베이징 공사관(후에 대사관)을 거쳐 보고하기도 하였다. 따라서 본 조사는 중국 내 각지의 보고 문건들이 집중되던 베이징, 대한민국임시정부 활동의 주요 지역이었던 상하이, 베이징, 난징, 충칭의 전체적인 목록 조사와 더불어 조사한 목록을 토대로 1930년대 대한민국임시정부 활동 자료 수록이 예측되는 자료들에 대한 직접 조사도 진행하고자 하였다. 또한 파리-라 쿠르뇌브 문서관의 대한민국임시정부 관련 자료 조사도 함께 진행하겠다.

3. 연구 내용

프랑스 외무부는 파리-라 쿠르뇌브와 낭트 두 곳에 문서관을 두고 운영하고 있다. 파리-라 쿠르뇌브는 프랑스 대혁명 이전 시기부터 오늘날까지 프랑스 외무부 생산 문서들을 소장하고 있으며, 외국에 소재했던 공관에서 생산한 문서들도 1967년 낭트에 문서고를 완성하기 전까지는 함께 보관하였다. 1967년 낭트에 문서관 건물이 완성되었고, 외국 소재 공관 문서들이 이곳으로 옮겨졌으며, 1987년부터 일반에 자료 공개를 시작하였다. 또한 낭트에는 프랑스의 보호국이었거나 지배를 받았던 튀니지(1881~1956), 모로코(1912~1956), 시리아·레바논(1920~1946) 관련 자료도 있다. 식민지였던 알제리와 마다가스카르, 인도차이나 관련 자료는 프랑스 남부 엑상프로방스Aix-en-Provence의 해외부 해외국가문서관Archives nationales d'outre-mer에 있다. 1966년에 세워진 해외국가문서관은 17세기부터 20세기 프랑스 식민지를 담당했던 부처들의 문서고들로, 관련국에 남겨진 관리 기록들을 제외하고 1954년과 1962년 사이 옛 식민지들과 알제리의 독립 시 이전된 문서들을 소장하고 있다. 1986년과 1996년 2차에 걸쳐 확장되었다.

그런데 이유는 정확하게 알 수 없지만 1886년 한불 수교 이후 1940년까지 주한 프랑스 공관의 문서가 낭트가 아닌 파리-라 쿠르뇌브 문서관에 그대로 소장되어 있으며, 문서철 '한국 1944~1955년'으로 해방 전후 대한민국정부 수립 이전 자료 및 1970년대까지 자료까지 소장되어 있다.

이에 본 연구에서는 낭트의 중국 내 몇몇 공관 및 파리-라 쿠르뇌브의 문서철 '한국' 일부에 대한 조사를 통해 대한민국임시정부, 특히 김구 선생의 활동자료의 존재 여부에 대한 조사를 진행하겠다. 또한 이러한 과정에서 그간 국내에 수집되어 간행된 자료들에 대해서도 파악해 보고자 한다.

프랑스 외무부 문서관 자료 조사 기간 : 2018. 5. 10.~5. 27.(16박 18일)

1) 프랑스 외무부 낭트문서관 소장 자료

프랑스 외무부는 1967년 낭트에 문서관 건물을 세우고 파리 외무부 내 문서관에 보관하던 재외 공관 문서들을 이곳으로 옮겨 두기 시작했다. 낭트에서 일반에 문서 공개를 시작한 것은 1987년이다.

> 낭트문서관Centre des Archives diplomatiques de Nantes
> · 주소: 17, rue du Casterneau 44000 Nantes
> · 인터넷주소:
>   http://www.diplomatie.gouv.fr/fr/archives-diplomatiques/acceder-aux-centres-des
>   -archives-diplomatiques/site-de-nantes

낭트문서관은 외국에 소재했던 공관들의 생산 문서를 중심으로 자료를 소장하고 있으며, 문서 분류는 대체적으로 문서군, 문서철, 상자 순의 형태를 띤다. 이에 따라, 공관 지명이 문서군 역할을 하고, 문서철 단계는 Série 혹은 fonds을 사용하며, 여기에 A, B 혹은 1, 2 등으로 분류된다. 그 다음 단계가 상자Carton이다. 상자 안에 여러 개의 파일dossier이 들어 있으며, 1개의 파일 안에 여러 개의 속파일sous-dossier이 있는 경우도 있다. 즉 공관 지명 → Série A, B(1, 2) 혹은 Fonds-A, B → Carton 순이다. 문서 열람 요청 시에는 Carton 번호까지 요청해야 한다.

문서철 단계의 알파벳(A, B 등)과 숫자(1, 2 등) 사이에 특별한 구분은 없는 것으로 보이며, 어느 것을 쓰든 그 내부에선 구성 자료의 시기 구분에 쓰이는 것 같다.

예를 들어, 베이징[2] 공사관의 1930년대 문서 상자 137을 요청하려면 513PO/A/137로 요청해야만 자료 요청이 완료된다. 즉 513은 지명 번호, A는 문서철 단계, 137은 상자 숫자이다. 난징 자료의 경우, 460PO/1/73 요청 시, 460이 지명 번호, 1이 문서철 단계, 73은 상자 번호이다.

그 외 지역의 고유 번호를 보면, 상하이 635PO, 충칭은 683PO이다.

낭트문서관에서 관리하고 있는 자료 전체는 각 공관이 소재했던 도시명의 알파벳 순서에 따라 752개의 번호가 부여되어 있다. 그런데 이 번호에는 대사관Ambassade, 공사관, 영사관, 영사사무소agence consulaire, 대표부 및 문화원까지 포함하고 있다. 우리나라의 경우 서울(대사관, 629PO), 서울(문화원, 630PO)로 나뉘어 있다.

---

2 프랑스 외무부 문서관에서 사용하고 있는 중국 지명은 1930년대 사용하던 것을 그대로 사용하고 있다. 본고에서는 영어 표기를 따라 베이징으로 표기하고 있으나 문서관 소장 목록은 Pekin(페킹)[北京], 난징은 Nankin[南京], 충칭은 Tchongking[重慶]으로 찾아야 한다. 상하이 Shanghai(상하이)[上海]는 그대로이다.

(1) 베이징 공사관[513PO]

① 베이징 주재 프랑스 공사관(후에 대사관) 개요

중국주재 프랑스 베이징공사관은 1861년 설치되었으며, 이곳에 주재공사가 머물렀고, 각지에 있던 영사관, 총영사관, 외교사무소 등의 문서가 집결되는 곳이었다. 대사관 서열로 승격된 것은 1936년이다. 대사로 임명된 나기아르Naggiar가 중일전쟁 개시후 난징南京(Nankin)과 상하이上海(Shanghai 혹은 Changhai)에 주재하였고, 그 후에는 한커우漢口(Hankeou), 충칭重慶(Tchongking)으로 옮겨감에 따라 대사관의 기능은 축소되었다. 또한 중국의 공산화 진행으로 1942년경부터 중국내 프랑스 각공관은 폐쇄를 준비하고 있었고, 마침내 1952년 국교단절로 중국내 프랑스 공관들은 완전히 폐쇄되었다. 그러므로 베이징의 자료는 1937년 후반부터는 그 중요성이 감소되었으며, 목록의 1950년대 년도 표기 자료가 있다해도 연도내의 모든 자료가 들어있는 것은 아니며 폐쇄된 프랑스 공관의 유지와 관련된 극소수 자료일뿐이다. 프랑스 대사관은 1964년에 다시 문을 열었다.

② 베이징 주재 프랑스 공사관(후에 대사관) 목록

베이징 공사관 목록은 Série A, B, C, D로 구성되어 있다.

Série A는 1721~1980년 1,198항목(상자)으로 목록은 상자 772번까지만 그 내용이 무엇인지 간단하게 알려 주고 있다.

Série B는 Serie A의 1954~1983년 자료 중 162항목, 상자 163-201의 39항목 총 200항목을 마이크로필름화한 것이다.

Série C는 1956~1980년의 42상자 자료이다.

Série D는 1843~1964년 781항목으로, 중국에 공관을 처음 설치했던 1843년부터 1964년까지 공문 수발 등록부이다.

따라서 베이징 자료는 Série A(1721~1980)의 상자 1-772 위주로 조사가 필요하며, 목록상 772상자이기는 하나 bis(…의 2)가 붙은 상자들이 다수 있어 실제는 1,000여 상자에 이른다. 772상자의 목록은 일부 파일명만 기재되어 있음에도 55쪽에 이른다. 목록 앞 개요로 2페이지에 걸쳐 자료의 성격에 따라 종교 문제, 분쟁, 중국의 프랑스 점령 부대, 통상·정치 및 산업 공문, 중국 주재 외교 영사 지소와 공문, 철도-해안 및 하천 운항, 회계, 프랑스와 외국 조계지, 호적-국적-공증 행위-승계, 영사 법정-치외법권, 상선과 군함-세관-밀수품-세금, 외교 의전-수령-축제-훈장, 외국인들과 그들 재산의 보호 등 29개의 주제에 몇몇 상자 번호가 수록되어 있다.

Série A 자료 중 파일명에 '한인' 혹은 '한국'이 들어 있는 것은,

상자 번호	목록 내용
68	만주와 **한국의 가톨릭 선교회(1900~1946)** 몽골 동부(1910~1928) …
126-126bis	알사스-로렌 사람들의 회복(1914~1932) 귀화에 대한 중국법과 프랑스인으로 귀화한 중국인들, **중국에서 한국인들의 지위(1932~1939)**[126bis] 프랑스로 귀화한 중국인들(1902~1939) …
307-307bis	중국에서 열강의 정책(1935~1941) 영국의 정책 일반과 국내 정책(1929~1945)[307] **한국, 타이완, 사할린(1906~1938)**[307bis] … 파트라스 섬(1909)[307]
425	프랑스 정책 일반(1926~1931) **한국(1921~1927)** …
442-442bis	중국 언론(1932~1939) … **프랑스 조계지, 상하이와 광저우의 한국인 사건들(1925~1934)**[442bis]

이와 같이 1천여 개에 가까운 상자 중 '한국', '한국인'이 들어간 것은 5상자에 불과하다. 그런데 위의 상자 번호는 위에 설명한 목록 앞 개요의 주요 주제에 나열된 상자 번호에 들어 있지 않았다. 그러므로 위에 나열한 상자 주변 상자들을 위주로 '프랑스와 외국 조계지' 및 중국이나 일본의 정책이 들어간 상자들을 중심으로 열람을 신청하여 자료들을 확인하여 보아야 한다.

그리고 126-126bis나 307-307bis처럼 한 항목이 2개의 상자로 나뉘어 있는 경우 목록만으로는 열람코자 하는 자료가 어느 상자에 들어 있는지 알 수 없으므로 2개의 상자를 모두 신청하여 내용물을 확인해야 한다.

Série A의 425의 '한국(1921~1927)'과 442bis '프랑스 조계지, 상하이와 광저우의 한국인 사건들(1925~1934)은 국사편찬위원회·보훈처 발행『한국독립운동사 사료 2』(2016)로 간행되었다. 그런데 이 중 일부는 『대한임시정부자료집』 24 (2010, 국사편찬위원회)와 중복되고 있다. 베이징 공관의 자료들은 각지에서 한인 관련 자료를 보고한 것들도 포함하고 있어 그 문서의 원생산지 공관인 서울, 상하이, 광저우, 난징 등과 중복될 수도 있으므로, 기존 수집되어 있는 자료들과 확인이 또한 필요하다.

Série A에서 열람하여 본 자료들에 대해 살펴보면 다음과 같다.

* 조사 자료 1. 513PO/A/125

- 〈중국과 인도차이나에서 프랑스행 여권 비자 — 개괄 서류 1918~1943〉: 1933년 7월~1935년 10월 프랑스행 비자 발급 관련 공문.
- 〈프랑스의 망명자들 — 개괄 서류〉 1920~1935
- 〈중국 당국이 자국민들에게 여권 교부 1921~1941〉: 반체제 인사 혹은 모반자 관련 내용.
- 〈외국인 및 중국인의 프랑스 입국 허가 1923~1942〉
- 〈식민지행 개인 여권 1930~1940〉
- 〈프랑스인의 비자 비용 1924~1946〉
- 〈소비에트 당국에 의한 여권 비자 1930~1938〉
- 〈외국인들의 비자 교부 조건 및 비용〉
- 〈중국에 도착하거나 방문하는 외국인들의 여권에 대한 중국인들의 통제와 비자 문제 1921~1934〉

* 조사 자료 2. 513PO/A/125bis

- 〈중국과 인도차이나에서 프랑스행 중국인들의 여권 — 개괄 서류〉

- 〈외교 비자 1925~1946〉

- 〈프랑스와 식민지행 개인 여권 1924~1931〉

상자 125, 125bis 조사는 독립운동가들의 해외 이동을 추적하기 위해 비자 발급 관련 내용을 찾아본 것이나 한국인으로 확인될 수 있는 내용은 없었다.

* 조사 자료 3. 513PO/A/126

- 〈알사스 로렌의 회복 1914~1932〉: 알사스 로렌 지역의 독일인 산업 관련 내용.

* 조사 자료 4. 513PO/A/126bis

- 〈중국인 및 외국인들과 결혼한 프랑스인 1911~1940〉

- 〈프랑스인으로 귀화한 중국인 1900~1943〉: 1943년 이후 상하이, 텐진, 칭다오 등 중국 각지에서 귀화 요청자들 관련 내용으로 주로 러시아인들임.

- 〈프랑스인으로 귀화한 외국인(비중국인)〉: 속파일 '민영익 공의 귀화' 제목으로 1906년 민영익의 프랑스 귀화 요청과 1908년 귀화 요청 철회 관련 문서 있음.(총 17매)

- 〈국적에 대한 중국법과 프랑스인으로 귀화한 중국인/중국에서 한국인들의 지위 1932~1939〉: 중국 국적법 자료들로 직접 관련된 한인 내용은 없음.

* 조사 자료 5. 513PO/A/307bis

- 〈극동에서 미국 정책〉(1936~1943)[목록은 1946]

- 〈극동에서 영국 정책〉

- 〈한국, 타이완, 사할린〉(1906~1938) 총 190여 매가량의 자료.

- 1935년 9월 6일 및 1936년 2월 7일 자 프조계 경무국 보고서: 1935년 6월 '한
  국대일전선통일동맹'의 결성 및 운영, 이에 대한 김구의 반대 이유, 김구 계
  열의 뤄양洛陽 이전(군사학교), 한국국민당으로 개편, 의열단과 무정부주의
  단체 등에 대한 간단한 보고.
- 그 외 일본의 한인 만주 이주 계획(1927년)과 만주 한인 이민자에 관한 선양,
  하얼빈 등 중국인들의 한국 이주 제한 등 보고[수집 자료 별도 첨부]

* 조사 자료 6. 513PO/A/432
- 〈정치적 상황과 공산주의자들의 활동에 대한 정보 1931~1932〉: 중국 각지
  [Hupeh(湖北), Hunan(湖南), Kiangsi(江西) 등] 공산주의자들의 활동 보고
- **〈정치적 상황과 상하이 공산주의자의 활동 1932. 6.~1933. 12. 28.(238호)〉:**
  상하이 주재 프랑스 총영사관 대행 영사 메리에Meyrier가 1932년 6월부터
  1933년 12월까지 베이징 공사관과의 수발 공문, 전보, 정치적 상황 및 공산
  당의 활동에 관한 조계 경무국의 주간 보고 내용을 정리 첨부한 보고문이
  들어 있다.

  프랑스 조계 경무국의 주간 보고 내용을 정리하여 첨부 보고한 첫 문서는
  1932년 6월 24일 111호(상하이 총영사관 담당 영사 메리에Meyrier가 중국 베이
  징 전권 공사 윌덴Wilden께 '정치적 상황과 공산주의자 활동과 관련된 주간 정보에
  관하여')[1932년 6월 16일~22일 경무국으로부터 통보받은 여러 정치적 정보를 요
  약한 의견서 보고로 이후 첨부 보고서들은 대개 다음과 같은 양식을 띠었다.

  Ⅰ. 전반적 상황의 개요
  　　A. 국내 상황 ― 중국 내 전반(베이징, 난징 등)
  　　B. 중일 갈등
  Ⅱ. 코민테른 요원들과 중국공산당의 활동

Ⅲ. 홍군의 활동: 1군, 2군, 3군, 4군, 5군

　　　　　　　　 Hupeh, Honan, Hunan-Kiangsi 국경, Fukien

Ⅳ. 노조 운동-Mouvement syndical

첨부된 주간 보고 내용 중 1932년 4월 윤봉길 의사의 '홍커우공원 의거' 관련 내용 기술이 있는 보고서는 1932년 11월 24일 Chang-hai, 222호 첨부 1932년 11월 17일부터 23일까지 프조계 경무국으로부터 통보받은 여러 정치적 보고 요약으로, 그 내용은 다음과 같다.

Ⅰ. 전반적 상황의 개요

　　A. 국내 상황

　　B. 국외 상황

Ⅱ. 상하이의 상황

　　A. **정치적 상황** -"망명 한인 민족주의자들이 홍커우 습격(4월 29일) 후 프랑스 조계로 조금씩 돌아오기 시작함. 한인 민족주의 당파 몇몇 요인들의 프랑스에 적대적인 여론에 대한 염려와 이러한 의식 상태가 프랑스 조계 거주 한인들을 난처하게 할 것을 걱정하면서, 당의 간부들이 상하이 거주 자국민들에게 모든 반프랑스 시위를 자제할 것을 요청하였다."

　　B. 노조 운동

Ⅲ. 코민테른 관리들과 중국공산당의 활동

Ⅳ. 홍군의 활동

상자 432의 〈정치적 상황과 공산주의자들의 활동 1932. 6.~1933. 12.〉은 상하이 총영사관의 공산주의자들의 활동과 관련한 보고서들만 모아 놓은 것으로 약 860여 매에 달한다. 이중 대한민국임시정부 및 주요 인사들과 관련한 내

용은 몇몇 호에만 들어 있다.[수집 자료 별도 첨부]

* 조사 자료 7. 513PO/A/547 <정치적 상황과 상하이 공산주의자 활동에 대한 정보 1931. 1.~1932. 6.>

위 조사 자료 6 상하이 총영사관의 보고 경무국 주간 보고 첨부 문서들의 앞 시기 자료들로, 중국 정치 상황과 공산당, 홍군의 활동 및 중일 관계만 언급되어 있다. 1932년 5월 13일 82호의 첨부 문서 보고 기간이 1932. 4. 29.~5. 12. 임에도 홍커우 의거 관련 언급은 전혀 없다.

* 조사 자료 8. 513PO/A/547bis

- 〈중국 지방들에서 공산주의자 활동 보고〉
- 〈정치적 상황과 상하이 공산주의자 정보 1934〉

* 조사 자료 9. 513PO/A/432bis

- 〈일본의 정책 1904~1909〉: 1904~1909년 일본의 중국 진출과 미국과의 협약 등.
- 〈중국에서 일본의 정치적 행동〉 1909. 7.~1915. 중국에서 일본의 정책에 따른 행위와 협상 내용 등으로 만주를 둘러싼 일본과 중국의 협상 및 조약 체결 등이 담겨 있다.[국사편찬위원회·보훈처 간행 『한국독립운동사 사료 2』 (2016)에 수록되었다.]

* 조사 자료 10. 513PO/A/442

- 〈중국 언론 1932~1939〉: 상하이, 베이징, 톈진 등 중국 내 각지 발행 영어 신문, 중국 잡지의 논조, 운영진에 대한 기사 모음 및 조사 내용, 반제국주의 경향 등.
- 〈중국 언론 1914~1932〉: 베이징, 톈진 등의 언론 명단, 1931년 불일 협약(베

트남 관련)에 근거한 프랑스의 광서 지방 점령 소문과 이로 인한 반프랑스 태도 관련 자료 모음 및 중국 내 프랑스 선교 관련 문제 등 자료.

- 〈외국어 언론 1917~1938〉: 외국어 언론의 운영진 및 소유주 변경 등 보고.
- 〈영어로 된 중국 잡지 1933. 4.~7.〉

* 조사 자료 11. 513PO/A/442bis

- 〈베이징의 일간지들 1917~1923〉: 베이징의 일간지들에서 프랑스 관련 기사 표시 모음.
- 〈Echo de Chine 1914~1927〉
- 〈신정부: 언론 기사 발췌 33건〉: 1937~38년 난징 정부의 중일 간 타협 관련 내용으로 1개 문건 외 모두 기사 발췌임.
- 〈상하이 프랑스 조계에서 한인들의 체포 1925~1932〉: 상하이 프랑스 조계에서 체포된 한인 관련 보고들.[국사편찬위원회·보훈처 편,『한국독립운동사 사료 1』(2015)에 수록]
- 〈광저우 한인 사건 1931~1934〉: 광저우에서 체포된 박의일(일명 이영) 사건 관련 문서 모음.[국사편찬위원회·보훈처 편,『한국독립운동사 사료 2』(2016)에 수록]

* 조사 자료 12. 513PO/A/503

- 〈철수 1948년(1948년 11월)〉: 중국 공산화로 인하여 중국 북부에서 프랑스인들의 철수 관련 내용.
- 〈양쯔 계곡에서 공산주의 운동(1935)〉: 1935. 1. 4.~1935. 4. 18. 충칭 프랑스 영사관 대행이 중국 주재 프랑스 공사 월덴에게 보낸 공산당 움직임 보고.
- 〈파리평화회의에 파견된 중국공산당 대표단(1949)〉: 1949. 3.~6. 자료. 속파일 '눌랑 사건'-코민테른 옛 요원 눌랑 체포에 그의 국적에 대한 정보 보고.

- 〈난징 1940〉: 1940년 4월 난징 정부의 구성과 발표 및 그에 대한 열강의 인정, 중국 북부의 특별한 지위.

* 조사 자료 13. 513PO/A/604

- 〈상하이 1915~1917년 폭동 문제들〉
- 〈프랑스에서 중국인들의 추방 1917~1939. 4.〉: 모두 중국인들 관련 내용임.
- 〈범인 인도—지방들의 문제 [1910]~1922〉: 광저우, 하노이 등지 문제.
- 〈범인 인도—지방들의 문제 [1910]~1924〉
- 〈범인 인도—지방들의 문제 [1904]~1926〉: 광저우 등지의 폭동 주동자 등 문제.

* 조사 자료 14. 513PO/A/604bis

- 〈식민지행 개인 여권들〉: 인도차이나, 프랑스의 식민지 방문 관련.
- 〈세관 권고〉
- 〈중국 혹은 인도차이나에서 프랑스 방문하는 중국인들 여권의 비자 1920~ 1931〉: 중국인들이 비자 받을 시 보증금 문제들.

(2) 상하이 총영사관 자료

① 상하이 주재 프랑스 총영사관 개요

상하이는 흔히 '아편전쟁'으로 일컬어지는 제1차 중영전쟁의 결과 맺어진 난징조약에 따라 개항된 중국 5개 항구의 하나로, 1847년 1월 20일 포고로 프랑스의 부영사관이 개설되었다. 이후 총영사관으로 승격되었고, 중일전쟁의 전개와 공산당의 영역 확대에 따라 상하이 총영사관 또한 1942년경부터 철수 가능성이 제기되었으며, 1952년 7월 폐쇄되었다. 상하이 총영사관은 1980년 다시 문을 열었다.

② 상하이 주재 프랑스 총영사관 목록

목록 해제에 따르면, 상하이 총영사관 폐쇄 당시 중국 당국의 문서 반출 반대에 부딪혀 호적과 공증 서류만 반출되었다. 문서 반출을 위해 프랑스는 1959년 9월 상하이 스위스 총영사관에 위임에 합의했고, 1962년 3월 스위스 총영사관에 30궤짝(360상자), 285권, 65뭉치가 전달되어, 바닷길로 홍콩을 거쳐 1963년 초 파리로 송환되었으며, 이 자료들이 1987년 낭트로 보내진 것이라고 한다. 자료의 무게와 부피 제한으로 인해 스위스 총영사관으로 인계되지 못했던 일부 자료(8㎥ 분량)는 영사관 건물에 남아 있었으며, 건물이 1962년 7월 학교에 임대되었고, 1987년 파괴되었다고 한다. 건물에 남아 있던 자료는 아직까지 프랑스로 돌아오지 못했다고 한다.

1963년 파리로 보내진 30개 궤짝의 자료들을 포함하여 상하이 총영사관 자료 목록[635PO]은 Série A, B, C, D로 구성되어 있다.

- Série A(1844~1952) 285상자: 상하이 개항 당시부터 1952년 총영사관 폐지 시까지의 자료들로 구성되어 있다. 1962년 스위스 총영사관을 통해 반출된 30개 궤짝의 문서 중 1~15번 궤짝의 내용물 순서대로 정리된 것이다.
- Série A 계속(1914~1962) 286-432 항목(상자) : 1914년까지 거슬러 올라갔어도 1921년 이후 시기 포함한 것은 Série A 계속[1921~1958]으로 분류되어 있다. '상하이 조계 행정 문서고; 경찰서'란 부제하에 상자 358-432가 배치되어 있다. 문서 열람 요청 시는 Série A로 표기해야 한다. 표기 예) 635PO/A/295]
- Série B 1854~1921 75항목(-bis 포함 실제 상자수는 124상자): 1919~21년 위주 자료
- Série C 1847~1952 마이크로필름(1888~1952 총 478항목) : SérieA의 문서들을 연대순으로 배열한 것을 마이크로필름화한 것이다. SérieA의 상자 1-286가 2005년도까지는 '외무부와 발신 공문', '공사관과 발신 공문' 등의 주제하에 연대순으로 배열되어 있었다.
- Série D 1980-1988 31항목(상자): 1980년 공관 재개 후 문서들

따라서 상하이 총영사관 문서에서 한국 관련 문서는 Série A와 B에 들어 있고, Série A와 B가 조사 대상이라 할 수 있다.

Série A 1-432 목록 중 '한인' 표기가 드러난 것은 상자 137뿐이다. 상자 137 분쟁 사건 — 상하이의 한인들 1922~1934이다. 여기에는 '상하이의 한인들 1922~1931', '상하이의 한인들 1932', '상하이의 한인들 1933~1934', '상하이의 한인들 1936~1939' 4개의 파일로 구성되어 있다. 목록 제목과 달리 실제 파일에는 1938년을 제외한 1935~1939년 자료를 포함하고 있다.

위 4개 파일로 구성된 자료들은

ㄱ. 국사편찬위원회 편, 『한국독립운동사 자료 20 — 임정편 V』(1991)에 '상하이의 한인들 1922~1931' 수록

ㄴ. 대한민국임시정부기념사업회 편, 『프랑스 소재 독립운동사 자료집 1』(2006)에 '상하이의 한인들 1932' 중 1932년 4~10월 내용 수록(1932년 11~12월은 없음)

ㄷ. 국사편찬위원회·보훈처 간행 『한국독립운동사 사료 3』(2016):

Ⅰ. 1932년 상하이의 한인: 위 ㄱ 자료의 1926~27년 자료와 1932년 11~12월 자료 수록. 1932년 4~10월 자료는 없음.

Ⅱ. 1933~1934년 상하이의 한인들

Ⅲ. 1936~1939년 상하이의 한인들: 1935~1937년 자료. 원자료에 1938년은 없음. 1939년으로 포함된 몇 건의 자료를 수록하지 않았음.

즉 위 상자 137의 자료는 국내에 수집되어 국사편찬위원회와 대한민국임시정부기념사업회 두 기관에서 간행한 3권의 자료집에 나뉘어 수록되어 있다.

Série B 1854~1921은 1919~1921년 중심 자료 모음으로, 상자 38 보호·재판권: '상하이의 한인들 1919~1921'이 있다. 이 자료는 임시정부 설립 초기 상하이 프랑스 조계 『독립신문』 간행지에서 폭발 사고로 촉발된 한인 체포와 일본

영사관에의 인계 등을 포함하고 있다. 이때부터 일본 총영사관은 프랑스측에 한인 독립운동가들의 정보와 인도차이나 독립운동가 정보 교환을 제의하기 시작하였음이 드러나고 있다. 초기 임시정부 활동 및 독립운동 단체들을 볼 수 있는 자료로, 국사편찬위원회 편, 『대한민국임시정부 자료집 23 — 대유럽 외교 Ⅰ』(2008)에 수록되었다.

낭트문서관은 상하이 총영사관 자료에서 '상하이의 한인들'이란 이름으로 1919~1939년 상하이 프랑스 조계의 한인 체포 관련 자료를 모아 Série A와 B에 분류해 놓은 셈이다. 그런데 현재까지 1938년 자료가 빠져 있으며, 목록에는 1921~1934년으로 표기해 놓고, 1936~1939년 파일이 만들어져 있으므로 자료 정리를 통해 문서들을 추가하고 있는 것이 아닌가 생각된다.

상하이 총영사관 자료 목록 중 주목할 수 있는 자료들은 영사법원 판결이 들어 있는 상자 235(1919~1924)-285(1941~1945)들이다. 상자 236(1924~1925년)을 열람 신청했는데, 열람 제한 기간 100년에 걸려 열람이 불가능하였다. 또한 상하이 총영사관 1923~1943년 프랑스 외무부와 중국 내 각 지역 공관과의 공문이 상자 286-299로, 상자 293 총킹Tchongking(충칭)(1929~1949)을 요청하였으나 '국가 문서'라 열람 불가했으며, 언제 열람 가능한지도 알려 줄 수 없다고 하였다.

Série A에서 열람한 자료들은 다음과 같다.

* 조사 자료 1. 635PO/A/73

〈중국 지역 문제 — 개괄 문서 1931~1938〉: 중국인 담당자 명단 등

〈중국 지역 문제 — 지방 당국이 다룬 업무 1924~1938〉: 국제 조계 내 중국 단체 명단, 중국 외교부의 관리 명단 통보 등

〈중국 지역 문제 — 조계에 대한 중국 사무국 1926~1937〉: 1928년 국민당부 사무실이 프랑스 조계 내에 있었다. 중국 당부 조직 보고(1932. 6. 8.), 1926년 8월 4일 자 조계 경무국 보고 중 임시정부 및 임시의정원 등에 대한 간단한 보고가 있음.

* 조사 자료 2. 635PO/A/137

〈상하이의 한인들 1922~1931〉: 상하이 프랑스 조계에서 일어난 한인 관련 각
　종 사건 모음

〈상하이의 한인들 1932〉: 1932. 4.~12. '홍커우공원 의거' 직후 한인 체포 및 프
　랑스 총영사관과 일본 공사관 교환 공문

* 조사 자료 3. 635PO/A/156bis

〈치외법권 — 중국 법원〉: 1938~1940년 중국 법원의 담당자 교체 내용의 프랑
　스 총영사관에 통보 등

* 조사 자료 4. 635PO/A/403, 404, 416

목록에는 '1943년 이전 외국인 관련 사건들'이란 부제하에 상자 번호와 알파
벳 A-Z로 되어 있다. 상자 403-432 중 403(A), 404(A), 416(K)를 열람하였으나
외국인들의 비자 신청 자료들로, 한국인으로 추정되는 서류를 볼 수 없었음.

(3) 난징 외교사무국 1930-1952 74 articles [460PO/1/1~74]

난징에는 1906년 7월 프랑스 부영사관이 설치되었으나 1908년 3월 폐지되
었다. 1929년 다시 영사관이 설치되었으며, 중국과의 국교 단절로 1952년 다
른 영사관들과 함께 폐쇄되었다. 난징에 외교사무국이 설치된 것은 1930년으
로, 1927년 난징에 중국 국민당 정부가 수립되자 국민당 정부와의 교류 목적
으로 설치된 것으로 여겨진다. 1937년 중일전쟁 개시로 일본의 중국 침략이
본격화되면서 베이징 주재 프랑스 대사는 베이징에 머무르지 않고 난징에 머
물렀으며, 이어 상하이, 한커우, 그리고 충칭으로 옮겨갔다.

난징 목록은 총 74상자로 구성되어 있으며, 시기는 1930년부터 1952년까지
약 33년간으로 기간도 짧고 자료 수도 상하이나 베이징에 비해 적은 편이다.

아래 나열한 목록에서 드러나는 것처럼 주요 주제 아래 세부 목록이 정리되어 있다.

자료들의 시기가 혼재되어 있기는 하지만, 주로 1930년대 자료가 상자 5~15번까지 11상자이나 상자 9~15는 교육과 문화 생활, 의료 사업, 중국에서 프랑스의 무역과 산업, 무역 항해, 철도, 종교 문제 등 주로 프랑스의 이해관계와 관련된 문서들이다. 그 목록은 자세한 편인데, 대한민국임시정부나 독립운동가들의 1930년대 전반기 난징에서의 활동 관련 내용을 찾고자 할 때, 목록상 1930년대 자료들에서 '한인'이나 '한국' 항목은 드러나지 않는다.

상자 1~4, 16~74까지가 1940년대 자료들로, 여기에는 '한국'이 나타난다. 이 중 몇몇 상자는 대사관 항목으로 분류되어 있다. 베이징 주재 프랑스 대사가 난징에 머무르던 시기 수발 공문들을 모아 놓은 것들이다.

난징 목록 표지에는 1930년부터 1952년까지의 외교사무국에서 본국으로 송부된 것이라 적혀 있으며, 세부 목록 상단에 난징 영사관 1910~1952년의 것이 들어 있다고 쓰여 있다. 그러나 난징 영사관이 1908년 폐쇄되었다가 1929년 다시 개설되었으며, 목록상 1930년 이전 자료는 상자 1밖에 없으므로 난징 영사관 자료는 극히 적을 것으로 추정된다.

상자 1-9까지 목록 대강과 '한국'으로 자료가 들어 있는 1940년대 상자 24(1946년), 36(1948년), 49(1949년), 73(1947년)을 살펴보면 다음과 같다(굵은 글씨로 표시한 부분들이 주제명이라 할 수 있다).

상자 번호	목록 내용
1	**외교 사무국** 1910~1950 중국 영사 지소들과 일반 공문(1921~1950) 군인 연금(개인 서류철)(1910~1928)
2	지소들에서 받은 공문 1948~1950: 한커우(Hankéou), 쿤밍(Kunming), 묵덴(Moukden), 베이징(Pékin), 충칭(Tchong-King), 사무국, 특별한 사건들(1948~49) 등등

3	중국에서 프랑스인들의 행적(1949~1950) … **불중 양국 관계** 조계지들의 청산 - 상하이(1948~1948), 한커우(1949), 텐진(1949)
4	**인도차이나** …… **중국 — 대외 정책** 일반 서류(1949) 영국(1949)
5	**외교 공문 1934** 만주국 지소들에서 받은 공문 - 베이징으로 보낸 우편물 1934. 7~9, 10~12
6	**대사관의 공문 1931~1936** - avec 한커우(Hankéou, 1933), 광저우(Canton, 1933~1934), 첸두(Tchentou, 1933~1936), 스와토우(Swatow, 1933~1936), 하얼빈(Kharbine, 1933~1935), 묵덴(Moukden, 1932~1934) **통상 문제** 인도차이나 쌀(1933~1936) … **정치적 문제들** 중국의 대외 정책 일반 - 중국에서 열강의 활동(1933~36), 영국의 정책(1932~1934), 프랑스의 정책(1932~1935) 유럽의 정치적 상황(1934~1935) 일본의 정책 - 일반 서류(1932~1934), 만주와 몽골에서 일본의 정책(1932~1936)
7	- 일본인 거류지들(1932~1937), 중국에서 일본의 정책(1936) - 중일 갈등(1932) · 정부, 외무부, 도쿄와 상하이 주재 대사관과 공사관의 공문 · 중일 여러 사건들(1934~1936) - 일본의 경제 정책(1932~1934), 미합중국과 일본의 관계(1935) 러시아의 정책 1933~1935 독일의 정책 1932~1936 이탈리아의 정책 1932~1936 제2서열 강국들의 정책 1933, 1936~1937
8	**국내 상황 1931~1939** 몽골, 신장(1934~1936) … **언론** … **프랑스 조계지들** - 중국에서 프랑스 조계지와 영토의 반환, 조계지의 사법적 상황(1932~1936) …

	- 한인 문제의 최근 전개(무관의 의견서) - 한국에 대한 미국의 원조 - 몰로토브(Molotov)가 마샬(Marshall)에 서한 - 미합중국의 정책 - 이승만(Synghan Rhee)의 난징 방문 - 딘 애치슨(Dean ACheson)의 성명 - 미합중국이 한국의 재건에 3년을 제공하다 - 한국 부채의 할인 계획 - 한국의 분할 - 미국인들과 독립 - 한국에서 미국인들의 염려 - 중국의 한국 대표단 - 소련 지역의 증강 - 한국의 상황[레이몬(Raymond) 사령관, 1947년 3월 3일] - 러시아인들에 의한 북한 군대의 훈련 - 일본인들의 본국 송환 - 한국에 대한 일본 주재 프랑스 공관의 의견서(1947년 1월 29일) 타이완(1947), 필리핀(1947), 인도네시아(1947)

위의 내용을 볼 때, 상자 번호순이 자료의 연대순이 아님을 알 수 있다. 또한 같은 성격으로 분류된 '한국' 자료가 들어 있는 상자의 대표 주제가 '중국의 대외 관계'와 '열강의 대외 정책'으로 다르다. 상자 24처럼 목록상 '한국'이 들어 있다 하더라도 다른 여러 자료들과 함께 들어 있으므로 그 분량이 아주 적을 수도 있으며, 목록상으로는 그 내용을 가늠하기 어렵다.

자료 확인을 위해 낭트문서관에 상자 1, 6, 7, 8, 9 열람 신청을 했으나, 문서관으로부터 열람 불가한 자료가 섞여 있어 열람이 불가능하다는 답변으로, 자료를 열람할 수 없었다. 또한 상자 73을 신청했으나 '국가 자료'라 열람이 불가하다는 답변을 들었다.

1947~1949년 한국 자료에서 해방공간의 임정 요인 및 백범 김구의 활동과 관련된 내용을 찾을 수 있을 것이라 추측된다. 그러나 프랑스 외무부 문서관에서 '국가 문서'로 분류된 것은 그 열람 가능 시기조차 알 수 없는 문서들이므로 난징외교사무국(영사관)의 자료는 아주 제한적이 될 수밖에 없다고 생각된다. 그럼에도 불구하고 충칭 임시정부 광복군 양성의 토대가 되었던 난징 중국 '중앙군관학교'의 존재 등으로 볼 때 난징 자료에서 윤봉길 의사의 '홍커우

공원 의거' 후 백범 김구의 1930년대 초반 활동에 대한 자료 존재 가능성에 대한 기대는 자료를 열람하여 확인해보기 전에는 떨칠 수 없다.

(4) 충칭 문서고[683PO]

충칭의 프랑스 영사관은 1895년 12월 개설되었으며, 1950년 11월 폐쇄되었다. 충칭에는 프랑스 영사관뿐만 아니라 비쉬정권의 베이징 대사관 부속 외교사무국이 개설되었다. 이 외교사무국은 외무부(아시아-오세아니아국) 및 다른 영사관들과 공문 수발 자격은 없었으며, '중국 주재 프랑스 대사의 대표' 직함을 가지는 관리에 의해 중국 정부(외교부)와 상하이 거주 프랑스 대사와의 연락 사무를 담당하였다.

충칭 문서고 자료는 Fonds A, B로 구성되어 있다.

Fonds A 1895~1943의 자료는 손실과 파기된 부분이 많다고 한다. 1912년 사고로 몇몇 부분이 손실되었고, 그 후 등록부가 백지 제공으로 훼손되었으며, 1965년 영사가 문서의 극히 일부만 가지고 상하이로 철수할 수밖에 없으면서 프랑스 영사관에 남겨졌던 자료들은 사라진 것으로 간주한다고 한다.

낭트문서관으로 넘겨진 현재 Fonds A 자료들은 1937~43년 베이징 대사관 부속 외교사무국의 자료를 재편성한 15상자로 구성되어 있다. 이 자료들은 나치 독일 점령하 친독 정권으로 비판받고 있는 비쉬정부 페탱 원수의 활동 자료들 중심이며, 1943년 6월 비쉬정부와 중국정부는 외교 관계를 단절하였다. 연합국에 의한 프랑스 임시정부 인정 시까지 프랑스를 대표한 것은 '프랑스 국가해방위원회'였다.

Fonds B(1940~1946)는 런던위원회, 알제위원회(프랑스 국가해방위원회), 프랑스 임시공화국 대표들의 공문을 포함한 20상자 137개 파일로 구성되었으며, 주된 시기는 1943~1946년이다. 1940년 충칭에 정착한 대한민국임시정부가 프랑스 임시정부와 연락한 자료들은 본 Fonds B에 들어 있다.

Fonds A와 Fonds B의 자료 내용 대강을 정리해 보면 다음과 같다.

Fonds A: 1937~43년 15상자

상자 번호	내용
1과 2	미점령 중국 영사관들과 교류 서신. 중국으로 수입된 상품들의 운난 통한 수송과 일본의 압박에 의한 통킹 유지(상품들).
3	중국에 안남 혁명가들의 출현 및 인도차이나에서 일본의 선전. 광저우만 조차.
4와 5	중국 국내 상황, 일본인들에 대한 공격에서의 어려움, 외국인 조계지 상황.
6과 7	중국에서 외국인의 통상 및 그 규칙, 중국인들의 통상, 교통로, 철도, 항해, 세관, 아편 금지.
8	재정과 통화 문제, 전신, 중국에서 열린 국제회의.
9	무기, 중국 공군, 전쟁 물자의 공급, 중국 점령 프랑스 군대, 외교 영사 지소 관련 모든 문제들.
10	의정서와 직원들 관련.
11-15	여권, 비자 난제들: 종교 문제들, 외교사무국과 베이징 및 상하이 지소들처럼 비쉬 외무부와 전신 교환.

Fonds B: 1943~46년 20상자 137개 파일

상자 번호	내용
1	중국 주재 프랑스 대표의 지위 1941. 6.~1945. 12, 1946. 1.~1946. 5, 충칭의 직원·숙소(1946. 3.), 런던위원회와 중국의 임시정부 대표단 1942~1944, 대사관의 직원 1945~1946
2	개괄 서류, 중국에 있는 정보 기관과 군사 대표단의 활동 관련 우편물 1942~1945, 지소 직원 명단 1943~1945, 무관국, 수령·발신 전보 1944. 12.~1945. 12.
3	집결, 도피, 중국의 가족, 수당과 지원. 공군 담당관, 해군 담당관(1945~46), 쿤밍 영사관의 직원과 설비(1942~1945), 쿤밍에서 경제적 상황(1943~1945)
4	개괄 서류 — 운난 프랑스인 거류지에 대한 1942~45 대표단의 우편물, 안남인 묘지, 중국의 프랑스인 거류지 1942~1945, 비쉬의 직원
5	광저우만 조차 1943~45, Pelen 서류 1945, 광저우만의 전기공장 1945, 중국 가톨릭 선교회, 북해(Pakhoi) 영사관
6	중국 각지와 서류 파일: 상하이 개괄 서류 1945~1946. 1, 상하이 영사관 직원과 설비 1945, 상하이 조계 행정·경찰, 인도차이나인들 1945, 프랑스인 재산 1945
7	베이징 개괄 서류 1945, 베이징의 비쉬 정부 무관 대령 Yvon의 보고 1945. 8.~10, 홍콩 1944. 12.~1945. 9, 텐진 1945. 9.~12, 묵덴(심양) 1945. 9.~10, 한커우 1945. 9.~12, 난징 1945, 광저우 1945, 아모이·스와토우·푸저우 1945, 충칭 1946

8	일본인들의 점령 1940. 8.~1946. 6, 인도차이나 군사 작전 1943~1945, 인도차이나의 해방 1942. 12.~1945. 12, 인도차이나의 피난민과 탈출 1944~45
9	'자유 프랑스'의 연합국측에(반일) 개입: 인도차이나, 극동 프랑스 원정대 1944. 9.~1945. 4, 인도차이나의 프랑스 부대 1945, 개괄 공문 1945. 3.~1945. 9, 관계 서류 — Leclerc 장군 1945, Sabattier 장군, 연구 및 조사 총국 — 인도차이나 1944. 8.~1945. 8. 인도차이나 관련 프·중 협상 1945. 9.~1946. 2. 28.
10	인도차이나의 장래 지위 1942~1945, 인도차이나의 대외 정책 1942. 10.~1945. 4, 중국의 베트남인들 1943. 6.~1945. 12, 베트남 혁명가들 1943. 6.~1945. 12.
11	인도차이나 경제적 문제들 1944~1945, 중국 관련 난제들 — 국민당 1943. 9. ~1945. 6. 및 국민당 정부 1943. 8.~1945. 9, 인민정치위원회 1941~1945, 중국 공산당 1943~1945
12	중국의 성들 1943~1945, 중국의 육군·해군·공군 1944. 3.~1945. 12, 중국의 대외 정책 1943. 6.~1945. 7, 프·중 관계와 외교 공문 1942~1945, 샌프란시스코회의와 국제연합 1945, 치외법권과 조계지들 1940~1945
13	프·중 조약 협상 1943~1946, 다른 외국들의 정책 1941~1945, 외국의 중국 대표들 1943~1945, 의정서,
14	외국 공관들 1943~1945, 훈장 1945, 프·중 경제 관계 1943~1945, 프·중 재정 및 경제 관계 1944~1945, 기술자 교환과 경제 사절 1944~1945, 중국의 프랑스 은행 1945.
15	극동의 전반적 경제적 과제들 1944~1945, 중국의 경제 상황, 재정과 임금 1943~1945, 외국 열강의 지위·중국에서 경제적 이해관계 1943~1945, 중국의 생산과 재건 1944~1945, 수송 1944~1945, 국제연합부흥국(U.N.R.R.A)과 중국국가구호 및 재활국(C.N.R.R.A.), 통신 1944~1945, 철도 1945, 프랑스 은행의 통합 집단 1941~1945
16	인도차이나와 운난의 철도, 항공 통신 1944~1945, 산업 난제들 1944~1945, 광산 문제들 1944~1945, 성들의 문제 1944~1945, 도시계획·해상과 항구의 통신 1945, 농업과 산림 문제들 1944~1945
17	사무국 1942~1945, 여권과 비자 기본 서류들 1942~1945, '솔대령'(무관) 문건 1943~1945
18	개괄 문서 1941. 11.~1944. 12. 극동 관련 프랑스와 그 동맹국과 열강 간 정치적 관계-보고서, 우편물과 여러 언론의 기사, 여러 보고서들 1945, 군사적 상황 1943~1945, 여러 나라들 간 협정 1942~1945, 전신 1943~1945, 프랑스령 인도 1942~1944, 연구 및 조사 총국 공문 1944~1945,
19	첸두 영사관, 개괄 서류 1945, 드골파 대표단의 인정, 룽저우 영사관 1942~1945, 일본 1943~1945, **한국 1944~1945**, 만주 1944~1945, 타이완 1945, 인도제국 1945, 네덜란드령 인도와 필리핀 1944~1945, 프랑스와 프랑스 거류지에 살고 있는 중국인들 1943~1945,
20	개인적 공문 — 폴 봉쿠르, 로렝. 크와파드 1943~1945 등. 사적 서한들 — 프랑스인과 중국인의 프랑스 대사관과의 공문 1944~1945, 공식 전보들 — 1942년 극동에서 임무 수행 중인 '자유프랑스(런던위원회)'와 1943년과 1944년 임시정부['알제위원회(프랑스국가해방위원회)'] 관리들과의 수발 전보 원본.

Fonds B의 문서 구성 내용을 정리해 보면 상자 1~7, 17은 중국 주재 프랑스 공관들의 인적 구성, 설비, 중국 각지 프랑스 공관들 관련 공문들이다. 상자 8~11은 일본의 중국 및 인도차이나 점령과 관련되어 인도차이나에 식민지를 갖고 있던 프랑스의 이해관계와 관련 자료들이다. 상자 11-16은 중국의 상황 및 중국에서 다수의 이권 사업을 갖고 있는 프랑스의 이해관계와 관련된 중국 관련 자료들이다. 극동 문제를 다룬 것은 상자 18, 19인데, 특히 19번 상자에 '한국 1944~45' 서류철이 독립되어 있다.

서류철 '한국 1944~45'에는 1944년 5월 26일 자로 프랑스 국가해방위원회에서 충칭 주재 대표에게 대한민국임시정부의 소재지와 규모 등에 대한 정보 요청 건을 시작으로 1945년 11월 30일까지 프랑스 드골임시정부와 대한민국임시정부 관련 문건들을 모아 놓은 자료들이다. 목록상 총 15건으로 나타난다. 이 자료들은 『대한민국임시정부자료집 23 ─ 대유럽외교 I 』(국사편찬위원회, 2008 간행)에 수록되어 있다. 한국 1944~1945는 이미 조사된 자료이지만 한 번 더 확인해 볼 필요가 있으며, 같은 상자 내의 '일본 1943~1945'도 조사해 볼 필요가 있다.

2) 프랑스 외무부 파리-라 쿠르뇌브 문서관의 대한민국임시정부 관련 자료

파리-라 쿠르뇌브 문서관은 프랑스 외무부 생산 문서들을 보관하는 곳이지만, 일부 재외 공관 문서도 보관되어 있다. 파리-라 쿠르뇌브는 유럽, 아메리카, 아시아-오세아니아 등의 대륙별과 정치·통상 등 분야별 및 개인 문서고, 회고록 등의 주제별 등을 문서군Série으로 구분한다. 그 아래에 문서철Sous-série, 상자carton, 권Volume의 아래 단계로 내려가며, 자료에 따라 중간 단계가 생략되기도 한다. 1900년 전후까지의 재외 공관의 보고서들이 양장 제본되어 있는 경우가 많아 권volume을 사용한 것으로 보이며, 문서 묶음(파일 형태)을 권으로 보기도 한다. 책자 같은 것을 모아 놓고 권으로 분류한 경우, 상자에 들어 있기도

하다. 자료의 시기는 1896년 이전, 1897년부터 1940년대까지, 2차대전 전후 (1944~55), 1956~1967 등으로 나뉘어 있다.

> 파리-라 쿠르뇌브 문서관Centre des Archives diplomatiques de la Courneuve
> · 주소: 3, rue Suzanne Masson 93126 La Courneuve Cedex
> · 인터넷 주소:
> http://www.diplomatie.gouv.fr/fr/archives-diplomatiques/acceder-aux
> centres-des-archives-diplomatiques/site-de-paris-la-courneuve

주한 프랑스 공관 문서들은 '정치공문Correspondance politique(1888~1896)', '정치·통상 공문Correspondance Politique et Commerciales(1897~1917)' 문서군에 들어 있다. '정치·통상 공문Correspondance Politique et Commerciales(E-Asie)' 문서군에는 1920~30년대 주한 프랑스 공관 문서 및 한국 관련 문서들이 주제로 묶여 있다, 한국전쟁 전후 및 1972년까지의 자료들은 문서군 '아시아-오세아니아Asie-Océanie', 문서철 「한국Corée 1944~55」, 「한국 1965~1967」, 「한국 1968~1972」로 나뉘어 있다.

위의 문서군 중 일제강점기인 1920~30년대 서울 주재 프랑스 영사관 공문과 1940년대 대한민국임시정부 자료가 들어 있는 자료들을 더 자세히 살펴보면 다음과 같다.

(1) 문서군Série '정치·통상공문Correspondance Politique et Commerciales(E-Asie), 문서철Sous-série 「한국Corée 1918~1940」

> 권1 1918. 2.~1919. 9. 1919년 파리평화회의에 한국 대표단 파견, 고종의 죽음, 3·1운동 시위, 파리평화회의 대한민국임시정부 대표단의 활동 등(문서 첫 면에는 1918년 2월부터라고 되어 있으나 실제 수록 문서는 1919년 1월 파리평화회의에 한국인들의 입국을 막아 달라는 파리 주재 일본 대사관 요청 문서부

터 들어 있음)

권2 1919. 10.~1922. 3. 한국, 상하이 프랑스 조계에서 한국인들의 운동 등

권3 1922. 7.~1926. 12. 한국 내 정치 상황과 프랑스인의 이권 사업 관련 등

권4 1927~1929. 한국 내 정치 상황과 프랑스인의 이권(창성광산) 관련 등

권5 1918~1929. 참고자료documentation, 지도, 출판물

권6 1930. 1.~1936. 1. 프랑스 영사관

권7 1930~1932. 개괄적 사건들, 국내 상황 — 1932년 1~12월 홍커우공원 의거
　　관련 베이징·상하이·난징·도쿄에서 파리와 주고받은 각종 공문

권8 1933. 1.~1938. 11. 개괄적 사건들, 국내 상황 — 1933년 1월~1937년 6월.
　　마지막 문건은 프랑스 상하이 총영사관 보고로 1937년 4월 18일 난징에
　　서 김구 주재로 임시정부 수립 기념식을 가졌다는 내용 등

권9 1931. 11.~1932. 8. 종교 문제

권10 1931. 5.~1938. 1. 군대, 일본 점령군

권11 1930. 1.~1939. 10. 경제적 재정적 문제들

권12 1930. 1.~1940. 1. 한국의 프랑스인들

　권1~6은 주한 프랑스 공관의 보고서 중심이며, 권7, 8은 중국 주재 프랑스 공관의 보고서가 중심이다. 권9~12는 한 개의 상자에 들어 있는데 각 권이 몇몇 건의 문서들뿐이다. 이 중 권2, 3의 자료 일부가 발췌되어 『대한민국임시정부 자료집 23 — 대유럽외교Ⅰ』(국사편찬위원회, 2008 간행)에, 권7·8 자료는 『대한민국임시정부자료집 24 — 대유럽외교Ⅱ』(국사편찬위원회, 2010 간행)에 수록되었으며, 일부 문서는 복사본으로, 중국 주재 타지역 공관 문서와 중복될 가능성이 있다.

(2) 문서군 '아시아-오세아니아Asie-Océanie', 문서철 「한국(1944~55)」

문서철 「한국(1944~55)」은 총 94권으로 구성되어 있으며, 개괄 서류(권 1~5), 정치 및 경제 서류(권6~17), 한국전쟁 a) 분쟁(1950. 6.~1953. 7.) 권10~51, b) 휴전의 적용: 외교적 국면(1953. 8.~1955. 12.) 권 52~62, 군사적 문제들 권 63~67, 구성된 서류 권 68~76, 출판물과 참고자료 권 77~92. 권93은 2016년 1월에, 권94는 2015년 열람 제한이 해제된 자료들로 목록상에서는 어떠한 자료인지 알 수 없다. 권93에는 서류철 '한국의 외국인들'(보류), '연계와 교류 북한과 몽골 1954' 등이 들어 있으며, 권94에는 서류철 '프랑스 영사관과 직원'(보류), '한국전쟁'(보류), '국내 정책-연합국 점령 지역'(보류)이 있다.

이 중 권13이 한국 문제와 국제정치 제목하에 '임시정부[대한민국임시정부]'가 들어 있으며, 그 외에 연합국 점령 지역, 미·소 '공동위원회', 유엔에서 논의: 한국의 대외 정책으로 구성되어 있다. '임시정부'는 1944. 1.~1947. 5. 대한민국임시정부의 활동 관련 자료들로, 대한민국임시정부와 프랑스 임시정부 간 수발 문서 등 총 310여 매에 달한다. 이 중 일부는 충칭영사관 상자 19의 문서철 한국 1944~1945 일부와 중복되기도 한다. '임시정부'에 들어 있는 자료 중 1945년 10월까지의 일부 문서가 발췌되어 『대한민국임시정부자료집 23 ─ 대유럽외교 I』에 수록되어 있다. 그런데 이 권13 '임시정부' 자료는 대한민국임시정부와 드골 프랑스 임시정부와 교류, 대한민국임시정부 주석 김구의 선언 및 1947년 5월까지 한국 상황에 대한 각종 보고가 수록되어 있는 것으로, 백범 김구의 활동 자료를 모으는 데 꼭 필요한 자료로 생각된다.

3) 자료 조사의 한계와 난점

프랑스 외무부 문서관의 자료들은 30여 년의 경과를 두고 공개되는데, 인적 사항이 포함된 자료들은 60년의 제한에 걸린다. 법원 자료로 묶여 있는 것은

100년이 지나야 열람할 수 있다. 또한 '국가 문서'로 분류되면 그 해제 기간도 알 수 없다. 목록에 있다고 해서 다 열람할 수 있는 자료들은 아닌 것이다.

또 한 가지 '상하이의 한인들'처럼 이미 간행된 자료들에서 나타나는 특징은 대부분 체포자 중심 기록이다. 김구 선생에 대한 기록은 주요 사건(홍커우공원 의거) 관련, '임정'이나 '임정의 동태 혹은 주요 인물'을 다룬 주변 기록으로 드물게 나타나고 있음을 알 수 있다.

베이징 공사관 상자 432에서 보듯이, 〈정치적 상황과 공산주의자들의 활동에 대한 정보 1931~1932〉, 〈정치적 상황과 상하이 공산주의자의 활동 1932. 6.~1933. 12.〉에서 비슷한 자료인 듯하나 내용에는 차이가 있다. 그리고 1932년 11월 부분에 가서야 '임정' 관련 내용들이 나타나기 시작하였듯이 자료를 전체적으로 살펴보아야만 그 내용 여부를 알 수 있다. 또한 〈정치적 상황과 상하이 공산주의자들의 활동 1931. 1.~1932. 6.〉은 상자 547에 들어 있어, 연관성을 가진 자료들이 한 곳에 모여 있는 것이 아니다.

마지막으로, 이번 2018년 5월 중 자료 조사 시 난징과 충칭의 자료를 전혀 열람할 수 없었다. 당시 문서관에서는 문서 상자의 내용물 중 열람 가능 자료와 불가 자료가 섞여 있어서 열람이 불가능하다는 답변을 하였다. 그러나 이 두 곳만이 아니라 어떤 공관의 자료는 일부, 어떤 공관의 자료는 대부분 자료 열람이 불가능했다. 2019년 4월 현재에도 낭트문서관 홈페이지에는 낭트문서관 일부 저장고의 보관상 문제로 열람이 불가능한 자료가 있으니 방문 전 열람 가능 자료인지를 확인하라는 공고문이 게시되어 있다. 위에 언급한 것처럼 자료의 성격상 '열람 불가'가 아니라 50년이 지난 문서관 자료 보관상의 문제였던 것으로 추측된다. 그리고 언제 열람 가능한지도 아직 불확실하다.

4) 활용 방안 제언

김구 선생에 대한 직접적인 내용은 적다고 할 수 있으나 대한민국임시정부 및 윤봉길 의사의 '홍커우공원 의거' 관련 자료들 속에서 대한민국임시정부 요인으로서 김구 선생 관련 자료들을 추출할 수 있을 것이다. 이러한 자료들을 모아 자료집으로 간행한다면 한국독립운동사상 대한민국임시정부 지도자로서 김구 선생의 위상을 주요 열강 중 한 나라인 프랑스의 자료를 통해 드러낼 수 있을 것이다. 또한 이러한 기록들을 통해 제3국의 시선에 나타난 한국독립운동의 모습과 일본의 독립운동 와해 책동을 보여 줄 수 있는 기회도 될 것이다.

참고문헌

국사편찬위원회 편,『대한민국임시정부자료집 23 — 대유럽외교 I 』, 2008.

국사편찬위원회 편,『대한민국임시정부자료집 24 — 대유럽외교 II 』, 2010.

국사편찬위원회 편,『한국독립운동사 자료 20 — 임정편 V 』, 1991.

국사편찬위원회 편,『한국독립운동사 자료 21 — 임정편 VI 』, 1992.

국사편찬위원회 편,『한불수교 120년사의 재조명』(『한국사론』 45), 2007.

국사편찬위원회·국가보훈처 편,『한국독립운동사 사료 1: 프랑스 외무부 문서보관소 소장』, 2015.

국사편찬위원회·국가보훈처 편,『한국독립운동사 사료 2: 프랑스 외무부 문서보관소 소장』, 2016.

국사편찬위원회·국가보훈처 편,『한국독립운동사 사료 3: 프랑스 외무부 문서보관소 소장』, 2016.

김구,『정본 백범일지』, 돌베개, 2016.

대한민국임시정부기념사업회 편,『프랑스 소재 한국독립운동 자료집 I 』, 2006.

전정해,「대한제국의 산업화시책 연구 — 프랑스 차관 도입과 관련하여」, 건국대학교 대학원 박사학위논문, 2003.

Jean-Paul Pancracio, *Dictionnaire de la Diplomatie*, Dalloz, Paris, 2007.

Nicole Bensacq-Tixier, *Dictionnaire du corps diplomatique et consulaire français en Chine(1840-1911)*, Les Indes Sayantes, Paris, 2003.